Social work with families

가족복지론 2판

| 손병덕 · 황혜원 · 전미애 공저 |

학지사

2판 머리말

　우리나라는 저출산·고령화 현상과 함께 1~2인 가구의 급속한 증가로 가족구조가 작고 다양해지며, 생계를 책임지는 60세 이상 고령자 및 여성가구주가 빠르게 증가하고 있는 반면에 가구주인 부모와 동거하는 30~40대 성인 자녀도 증가하고 있다. 이러한 가족구조 변화에 많은 영향을 주는 것은 가족 가치관의 변화라고 할 수 있다. 즉, 노부모 부양이 자녀 책임이라는 견해는 줄고, 자녀와 동거하지 않겠다는 가치관 그리고 보육과 취업 등의 문제로 부모와 동거하면서 부양받는 것이 낫다는 관점을 반영한 결과로 이해할 수 있다.

　한편 결혼이민자와 대한민국 국민으로 이루어진 다문화가족과 북한이탈주민의 급속한 증가에 따라, 이들을 위한 가족교육·상담·문화 프로그램 등 서비스 제공을 통해 한국사회 조기적응 및 안정적인 가족생활 지원을 위한 정책과 서비스가 요청되고 있다.

　가족 규모 축소와 다문화가족의 유입을 비롯한 가족 변화에 대응하기 위하여 가족의 안정성 지원 및 가족 돌봄의 가치에 대한 가족의 공동체성을 강화하고, 돌봄의 공공성에 기반을 둔 실질적인 가족복지가 실현될 수 있도록 가족복지 정책이 재편될 필요가 있다.

　이 책은 이러한 가족변화와 정책 및 서비스 실천방안을 고려하고, 사회복지교육협의회가 제안하는 '가족복지론'의 개정 방향을 감안하여 전반적인 개정을 실시하였다. 이 책의 제3, 4, 5, 6, 8장은 총신대학교 손병덕 교수가,

제1, 2, 10, 13, 14장은 청주대학교 황혜원 교수가, 제7, 9, 11, 12장은 총신대학교 전미애 교수가 각각 집필하였다.

이 책이 2판에 이르도록 항상 애써 주신 학지사 김진환 사장님과 모든 직원 분들께 깊은 감사를 드리고, 가족복지 실현을 위해 현장에서 애쓰시는 전문가 분들께도 다시금 감사드린다. 정부와 지방자치단체, 민간 부분에서 가족복지 정책과 실천을 위해 애쓰시는 귀한 노력들이 한국사회의 가족복지 실현으로 이어지길 간절히 소망한다.

2014년 7월
저자 일동

1판 머리말

  현대의 우리나라는 저출산, 고령화와 함께 매우 급속한 가족구조 변화를 경험하고 있다. 전통적 의미의 가족구조가 변화를 거듭하면서 핵가족을 넘어 한부모가족을 위시한, 과거 비윤리적으로 생각했던 새로운 형태의 가족이 나타나고 있다. 이러한 가족구조의 변화 속에서 무너져 가는 가족윤리를 일깨우고, 다양한 형태의 가족구조 변화에서 드러나는 문제들을 해소하기 위한 미시적 실천방법이 재고되고 있으며, 쉽게 소외될 수 있는 가족들을 적극적으로 돕기 위한 사회적이고 국가적인 정책의 마련이 시급한 과제로 떠오른다.

  최근 2007년 10월 개정된 '한부모가족지원법(구 모·부자복지법)'이나 '건강가족기본법'은 모자 혹은 부자가정으로 이루어진 한부모가족을 지원하고, 가족윤리를 지도하며, 이혼 숙려기간을 가지도록 하고, 불가피한 이혼 후에는 여성과 아동의 권리를 강화하는 가족정책의 긍정적이고도 적극적인 일련의 대응이라고 할 수 있다. 이런 정책들은 지역사회에서도 결혼준비교육, 부모교육, 가족윤리교육, 가족가치 실현, 가정생활 관련 교육 등의 실시를 법제화할 것을 명시하고 있어, 가족을 강화하기 위한 미시적 사회복지 실천을 위해 고무적인 일이다. 앞으로도 가족복지 관련 연구자들과 실천 전문가들은 현대 가족이 경험하는 위기현상들을 극복하는 데 기여할 수 있는 실효성 있는 대안 마련에 서로 노력해야 할 것이다.

  이 책은 이러한 가족 변화와 정책 및 실천적 대응을 고려하여 2007년 여름에 사회복지교육협의회가 제안한 『가족복지론』의 개정 방향을 따라 집필하였으며, 총 3부로 구성되어 있다. 제1부에서는 가족복지를 개관하고, 제2부에서는 가족복지 정책을 살펴보았으며, 제3부에서는 가족복지 실천을 제시하였다.

제1부에서는 먼저 가족을 이해하기 위해 가족의 정의와 기능, 가족의 변화, 한국 가족의 변화 그리고 가족연구의 관점을 일견하였다. 다음으로 가족복지의 이해를 위해 가족복지의 개념, 가족복지의 필요성, 가족복지의 정책적·서비스적 접근방법, 사회복지사의 역할 그리고 강점관점과 성인지적 관점에서 가족복지를 이해하려는 시도를 제시하였다.

제2부에서 먼저 복지국가와 가족정책의 상관관계를 살펴보았고, 가족복지 정책의 개념과 대상을 알아본 후, 가족복지 정책의 내용을 '가족의 노동권 보장을 목표로 하는 정책, 가족의 부모권 보장을 목표로 하는 정책, 가족의 돌봄을 목표로 하는 정책, 가족의 소득보장을 목표로 하는 정책으로 구분하고 그 범위를 한정하여 살펴보았다. 다음은 가족복지 정책의 실제로 앞의 정책 구분에 따라 각 정책 범위 안에 있는 구체적 법안을 자세하게 탐색하였다. 이와 관련하여 제5장에서는 가족복지 정책 관련 법에 대해 최근 개정된 법안에 따라 해당 지자체에서 도움을 받는 절차의 양식을 제시하면서 설명하였다.

제3부에서는 가족복지 실천으로 가족사정 방법, 가족문제 예방을 위한 실천 방안을 각각 제시하였고, 나아가 가족기능 강화를 목적으로 한 사례관리, 가족문제 해결을 위한 가족치료적 접근을 각각 탐구하였다. 끝으로 가족문제를 중심으로 하여 문제점과 개입방법을 제안하기 위해 빈곤, 이혼 및 재혼, 폭력 및 학대, 사회적 소수집단(이주노동자가족, 새터민가족, 다문화가족)을 다루었다.

이 책의 집필을 위하여 세 분의 교수가 수고하였다. 제3, 4, 5, 6, 8장은 총신대학교 손병덕 교수가, 제1, 2, 10, 13, 14장은 청주대학교 황혜원 교수가, 제7, 9, 11, 12장은 청주대학교 전미애 교수가 각각 집필하였다.

이 책이 출간되도록 애써 주신 학지사 김진환 사장님을 비롯한 모든 직원 분들에게 감사를 드리고, 가족문제 해결과 해소를 위해 최선을 다하시는 연구자들과 일선 전문가들의 노고에도 깊은 감사를 드린다. 가족복지 발전을 위해 다양한 분야에서 애써 헌신하시는 모든 분들의 형설지공의 땀흘림이 결국 소담스러운 열매를 맺을 것으로 기대한다.

2008년 2월
저자 대표 손병덕

차례

제1부. 가족복지 개관

제1장

가족의 이해

1. 가족의 정의와 기능

우리는 일상 속에서 가족생활에 매우 친숙해져 있기 때문에 가족의 의미를 잘 알고 있다고 생각하며, 가족이 무엇인가에 대해 정의를 내리는 데는 별로 관심을 두지 않는다. 하지만 실제로 가족의 실체에 대해 우리가 잘못 알고 있는 것이 많다. 그러므로 현대 한국 사회에서 가족의 의미와 가족 가치관, 가족의 기능 등 그 실체에 대해 아는 것은 중요하다 하겠다.

1) 가족의 전통적 정의

가족을 한마디로 정의하기는 쉽지 않지만 전통적으로 가족을 정의한 내용을 살펴보면 다음과 같다. 머독(Murdock, 1949)은 가족을 주거를 같이하고 경제적 협동과 출산으로 특징지어지는 집단이라고 정의하였으며(박민자, 1995: 2 재인용), 레비스트라우스(Levi-strauss, 1971)는 머독의 가족에 대한 정의에서 한 걸음 더 나아가 가족구성원들의 정서와 상호관계를 포함하여 가

족을 결혼에 의해 형성되고, 부부와 그들의 결혼에 의해 출생한 자녀로 구성
되지만 다른 근친자도 포함될 수 있으며 가족구성원은 법적유대, 경제적, 종
교적 그리고 그 외 다른 권리와 의무, 성적 권리와 금기, 애정, 존경 등 다양
한 심리적 감정으로 결합된 것으로 정의하였다. 콜맨과 크레이시(Coleman &
Cressey, 1990)는 가족을 혼인과 혈통 혹은 입양에 의해서 연계된 사람들이
공동의 가구 안에서 함께 살아가는 집단이라고 규정하였다. 한편 유영주
(1993)는 가족은 '부부와 그들의 자녀로 구성되는 기본적인 사회집단으로
이익관계를 초월한 애정적인 혈연집단이며, 같은 장소에서 기거하고, 사회
화를 통하여 인격 형성이 이루어지는 인간발달의 근원적 집단'으로서의 사
회제도라고 정의하였다.

이러한 가족의 전통적 정의를 요약하면 가족은 일반적으로 남편과 부인,
그들의 자녀로 구성된 단위를 의미한다고 볼 수 있는데, 이는 결혼 및 생물
학적 부모 됨에 기초한 집단으로 주거를 같이하고 정의적 결합, 보호와 지
원의 의무, 공통의 정체감 등을 포괄하는 개념으로 해석된다(Elliot, 1993; 안
병철, 서동인 역, 1993).

2) 가족의 현대적 정의

이와 같이 가족의 전통적 정의는 어느 정도 정형화 되어 있는 가족을 염
두 해 둔 것이다. 하지만 오늘날에는 다양한 형태의 가족이 존재하며, 가족
에 대한 견해도 매우 다양하여 가족이 무엇인가에 대해서 한마디로 정의 내
리기는 매우 어렵다. 현대사회에서는 급변하는 사회현상 때문에 우리가 가
족에 대해 지니고 있는 전통적 개념을 수정해야 할 상황에 처해 있으며, 비
전통적인 가족을 포괄적으로 규정할 수 있도록 가족에 대한 정의가 확대되
고 있는 추세다.

한부모가족, 동거가족, 미혼모가족, 공동체가족, 무자녀가족, 재결합가족
등의 다양한 가족이 출현하고 있어서 '가족(the family)'이라는 획일적 형태

보다는 가족의 다양성을 인정하는 '가족들(families)'임을 주장하고 있다(유영주 외, 2000). 켄달(Kendall, 2001)은 가족의 범위를 한층 완화시켜 '서로에 대한 의무감을 지니고 공동의 경제생활을 영위하는 사람들로서 다른 집단과는 확연히 구분되는 집단정체감을 보유한 사람들의 집합'이라고 정의하였다(석현호, 이정환, 김상욱, 2004: 238 재인용). 미국의 경우 미국인구조사국(U. S. Bureau of Census)에서 인구조사를 할 때 가족을 한 집에 거주하는 서로 관련된 두 명 이상의 사람들로 정의하여 혈연관계를 전혀 고려하지 않는 경향을 나타내고 있다.

가족 개념, 가족 의식, 가족 가치관 등에 관한 논의는 주로 사회학이나 가정학의 영역에서 이루어져 왔으며, 사회복지학계에서 복지의 관점을 갖고 가족을 이해하고자 하는 노력은 부족하였다. 특히, 실증적으로 가족을 정의하려는 시도가 거의 이루어지지 못했다고 볼 수 있는데, 김규원(1995)의 연구에서는 가족을 인지하는 기준으로 혈연성, 동일거주성, 부계성, 경제성, 즉 소득의 공동 관리를 제시하였다. 또한 남아선호사상이 약화되어 감에도 불구하고 아들을 통해 가계를 이어가야 한다는 생각이 아직까지 강하게 남아 있어, 혈연과 부계혈통의 가족 개념의 기준은 여전히 고수되고 있다고 볼 수 있다(조미숙, 오선주, 1999; 양옥경, 2001).

대학생들을 대상으로 조사한 가족의 정의에 관한 한 연구에서는 조사 대상자의 과반수가 가족을 사랑을 나누는 사람들이라고 정의하였고, 그 다음으로 피를 나눈 사람들, 운명공동체, 문화적 공감대를 나누는 사람들, 같이 살고 있는 사람들, 경제적 공동체로 정의하였다. 여학생들은 사랑을 나누는 사람들이나 문화적 공감대를 나누는 사람들이라는 개념을 강조한 반면에 남학생들은 피를 나눈 사람들이라는 개념을 더 중시하여, 남학생이 여학생에 비해 혈통 중심적 사고를 하는 것으로 나타났다(양옥경, 2001).

사회복지적 관점에서 볼 때, 개인의 가족생활 경험에 대한 편견과 낙인을 배제하고 가능한 한 모든 가족 유형들이 가족복지의 대상이 될 수 있도록 하기 위해서는 가족에 대한 정의가 포괄적이어야 한다. 이를 반영하여 최경석 등(2003)은 가족을 동일한 가구에 거주하고 가족생활을 유지하기 위한 특정한 역할과 지위를 가진 자들의 체계라고 정의하였다.

3) 가족의 기능

가족의 기능은 가족체계 내의 개인 성원의 위치와 역할, 가족체계 밖의 관계에서 가족의 응집성과 적응성 등 개인 성원으로서나 전체 가족으로서의 정체성과 관계성을 동시에 보여 주는 개념이다(유영주, 1993; 김훈경 외, 2007). 즉, 가족의 기능이란 가족이 수행하는 역할이나 행위를 뜻하는 것인데, 이는 사회 변화에 따라 영향을 받게 되므로 일률적으로 정의 내리기가 어렵다. 하지만 시대의 흐름과 문화의 발전에 따라서 가족은 그 사회적 역할이나 중요성이 과거에 비해서 축소되고 분산되는 경향을 보인다. 이렇듯 개인의 사회화와 기본적 욕구 충족 면에서 가족의 영향력이 점차 약화되고 있지만, 가족은 개인에게 최대의 영향력을 행사하는 중요한 사회적 최소 단위임은 분명하다. 다시 말해, 가족은 여전히 개인에게는 가장 친밀한 공간이다. 유엔은 1994년을 '세계가정의 해'로 정하고, 그 형태와 다양성에 상관없이 가족은 여전히 사회의 기본적인 단위이며 사회화의 주도적 역할을 수행한다고 천명한 바 있다.

일반적으로 가족의 기능은 경제적 기능, 보호의 기능, 교육의 기능, 종교적 기능, 지위 부여의 기능, 애정의 기능으로 분류된다(권복순, 2000). 또한 권윤정(1995)은 가족의 기능을 성적 통제의 기능, 생식의 기능, 애정의 기능, 자녀 양육과 사회화의 기능, 교육의 기능, 지위 부여의 기능, 경제적 기능, 보호의 기능, 휴식의 기능, 오락의 기능, 종교의 기능 등으로 설명하기도 하였다. 이러한 다양한 가족의 기능을 요약하여 핵심적인 기능 네 가지로 나누어 살펴보면 다음과 같다(Strong & Devault, 1992).

첫째는 애정적 기능으로, 가족은 구성원들에게 사랑과 이해, 안전을 보장해 주며 수용적이고 친밀하며 동료적인 것을 받아들이는 유일한 집단이다.

더불어 부부간의 성적 기능을 합법화하여 성적 욕구 충족과 자녀 출산의 기능을 한다. 둘째는 경제적 기능인데, 이는 다시 생산기능과 소비기능으로 나누어진다. 즉, 가족은 경제의 기본 단위로서 재산을 공동으로 소유하는 집단이다. 현대는 모든 생산 활동이 사회에서 이루어지므로 가족의 생산적 기능은 크게 감소하고 가족이 소비단위로서의 역할을 한다고 주장하기도 한다. 이는 주부의 가사노동 또한 생산 활동임을 간과하고 있다고 볼 수 있다. 셋째는 자녀 양육과 사회화 기능으로, 부모는 자녀를 출산할 뿐만 아니라 그들의 도덕적, 사회적, 인지적 발달에 대한 책임을 진다. 즉, 가족은 자녀들이 최초로 가치관, 사고방식 등을 학습하는 기관이 되며, 사회에서 성숙한 성인으로 살아갈 수 있는 기반을 형성해 주는 곳으로서의 기능을 담당한다. 마지막으로 가족은 지위와 사회적 역할 부여의 기능을 한다. 새로운 가족이 형성되면 남편이나 아내의 새로운 가족 역할이 부여되며, 자녀의 출산은 아버지와 어머니로서의 새로운 역할을 개인에게 부여한다. 또한 가족은 사회경제적 수준, 종교 및 인종을 결정하여 우리가 사회 내에서 특정한 지위와 위치를 획득하도록 돕는다. 가족 구성원들은 가족과의 동일시를 통하여 자신이 속한 계층의 생활방식을 학습하고 문화적 가치와 기대를 형성한다.

이렇듯 전통적으로 가족은 성적 기능, 경제적 기능, 출산 및 양육의 기능, 교육 및 사회화의 기능을 담당하였으나(Murdock, 1949), 이러한 기능들의 상당 부분이 일터나 시장, 공식적인 교육기관, 지역사회 보호 등 사회로 이양되었다. 미국사회사업가협회(NASW, 1987)는 가족의 기능에서 아동의 사회화와 개별 가족 구성원의 만족과 신체적·정신적으로 건강할 수 있는 환경의 제공을 최대 기능으로 보았으며, 구체적으로 출산 및 양육 기능, 경제적 기능, 교육 및 사회화 기능, 성적 기능, 사회통제 기능, 사회보장 기능, 지위계승 기능, 정서·애정적 기능, 문화 활동 기능의 아홉 가지 기능을 제시하였다(양옥경, 2000: 80 재인용).

양옥경(2000)은 미래의 가족기능은 출산이나 양육의 기능, 교육이나 사회화의 기능보다 정서적 기능이 중요하게 부각될 것으로 전망하였다. 정서적 기능이란 서로 사랑하고 지지하며 상호 정을 느낌으로써 정서적인 안정을 제공하는 기능으로 볼 수 있다. 구체적으로 대학생들을 대상으로 조사한 연구에서는 90.6%의 학생들이 가족의 기능으로 정과 심리적 안정을 제공하는 기능을 지적하였으며, 이는 특히 여학생에게서 더 강하게 나타났다(양옥경, 2001). 그 외에 다음 세대를 낳고 양육하는 기능, 경제적 생산의 기초, 사회 안정 제공, 의존적 가족 성원 돌보기의 기능은 모두 5%의 지지도 받지 못한 것으로 나타났다. 이는 현대사회에서 가족의 우애적 관계 유지의 기능과 정서 교류 기능의 중요성을 드러내는 것으로 볼 수 있다.

한편 가족체계론적 관점에서 가족기능을 살펴보면 이는 문제해결 기능, 의사소통 기능, 역할 기능, 정서적 반응 기능, 정서적 관여 기능, 행동통제 기능, 일반적 기능 등 일곱 가지 하위영역으로 구분하여 설명될 수 있다(석말숙, 2013). 월시(Walsh, 1998)는 건강한 가족기능의 조건으로 정서적 교류를 하는 공동체로서의 가족기능을 강조하고 있는데, 이를 구체적으로 살펴보면 다음과 같다(양옥경, 2000: 80-81 재인용).

- 가족 구성원 간에 상호 지지적이고 관심을 보이는 하나의 공동체로서 서로 연결하고 관여(commitment)하는 기능
- 가족 구성원 간에 개별적인 차이, 자율성 그리고 차별화된 욕구를 존중하고, 아동부터 노인까지 각 세대 구성원의 성장과 복지를 조장하는 기능
- 부부간에 상호 존경하고 지지하며 책임, 의무 및 권한을 균등히 공유하는 관계를 형성하는 기능
- 아동이나 다른 취약성을 가진 구성원을 위한 양육, 보호 및 사회화의 기능과 함께 효과적인 권위와 지도력을 발휘하는 기능
- 가족원끼리 상호 교류하면서 명료함, 항상성 그리고 예측성을 보이는 구조적 안정성을 유지하는 기능

- 내부적으로나 외부적으로 변화가 요구될 때 탄력적으로 대응하며, 문제나 스트레스 발생 시 효과적으로 대처하고, 생활주기상의 정상적·비정상적 도전과 변이(transition)를 능숙하게 처리하는 기능
- 원칙과 명확성, 유쾌한 상호작용, 감정의 표현 등으로 규정되는 열린 대화를 하는 기능과 효과적인 문제 해결과 갈등 해결을 주도해 내는 기능
- 상호 신용, 문제 다루기, 과거와 미래 세대 간의 관심을 가능하게 하는 믿음체계를 공유하도록 하는 기능
- 친척, 친구, 지역사회 그리고 큰 사회체계 안에서 기본적인 경제보장과 심리사회적 지지를 위한 적합한 자원으로서의 기능

2. 가족과 가족생활의 변화

1960년대 이후 한국뿐만 아니라 대부분의 서구 산업국가들은 급격한 가족 변화를 경험하고 있으며, 기든스(Giddens, 2007)는 이러한 현상이 전 지구적 차원에서 발생하고 있다고 보았다. 제2차 세계대전이 끝난 후 1960년대 중반까지 근대 핵가족 모델(독립적인 부부와 그들의 결혼하지 않은 자녀로 구성)은 서구 산업국가들에서 가장 위세를 떨쳤다. 물론 오늘날 서구 국민들의 많은 수가 여전히 이 모델에 따라 살고 있으나, 급격한 사회 변화의 직간접적인 영향으로 큰 변화를 겪고 있음은 부정할 수 없는 사실이다. 따라서 오늘날 핵가족은 서구 산업국가들에서 다양한 가족 유형 가운데 단지 하나일 뿐이며, 결혼과 가족 이외에 다양한 형태의 개인적인 삶의 양식들이 존재한다(Peuckert, 1991; 서수경, 2002). '다양한 가족 형태의 출현'은 더 이상 서구 산업국가들에서만 보이는 현상은 아니며, 한국 가족 또한 이런 경향으로 흘러가고 있다(장경섭, 2009).

오늘날 서구 산업사회의 일반적인 인구학적 발달 경향은 크게 네 가지로 살펴볼 수 있는데, 첫째는 동거 및 독신가구의 증가이며, 둘째는 결혼연령

의 변화로 지난 30여 년간 여성의 결혼연령은 높아진 것으로 나타났다. 셋째는 출생률의 감소 및 무자녀가족의 증가이며, 넷째는 이혼율의 증가로 1960년대 이후 이혼율의 상당한 증가가 나타났고, 이혼 증가와 함께 한부모가족, 재혼가족의 증가도 동반되었다.

한편, 현대사회의 가족의 특성 변화를 크게 세 가지로 설명하기도 하는데, 첫째는 가족과 외부환경 간의 관계가 매우 약한 것이다. 즉, 가족이 외부와 고립되었고, 이와 더불어 가족의 중요성은 물론 세대 간의 응집력 또한 크게 약화되었다. 둘째는 부부간의 성격 및 특질 변화다. 전통 가족에서는 가족의 이익이 최우선시 되고, 근대 가족에서는 가족 내에서의 개인의 행복이 최대화되는 반면, 포스트모던 가족에서는 가족 내에서든 외부에서든 관계(relation)를 통한 개인의 행복이 중요하게 부각된다. 셋째는 부모자녀 간의 상호관계 및 가족체계의 또 다른 요소다. 현대 가족은 부모와 그들의 성인자녀 사이의 관계가 매우 느슨한 것이 특징이다. 사춘기의 상당한 부분이 가정 내에서 사회화되었던 반면, 1960년대 이후에는 가정 외부의 사회집단인 또래집단이나 대중매체에 의해 사회화되고 있다. 이러한 가족 외부에 의한 사회적 통제는 청소년의 행동에 부모가 미칠 수 있는 영향력이 매우 제한되는 상황을 초래하였다(서수경, 2002). 이러한 가족과 개인 생활방식의 변화의 배경에는 다음과 같은 요인들이 있다. 첫째, 사회적 요인으로 서비스산업사회 및 정보화 사회로의 이행으로 여성취업이 확대되고 경제력이 향상되어 가족에 대한 의존성이 약화, 둘째, 출산율 저하와 평균수명 연장이라는 인구학적 변화로 자녀출산과 양육과 같은 전통적 가족역할이 감소, 셋째, 심리적 요인으로 교육수준의 확대 및 그와 관련한 개인적, 정치적 가치관의 변화, 전반적인 생활수준의 향상이 가져온 탈물질적, 문화적 삶에 대한 기대 증가 및 관용성, 평등적 관계에 대한 지향 등이 그것이다(박선영 외, 2008).

결국 1960년대 중반 이후의 가족과 관련된 서구 사회의 특징적인 인구사회학적 발달은 '개인주의화' '다원화' '탈제도화'의 경향을 보여 주고 있다고 볼 수 있다. 또한 가족은 '세상에서 가장 편히 쉴 수 있는 안식처'이자 '재미와 즐거움이 넘쳐나는 곳'이라는 이상과는 달리, 매 단계 질문하며 갈등하고 새로운 타협을 이뤄 내고 새로운 욕구를 충족시키며 삶을 이루어 가는 현실체로 존재한다(Beck & Beck-Gernsheim, 1999).

3. 한국의 가족과 가족생활의 변화

우리나라 가족에서의 변화도 서구사회 못지않게 급격하게 이루어지고 있다. 한국 사회의 변동에 비추어 가족의 변화를 살펴보면 다음과 같다(신수진, 2002: 37). 조선시대 이후 일제강점기의 가족 이데올로기는 전근대적인 모습, 다시 말해서 전통적 가족주의의 특성을 나타낸다. 이는 가족 구성원에서 출가녀를 제외하고 직계 이념에 충실한 가족 구성, 제사 및 재산 상속에서의 여성 제외 등의 관습을 포함한다.

1950년대 이후에는 전쟁과 더불어 한국 사회에서 근대성이 형성되었고, 이것이 정착되는 과정에서 가족의 모습이 여러 측면에서 변화되었다. 즉, 전쟁 이후 도시에서는 확대된 가족주의와 축소된 가족주의가 병행하여 발전하였고, 혼란한 사회 속에서 개인의 생존과 적응을 위한 가장 효과적인 수단으로서의 가족의 의미가 부각되었다. 산업화와 더불어 이농현상이 나타났고, 이러한 현상은 확대가족을 핵가족으로 재편하는 계기가 되었다. 또한 국가 주도의 가족계획 정책을 통해 소자녀 가구를 장려하고, 가족의 기능을 사적인 영역으로 축소하여 가족의 대사회적 중요성을 약화시켰다. 더나아가 자본주의가 진행됨에 따라 새로운 형태의 가부장적 원리가 나타났는데, 이는 '현모양처 이데올로기'로 설명된다. 현모양처 이데올로기는 낭만적 사랑을 강조한 사랑받는 아내, 성공하는 남편의 형태로 발전되어 부부 중심의 핵가족을 지향했기에 현대 가족의 모태가 되었다. 또한 가족체계 및 구성에서 핵가족의 비율이 증가하게 되고, 물리적·정신적으로 친족 조직과 멀어지게 되었으며, 결혼의 의미도 '개인사'로서의 의미가 커졌다.

근대화 이후 한국 사회에 유입된 낭만적 사랑이라는 개념은 1970, 1980년 대에 이르러 가족체계 안에 편입되어, 결혼과 사랑이 분리되어 존재하는 것이 아니라 사랑은 결혼의 기본 조건이며, 결혼은 사랑의 결실이 되었다. 더 나아가 현대사회의 가족은 후기 산업사회로의 이행 속에서 탈제도화, 다양화, 개인화 등 다양한 차원의 변화를 경험하고 있으며, 결혼은 남녀가 사회적 기본 단위로 묶여 의무와 역할을 기반으로 하여 노동력 재생산 기능을 수행하게 했던 제도적 속성을 벗어나, 애정과 친밀감을 바탕으로 한 두 인간의 자유로운 계약으로 변화하고 있다(송다영, 2005: 231).

이렇듯 오늘날 우리 사회의 가족구조와 가족 가치관은 급격한 변화를 겪고 있다. 여성의 사회적 역할의 증대와 더불어 가족기능의 변화도 동시에 나타나고 있다(최희경, 이인숙, 2005). 먼저 가족의 개념은 혈연, 결혼, 입양 등으로 엮어지고, 부부, 자녀로 이루어진 기본적 구도에서 많이 변화되었다. 이는 핵가족을 중심으로 하는 전통적인 가족에 대한 관점이 오늘날 더 이상 다양한 가족 형태의 삶을 반영해 주지 못하기 때문이다. 아직까지 상당한 가족이 전통적인 가족의 형태를 유지하고 있으나, 다른 다양한 형태의 가족 비율도 점차 증대되고 있다. 즉, 가족의 전통적 역할을 가장 잘 수행하는 규범적인 가족 형태로 간주되는 이성 간의 합법적 결혼에 기반한 부계 중심의 혈연가족과는 다른 형태의 가족이 증가하고 있다(변화순, 백경희, 김현주, 2001).

지난 30년간 한국 가족 형태의 두드러진 특징은 3세대 확대가족이 급격한 감소를 보이고, 부모와 자녀로 구성된 안정된 형태의 정형 가족은 줄어드는 반면, 자녀가 없는 부부가족이나 부모나 자녀와 함께 살지 않는 1인가구가 급속히 증가하고 있다는 것이다. 1975년에 가장 보편적이었던 2세대 가구의 비율은 70%대였으나, 2000년에는 60%대로 감소하였다. 독신의 증가로 1인가구는 1975년 4.2%에서 2000년 15.5%, 2012년 25.3%로 크게 증가하였다. 한부모가구, 조손가구, 1인가구, 비혈연가구 등 비정형 가족이 차지하는 비율은 1975년에 18.8%에서 2000년에는 24.7%, 2005년에 30.4%로 나타나 비정형 가족이 차지하는 비율이 전체 가구의 1/3 수준에 가까운 것으로 나타났다(최희경, 이인숙, 2005; 김혜영, 2008). 이렇듯 다양한 삶의 방식이 등장함에 따라 가족 또한 획일적인 형태라는 일반적인 인식에서 벗어나 다양한 형태의 가족이 있을 수 있음을 인정해야 한다는 주장이 높아지고 있다.

한국의 전통적인 가족의식은 집합주의적 이념을 표방하여 왔다. 따라서 가족 구성원 각자가 한 개인으로 존재하기에 앞서 가족의 한 성원으로 행동할 것을 강요받아 왔으며, 세대 간 위계질서에 기초한 부계혈통 중심의 가족연대가 강조되었다. 하지만 이러한 전통적인 가족주의, 집단주의, 귀속주의 성향은 성과 연령의 불평등적 관계를 초래하였고, 현대사회에서는 평등주의, 개인주의, 성취주의로 대체되어 가고 있다(양옥경, 2001: 176).

한국의 가족은 2세대 가족이 주류를 이루고 있음에는 별다른 변화가 없으나, 3세대 이상의 가족이 급격히 감소하는 반면 1세대 가족은 증가하는 구조상의 변화를 보이고 있다. 또한 이혼이나 재혼이 과거에 비해 매우 증가하였으며, 법과 제도적인 측면에서도 가부장적인 사고에서 점차 벗어나 양성 평등을 추구하며, 과거에 비해 여성의 지위를 인정하는 방향으로 변화되고 있다. 하지만 현실적으로 전통적인 가부장제가 여전히 우리 사회에 존재하고 있음을 부인할 수 없다. 가부장제는 두 가지 불평등의 질서로 구성되어 있다고 볼 수 있는데, 이는 남녀 불평등의 위계질서와 세대 불평등의 위계질서다. 현대 한국 사회에서 남녀 불평등의 위계질서는 세대 불평등의 위계질서에 비해 상대적으로 빠르게 해체되고 있는 반면, 세대 불평등의 위계질서는 여전히 존속되고 있음이 보고되었다(양옥경, 2000).

최희경과 이인숙(2005)은 한국 가족의 변화를 가치관적 요인, 사회구조적인 요인, 인구학적 요인 등으로 설명하였다. 가치관적 요인으로서 결혼에 대한 절대적 가치가 개인에 따른 상대적 가치로 전환되고, 이혼이나 재혼에 대한 부정적인 가치관의 변화가 수반되었다. 또한 부모자녀 관계와 부부관계 등에 대한 가치의 변화도 두드러져 자녀에 대한 필요성이 약화되고(김승권 외, 2001), 부부간의 이분화된 성역할 등에도 변화를 보이고 있다(양명숙, 1996). 사회구조적인 요인으로서 산업화와 도시화로 인해 가속화된 성별 노동 분업 체계 속에서 생성된 가부장제 가족과 부부의 역할구조 및 권력구조는 현대사회의 사회경제적 불확실성 속에서 변화되어 가족 변화에 영향을 미치고 있다(임인숙, 안병철, 2000). 게다가 여성들의 경제활동 참여 증대가 경제적 기능뿐만 아니라 사회적 역할의 가능성을 높이고 자녀 출산, 육아, 노령인구의 부양, 부부관계 등의 가족생활 전반에 큰 변화를 가져오게 되었다. 또한 인구학적 요인으로서 가치관의 변화 및 사회경제적 변화와 더불어 초혼 연령의 상승과 이로 인한 독신 미혼인구의 증가, 혼인율과 출산율의 감소, 이혼율과 재혼율의 급증, 평균수명의 연장 등이 다양한 가족 출현의 배경이 되고 있다(김승권, 2004; 윤홍식, 2004).

최연실(2013: 58-62)은 한국가족의 변화 양상에서 도출할 수 있는 관련 쟁점을 여섯 가지로 제시하였다. 첫째, 제도 대 자율로 결혼제도의 안정성 약화로 한국가족은 제도적 성향이 지배하던 측면에서 자율적 성향이 점진적으로 진행되고 있다. 둘째, 위계 대 평등으로 한국가족에서 현재 가장 첨예하게 부각되는 갈등을 제공하는 주요 인자는 성과 세대이며 한국가족은 전반적으로 위계를 강조하던 분위기에서 평등을 고려하는 방향으로 진전이 이루어지고 있다. 셋째, 공동체주의 대 개인주의로 한국가족은 전반적으로 공동체주의가 약화되고 점차 개인주의 경향이 강해지고 있다. 넷째, 폐쇄성 대 개방성으로 가족은 원래 사적 영역이라는 의식이 지배적이었으나 한국가족은 폐쇄적인 집단에서 외부세계와 보다 적극적으로 교류하고 공적 개입도 수용하는 개방적인 방향으로 변모하고 있다. 다섯째, 획일성 대 다양성으로 한국가족은 점차 단일민족 이데올로기나 유교문화에 기반 한 권위에의 순종 등 획일성의 지배에서 벗어나 다양한 가치를 받아들이고 자기 방식으로 '남과 다르게' 사는 방식에 대해서도 존중하도록 하는 분위기로 변화되고 있다. 마지막으로 도구성 대 친밀성으로 가족은 친밀성을 실현하는 가장 중심적인 집단이었으나 현실적으로 한국의 가족은 가족을 자원화하고 사회 속에서 생존해 내는 기본적인 안전장치로 활용하는 도구성이 상당한 정도로 침투해 가는 양상을 보인다.

4. 가족연구의 이론과 관점

가족이 우리에게 친숙한 제도이며 어느 정도 이해가 선행될 수 있다는 점은 가족에 대한 과학적 연구를 하는 데 오히려 장애가 되기도 한다. 따라서 연구자는 자신의 주관적 경험에 의한 관점을 배제하고 가족에 관한 체계적인 연구를 통해 일반화의 수준을 높일 필요가 있다(최경석 외, 2003).

개인을 다루는 이론들이 클라이언트를 이해하고 개입하는 데 도움을 주듯이, 가족이론들은 사회복지사들이 가족을 이해하고 적절한 개입을 할 수 있도록 돕는다. 여기서는 가족을 이해하는 데 필요한 틀을 제공하는 몇 가지 가족연구의 이론과 관점을 살펴보고자 한다.

1) 구조기능주의 이론

구조기능론자들은 사회를 하나의 유기체(organism)로 보아 인간의 몸에 비유한다. 즉, 여러 기관들로 형성된 몸은 생존 유지를 위해 각각의 기능을 수행하는데, 이런 유기체와 유사하게 가족, 종교, 교육, 정치, 경제제도 등이 부분 구조로서 전체 사회의 균형 유지를 위해 각각의 기능을 수행하고 있다고 본다. 이러한 관점의 효시는 뒤르켐(Durkheim)으로, 그는 가족을 전체 사회의 축소판으로 보고 사회적 차원에서 나타나는 역할 분화와 분업이 가족의 차원에서도 동일한 방식으로 나타난다고 보았다(석현호, 이정환, 김상욱, 2004).

또한 이 관점의 대표적인 학자인 파슨스(Parsons)는 뒤르켐의 전통을 이어

받아 가족을 사회체계 유지를 위한 중요한 기능 중 '유형 유지의 기능'을 담당하는 제도로 보았다. 즉, 부모들은 사회질서를 도모하여 체제의 안정을 유지하는 데 필요한 기본적인 가치관을 자녀들에게 내면화시키고, 이를 통하여 사회체계가 개인들에게 요구하는 인성을 형성하고, 그들이 사회에서 수행해야 할 역할을 교육한다고 주장하였다(Parsons, 1951; 조홍식 외, 2006 재인용). 또한 가족 내 역할 분화에 관심을 두고 가족은 생존과 유지를 위해 내부적으로 가족 구성원들 간의 관계를 책임지는 표출적(expressive) 지도자와 가족을 바깥세계와 연결시켜 주는 도구적(instrumental) 지도자가 필요하다고 보았다. 이 가족 내에서 아버지 혹은 남편은 도구적 역할(instrumental role)을 담당하여 가족의 생계를 책임지고 주요 문제에 대한 의사결정을 하는 등의 역할을 하고, 어머니 혹은 아내는 표출적 역할(expressive role)을 담당하여 가사와 자녀보호 등의 역할을 한다고 구분하면서 성별 노동 분화를 활용하는 것이 보다 효율적이라고 보았다(석현호, 이정환, 김상욱, 2004).

이러한 구조기능주의 이론은 1950, 1960년대 서구 산업사회에 커다란 영향을 미쳤다. 이 관점에서의 가족은 사회의 존속에 가장 중요한 기능을 담당하는 보편적·기본적 제도이며, 가족의 기능은 성행위를 규제하고 사회 구성원을 재생산하며, 자녀를 양육·교육하고 사회화시켜 사회체계를 통합하는 것이다. 가족, 특히 핵가족은 경쟁사회로부터 가족 구성원을 보호해 주는 안식처의 역할을 한다고 주장한다. 또한 산업화는 직장과 가족의 이원화된 분리현상을 가져왔고, 가족은 생계부양과 가사노동의 역할 분담을 담당하게 되어 남편의 가사노동 최소화와 부인의 사회활동 최소화를 초래하였다. 이 이론에 따르면 가족 구성원은 서로 사랑에 의해 결합되고 가족 내에서 일어나는 일들은 합리성과 타당성에 근거를 두고 있다.

구조기능주의 이론에서는 모든 사회제도들이 유기적인 연계를 지닌다고 본다. 따라서 현대사회의 가족문제도 그 근원이 사회제도들의 문제와 밀접하게 결부되어 있다고 간주한다(석현호, 이정환, 김상욱, 2004). 이러한 구조기능주의 이론은 성 평등적 관점에 의해 비판되고 있다. 구체적으로 기능론에서 보고 있는 소비적 기능의 가족은 경제생산 단위로서의 가족에 대한 성격을 은폐시켜 여성이 가지는 가사노동의 경제적·생산적 가치와 지역사회 내에서의 사회적 가치를 간과한다는 점을 지적하고 있다(김영화, 이진숙, 이옥희, 2003).

2) 상호작용이론/사회교환이론/갈등이론

다음으로 구조기능주의 이론의 정치적 보수주의, 남녀차별주의, 경험적 타당성 결여 등의 비판 대안으로 출현한 이론으로 볼 수 있는 상호작용이론, 사회교환이론, 갈등이론을 살펴보고자 한다.

먼저 상호작용이론은 역할이론과 현상학적 관점을 통해서 가족연구에 영향을 미쳤는데, 현상학적 관점에서는 인간들이 공유하는 상징의 의미가 사회적으로 구축되는 과정을 통해서 가족을 본다. 이 이론의 일차적 관심은 사회를 살아가는 사람들의 상호관계이며 이들이 어떠한 방식으로 상호작용하고 있는지에 관심을 둔다. 역할은 사회적 지위를 가지고 있는 사람에게 적용되는 규범이나 기대되는 행동을 말하는데, 인간은 가족생활을 통해서 일정한 역할을 인식하게 되고 그 역할에 따라 다양한 행동을 나타내는 역할의 총합체가 곧 가족이며 가족 내에서 구성원 상호 간에 의사소통을 통해 끊임없이 상호작용한다(김수환, 2011: 30). 상호작용이론은 가족연구에 있어 가족관계와 구성원의 역할에 초점을 맞추고 가족구성원의 일탈행동이나 문제행동을 이해하는데 기여하였다.

사회교환이론은 강화기제를 강조하는 행동주의 이론과 손익 비율을 강조하는 공리주의 경제 이론을 모형으로 하는 이론으로 개인을 삶의 보상을 위해 협상하는 존재로 보았으며 사회는 이러한 개인들로 이루어진 것으로 본다(Bahr, 1989: 15). 가족분야에 있어서 이 이론은 특히 부부관계에 초점을 맞추는데 배우자 선택이나, 부부 관계의 불평등성, 구성원 상호 간의 의사결정, 성 역할, 가족갈등, 별거 및 이혼 등을 설명하는 개념적 도구로 활용되었다. 가족을 하나의 작은 사회로 보았을 때 무조건적이고 긍정적인 관계가 아니라 가족구성원 간의 이해관계나 거래가 이루어진다고 보았다. 하지만 가족의 특성상 가족구성원들이 서로 간에 상업적인 거래를 하고 있다고 보기에는 무리가 있다는 비판을 받고 있으며, 경우에 따라서 인간은 자신의 생명을 희생시키면서 가족을 보호하려는 욕구가 있다(김수환, 2012).

갈등이론은 마르크스(K. Marx)에 의해 비롯된 것이 1960년대에 다시 나타난 것으로 이해되기도 하는데, 이 이론은 경쟁이나 투쟁을 회피해야 할 비정상적인 것이 아니라 가족을 포함한 사회 체계의 본질적인 것으로 간주한다(Bahr, 1989: 17). 이 이론에서는 자원과 권력, 협상, 합의 등이 중요한 개념이며 특히 권력은 갈등을 해결하는 힘이므로 누가 권력을 가지고 있느냐가 매우 중요하다. 가족도 사랑과 애정만이 아니라 그 속에 갈등이 존재하고 가족권력이 지배하고 있는 하나의 사회집단이라고 보았다. 이 이론은 가족을 화합과 적응으로 보는 지배적인 문화적 규범과 어울리지 않아 주목받지 못하다가 1970년대와 80년대 출현한 페미니즘이론과 비판이론에 흡수되었다(박민자, 2003).

3) 가족체계이론

가족에 대한 체계이론적 관점은 가족 개인에 초점을 두기보다는 전체로서의 가족을 강조하는 것으로, 가족에 대한 체계이론적 관점을 적용한 이론을 가족체계이론이라고 한다(조흥식 외, 2006). 체계이론은 가족에 대한 핵심적인 개념적 틀을 제공하고 있으며, 가족을 개인이 아닌 전체 가족의 맥락에서 접근한다는 점에서 그 유용성을 인정받고 있다. 가족체계 접근방법은 거의 모든 가족연구의 기초가 된다. 가족체계이론은 모든 가족이 사회적 체계라는 사고에 근거하는데, 이러한 관점은 개인의 탓으로 돌려져 왔던 문제들을 관계와 사회적 상호작용이라는 측면에서 파악할 수 있게 한다. 이렇게 가족을 하나의 체계로 간주할 때, 사회복지사는 가족을 서로 연계된 단위의 집합체로 보게 된다(Collins, Jordan, & Coleman, 1999: 40). 또한 가족체계이론은 가족 구성원들 간의 상호작용뿐만 아니라 가족과 주변 환경 간의 상호작용까지 모두 살펴보고 개입할 수 있다는 점에서 매우 유용하다(성정현 외, 2004).

체계이론의 기본적인 가정은 전체는 부분의 총합보다 크다는 것이다. 또한 모든 현상은 단순한 선형관계보다는 상호작용을 통한 총체적 입장에서 이해되어야 하며, 인간은 전체적인 생활체계의 부분이며, 그를 둘러싼 주위 환경과 분리해서는 생각할 수 없다는 것이다. 따라서 체계로서의 가족에 대한 개입은 가족 구성원들이 어떻게 서로에게 영향을 미치는가에 초점을 맞추고 있으며, 사회복지사는 개인의 행동 뒤에 어떠한 가족생활이 있으며, 각 구성원들이 어떻게 상호작용하고 있는지 이해할 필요가 있다(이원숙, 2007). 장휘숙(1995)은 가족체계이론이 전제로 하는 가족에 대한 네 가지 가정을 제시하였다. 이는 가족체계의 맥락 내에서 상호작용이 중시된다는 점, 가족은 독특한 상호작용 패턴을 갖는다는 점, 대부분의 가족들은 가족체계가 손상되는 일 없이 지속될 수 있도록 안전성을 추구한다는 점 그리고 가족체계는 시간 경과에 따라 변화한다는 점이다.

한 체계란 하나의 기능적인 전체를 만드는 질서 있게 서로 연관된 요소들의 집합을 의미하는데, 가족도 하나의 체계며 복잡한 구성요소(가족 구성원들)로 구성되어 있는 역동적인 체계로 인식된다(손병덕 외, 2006). 사회체계로서의 가족은 각 가족 구성원의 개인적 특성의 합보다 크다. 따라서 사회복지사는 가족 구성원이 다른 가족 구성원과 어떻게 상호작용하는지를 관찰함으로써 가족을 보다 잘 이해할 수 있다.

한편, 한 체계 내에서 관계를 특징짓고 그 체계에 특정한 독자성을 부여하도록 반복적으로 일어나는 행동의 형태를 경계(boundaries)라고 한다. 이러한 경계는 부모와 자녀 간에 존재할 수 있는데, 가족의 경우 경계는 명확하면서도 융통성이 있어야 한다. 경계가 지나치게 경직되어 있거나 혼란되어 있는 경우에는 가족 내에 문제가 발생할 가능성이 높다. 칸터와 레어

(Kantor & Lehr, 1975)는 경계의 속성을 기준으로 가족을 개방적 가족, 폐쇄적 가족, 무질서한 가족으로 구분하였으며, 사티어(Satir, 1983)도 개방적 가족과 폐쇄적 가족으로 유형화하였다. 경계는 그 가족의 가치체계를 반영하며, 역사적·전통적 특성을 반영한다. 가족 경계의 특성을 이해하는 것은 가족을 사정하는 데 매우 중요하다(성정현 외, 2004).

가족복지를 실천하기 위해서는 무엇보다 가족의 내외적인 상호작용과 그에 영향을 미치는 환경적 요인들 간의 관계를 파악하는 것이 중요하다. 체계적 관점에서 가족을 이해하고 개입하기 위해서는 각 가족 구성원의 심리사회적 문제와 더불어 가족 구성원들 간의 관계 및 상호작용 패턴, 더 나아가 가족 구성원과 더 큰 사회체계 간의 관계 및 상호작용 패턴에 관심을 두어야 한다(성정현 외, 2004: 116).

이러한 가족체계이론은 가족역동을 이해하는 데 유용하지만, 아내학대나 성학대와 같은 심각한 문제를 설명하는 데 한계가 있다는 지적을 받고 있다. 그리고 여성주의자들은 가족체계이론이 성 편견을 내재하고 있다는 이유로 이 이론을 비판하고 있다.

4) 성 평등적 관점

페미니즘(feminism)은 남성과 여성이 동등하며 양성은 사회적으로 동등한 대우를 받고 권리를 가져야 한다는 믿음을 말하며, 전통적인 성역할의 개념이 자연스러운 현상이며 사회에 효과적이라는 시각에 반기를 든다(석현호, 이정환, 김상욱, 2004). 여성주의자들은 여성의 행동을 제약하는 사회제도, 규범, 역할 등을 찾아내어 그것을 개선시키기 위하여 노력해 왔으며, 특히 가정생활에서의 여성의 억압에 초점을 맞추었다. 즉, 현재의 가족체계는 남편과 아내가 서로 다른 계급에 놓이고, 이익과 권력에서 불평등이 존재하며, 이러한 가부장적 체계는 권력을 가진 남성의 이익에만 기여할 뿐 여성들은 억압되어 있다고 본다(조홍식 외, 2006). 따라서 여성주의자들은 남성

중심의 가부장적 가족제도에서 벗어나 부부, 자녀 관계가 모두 동등하고 민주주의적인 가족제도를 추구한다. 그들은 결혼과 가족은 인간의 본성에 기초한 자연스러운 현상이 아니라 시간과 공간의 제약을 받는 사회적 산물로 간주하며, 가족이 단일체라기보다 권력단체의 구조임을 주장한다.

　또한 여성주의자들은 가족이 직접적인 이윤을 남기지는 않으나 경제활동 단위로 보아야 하고, 여성의 가사노동도 경제활동으로 보아야 한다고 생각하며, 남녀 간의 성역할 분리가 사회적 불평등을 초래하고 심화시킨다고 본다. 여성이 가사노동을 담당하고 정서적이고 감정적인 면을 가진 데 반하여 남성은 경제활동에 참여하고 이성적이고 합리적인 성향을 더욱 많이 가지고 있다는 일반적 생각에 반대하는 입장이다. 즉, 이러한 사고가 여성 억압의 원인이 되고 남성 우월을 조장한다고 본다. 또한 가족 속에서 나타나는 여성 억압과 가정폭력에 주목하며, 가족은 여성에게 가장 직접적인 억압의 형태를 띠고 있다고 주장한다.

　여성주의는 각각 다른 인식론적 근거 위에서 여성에 대한 억압의 원인과 성격을 달리 규정하고 있는 다양한 하위 패러다임이 있다. 자유주의적 여성주의는 18, 19세기에 태동된 자유주의(liberalism) 사상(모든 인간은 평등하다)을 인식론적 근거로 하여, 모든 사람이 법에 의거한 동등한 권리와 기회를 보장받으며 국가의 지나친 간섭에서 벗어날 때 성 평등이 실현될 수 있다는 입장이다. 남녀평등에 대한 일반인의 인식 증대, 재산 상속 시 여성에게 동등한 권리 부여, 남편의 출산 및 육아휴직제 인정, 고용 및 직장에서의 성차별을 금지하는 법 제정 등은 자유주의적 여성주의자들의 노력의 산물이라고 볼 수 있다(석현호, 이정환, 김상욱, 2004). 하지만 현실적으로 동일한 교육을 받은 여성이 취업 기회에서 남성과 동일하지 않으며, 동일한 노동을 하는 여성이 동일한 임금을 받지 못하고 승진의 기회에서도 뒤처져 있으며, 결혼을 하는 경우 여성은 가사노동, 가족보호 노동의 부담으로 직장생활의 병행에 어려움을 겪는다. 자유주의적 여성주의는 공적 영역만을 강조하고 가정에서의 성별 분업과 같은 사적 영역을 간과한다는 제한점을 지닌다.

급진적 여성주의는 여성 특유의 경험을 중시하여 남녀 간의 생물학적 차이에 초점을 두고, 여성의 생물학적 특성인 출산과 임신을 여성에게 경제적이고 사회적인 불이익을 가져오는 주요 요인으로 파악한다(최선화, 2005). 급진적 여성주의는 여성의 평등이 사회의 모든 제도와 부문에 걸쳐 근본적 변혁이 이루어져야 가능하다고 보는데, 무엇보다도 가부장 제도와 문화가 완전히 타파되어야 한다고 주장한다. 이러한 급진적 여성주의는 생물학적 특성에만 초점을 두어 남녀의 특질을 고정시키려 하고, 남녀관계를 적대적인 것으로 파악하며, 여성 간의 차이를 무시한다는 측면에서 비판을 받고 있다.

사회주의적 여성주의는 1960년대 이후 마르크스주의와 급진주의에 대한 비판과 통합에서 자본주의를 유지하는 가족제도와 가족 내 성별 분업에 관심을 가지며, 남성은 공적 영역에서의 생계부양, 여성은 사적 영역에서의 가사노동과 보호업무라는 성별 분업이 남성의 여성에 대한 억압의 요인이라고 본다. 자본주의체제와 성차별 이데올로기의 연관성을 강조하면서 자본가 계급에 의해 왜곡되어 나타나는 성차별의 현실을 인식론적 기원으로 한다. 사회주의적 여성주의는 산업노동자로서의 여성노동과 가정 내 여성노동의 보수에 관심을 가지며, 핵가족을 비판하면서 여성과 남성에게 부여된 전통적인 성역할을 넘어서 양성적이고 완전한 인간을 지향한다. 그리고 상품화되고 타락하여 소외된 성을 극복하고자 하며, 가사노동의 분업화와 사회화, 가사노동을 보조하거나 대신해 주는 사회적 서비스의 증대, 사회보장제도에서 여성의 개인 자격으로의 수급권 확보 등에 관심을 기울인다(최선화, 2005).

페미니즘은 남녀의 역할에 대한 전통적 견해를 가지고 있는 사람들에 의해 다양한 이유로 저항 받고 있으나, 경제, 교육, 문화, 정치 등 사회 전반에 걸쳐 지지하는 사람들이 증가하면서 그 영향력이 커지고 있다(석현호, 이정환, 김상욱, 2004).

이러한 성 평등적 관점에서 본 가족의 근본적 과제는 가족에 대한 올바른 관점을 제시하고, 가정을 탈신비화하며, 여성의 경험과 문제의식을 제대로 파악하는 것이라고 볼 수 있다(김영화, 이진숙, 이옥희, 2003). 또한 여성이 가족의 봉사자나 희생자가 아니라 여성 개인으로서의 주체적 위치가 함께 부각되어야 한다는 것이다.

그동안 한국의 가족연구 경향을 살펴보면 개인-가족의 안정성을 바탕으로 가족을 사회문화와는 분리시켜 연구해 왔다(신수진, 2002). 또한 한국 가족을 대상으로 이루어진 대부분의 연구들은 서구에서 시작된 이론적 지향 또는 개념틀로써 진행되어 왔다고 볼 수 있다. 가족과 관련된 지난 10년간의 연구논문의 결과를 살펴보면, 가족 구성원의 상호작용 및 행위 특성에 대해 서구에서 만들어진 이론이나 개념틀에 의거한 가설검증 연구나 실험연구가 전체 연구의 95% 이상을 차지하고 있다. 가족은 자족적인 사적 단위가 아니라 공적인 성격을 가진 사회 속의 한 단위다. 그렇기에 가족에 대한 연구는 단지 인간 행동의 사적 영역에 대한 연구에 국한된 것이 아니며, 가족에 대한 가치체계를 살펴봄으로써 사회를 구성하고 있는 이데올로기적 층위를 재검토하는 작업이 이루어져야 할 것이다(신수진, 2002: 23).

5) 건강가정 관점

현대 사회의 가족현상을 설명하기 위한 새로운 관점인 건강가정 관점이 제시되었는데 그 배경에는 여성의 사회 진출이 증가하였으나 남편의 가사노동 참여는 저조하여 여성의 역할 과중으로 저출산 현상이 심각해지고, 이혼, 폭력, 노인부양 등 현대 사회에 발생한 가족의 여러 문제가 가족 구성원이 스스로 해결하기 어려울 정도로 심각해진 것이다. 송혜림 등(2010)은 가족이 더 이상 가만 놔두어도 알아서 잘 기능하거나, 노력하지 않아도 주어지는 생활단위가 아니라 가정의 문제를 해결하고 예방함으로써 행복하고 건강하게 만들어가야 한다고 주장하였다.

건강가정 관점은 서구의 가족연구인 스티네트와 드프레인(Stinnett &

Defrain, 1985)의 강한가족(Strong Family), 월시(Walsh, 1998)의 탄력적인 가족(Resilient Family), 비버스와 햄프슨(Beavers & Hampson, 1990)의 최적의 가족(Optimal Family), 엘킨드(Elkind, 1995)의 활기 있는 가족(Vital Family)으로 연구되어 온 것을 바탕으로 우리나라에서도 1990년대부터 건강가족에 대한 연구를 시작하여 생긴 관점으로 볼 수 있다(유영주, 1993). 건강가정 관점은 가족이론은 아니지만, 가족의 기능을 강조한 관점으로 가족구조와 상관없이 가족 구성원이 긍정적 상호작용을 하고 정서적 기능을 잘 수행하면 기능적인 가정으로 본다(김자영, 조병은, 2008). 가족 내 구성원 간의 상호작용을 중요하게 간주한다는 점에서는 앞서 살펴본 상호작용이론과 유사하나, 상호작용이론은 가족관계와 구성원의 역할에 중심을 두고 구성원의 일탈행동이나 문제행동을 이해하는 데 효과적인 반면 건강가정 관점은 가족 내 긍정적 상호작용이나 정서적 기능에 초점을 두었다는 점에 차이가 있다.

건강가정 관점은 가족의 외적 형태보다는 가족 구성원이 열린 대화로 효과적인 상호작용을 하며 친밀감과 결속력을 강화하고, 역할을 공유하며 갈등을 해결하고 문제해결력을 증진시키는 가족의 내적기능을 강조하는 관점이다.

생각해 볼 문제

1. 현대사회에서 가족이란 어떤 의미인지 논하시오.
2. 가족의 핵심적 기능에 대해 설명하시오.
3. 건강한 가족기능의 조건에 대하여 설명하시오.
4. 오늘날 서구 산업사회의 일반적인 인구학적 발달 경향에 대해 설명하시오.
5. 현대사회의 가족의 특성 변화에 대해 논하시오.
6. 지난 30년간 한국 가족 형태의 두드러진 특징은 무엇인지 설명하시오.
7. 가족연구의 이론 중 구조기능주의 이론의 비판점에 대하여 논하시오.
8. 가족연구의 이론 중 상호작용이론/사회교환이론/갈등이론을 비교하여 설명하시오.
9. 가족체계이론이 전제로 하는 가족에 대한 네 가지 가정에 대해 설명하시오.
10. 성 평등적 관점에서 본 가족의 근본적인 과제는 무엇인지 설명하시오.

참고문헌

권복순(2000). 모자가족의 어머니와 자녀가 지각한 가족기능의 특성. 한국사회복지학, 40, 5-37.

권윤정(1995). 만성질환을 가진 노인이 인지하는 가족기능과 그의 삶의 만족도에 관한 연구. 연세대학교 석사학위논문.

김규원(1995). 가족개념의 인식과 가치관. 가족학논집, 7, 213-255.

김수환(2012). 가족복지론. 경기: 공동체.

김영화, 이진숙, 이옥희(2003). 성인지적 가족복지론. 경기: 양서원.

김인숙(2005), "여성가족부 신설과 가족복지의 관점 및 방향", 가족사회복지학회 춘계학술대회 자료집.

김인숙(2010), "여성부 확대 개편과 가족정책의 과제", 가족사회복지학회 춘계학술대회 자료집.

김승권(2004). 다양한 가족의 출현과 사회적 지원체계 구축방안. 한국보건사회연구원.

김승권, 이태진, 김유경, 송수진(2001). 최근 가족해체의 실태와 정책방안에 관한 연구. 보건사회연구원.

김자영, 조병은(2008). 구조기능론, 발달론 및 건강가정 관점에서 비교한 고등학교 1학년 기술, 가정 교과서 가족 관련 단원 내용 분석. 한국가정과교육학회지, 20(1), 117-136.

김훈경, 이용환, 유병철(2007). 노인의 생활만족도 결정요인. 고신대학의과대학학술지, 22(1), 21-33.

김혜영(2008). 신자유주의와 다양한 가족, 한국사회, 9(2).

박민자(1995). 가족의 의미. 여성한국사회연구(편), 가족과 한국사회(pp. 1-33). 서울: 경문사.

박민자(2003). 현대의 가족사회학: 이론적 관점과 쟁점. 사회와 이론. 2. 293-325.

박선영, 윤덕경, 박복순, 김혜경(2008). 여성 인권보장 및 차별해소를 위한 관련법제 정비연구(II): 가족의 다양화에 따른 관련 법제 정비연구. 서울: 한국여성정책연구원.

변화순, 백경희, 김현주(2001). 한국가족의 변화와 여성의 역할 및 지위에 관한 연구. 서울: 한국여성개발원.

서수경(2002). 서구의 '포스트모던 가족' 연구에 대한 고찰. 한국가족관계학회지, 7(1), 19-37.

석말숙(2013). 장애인가족과 비장애인가족의 가족기능 비교연구: McMaster Model의 적용. 한국가족복지학, 18(2), 105-131.

석현호, 이정환, 김상욱(2004). 사회학. 서울: 그린.

성정현, 여지영, 우국희, 최승희(2004). 가족복지론. 경기: 양서원.

손병덕, 강란혜, 백은령, 서화자, 양숙미, 황혜원(2006). 인간행동과 사회환경(2판). 서울: 학지사.

송다영(2005). 가족가치 논쟁과 여성의 사회권에 관한 고찰. 사회복지정책, 22, 231-254.

송혜림, 고선강, 박정윤, 권혜진, 김유경, 진미정(2010). 가족친화환경 측면에서 본 남성의 아버지 역할 수행 실태. 한국가족자원경영학회, 14(4), 341-361

신수진(2002). 한국가족 연구의 사회문화적 접근을 위한 소고. 한국가족관계학회지, 7(2), 21-41.

양명숙(1996). 남·녀 대학생들의 결혼에 대한 가치관 비교 연구: 대전지역을 중심으로. 한남대학교 논문집, 26, 85-103.

양옥경(2000). 한국 가족개념에 관한 질적연구. 한국가족복지학, 6, 69-99.

양옥경(2001). 가족개념에 관한 대학생의 의식 연구. 한국가족복지학, 7, 175-199.

유영주(1993). 가족학. 서울: 하우.

유영주, 김순옥, 김경신(2000). 가족관계학. 서울: 교문사.

윤홍식(2004). 가족의 변화와 건강가정기본법의 대응: 한국가족정책의 원칙과 방향 정립을 위한 고찰. 한국가족복지학, 14, 263-293.

이원숙(2007). 가족복지론(2판). 서울: 학지사.

임인숙, 안병철(2000). 경제위기가 가족해체 고려에 미치는 영향. 가족과 문화, 10(2), 165-188.

장경섭(2009). 가족, 생애, 정치경제: 압축적 근대성의 미시적 기초. 서울: 창비.

장휘숙(1995). 가족심리학. 서울: 하우.

조미숙, 오선주(1999). 청소년기 자녀가 지각한 가족관계 변인과 청소년의 가족 가치관. 한국가족관계학회지, 4(1), 67-89.

조흥식, 김인숙, 김혜란, 김혜련, 신은주(2006). 가족복지학(3판). 서울: 학지사.

최경석, 김양희, 김성천, 김진희, 박정윤, 윤정향(2003). 한국 가족복지의 이해. 서울: 인간과 복지.

최선화(2005). 여성복지론. 경기: 학현사.

최연실(2013). 한국가족의 변화에 대한 일고찰: 변화양상, 맥락 및 쟁점을 중심으로. 한국가족관계학회지, 17(4), 41-65.

최희경, 이인숙(2005). 비정형가족의 특성과 가족복지에의 함의: 강점관점을 중심으로. 한국가족복지학, 15, 245-283.

Beck & Beck-Gernsheim (1999). 사랑은 지독한, 그러나 너무나 정상적인 혼란 (강수영, 권기돈, 배은경 역). 서울: 새물결.

Bahr, S. J. (1989). *Family Interaction*. New York: Macmillan Publishing Company.

Beck-Gernsheim (2000). 내 모든 사랑을 아이에게? (이재원 역). 서울: 새물결.

Coleman, W., & Cressey, D. R. (1990). *Social Problems* (4th ed.). NY: Harper & Row.

Collins, D., Jordan, C., & Coleman, H. (1999). *An Intorduction to Family Social Work*. Peacock Publishers, Inc.

Elliot, F. R. (1993). 가족사회학(안병철, 서동인 공역). 서울: 을유문화사.

Giddens, A. (2007). The global revolution in family and personal life. In A Skolnick and J. Skolnick(Eds.), *Family in transition* (pp. 26-31). Boston, MA: Allyn and Bacon.

Kantor, D., & Lehr, W. (1975). *Inside the Family*. CA: Jossey-Bass.

Kendall, D. (2001). *Sociology in Our Times* (3rd ed.). Belmont, CA: Wadsworth.

Levi-strauss(1971). The Family, in H. Shapiro (Ed.), man, culture and Society. OUP: London.

Murdock, G. (1949). *Social Structure*. NY: Macmillan.

NASW (1987). *Encyclopedia of Socal Work*.

Parsons, T. (1951). *The Social System*. NY: Free Press.

Peuckert, R. (1991). *Familienformen im sozialen Wandel*. stuttgart: UTB.

Satir, V. (1983). *Conjoint Family Therapy* (3rd Ed.). CA: Science and Behavior Books.

Strong, B., & Devault, C. (1992). *The Marriage and Family Experience*. West Publishing Co.

Walsh (1998). *Strengthening Family Resilience*. NY: Guilford Press.

Zatrow, C. H., & Kirst-Ashman, K. K. (2004). *Understanding human behavior and the social environment* (6th ed.). Belmont, CA: Brooks/Cole.

제2장

가족복지의 이해

　앞 장에서 살펴보았듯이 급격한 출산율 감소, 이혼율의 증가, 가족 내 부양과 돌봄의 공백 증가, 가족 내 불평등으로 인한 가족 갈등의 증가, 한부모가족의 증가 등으로 인한 가족 빈곤의 심화 및 빈곤의 여성화 현상은 현재 우리 사회에서 가족을 둘러싼 사회적 결과의 대표적 지표로 볼 수 있다(김인숙, 2005). 이러한 상황에서 2010년 정부조직법의 개정으로 가족해체 및 다문화가족 등 현안 사항에 적극적으로 대처하고자 보건복지가족부의 청소년 및 다문화가족을 포함한 가족기능을 여성가족부로 이관하여, 여성, 가족, 청소년 정책 및 건강가정사업을 위한 아동업무를 맡게 되었다. 가족업무는 여성가족부와 보건복지부를 오가며 확실하게 자리매김하지 못하고 있으며, 여전히 전문가들은 우리나라 가족정책의 최초의 법적 근거라 할 수 있는 건강가정기본법의 실효성에 의문을 가지며 법률의 개정을 주장하고 있는 실정이다. 이 장에서는 이러한 상황 속에서 가족복지 정책과 서비스가 어떠한 방향으로 나아가야 할지를 살펴보기 위해 우선 가족복지의 개념과 필요성을 제시하고 가족복지의 접근방법과 관점을 다룬다.

1. 가족복지의 개념 및 발달

가족복지는 영어로 family social work, family social welfare, family welfare, family service 등으로 사용되고 있다. 가족복지는 개념적으로 고정화시키기가 어려워 지금까지 그 개념이 혼란스럽게 사용되고 있다는 점을 부인하기 어렵다. 그 이유를 살펴보면, 가족은 사회의 기본 제도로서 모든 문제와 정책에 직간접적으로 영향을 받을 수밖에 없으며, 사회복지의 다른 분야인 아동문제, 노인문제, 장애인문제 등의 분야와 중첩되고 구분이 곤란한 점이 많다(조홍식 외, 2006). 또한 건강가정기본법 이외에 아직까지 가족복지법이 없기 때문에 가족복지의 실체를 파악하기가 쉽지 않다. 더 나아가 국가와 시대에 따라 가족복지는 상이하게 규정되기 때문에 가족복지의 단일한 개념을 규정하기란 쉽지 않다.

이렇게 가족복지의 개념이 시대와 문화에 따라 다양한 의미를 지닐 수 있음을 전제로 하고 여러 학자들의 정의를 살펴보면 다음과 같다. 먼저 최경석 등(2003)은 가족복지를 한 단위로서의 가족의 전체성에 주목하면서 가족과 가족 성원이 경험하는 문제를 해결하여 가족이 건강하고 행복한 상태를 유지할 수 있도록 하는 거시적이고 미시적인 사회적 대책으로 정의하였다. 김영화 등(2002)은 가족복지를 가족의 욕구와 문제를 스스로 충족시킬 수 있도록 그 잠재력을 개발하고, 가족의 역할과 기능을 활성화시키며, 생활의 질적 향상을 위해 여러 가지 형태로 사회가 개입하는 것으로 보았다. 펠드먼과 슈어츠(Feldman & Scherz, 1968)는 전체로서의 가족은 물론 그 구성원들의 사회적 기능 수행을 효과적으로 증진시킴으로써 가족 구성원들 모두에게 행복을 도모하도록 하기 위한 사회복지의 한 분야로 정의하였다. 한편, 콜린스, 조던 및 콜먼(Collins, Jordan, & Coleman, 1999)은 가족복지의 일차 목적을 모든 가족 구성원들이 각자의 발달적 · 정서적 욕구를 충족하면서 가족들이 보다 유능하게 기능하는 것을 배울 수 있도록 돕는 것이라고 보고 다음의 세 가지 목표를 제시하였다. 첫째, 가족복지는 가족이 변화를 위해 준비하도록 가족의 강점을 강화하는 것이다. 둘째, 가족치료 후 추가 지원을 제공함으로써 가족이 효과적으로 가족기능을 수행하고 유지하는 것이다. 셋째, 효과적이고 만족할 수 있는 일상생활을 지속하도록 가족기능 수행에서 구체적인 변화를 창출하는 것이다. 미국사회사업가협회(NASW, 1995)에서는 가족복지의 주된 목적을 가족 구성원의 대인관계 능력 향상과 가족생활의 적극적인 가치를 살려 구성원 개개인의 건전한 인성을 발달시키고 만족스러운 사회적 기능을 성취하는 데 기여하는 것으로 보았다.

이러한 다양한 가족복지의 정의를 종합하여 조흥식 등(2006)은 가족복지를 다음과 같이 정리하였다. "가족복지란 목적 면에서는 국민 생활권의 기본 이념에 입각하여 가족의 행복을 유지시키고자 하는 것이며, 주체 면에서는 가족을 포함한 사회 구성원 전체가 되며, 대상 면에서는 가족 구성원 개개인을 포함한 '한 단위로서의 가족 전체'가 되며, 수단 면에서는 제도적ㆍ정책적ㆍ기술적 서비스 등 조직적인 제반 활동이 되며, 범위 면에서는 사회복지의 한 분야가 된다."(p. 78)라고 제시하였다. 결국 가족복지는 가족을 위한 사회복지라는 관점에서 볼 때 가족생활을 보호하고 가족 구성원들의 사회적 기능 수행을 향상시키기 위해 가족 구성원 개인이나 가족에 대한 서비스뿐만 아니라 가족정책의 수립 및 수정에 대한 노력까지 포함한다고 볼 수 있다.

하지만 그동안 우리나라의 가족복지는 주로 가족의 관계적 기능에 초점을 두고 가족의 적응을 돕고 치료하는 데 관심을 두었다. 이러한 가족의 적응과 치료는 사회 내에서 기술 중심 전문직으로서의 위상을 유지하고 향상시키는 데 일조하지만, 현 사회의 급격한 변화와 더불어 가족의 변화에 제도적으로 대응하는 데는 한계가 있다는 지적을 받고 있다(김인숙, 2005).

가족복지는 크게 가족복지 정책과 가족복지 실천으로 나누어 볼 수 있는데 가족복지 정책은 영국을 중심으로 한 유럽에서 발달해 왔으며, 가족복지 실천은 주로 미국을 중심으로 발달해 왔다(김수환, 2011). 영국을 비롯한 유

럽 국가들은 1940년대 이후 가족수당이 보편화되고 1970년에는 가족소득
보조제도와 아동급여제도가 도입되어 가족문제에 대하여 국가가 적극적으
로 지원하였다. 하지만 1990년대 이후 국가의 재정적 어려움이 사회복지비
의 과다한 지출로 인한 것이라는 비판으로 각종 가족복지제도의 축소와 급
여의 감소 현상이 나타났다. 한편 미국에서도 빈곤문제에 대한 대응책으로
가족복지가 발달해왔는데 유럽과 달리 빈곤과 개인이 처한 모든 문제는 개
인과 그 가족의 책임이라는 의식이 강하였다. 따라서 미국에서는 가족복
지의 국가적, 제도적 발달보다는 민간적, 실천적 발달이 활발하게 전개되
었다.

　우리나라는 역사적으로 가문을 중시하였으나 가족문제를 해결하거나 가
족복지를 증진하기 위한 적극적인 노력이나 조치를 취하지 않았다. 일제시
대에 들어서서 사회복지사업에 대한 관심이 높아지면서 가족복지사업이 나
타나기 시작했다고 볼 수 있는데, 특히 1921년 태화여자관이 설치되면서 가
족복지사업이 부분적으로 이루어졌으며 한국전쟁을 거치고 1961년 태화사
회관에서 가족상담사업을 실시하여 가정을 주 1회 정기적으로 방문하였다.
이 당시 대학교육을 받은 전문가들이 가족생활과 가족복지에 관심을 가지
고 가족서비스를 제공하고자 시도한 것이다. 1960년대 이후 국가 주도에 의
한 산업화와 도시화가 진행되면서 우리나라의 전통적인 가족생활에 변화가
일어나고 이에 대응하여야 하였다. 그리하여 1980년대 이후 사회복지관들
이 전국적으로 설치되면서 대부분의 사회복지관에서는 가족복지 프로그램
을 마련하여 사회복지사들에 의하여 운영되었다.

　가족과 관련된 최초의 법령은 1958년 민법으로 볼 수 있고, 1961년 생활
보호법 이후 1999년 국민기초생활보장법으로 변경되었으며, 1977년 의료
보험법 본격 추진, 1986년 국민연금법 개정, 1997년 가정폭력범죄의 처벌
등에 관한 특례법과 가정폭력방지 및 피해자 보호 등에 관한 법률 제정,
2003년 건강가정기본법, 2008년 다문화가족지원법이 제정되었다.

2. 가족복지의 필요성

사회복지 정책과 실천의 전 영역에서 가족은 주된 대상이며 문제해결의
주체로 부각되고 있다. 특히 사회복지 실천에서 가족 중심 실천은 통합성과
효과성으로 인하여 그 중요성이 특히 강조된다(최희경, 이인숙, 2005). 또한
우리 사회가 후기 산업사회로 나아감에 따라 가족문제나 가족해체의 발생
이 증가하며, 가족 중심의 비공식적 복지가 축소될 가능성은 매우 커졌다
(김태현 외, 2000). 현재 우리 사회의 가족 상황은 사회경제적 변화와 더불어
가족의 구조나 관계, 기능, 역할, 가치관을 비롯하여 가족생활 전반에 걸쳐
많은 변화를 겪고 있다. 가족 내외적인 변화로 인하여 가족은 다양하고 복
잡한 가족문제에 직면하고 있으며, 가족문제의 증가는 개인과 사회 전체 모
두에게 많은 부담과 부작용을 낳는다. 이러한 상황 속에서 그동안 가족이
수행하던 많은 기능을 축소하고 가족복지 서비스가 가족기능을 보완하고
대체하게 되어, 가족복지의 필요성이 그 어느 때보다도 부각되고 있는 실정
이다. 여기서는 이러한 가족복지의 필요성을 보다 구체적으로 살펴보고자
한다(최경석 외, 2003: 50-52).

1) 가족과 사회관계에 대한 시각의 변화

가족은 개인과 사회의 존속을 위해 없어서는 안 될 중요한 기능적 과업을
수행하며, 가족과 사회의 관계성이 더욱 긴밀해지고 있다. 현대사회는 취업
모 증가, 평균수명의 연장, 탈시설화 정책, 소가족화 등의 변화를 겪으며,
가족의 기능은 약화되면서 책임은 오히려 증가되고 있다. 이러한 사회 변화
에 맞춰 다양한 가족복지 서비스가 제공되어야 한다.

2) 가족에 대한 개입의 관점 변화

1980년대 이전까지는 자유주의 국가에서 가족 성원의 보호는 가족의 책임으로 간주되었으며, 국가가 가족에 개입하는 것이 오히려 문제를 일으킨다는 입장을 취했다. 하지만 이러한 관점은 이제 낡은 이데올로기로 여겨지고 있다. 기혼여성의 취업 증가로 가족에 대한 국가 개입을 꺼리는 보수적 입장을 취하고 있는 국가에서조차 가족에 적극 개입하는 계기를 만들어 주고 있는 실정이다.

3) 다양한 가족 형태의 등장과 욕구의 다양화

다양한 가족의 형태가 등장하면서 이러한 다양한 가족들의 욕구를 충족시켜 주는 가족복지 대책이 필요하게 되었다. 이제 다양한 형태의 가족을 문제가족으로 보고 접근하던 기존의 가족복지 정책은 오히려 가족을 해체시키고 가족문제를 심화시키는 요인으로 작용하게 되었다. 그러므로 다양한 형태의 가족을 인정하고 그들에 맞는 가족복지 서비스를 제공하여야 한다.

4) 사회문제 해결 단위로서 가족의 유용성

역사적으로 볼 때 가족은 인간과 사회의 문제를 해결하는 데 효율적인 단위라는 사실이 강조된다. 예를 들어, 사회주의 국가에서는 전통적인 가족제도를 없앰으로써 사회주의 혁명을 완수하려 하였으나, 가족을 대신하는 공동체(콜호츠, 인민공사, 집단농장 등)를 건설하려던 시도는 경제적 비효율성과 아동의 건강한 양육의 실패로 얼마 못 가 가족보호로 후퇴하게 되었다. 이는 가족을 부정하던 사회주의 국가에서 가족이 사회체계의 핵심적 단위이자 문제 해결을 위한 효과적인 단위임을 인정한 사례라고 볼 수 있다. 또한 인간의 문제를 해결하고자 하는 접근방법으로 개인을 대상으로 한 개별적인 접근보다 가족을 단위로 한 가족치료(상담)가 문제 해결에 보다 효과적이라는 결과가 나오기도 하였다.

요약하면, 이제 가족 스스로 가족 내에서 수행하던 복지의 기능은 사회가 분화되고 변화됨으로써 더 이상 그 기능을 담당할 수 없게 되었고, 가족의 복지기능을 강화하고 보완·대체하기 위한 제도적 장치가 절실히 요구되는 시점이며, 따라서 가족복지의 필요성이 그 어느 때보다도 강조된다고 볼 수 있다.

3. 가족복지의 접근방법

가족은 사회복지 역사의 초창기부터 사회복지 활동의 중심에 있어 왔으며, 사회복지 실천의 정체성을 구성하는 핵심 요소로 인식되어 왔다(김인숙, 2005). 이는 서구의 경험과 일치되나, 우리나라의 경우 현실적 조건의 차이로 가족복지 영역의 모호성이라는 결과를 낳았다. 즉, 서구의 경우와는 달리 우리나라에서는 가족복지기관과 같은 특화된 가족복지 전달체계가 부재한 상황에서 종합사회복지관 사업의 한 영역으로 존재해 왔으며, 가족에 대한 관심도 적었다. 또한 아동, 노인, 장애인 등 사회복지의 개별 영역들이 가족이라는 범주 안에 포함된 존재로 인식되어, 현실적으로 가족복지의 영역을 개념적으로 명확히 정의하기가 어려웠다.

가족복지의 접근방법에는 크게 간접적 방법과 직접적 방법이 있다. 간접적 접근방법은 거시적 방법으로서 가족문제를 사회 전체의 문제로 다루며, 가족이 전체 사회의 제도적 구조와 적합한 관계를 유지할 수 있는 조건이나 환경을 조성하는 방법이라고 볼 수 있다. 직접적 접근방법은 미시적 방법으로서 문제나 장애로 고통 받는 가족과의 만남을 통해 가족에게 직접적으로 접근하는 방법으로 서비스 차원에서 논의될 수 있다(조흥식 외, 2006: 81). 이 두 가지 접근방법은 상호 보완적 관계에 있다고 볼 수 있다. 여기서는 대상

면에서 가족을 한 단위로 접근하는 가족 단위의 가족복지에 초점을 맞추어, 제도적이고 경제적 지원 중심의 가족정책적 접근과, 개별적이고 심리사회적 지원 중심의 가족복지 서비스적 접근으로 구분하여 그 내용을 개괄적으로 소개하고자 한다.

1) 가족정책적 접근방법

우리나라 가족정책의 개념을 살펴보면, 가족정책의 의미와 범위가 연구마다 혼란스럽게 존재하지만 일반적으로 국가가 가족에 대하여 그리고 가족을 위하여 수행하는 모든 것을 가족정책이라고 본다(Kamerman & Kahn, 1997). 가족정책의 개념은 다양하지만 많은 학자들이 가족정책을 '가족 전체성(family wholeness)'의 시각으로 보아야 한다는 데 동의한다(김성천, 1995; 유영주, 2002; 최성재, 1992). 가족 전체성이란 가족을 아동, 노인 등 가족 구성원 각각으로 나누어 보는 것이 아니라, 한 가족원의 변화가 다른 가족원에게도 연쇄적으로 영향을 미친다는 상호 관련된 단위로 보는 개념이다(김성천, 1995).

사회보장제도를 사회보험, 공공부조, 사회복지 서비스로 구분하고 사회복지의 내용을 경제적 지원과 비경제적 지원으로 구분할 때, 사회보험 및 공공부조는 경제적 지원을 주요 내용으로 한다. 가족정책은 이러한 사회보험 및 공공부조와 관련성이 높다(이인정, 2004).

우리나라에서 가족정책은 사회보장 관련법이나 정책들을 통하여 이루어져 왔으며, 사회보장기본법을 비롯하여 헌법, 가족법, 사회복지사업법 등 여러 관련법에서 근거를 찾을 수 있다. 가족에 관한 구체적인 정책으로는 소득지원 정책으로 사회보험과 조세정책, 빈곤가족을 위한 기초생활보장제도를 들 수 있고, 건강지원 정책으로는 건강보험과 빈곤가족을 위한 의료급여를 들 수 있다.

2) 가족복지 서비스적 접근방법

가족복지 서비스는 비경제적 지원을 주요 내용으로 하는 사회복지 서비스와 관련성이 높다. 따라서 가족복지 서비스는 경제적 지원 위주의 가족정책을 보완하면서 각 가족의 개별적이고 구체적인 문제 해결과 심리사회적 욕구 충족을 도모한다고 볼 수 있다(이인정, 2004). 또한 가족복지 서비스는 가족을 대상으로 하는 사회복지 서비스 또는 사회적 서비스로 정의될 수 있다(조홍식 외, 2006). 가족복지 서비스의 기능은 가족생활을 보호하거나 회복시키고, 가족의 문제를 해결하도록 도우며, 가족 구성원들의 성장과 발달을 돕고, 가족의 사회적 자원에 대한 접근을 가능하게 하는 것이다(한국가족학회 편, 1995).

사회복지 영역에서 가족에 대한 서비스는 가족복지 실천의 행위를 통하여 제공된다. 우리나라의 가족복지 실천은 대부분 상담과 같은 미시적 접근을 떠올리게 되지만, 실제로 사회복지관에서 가족을 대상으로 하는 실천은 가족보존이라고 볼 수 있다(고미영, 2003). 또한 가족복지 실천의 대상자는 일반가족보다는 저소득층 가족 중 어려움에 직면해 있는 가족을 주된 대상으로 이루어지고 있다. 즉, 가족기능의 강화를 가족복지 실천의 초점으로 두고 문제 있는 비정상적 가족을 정상적 가족으로 변화시키는 치료적 기능의 의미가 강하게 내포되어 있다(김인숙, 2005). 하지만 그동안 사회복지계는 가족서비스 제공을 위한 가족복지 실천의 핵심 개념과 이론적 틀을 명확하게 제시하지 못하였으며, 사회복지 현장에서 가족복지 실천은 위기 상태에 있다는 평가를 받고 있다(김인숙, 2003).

가족복지 서비스의 대표적인 프로그램을 객관적으로 살펴보면 다음과 같다(NASW, 1995; 조홍식 외, 2006 재인용; 이인정, 2004).

(1) 가족에 대한 직접적 개입

가족사회사업(family social work)은 가족에 대한 직접적 개입으로서 가족복지기관이 주로 부부 불화, 부모-자녀 관계의 문제, 세대 간의 갈등과 같은 문제에 전문적으로 개입하는 방법이다. 개인의 문제는 흔히 가족의 문제를 반영하므로 개인에 대한 개입만으로는 부족하고 가족이 함께 실천의 대상이 될 때 효과를 얻을 수 있음이 입증되면서 가족사회사업의 중요성이 더욱 증가되고 있다. 가족사회사업은 가족 구성원들 간의 상호작용뿐만 아니라 환경에 대한 실제적인 개입을 많이 하는 경향이 있다.

(2) 가족보호

가족보호(family care-giving)는 발달장애를 가진 가족, 치매노인 가족, 만성질환자를 가진 가족 등 가정 내에서 발생하는 여러 장애문제에 대해 보호를 제공해 주어 가족의 역할 수행과 능력을 향상시키는 것으로 볼 수 있다.

(3) 가족생활교육

가족생활교육은 가족 및 그 구성원이 가족생활과 성장·발달에 필요한 지식을 습득하도록 도와 가족 내에서의 역할 수행에 대한 잠재력을 향상시키는 것이다. 예를 들어, 결혼준비교육, 부부관계 향상 프로그램, 부모교육, 그 밖에 치매노인 가족이나 한부모가족처럼 특수한 상황에 있는 가족의 적응을 돕기 위한 교육 등이 있다. 가족생활교육은 대개 소집단으로 구성하여 주 1회씩 5~8주 정도에 걸쳐 강의, 토론, 실습 등의 방법을 통하여 실시된다.

(4) 가족계획사업

가족계획사업은 재생산적 건강보호 서비스로서 임신 전 위험을 사정하거나 임신중절, 성병에 대한 보호, 영양, 자녀 수에 대한 계획, 임신을 위한 서비스 등이 포함될 수 있다.

(5) 가족보존과 가족지지 서비스

가족보존 서비스(family preservation service)는 가족의 위기로 자녀가 외부에서 위탁보호를 받을 상황에 놓인 가족에게 집중적으로 개입하여 가족 해체를 막고 자녀가 가족 내에서 계속해서 양육을 받을 수 있도록 하는 서비스다. 가족보존 서비스가 이미 위기에 처한 가족을 대상으로 특수하고 치료적인 개입을 하는 데 반해, 가족지지 서비스(family support service)는 지역의 모든 가족을 대상으로 보편적이고 예방적인 서비스를 제공하여 가족 스트레스를 줄이고 능력과 안정을 높이고자 하는 서비스다. 가족지지 서비스는 정부가 시도하는 가족정책과는 달리 민간기관들이 지역사회 내에서 지역의 특성에 맞는 프로그램의 개발을 통해 전문적으로 실시한다.

(6) 가족치료

가족치료(family therapy)는 가족 구성원들이 겪고 있는 가정 내의 역기능적 문제나 정서적 문제를 해결하고자 시도하는 가족에 대한 임상적 개입이다. 사회복지사나 가족치료 전문가들은 다양한 가족치료 모델을 적용하여 상실되거나 약화된 가족기능을 회복시키고자 노력한다. 가족치료는 가족에 초점을 두고 다양한 가족문제에 접근한다는 점에서 가족사회사업과 공통점이 있으나, 가족치료는 보다 심리적이고 관계 변화 중심의 서비스로서 가족 구성원 간의 상호작용 변화에 주로 개입한다는 점에서 차이가 있다.

(7) 가족옹호

가족옹호 서비스(family advocacy service)는 빈곤, 기회 불평등, 인종차별 등으로 사회에서 불이익을 당하고 있는 가족들이 사회복지기관의 지원으로 가족의 권리를 주장하고 지역사회에서 필요한 서비스를 확보하도록 돕는 것이다. 가족옹호 서비스의 목표는 현존의 공적 및 민간 서비스와 그 전달체계의 향상은 물론 새롭고 변화된 형태의 서비스를 개발하는 데 있다. 더불어 지역사회 내의 많은 가족들에게 영향을 미치는 약물과 알코올 중독, 정신지체 및 인권의 남용과 같은 공통의 문제 해결을 위해 협동적 사회행동을 하도록 하는 데 목표가 있다.

(8) 가정폭력 예방과 치료

가정폭력은 남편의 아내폭력, 부모의 자녀폭력 등 가족 구성원 사이의 신체적, 정신적 또는 재산상 피해를 수반하는 행위로 정의할 수 있다. 1997년 제정된 가정폭력방지법은 가정폭력에 대한 관심을 불러일으키고 개입을 활성화하는 데 획기적인 계기가 되었다. 가정폭력에 관한 가족복지 서비스는 사법체계, 경찰, 의료, 사회복지 등 다양한 기관들을 통해 제공된다. 그중 사회복지 분야에 해당하는 것에는 가정폭력 상담기관, 쉼터, 여성 1366 위기전화 등이 있다.

3) 사회복지사의 역할

가족의 동반자로서 가족의 변화를 돕는 가족사회복지사의 역할을 몇 가지로 나누어 살펴보면 다음과 같다(Collins, Jordan, & Coleman, 1999; 이화여자대학교 사회복지연구회 역, 2001: 31-32).

(1) 감정이입적 지지자

가족사회복지사는 가족의 강점을 규명하고 강화하며, 이를 통해 가족과 동참하여 변화를 향한 동기를 유발하여야 한다. 즉, 사회복지사가 가족의 역기능과 병리문제에 초점을 맞추기보다는 가족이 가지고 있는 강점을 발견하여 이를 지지하고 강화해 주는 역할을 해야 한다. 이는 상담자의 역할로 볼 수 있는데 클라이언트로서의 가족 전체 또는 구성원의 정서적 흐름을 가족의 입장에서 인식하며 있는 그대로를 수용하는 것으로, 정서적으로 가족의 지지자 입장에 서는 것은 가족사회복지사로서 매우 필요한 역할이다.

(2) 교사/훈련자

가족사회복지사는 가족이 결핍되어 있거나 기술이나 지식이 부족한 영역을 찾아 배우고 익힐 수 있도록 도와야 한다. 예를 들어, 사회복지사는 의사

소통, 부모역할 기술, 문제해결, 분노조절, 갈등해결, 금전관리, 일상생활
기술 등을 교육하고 훈련하는 역할을 한다.

(3) 자문을 해 주는 자

가족사회복지사는 현재 진행되는 특정 문제에 대해서 가족에게 조언을
할 수 있으며, 지속적인 피드백을 제공할 수 있다. 예를 들어, 자녀가 청소년
기에 들어선 경우 사회복지사는 상담자로서 부모에게 십대 청소년들이 나
타낼 수 있는 전형적인 행동에 대하여 조언해 줌으로써 부모가 자녀의 욕구
에 대한 보다 깊은 통찰력을 가질 수 있도록 해 준다.

(4) 가능하게 하는 자

가족사회복지사는 가족이 다른 방식으로 접근할 수 있도록 기회를 확장
해 주는 역할을 수행할 수 있다. 즉, 지역사회에서 이용 가능한 자원과 서비
스를 가족에게 알려 주고 그것을 활용할 수 있도록 돕는 것과 같은 역할을
수행하는 것이다.

(5) 동원자

가족사회복지사는 원조체계와 지원망에 관해 많은 것을 알고 있으므로
가족을 도울 수 있는 다양한 지역집단과 자원들에 관여하여 활성화하고 관
리하여야 한다. 예를 들어, 학교에서 문제를 일으키는 학생에 대하여 결정
을 내리고자 할 때 사회복지사는 그 학생을 위하여 학교와 가족 모두를 조
정하는 역할을 할 수 있다.

(6) 중재자

가족사회복지사는 갈등이 일어나는 양편 사이에서 스트레스와 갈등을 다
루어 해결을 중재할 수 있다. 예를 들면, 가족과 지역사회 간의 갈등, 가족 구
성원 간의 갈등, 가족 구성원과 집주인 또는 이웃 간의 갈등을 중재할 수 있다.

(7) 옹호자

가족사회복지사는 가족문제가 보다 넓은 사회 맥락에서 어떤 조건에 근거하고 있는지 이해하고, 정치적으로 행동함으로써 클라이언트에게 혜택을 줄 수 있는 사회적이고 입법적인 부분을 개혁할 수 있다.

4. 가족복지의 관점

가족복지 정책을 수립하고 가족복지 실천을 수행하기 위하여 사회복지사들이 가져야 할 관점은 다양하지만, 여기서는 최근 가족복지에서 주목을 받고 있는 강점관점과 성인지적 관점을 중심으로 소개하고자 한다.

1) 강점관점

강점관점(strength perspective)은 전통적 사회복지 실천의 문제 중심적, 병리적 접근에서 벗어나 클라이언트의 강점과 능력을 원조과정의 가장 핵심적인 부분으로 채택하는 관점이다(Kaplan & Girard, 1995; Cowger, 1997). 샐리비(Saleebey, 1997)는 강점관점을 이론적으로 체계화하였는데, 클라이언트의 문제에 초점을 맞추기보다는 가능성으로 눈을 돌려야 한다고 주장한다. 이러한 강점관점은 인간의 존엄성과 사회정의를 실천하고자 하는 사회복지의 기본적인 가치와 맥을 같이한다. 강점관점에 기반을 두어 개인과 집단, 지역사회를 바라본다는 것은 다음과 같은 가정과 원칙을 전제로 한다(Saleebey, 1997: 12-15).

- 모든 개인, 집단, 가족과 지역사회는 강점을 가지고 있다.
- 외상(trauma)이나 학대, 질병과 다툼은 상처가 되기도 하지만 도전과 기회의 근원이 될 수도 있다.

- 개인과 집단, 지역사회의 성장과 변화의 능력에 상한선을 두지 말아야한다.
- 클라이언트와 협력함으로써 더 잘 도울 수 있다.
- 모든 환경에는 자원이 존재한다.

병리적 · 문제적 관점이 문제의 원인에 초점을 맞추고 문제의 해결을 추구하는 반면, 강점관점은 단일한 문제와 해결책을 추구하기보다는 인간과 인간 간 그리고 인간을 둘러싼 관계망과 제도에 대한 총체적 이해를 중심으로 상황과 문제에 대한 재해석과 직관, 암묵적 이해, 동반자적 관계가 중요시된다(최희경, 이인숙, 2005). 샐리비(Saleebey, 1996)가 제시한 병리 대 강점관점의 차이를 구체적으로 살펴보면 〈표 2-1〉과 같다.

표 2-1 병리관점과 강점관점의 비교

병리(pathology)관점	강점(strength)관점
개인을 '사례', 즉 진단에 따른 증상을 가진 자로 규정함.	개인의 독특한 기질, 재능, 자원을 가진 존재, 즉 강점을 가진 자로 규정함.
치료의 초점이 문제에 있음.	치료의 초점이 가능성에 있음.
클라이언트의 진술은 전문가에 의해 재해석되어 진단에 활용됨.	클라이언트의 진술은 그 사람을 알아 가고 평가하는 중요한 방법 중 하나임.
사회복지사는 클라이언트의 진술에 회의적임.	사회복지사는 클라이언트의 진술을 인정함.
어린 시절의 상처는 성인기의 병리를 예측할 수 있는 전조임.	어린 시절의 상처는 개인을 약하게 할 수도 있고 강하게 할 수도 있음.
치료의 핵심은 실무자에 의해 고안된 치료 계획임.	치료의 핵심은 개인, 가족, 지역사회의 참여임.
사회복지사는 클라이언트 삶의 전문가임.	개인적 발전은 항상 개방되어 있음.
변화를 위한 자원은 전문가의 지식과 기술임.	변화를 위한 자원은 개인, 가족, 지역사회의 장점, 능력, 적응기술임.
원조 목적은 행동, 감정, 사고, 관계의 부정적인 개인적, 사회적 결과와 증상의 영향을 감소시키는 것임.	원조 목적은 그 사람의 삶에 함께하며 가치를 확고히 하는 것임.

출처: Saleebey, D. (1996: 296)

최근 가족복지 관련 전문가들은 현대사회의 다양한 가족유형에 대한 가족복지 정책 수립과 실천 과정에서 그동안 가져 왔던 문제 중심의 관점에서 벗어나, 비정형 가족의 특성과 강점 그리고 욕구를 보다 정확히 반영해야 한다고 주장한다(최희경, 이인숙, 2005; 김정현, 2013). 우리 사회에는 가족의 변화와 다양성의 증가에도 불구하고 정상적, 규범적 가족과 비정상, 결손, 위기가족이라는 이분법적 시각이 여전히 존재한다. 그리고 특정한 형태의 가족인 이성부모와 자녀로 이루어진 합법적 결혼에 기반을 둔 가족을 보편적이고 도덕적이고 자연스러운 것으로 인식하고 있다. 이러한 인식은 거기서 벗어난 다른 가족들의 다양성과 자율성을 간과하게 한다. 비정형 가족들을 비정상, 결손, 위기의 관점에서만 바라볼 것이 아니라, 그들이 처한 현실적 어려움을 지원하는 동시에 가족의 다양성이라는 관점에서 그들이 현재 현실적으로 기능하고 있는 가족으로서의 안정성과 강점을 재발견하도록 하여 현실 속에서 긍정적 기능을 하도록 지원하는 것은 매우 중요하다.

2) 성인지적 관점

여성가족부의 신설은 가족복지의 연구와 실천에 큰 영향을 미치며 변화를 가져오게 된다. 즉, 가족정책과 가족복지 실천을 포함하는 가족복지가 견지해야 할 관점은 무엇보다도 가족에 대한 성인지적 관점(Gender-Sensitive Perspective)과 가족의 다양성을 반영하는 가족지원의 보편화가 되어야 한다는 것이다(김인숙, 2005; 김인숙, 정재훈, 윤홍식, 2004).

가족에 대한 성인지적 관점은 임상 모델이나 기술이 아니라 성역할에 따른 불평등과 그 영향에 대한 시각이나 태도로 볼 수 있다(Carter, 1992: 66). 가족사회복지사는 개입을 할 때 성인지적 관점이 철학적 기반이 되며, 가족 내의 전통적인 성역할로 인해 일어나는 여러 문제들에 대해 민감하게 관심을 갖는다.

여성주의 시각은 기존의 가족정책이 여성의 재생산 기능을 보호하는 데 중점을 두며, 기혼여성들이 남성에게서 재정적 지원을 받을 것을 기대하고 여성이 자녀에 대한 보호의 책임이 있음을 전제로 하는 것에 대하여 비판한다. 또한 여성의 불평등 문제가 공적 취업이나 정치적 부문에서만 다루어지고 가족 내에서 여성의 불평등은 다루어지지 않고 있다고 지적한다(유영주, 2006).

콜린스(Collins, 1986)는 사회복지 실천의 가장 기본적 패러다임인 '환경 속의 개인(person-in-environment)', 개인과 환경 간의 상호작용 과정을 생태학적 관점에서 보는 통합적 사고는 '개인적인 것은 정치적인 것이다.' 라는 여성주의의 시각과 일치한다고 보았다(김인숙, 2000 재인용). 성인지적 관점에서의 실천은 남성과 여성의 발달과 생활 경험이 서로 달라서 남녀가 처한 특정 상황에 대한 의미가 남녀에 따라 다르다는 사실에 근거하며, 따라서 남녀별로 서로 다른 실천적 접근이 이루어져야 한다는 것이다.

김인숙(2011)은 가족정책이 견지해야 할 중요한 축의 하나는 젠더를 중심에 두고 이루어져야 한다는 것이라고 강조하였다. 즉, 가족정책이 양성평등이라는 조건하에 만들어지고 수행되어야 한다는 것이다. 그 이유는 현재 가족을 둘러싼 사회적 결과(출산율 감소, 이혼율 증가, 가족 내 부양과 돌봄의 공백 증가, 가족 내 불평등으로 인한 가족 갈등의 증가, 한부모가족의 증가 등)는 여성의 사회적 역할 및 지위와 깊이 관련되어 있기 때문이다. 젠더를 중심에 둔 가족정책이란 여성이 노동시장에 참여하는 데 방해가 되는 요인과 조건을 제거하는 여성의 시장화와 양육 및 돌봄 노동에 남성 참여를 사회적으로 제도화하는 남성의 가족화가 두 축이 되어야 한다는 것이다.

3) 가족생활주기이론

가족생활에는 인간의 생애주기처럼 시작과 끝이 있다(김인규, 2009). 남녀가 결혼하면서 새로운 가족이 시작되고 부부가 늙어 사망하게 되면 이 주기가 끝난다. 이처럼 가족생활주기는 가족생활의 순환과정을 의미하는데 시작과 종말이 이르는 일련의 과정을 설명해 준다. 가족생활주기를 이해하는 것은 가족생활주기와 관련된 가족문제들을 알 수 있으며 바람직한 가족생활의 설계를 가능하게 할 수 있다는 점에서 유용하다.

카터와 맥골드릭(Carter & Mcgoldrick, 1980)은 가족생활 주기를 자립성을 가진 청년이 원가족으로부터 독립하는 단계(결혼전기), 결혼하고 부부의 구도에서 만족과 책임감을 재편성하는 단계(결혼적응기), 자녀를 출산하고 자녀들의 욕구를 충족시키는 이에 관계되는 단계(자녀아동기), 청년기의 자녀를 두게 되고 그들을 적절하게 다루게 되는 단계(자녀청소년기), 자녀들이 새로운 사회관계를 맺으며 독립할 수 있도록 하는 것과 중년의 직업경력을 다루는 것과 관련된 단계(자녀독립기), 자신들이 나이 들어가는 일에 적응하고 죽음을 다루는 단계(노년기)의 6단계로 구분하였다. 정문자(2001)는 한국 가족이 가족생활주기로 볼 때 주기별로 어떤 문제가 특징적으로 나타나며 공통으로 나타나는 문제가 무엇인지를 〈표 2-2〉와 같이 제시하였는데, 모든 단계에서 공통적으로 나타나는 가족문제는 가족 간 갈등, 대화의 단절, 부부갈등과 폭력, 이혼, 경제적 문제라고 보았다.

가족복지에서 가족생활주기이론의 유용성은 첫째, 가족문제를 이해하고 분석하는 작업을 용이하게 해 준다는 점이다. 둘째, 가족복지의 구체적인 내용과 판단을 위한 근거로 활용할 수 있다는 것이다. 다시 말해 각 단계별로 수행해야 할 과업이 달성되었다면 그것을 복지적인 상태로 볼 수 있다는 것이다(김수환, 2011).

이처럼 가족생활주기이론은 여러 가지 유용성이 있으나 한계도 지적되는데 대표적인 것은 출생에서 사망에 이르는 인간 삶의 전체나 가족 구성원 전부를 포괄적으로 다루지 못한다는 것이다. 구체적으로 개인별로 가족생활주기의 시기와 가치에 차이가 있을 수 있으며, 신체적, 정신적, 정서적, 재정적인 면에서 개인차를 보일 수 있다는 것이다.

하지만 이를 바탕으로 가족주기별 전환기에 발생할 수 있는 발달적 긴장을 최소화하고 이로 인해 나타날 수 있는 가족문제를 예방하기 위해 가족주기 전환기에 각종 가족교육을 제공하여 가족들이 각 생활주기에서 경험할

수 있는 문제를 예측하고 이에 대응할 수 있는 능력을 길러주는 것이 바람
직하다.

표 2-2 가족생활주기별 특징적/공통적 가족 문제

생활주기	특징적 가족 문제	공통적 가족 문제
결혼전기	- 부부간 지나친 밀착, 경직 - 아버지와 자녀 간 불화 - 어머니의 지나친 자녀 간섭	- 가족 간 갈등 - 대화단절 - 부부갈등, 불화, 폭력 - 이혼 - 경제적 문제
결혼적응기	- 인척과의 갈등 - 불안정한 생활패턴 - 불성실한 가정생활	
자녀아동기	- 가족 유대감 약화 - 부정적인 양육태도 - 부 · 모 · 자녀 간의 삼각관계 - 자녀의 컴퓨터 게임	
자녀청소년기	- 아버지의 외도, 음주, 폭력 - 자녀에 대한 아버지의 무관심 - 자녀에 대한 어머니의 간섭 - 부모자녀가 삼각관계	
자녀독립기	- 친척, 원가족 갈등 - 성인 자녀에 대한 간섭 - 남편의 무관심, 부인의 의존성	
노년기	- 가족 내에서의 소외감 - 결혼한 자녀와의 밀착 - 남편의 불성실, 음주, 외도	

생각해 볼 문제

1. 가족복지의 개념에 대해 설명하시오.
2. 가족복지의 필요성에 대해 논하시오.
3. 가족복지의 두 가지 접근방법이 무엇인지 제시하고 그 특성을 설명하시오.
4. 우리나라의 가족에 관한 정책에는 어떠한 것들이 있는지 설명하시오.
5. 가족복지 서비스의 대표적인 프로그램을 제시하시오.
6. 가족사회복지사의 역할에 관하여 설명하시오.
7. 가족복지의 관점 중 강점관점과 병리관점을 비교하여 설명하시오.
8. 강점관점에 기반하여 개인, 집단, 지역사회를 바라보는 데 전제가 되는 가정과 원칙을 제시하시오.
9. 기존의 가족정책에 대한 여성주의 시각의 비판점에 대하여 논하시오.
10. 가족복지에서 가족생활주기이론의 유용성은 무엇인지 설명하시오.

참고문헌

고미영(2003). 가족복지실천의 패러다임 검토. 2003년 한국사회복지학회 추계공동학술대회 자료집.

김영화, 이진숙, 이옥희(2002). 성인지적 가족복지론. 경기: 양서원.

김성천(1995). 한국 가족정책의 현황과 문제점. 한국청소년연구, 6, 35-57.

김수환(2011). 가족복지론. 경기: 공동체.

김인규(2009). 일반인이 지각하는 가족 내 역할 발달과업 연구. 사회과학논총, 24(2), 47-74.

김인숙(2000). 여성주의 사회복지실천의 정립을 위한 고찰. 한국사회복지학, 41, 93-118.

김인숙(2003). 가족복지지식의 패러다임: 반성과 모색. 2003년 한국사회복지학회 추계공동학술대회 자료집.

김인숙(2005). 여성가족부 신설과 가족복지의 관점 및 방향. 사회복지리뷰, 10, 5-30.

김인숙(2011). 한국 가족의 현주소와 가족정책의 방향. 복지동향, 5, 5-7.

김인숙, 정재훈, 윤홍식(2004). 가족정책의 성인지적 관점 강화 방안 연구. 보건복지부.

김정현(2013). 복지국가 유형별 저소득 여성한부모가족에 대한 노동권과 모성권 지
원정책 비교연구. 한국가족복지학, 41, 115-142.

김태현, 김순옥, 임춘희, 조은숙(2000). 가족상담서비스의 현황과 정책적 방향에 관
한 연구. 한국가족관계학회지, 5(1), 161-186.

유영주(2002). 21세기 가족정책의 과제와 전망. 각 정당으로부터 들어본 한국의 가족
정책. 한국가족관련학술단체연합회특별심포지엄 자료집.

유영주(2006). 한국의 여성 및 가족정책의 변화-문제와 전망. 여성가족생활연구, 10,
51-75.

이인정(2004). 한국 가족복지의 현황에 관한 연구. 사회과학연구, 10, 125-142.

정문자(2001). 연구와 임상에서 살펴본 한국 가족문제와 관련변인. 한국가족치료학회
지, 9(2), 1-34.

조흥식, 김인숙, 김혜란, 김혜련, 신은주(2006). 가족복지학(3판). 서울: 학지사.

최경석, 김양희, 김성천, 김진희, 박정윤, 윤정향(2003). 한국 가족복지의 이해. 서울:
인간과 복지.

최성재(1992). 가족과사회정책. 한국가족학회 추계학술발표대회 논문집.

최희경, 이인숙(2005). 비정형가족의 특성과 가족복지에의 함의-강점관점을 중심으
로. 한국가족복지학, 15, 245-283.

한국가족학회 편(1995). 복지국가와 가족정책. 서울: 하우.

Carter, B. (1992). Stonewalling feminism. *Family Therapy Network-et*, *16*, 64-69.

Carter, B., & Mcgoldrick, M. (1980). *The family life cycle: A framework for
family therapy*. NY: W.W.Norton.

Collins, B. G. (1986). Defining feminist social work. *Social Work*, *31*(1), 214-219.

Collins, D., Jordan, C., & Coleman, H. (2001). 가족복지실천론 (이화여자대학교 사
회복지연구회 역). 서울: 나눔의 집. (원서 1999년 발행).

Cowger, C. (1997). Assessing Client Strengths: Assessment for Client Empower
ment, *The strengths Perspectore in Social work Practice* (2nd ed.),
Longman, 59-73.

Feldman, F. L., & Scherz, F. H. (1968). *Family Social Welfare: Helping Troubled*

Families. NY: Atherton Press.

Kamerman, S. B., & Kahn, A. J. (1997). *Family change and family policy in Great Britain, Canada, New Zealand, and the United States*. London: Clarendon Press.

Kaplan, L., & Girard, J. (1995). *Strengthening High-Risk Families*. NY: Modern Library.

NASW (1995). *Encyclopedia of Socal Work* (19th ed.).

Saleebey, D. (1997). *The Strengths Perspective in Social Work Practice*. NY: Longman.

제2부. 가족복지 정책

제3장

복지국가의 가족복지 정책 지위와 역할

1. 복지국가와 가족정책

1) 복지국가

복지국가 개념의 주창자로는 1941년 영국의 복지 상황을 분석하여 사회·의료보장제도 확립을 위하여 국가정책 개발 프로젝트 임무를 맡아 수행한 윌리엄 베버리지(William Beveridge, 1879~1963)가 자주 언급된다. 당시 옥스퍼드 대학의 학장이었던 베버리지는 1942년에 베버리지 보고서로 알려진 'Social Insurance and Allied Service'에서 복지국가를 향한 사회보장제도의 개혁안을 제시하였다. 베버리지는 그의 보고서에서 당시 영국의 최대 사회적 문제를 '가난, 질병, 교육의 부재, 주거환경의 열악함, 실업'으로 규정하면서 이 문제들을 해결하기 위해 국가와 개인 간 사회보장제도(의료보험제도와 고용보장)를 확립하고 국가가 개인에게 최저임금을 보장하는 복지국가의 틀을 제시하였다(Walsh, 2000: 45-46). 즉, 복지국가란 국가가 국민의 복지적 욕구를 충족시키기 위하여 다양한 국가정책을 세우고 정책 실현을 위한 서비스를 마련하며 실제로 그 서비스들을 전달하는 것을 의미한다. 복지국가에서 가장 중요한 원리는 욕구와 평등이다(Walsh, Stephens, & Moore, 2000: 19-22). 복지국가에서 국민의 기본적 욕구는 의식주를 영위하는 데 필수적인 사회경제적 환경을 의미하며, 이런 욕구들은 국민에게 정당하고 평등한 사회환경 속에서 배분될 수 있도록 정책화되어야 한다. 이러한 사회보장 이념을 실현하기 위한 복지국가의 정책적 기조는 베버리지 이후 현대 사회복지 정책에서 그대로 계승·추구되고 있다.

2) 가족정책

가족은 복지국가의 복지정책에 따른 사회복지 서비스 수혜의 가장 중요한 대상이다. 가족은 구성원 개개인의 심리·사회·경제적 보호를 위한 최소 단위이면서 동시에 복지국가가 제공하는 사회복지 서비스 수혜의 통로인 것이다. '혈연관계를 중심으로 성인이 자녀를 돌보는 관점'에서 볼 때, 우리나라에서 가족은 '핵가족' '대가족' '한부모가족' '재혼가족' 등으로 분류될 수 있다. 가족정책은 가족의 심리·사회·경제적 복지 실현을 위해 국가가 정책을 제도화하고, 그러한 정책을 기반으로 하는 서비스를 통한 정책 전달을 의미한다고 할 수 있다. 최근 농어촌을 중심으로 국제결혼이 급증함에 따라 가족 구성원들의 다양성에 대한 관심이 높아지고 있어, 가족 내 인종·문화적 특성을 고려한 가족정책들도 제안되고, 실제로 정책에 반영되는 추세다.

따라서 복지국가가 지향하는 사회복지 정책의 근간은 가족을 그 대상으로 하고 있기 때문에 복지국가에서 수립되는 복지정책이 가족정책과 직간접적인 상관관계를 가진다. 즉, 복지국가 실현을 위한 사회복지 정책에 의료, 교육, 노동, 주택 정책, 사회복지 서비스(보육, 모성보호, 빈곤가족, 아동/청소년/장애인/노인/이민자 서비스, 가정폭력/학대예방보호) 등이 포함되고, 그 가운데 가족 관련 정책들(노동권보장 정책, 부모권보장 정책, 소득보장 정책, 노

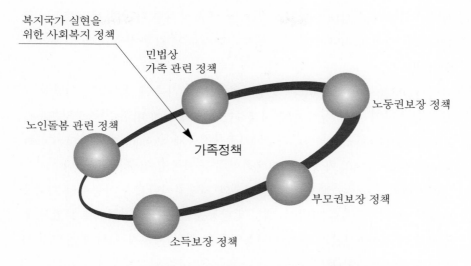

복지국가 실현을
위한 사회복지 정책

민법상
가족 관련 정책

노동권보장 정책

노인돌봄 관련 정책

가족정책

부모권보장 정책

소득보장 정책

[그림 3-1] 복지국가의 사회복지 정책에서 가족정책의 영역

인돌봄 관련 정책, 민법상 가족 관련 정책)이 가족정책으로 분류되어 상호 연관
되어 있다([그림 3-1] 참조).

2. 가족복지 정책의 개념

가족복지 정책이란 기본적으로 해당 국가의 가족복지를 향상시키기 위
하여 제도화하고 시행하는 모든 정부복지 정책을 의미하기 때문에 그 범위
가 방대하고 일부 모호한 측면이 있어 엄밀한 개념으로 정의하기가 어렵다.
가족복지 정책의 개념 변화는 가족의 인구통계학적인 변화(가족구조의 변
화, 이혼/재혼/동거인구의 증가, 한부모가정의 증가, 출산율의 감소, 여성의 노동
시장 참여 등)와 그 맥락을 같이한다. 즉, 과거 남성 주도형 가족 지원에 초
점을 맞추던 가족정책이 위와 같은 가족의 인구통계학적 변화의 중심에 있
는 여성의 사회경제적 역할 변화를 지원하기 위해 변화를 경험하게 되었다.

따라서 가족복지 정책의 발달을 선도한 서구 사회의 다양한 개념적 의의를 살펴보는 것이 우리나라의 가족복지 정책의 개념을 한정하는 데 도움이 될 것이다.

먼저 고닉(Gornick, 2001)은 산업사회 속에서 가족이 경험하는 가난의 문제를 해소하기 위하여 국가가 전개하는 노동수입에 따른 가족수당(Family Income Supplement, 프랑스), 근로자가족세액공제(Working Family Tax Credit, 영국)와 같은 일련의 가족부양 정책적 활동을 가족정책이라고 하였다.

카머맨(Kamerman, 2000)은 중앙정부와 지방자치단체가 아동부양 가족을 위하여 행하는 구체적인 법적, 제도적 활동을 가족복지 정책으로 보았는데, 특별히 아동보육시설의 설치와 아동양육을 위한 제정적 지원에 관련된 사안이 중심이 된다고 보았다.

한편, 고티어(Gauthier, 1996)는 여성의 노동시장 참여와 한부모가족의 문제 개선을 위한 정부지원에 초점을 맞추어 가족복지 정책을 두 가지 측면에서 개념화될 수 있다고 제안했다. 첫 번째 측면은 '노동권보장 가족정책' 으로서, 여성이 노동시장에 참여할 수 있도록 하는 가족정책으로 정의되며 아동보육 정책과 조세정책이 포함된다. 두 번째 측면은 가족 돌봄에 대한 보상적 측면, 즉 '부모권보장 가족정책' 으로서 산전후휴가, 육아휴직이 포함된다.

이상과 같은 가족복지 정책의 개념들을 기초로 할 때, 가족복지 정책이란 가족의 사회복지 증진을 목표로 시행하는 국가의 정책적 시도로 이해될 수 있으며, 우리나라 가족복지 정책은 노동권보장 정책, 부모권보장 정책, 소득보장 정책으로 분류할 수 있을 것이다. 특별히 민법상 가족과 관련된 법규적 정책들과 2007년 7월 1일부터 시행되고 있는 돌봄 관련 정책(노인장기요양보험)이 가족복지 정책에 포함 · 분류될 수 있다.

표 3-1	가족복지 정책 분류

분류	관련 정책 · 관련 법률
노동권보장 정책	보육정책, 방과 후 보육정책
부모권보장 정책	산전후휴가, 육아휴직, 부성육아휴직(남성육아휴직제)
소득보장 정책	아동(양육)수당
노인돌봄 관련 정책	노인장기요양보험
민법상 가족 관련 정책	아동복지법, 청소년기본법, 청소년복지지원법, 장애인복지법, 장애인고용촉진 등에 관한 법률, 성매매 방지 및 피해자보호 등에 관한 법률, 가정폭력 방지 및 피해자보호 등에 관한 법률, 한부모가족지원법, 노인복지법, 사회복지사업법

3. 가족복지 정책의 대상

현행 건강가정기본법 제3조에서는 가족을 '혼인, 혈연, 입양으로 이루어진 사회의 기본 단위'로 보고 있다. 더불어 그러한 한정된 가족의 개념에서 '건강한 가정생활의 영위와 가족의 유지 및 발전을 위한 국민의 권리 · 의무와 국가 및 지방자치단체 등의 책임 그리고 가정문제의 적절한 해결 방안을 강구하며, 가족구성원의 복지 증진에 이바지할 수 있는 지원정책 강화'(동법 제1조)와 같이 가족복지 정책의 대상과 책임을 규정하고 있다.

그런데 최근 추진되었던 '건강가정기본법의 개정법률안'인 '가족정책기본법(안)'은 다양한 가족 형태를 인정하여야 한다는 인권위원회와 사회여론을 수렴하여, 가족을 '생계 또는 주거를 함께하는 생활공동체로서 구성원의 일상적인 부양 · 양육 · 보호 · 교육 등이 이루어지는 생활 단위'로 정의하고, 이 외에도 '혼인 · 혈연 · 입양 등으로 이루어진 공동체, 사실혼에 기초한 공동체, 아동을 위탁받아 양육하는 공동체, 그 밖에 대통령령으로 정하는 공동체'로 정의하고(변화순 외, 2005) 입법을 추진하였다. 2007년 10월 17일 이루어진 개정법률에는 이러한 주장이 대부분 받아들여졌으나, 가족 단위로서 공동체라는 개념은 받아들여지지 않아 사실혼에 기초한 공동체, 아동을 위탁받아 양육하는 공동체는 포함되지 않았다.

4. 가족복지 정책의 내용

가족복지 정책의 대상이 되는 가족의 개념 변화에 기초한 가족복지 정책 대상의 핵심 영역은 다음과 같이 분류될 수 있다.

1) 가족의 노동권 보장을 목표로 하는 정책
―보육 및 방과 후 보육정책

우리나라는 세계 12위의 OECD 회원국인 경제대국이면서도 상대적으로 여성의 사회적 진출을 충분히 보장할 수 있는 보육정책의 보완에는 부족한 면들이 많았다. 2012년 우리나라의 합계출산율은 1.3명으로 2010년에 비하여 다소 증가하였으나 여전히 OECD 주요 회원국 대비 많이 낮은 수준에 있다는 사실(KOSIS, 2013)은 노동권보장 관련 정책이 뿌리를 내리고 있지 못하고 있음을 반증한다고 할 수 있다(그림 3-2] 참조). 이에 정부는 자녀 양육에 대한 경제적 부담 등으로 인해 저출산 현상이 지속되고 있는 것으로 이해하고, 아동에 대한 조기 투자가 성장과 복지의 선순환을 달성, 사회문제 예방 및 사회통합 유도 등 사회적 환원 효과가 큰 것으로 분석하여 양육비용 지원확대, 보육서비스 품질제고, 어린이집 시설공급, 그리고 보육교사 자질 강화를 통한 공급조절을 목표로 하는 정책을 추진하고 있다(보건복지부, 2013, 보육정책환경). 2013년 8월 6일 현재 영유아보육료 지원사업을 통하여 만 0~5세까지 어린이집을 이용하는 영유아(다문화가족지원법 제2조 1호에 따른 다문화가족의 결혼이민자 포함/장애아동은 12세 이하까지)에 대하여 소득·재산 수준에 상관없이 보육료를 지원하며(〈표 3-2〉 참조), 어린이집 미이용

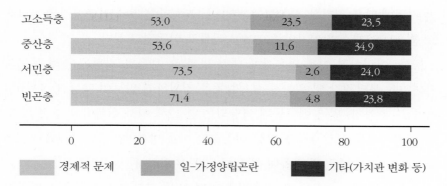

[그림 3-2] 소득계층별 출산중단 이유(한 자녀 이하)

출처: 보건복지부(2013). 소득계층별 출산중단 이유.

| 표 3-2 | 보육료 지원대상 및 지원수준 현황 |

구분	지원대상(선정기준 소득액 참조)	지원금액
만 0~2세 보육료	전계층(소득·재산 수준과 무관)	• 만 0세 394천 원 • 만 1세 347천 원 • 만 2세 286천 원
만 3~5세 보육료	전계층(소득·재산 수준과 무관)	만 3~5세 220천 원
장애아보육료	만 12세 이하 장애아동 (소득·재산 수준과 무관)	• 394천 원 *장애아누리과정 (만 3~5세) • 414천 원
다문화보육료	다문화가구(소득·재산 수준과 무관)	• 만 0세 394천 원 • 만 1세 347천 원 • 만 2세 286천 원 • 만 3~5세 220천 원

출처: 보건복지부(2013). 보육료 지원대상 및 지원수준 현황.

아동에 대하여도 보육료 지원 아동과의 형평성을 제고하여 동일 연령대 아동에 대하여 양육수당을 지급하고 있다.

　보육 서비스의 수준 향상을 위하여 평가인증을 활성화하고 있는데 신청(1개월), 자체점검(3개월), 평가(1개월), 심의(1개월)에 걸쳐 시설규모별, 특성별 지표에 따른 평가를 진행하여 2011년 12월 기준 전체 어린이집 38,021개소 중 29,882개소가 평가인증(78.6%) 시설로 인정되고 있다.

또한, 어린이집 이용 영유아에 대한 방과 후 보육료 지원을 통해 부모의 자녀양육 부담경감 및 원활한 경제활동을 지원하기 위하여 차상위[1] 이하(법정저소득층 포함) 및 장애아동에 해당되는 만 12세 이하 취학아동 중 방과 후에 어린이집을 일일 4시간 이상 이용하는 아동(방학기간 종일제 보육의 경우 월 최대 20만 원 지급)에 대하여 월 10만 원을 지원한다.

교육부 주도로 초등학교 재학생을 자녀로 둔 부부의 노동권을 보장하기 위하여 사교육비경감, 교육격차 해소, 돌봄기능 확대, 지역사회 학교실천을 목표로 방과후학교 확대를 시도하고 있다(방과후학교 포탈시스템, 2013. [그림 3-3] 참조). 공신력 있는 언론기관 참여 프로그램 확대, 교육지자체대학 기업 등이 참여하는 사회적기업의 방과후학교[2] 참여 확대도 꾀하고 있다.

---

1) 차상위 이하(법정저소득층 포함) 기준
  ① 국민기초생활보장법 제5조에 의한 수급권자 및 그 가구원(의료, 교육, 자활급여 특례수급권자 포함)
  ② 한부모가족지원법에 따른 보호대상자로 선정된 한부모가정
  ③ 아동복지법 제16조에 의한 아동복지시설에서 생활 중인 아동
  ④ 여성폭력피해자 보호시설(가정, 성폭력), 성매매피해자 지원시설에 입소한 여성의 동반자녀(재소 증빙서 필요)
  ⑤ 모부자(일시)보호시설 등에 입소한 자의 동반 자녀 등
  ⑥ 미혼모자 공동생활 가정에 입소한 자의 동반 자녀(재소 증빙서 징구 필요)
  ⑦ 국민건강보험법 시행령에 의한 차상위 본인부담 경감대상자로 선정된 수급권자 및 그 가구원
  ⑧ 국민기초생활보장법 제 차상위자활 수급권자 및 그 가구원
  ⑨ 우선돌봄차상위 수급권자 및 그 가구원
2) 초등학교 저학년을 주요대상으로 방과 후부터 부모 귀가 시까지 돌봄 및 교육서비스를 제공하는 '초등돌봄교실'도 운영하고 있다. 고학년도 참여 가능하며 저소득층 학생 및 맞벌이 부부자녀 우선 선발 가능하고 저소득층 자녀의 경우 무료로 이용할 수 있다.

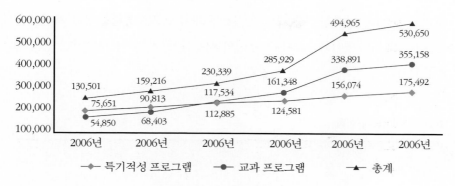

[그림 3-3] 연도별 프로그램 수

2) 가족의 부모권 보장을 목표로 하는 정책
─산전·후휴가, 육아휴직, 부성육아휴직[3]

경제활동 참가와 부모로서의 권리와 책임을 다할 수 있도록 돕는 부모권 보장 가족정책은 산전·후휴가, 육아휴직, 부성육아휴직 등을 포함한다. 2012년 기준 여성의 경제활동참가율[4]이 70%이나, 결혼 후 자녀를 갖는 시점인 30~34세에 55.4%로 낮아지는 상황은 출산과 육아를 위한 정책의 정착이 원활하게 이루어지지 않고 있음을 보여 준다(통계청, 2013). 출산전·후휴가 사용인원은 연평균 11.7%씩, 급여 지급액은 연평균 24.6%씩 증가(04~12년)하고, 육아휴직 사용인원은 연평균 27.3%씩, 급여 지급액은 연평균 42.7%씩 증가(04~12년)하고 있으나 전체 여성경제활동 인구에 비하여 여전히 미미한 수준에 있다. 육아휴직을 이용하는 남성 근로자 수도 매년 크게 증가하고 있지만, 여성에 비하여 이용실적은 미미한 상황(전체 육아휴직근로자 수의 2% 수준)에 있다(〈표 3-3〉 참조). 일과 가정을 양립하여야 하는 까닭

---

3) 우리나라에는 부성육아휴직 제도는 실시되고 있지 않으며 현재 「남녀고용평등과 일·가정 양립 지원에 관한 법률」에 따라 3~5일(3일은 유급) 배우자 휴가를 실시하도록 하고 있다.
4) 여성경제활동인구란 15세 이상 여성인구 중 취업자와 실업자를 합한 개념이며, 만 15세 이상 전체 여성인구 중 여성경제활동인구가 차지하는 비율을 여성경제활동인구비율이라 한다.

에 제도에 대한 인식확산과 제도개선을 통하여 고용보험기금에서 지원하는 출산전·후휴가급여와 육아휴직급여의 사용 근로자 수의 계속적인 증가가 요구된다.

표 3-3   출산 및 육아휴직 현황   (단위: %, 명)

구분		2004	2008	2009	2010	2011	2012
15세 이상 여성인구		19,405,000	20,273,000	20,496,000	20,741,000	20,976,000	21,254,000
여성경제 활동인구		9,690,000	10,139,000	10,076,000	10,256,000	10,416,000	10,609,000
여성경제 활동참가율		49.9	50	49.2	49.4	49.	49.9
출산전후휴가[5]자 수		38,541	68,526	70,560	75,742	90,290	93,394
출산전후 휴가 지원금액 (단위: 100만)		41,610	166,631	178,477	192,564	232,915	241,900
육아 휴직[6]자 수	계	9,304	29,145	35,400	41,733	58,137	64,069
	여성근로자	9,123	28,790	34,898	40,914	56,735	62,279
	남성근로자	181	355	502	819	1,402	1,790
육아휴직 지원금액 (단위: 100만)	계	20,803	98,431	139,724	178,121	276,261	357,797
	여성근로자	20,477	97,449	138,221	175,582	270,500	348,644
	남성근로자	326	982	1,503	2,539	5,761	9,153

출처: 통계청(2013). 출산 및 육하휴직 현황.

---

5) 출산전·후휴가는 1953년 근로기준법 제정시 60일의 출산전·후휴가 제도를 도입. 2001년 11월 휴가기간을 종전 60일에서 90일로 확대하면서 확대된 30일 분 급여를 사회분담키로 하여 고용보험에서 지급하고, 급여 수급자 수를 통해 출산전·후휴가자 수를 파악하기 시작하였고, 2006년부터 우선지원대상기업에 대하여 90일 분 전액을 지원(대규모 기업은 30일 분 지원)하기 시작하였다. 출산전후휴가급여는 고용보험에 180일 이상 가입해야 하며, 30일 기준 135만 원 한도 내에서 지원한다.

6) 1987년 남녀고용평등법 개정시 제도가 도입. 2001년 11월부터 고용보험기금에서 육아휴직급여를 지급하면서 육아휴직급여 수급자 수를 토대로 육아휴직자 수를 파악하기 시작했고, 육아휴직급여는 고용보험에 180일 이상 가입하고, 30일 이상 휴가를 사용한 경우 지원받을 수 있으며, 휴직기간 중 매월 통상임금의 40%(상한 100만 원, 하한 50만 원)씩 지급한다.

앞으로 산전·후휴가 관련 법인 근로기준법, 남녀고용평등법, 여성발전 기본법 등의 개정과 강화를 통하여 휴가제도가 현실적으로 실시될 수 있도록 하여야 할 것이다.

3) 가족의 돌봄을 목표로 하는 정책
　－노인장기요양보험

65세 이상 노년기에 일반적인 만성질환 유병률은 평균 90%에 육박하고, 가족의 돌봄 부담을 심각하게 야기시키는 치매성 질환의 발병률은 11%에 달하고 있다. 그런데 95%에 달하는 치매성 질환 환자들의 경우 일반가정에서 수발하는 것으로 알려져 있다(장혜경 외, 2005: 70). 이에 대처하여 정부는 2008년 7월부터 노인장기요양보험을 실시하고 있다.

노인장기요양보험법은 '고령이나 노인성 질병 등의 사유로 일상생활을 혼자서 수행하기 어려운 노인 등에게 제공하는 신체활동 또는 가사활동 지원 등의 장기요양급여에 관한 사항을 규정하여, 노후의 건강 증진 및 생활 안정을 도모하고 그 가족의 부담을 덜어 줌으로써 국민의 삶의 질을 향상하도록 함'을 목적으로 한다(동법 제1조). 그간 가족의 영역에 맡겨져 왔던 치매, 중풍 등 노인에 대한 장기간에 걸친 간병, 장기요양 문제를 사회연대 원리에 따라 국가와 사회가 분담하는 형태로 추진된다. 2013년 6월 말 현재 노인장기요양보험 전체 인정자는 355,376명이고, 2008년 제도시행당시와 비교하여 1.3배 증가한 것으로 나타난다(국민건강보험, 2013). 2013년 3월 현재 노인 인구(6,138천 명) 기준 장기요양등급 인정자는 약 5.6% 수준으로(이윤경, 2013: 2), 향후에도 고령 인구의 증가로 인하여 노인장기요양보호 대상자는 지속적으로 늘어날 것으로 예상된다. 경험적 연구에 따르면, 노인장기요양보험 제도는 외형상 안정화되고 있고 동제도로 인하여 수발자의 삶의 질 개선, 사회적 활동증가, 심리적·신체적·경제적 부담 경감, 가족부양 및 관계증진, 경제활동 기회증가 면에서 전반적인 도움이 된 것으로 나타난다

(김찬우, 2013). 그러나 2012년 말 100만 명 이상 배출된 요양보호인력의 서비스 질과 보수 수준에서 많은 문제점이 제기되고 있어 이에 대한 개선노력이 요구된다.

4) 가족의 소득보장을 목표로 하는 정책
-아동(양육)수당

저소득층 가족, 한부모가족, 다문화가족 등 모든 가족 형태에서 아동이 있는 가족의 경제적 문제는 해당 가족의 사회 · 심리 · 경제적 불안정을 강화시키고 이로 인해 빈곤의 대물림 고착화를 가져와 사회적 연대와 통합을 저해시킬 우려가 있다. 이를 해소하기 위하여 OECD 국가들은 아동을 건전하게 성장 가능하도록 하고 그러한 양육비용을 국가가 부담함으로써 사회연대성의 강화와 잠재적 노동력 확보를 위해 국가적 차원의 아동(양육)수당

표 3-4   아동(양육)수당의 국가별 비교

국가구분	수당 형태	대상	비고
오스트리아	보편적	0~18세 (장애 · 전업학생 26세)미만	자녀연령 차등화: 3세 미만 약 18만 원, 3~9세 이하 20만 원, 10~18세 25만 원, 만 19세부터 28만 원/둘째는 첫째아동에 비해 월 2만 원, 셋째부터 월 4만 7천 원 추가
프랑스	보편적	0~20세 미만	근로학생의 경우 법정최저임금의 55% 미만
아일랜드	보편적	0~16세(학생의 경우 19세) 미만	첫째 · 둘째 월 27만 원, 셋째부터 월 33만 원
스웨덴	보편적	0~16세미만	아동당 월 20만 원/둘째 2만 원, 셋째 7만 원, 넷째 17만 원, 다섯째 20만 원 추가
룩셈부르크	보편적	0~18세(학생의 경우 27세) 미만	한 자녀 월 15만 원, 두 자녀 월 80만 원, 세 자녀 월 150만 원, 네 자녀 월 210만 원, 290만 원/6~11세 월 2만 5천 원, 만 12세 이상 9만 원 추가 지급

출처: 이선주, 박선영, 김은정(2006: 46~49) 재정리

을 도입하고 있다(장혜경 외, 2005: 50-52). 제공하는 보편주의적 형태, 소득 연계형(선별주의적) 자녀양육 지원, 미래 노동력의 양적·질적 수준 제고라 는 측면에서 제공하는 출산장려형 수당제도로 각각 구분될 수 있다(이선주, 박선영, 김은정, 2006: 109-112).

아동(양육)수당은 소득과 근로 상황과 연계하지 않고 아동이 있는 모든 가 정에게 급여를 제공하는데 우리나라의 경우 2011년 6월 7일 개정된 영유아 보육법에 따라 국가와 지방자치단체는 어린이집이나 유아교육법 제2조에 따른 유치원을 이용하지 아니하는 영유아에 대하여 소득재산 수준과 무관 하게 만 0~5세 전계층 아동(농어촌, 장애아동 포함)에게 일정액의 수당을 지 원하고 있다(동법 제34조의 2, 〈표 3-5〉 참조).

표 3-5   어린이집 미이용 아동에 대한 지원

연령(개월)	양육수당	연령(개월)	농어촌양육수당	연령(개월)	장애아동 양육수당
0~11	200천 원	0~11	200천 원	0~35	200천 원
12~23	150천 원	12~23	177천 원		
24~35	100천 원	24~35	156천 원		
36개월 이상~ 취학 전	100천 원	36~47	129천 원	36개월 이상~ 취학 전	100천 원

출처: 보건복지부(2013).

생각해 볼 문제

1. 복지국가와 가족정책을 정의하고 상관관계를 설명하시오.
2. 가족복지 정책을 정의하고 가족복지 정책에 포함될 수 있는 내용을 열거 하시오.

3. 가족복지 정책의 대상을 분류하시오.

4. 가족복지 정책 중 가족의 노동권 보장을 목표로 하는 정책에는 무엇이 있는지 설명하고 핵심 정책 내용을 설명하시오.

5. 가족의 부모권 보장을 목표로 하는 정책에는 무엇이 있는지 설명하고 핵심 정책 내용을 설명하시오.

6. 가족의 돌봄을 목표로 하는 정책에는 무엇이 있는지 설명하고 핵심 정책 내용을 설명하시오.

7. 가족의 소득보장을 목표로 하는 정책에는 무엇이 있는지 설명하고 핵심 정책 내용을 설명하시오.

참고문헌

국민건강보험(2013). 노인장기요양보험 등급판정결과 현황.

김찬우(2013). 노인장기요양보험제도의 사회적 성과에 대한 고찰. 한국사회복지조사연구, 34, 273-296.

방과후학교 포탈시스템(2013). http://www.afterschool.go.kr/index.do

보건복지부(2013). 보육환경, 소득계층별 출산중단 이유(1자녀 이하). http://www.mw.go.kr/front_new/jc/sjc0114mn.jsp?PAR_MENU_ID=06&MENU_ID=061402

보건복지부(2013). 보육료 지원대상 및 지원수준 현황, 어린이집 미이용 아동에 대한 지원. http://www.mw.go.kr/front_new/jc/sjc0114mn.jsp?PAR_MENU_ID=06&MENU_ID=06140301

변화순, 황정임, 조숙현, 전지현(2005). 건강가정기본법개정안 마련을 위한 연구. 여성가족부.

이선주, 박선영, 김은정(2006). 아동수당제도의 국제비교 및 도입방안에 관한 연구. 한국여성개발원.

이윤경(2013). 노인장기요양 대상자 규모와 대상자 선정의 타당성 검증. 보건복지
    Issue & Focus, 189(2013-19), 1-8.

장혜경, 김혜영, 김혜경, 송혜림, 윤홍식, 이진숙, 진미정, 김영란, 선보영(2005). 가
    족정책기본계획수립을 위한 연구. 한국여성개발원, 2005-42. 여성가족부.

중소기업 직장여성 법적 휴가 있어도 못 쓴다(2007. 6. 1). 메디컬투데이.

통계청(2013). 2012년 경제활동인구조사, 출산 및 육하휴직 현황.

http://www.index.go.kr/egams/stts/jsp/potal/stts/PO_STTS_IdxMain.jsp?idx_cd=1
    572

http://www.index.go.kr/egams/stts/jsp/potal/stts/PO_STTS_IdxMain.jsp?idx_cd=1
    504

Gauthier, A. H. (1996). The State and the Family. *A Comparative Analysis of
    Family Policies in Industrialized Countries.* Claredon Press, Oxford.

Gornick, J. (2001). Social expenditures on children and the elderly, 1980-1995,
    shifting allocations, changing needs. *Paper presented at the International
    meeting on the Allocation of Public and Private Resources across
    Generations, Taipei, December 2001.*

Kamerman, S. B. (2000). Early Childhood Education and Care: An Overview of
    Developments in the OECD Countries. *International Journal of
    Educational Research, Vol. 33,* 7-29.

KOSIS. (2013). 한국의 주요지표. '합계출산율'. http://kosis.kr/feature/feature_
    0103List.jsp?mode=getList&menuId=01&NUM=490

Walsh, M., Stephens, P., Moore, S. (2000). *Social Policy and Welfare.* Cheltenham,
    UK: Stanley Thornes.

제4장

가족복지 정책의 실제

1. 노동권보장 정책 — 보육정책, 방과 후 보육정책

1) 보육정책

우리나라의 보육정책은 1961년 아동복리법[1]의 제정과 함께 시작되었다고 할 수 있다. 초기의 보육정책은 요보호 영유아의 복리 향상에 초점이 맞추어져 있어, 일반아동과 가족보장 측면에는 미흡한 면이 있었으나 1980년대 이후 촉진된 여성의 사회 진출과 남녀평등에 대한 사회적 관심 고조에 따른 보육환경 변화에 발맞추어 보육정책의 발전이 촉진되었다.

한편, 도시화가 촉발된 1975년 이래 지난 사반세기를 지나면서 매우 급격한 가족구조의 변화와 가족 가치관의 변화도 보육정책의 변화를 가속화시키고 있다. 3세대 이상 가구가 지속적으로 감소한 반면에 1세대 가구는 지속적으로 증가하여 핵가족화, 1인 가족화가 증폭되고, 1991년에는 '자녀는 반드시 있어야 한다.'라고 생각하는 사람이 90.3%에 달했으나, 2012년에는 44.4%로 감소한 것으로 나타나 결혼과 자녀에 대한 욕구가 크게 낮아져 가

표 4-1 기혼여성(20~44세)의 가구 및 개별 특성별 자녀 필요성에 관한 태도

(단위: %, 명)

특성	꼭 있어야 한다	있는 것이 없는 것보다 나을 것이다	없어도 상관없다	모르겠음	계(수)	x^2
전체	44.4	38.2	17.0	0.3	100.0(4,297)	
거주지역						
동부	43.8	38.9	17.0	0.3	100.0(3,736)	5.8
읍·면부	48.7	33.9	17.1	0.4	100.0(561)	
가구소득(만 원)						
100 미만	38.1	31.0	31.0	–	100.0(42)	
100~200 미만	44.0	35.0	21.0	-	100.0(243)	
200~300 미만	38.1	40.3	20.8	0.8	100.0(852)	–
300~400 미만	44.7	39.9	15.0	0.3	100.0(1,044)	
400~500 미만	49.4	33.3	17.2	0.1	100.0(781)	
500 이상	46.0	38.6	15.2	0.2	100.0(1,312)	
연령						
20~24세	65.1	23.3	9.3	2.3	100.0(43)	
25~29세	49.3	34.2	16.5	–	100.0(363)	
30~34세	44.2	41.1	14.1	0.6	100.0(1,049)	–
35~39세	42.5	36.8	20.6	0.2	100.0(1,308)	
40~44세	44.4	38.8	16.4	0.4	100.0(1,535)	
혼인 상태						
유배우	45.5	37.7	16.5	0.3	100.0(4,082)	40.6***
사별·이혼·별거	24.1	48.6	26.9	0.5	100.0(216)	
교육 수준						
중학교 이하	44.2	29.2	25.7	0.9	100.0(113)	15.3*
고등학교	44.9	36.7	18.2	0.3	100.0(1,888)	
대학 이상	44.1	39.9	15.7	0.3	100.0(2,296)	
취업 여부						
취업	44.1	38.6	17.1	0.2	100.0(2,088)	2.5
비취업	44.7	37.8	17.0	0.5	100.0(2,209)	
현존 자녀 수						
0명	36.3	38.9	23.8	0.9	100.0(424)	
1명	42.2	40.2	17.5	-	100.0(1,250)	43.1***
2명	46.0	37.3	16.3	0.4	100.0(2,174)	
3명 이상	50.7	36.2	13.2	-	100.0(448)	

1) ***p<.001, **p<.01, *p<.05, #*p<1, 2) 셀의 빈도가 5미만인 경우 20% 이상인 경우 x^2을 제시하지 않음.
출처: 김승권 외(2012: 122).

고 있는 것을 알 수 있다(조선일보, 2013. 5. 13., 기혼여성 절반 "자녀 없어도 괜찮아."). 여성이 도시지역에 거주할수록, 결혼 적정연령이 높을수록 결혼과 자녀의 필요성에 대한 인식은 낮은 것으로 조사되었다(〈표 4-1〉 참조). 이러한 도시화, 핵가족화, 1인가구화 현상 그리고 여성의 사회 진출에 따른 자녀에 대한 가치관의 변화는 한국 가족구조 변화의 중요한 현상인 저출산을 초래하고 있다.

잠정 집계에 따르면 한국 여성 1명당 합계출산율[1]은 2012년에 1.3명에 불과하여 세계적으로도 라트비아 다음으로 최저를 기록하고 있다(〈표 4-2〉, [그림 4-1] 참조). 현재 출산율 수준(1.3)이 유지될 경우 향후 급격한 인구 하락이 예상된다.

이와 같은 저출산 사회환경 속에서 2000년대 들어 더욱 증가된 여성의 사회 진출에 따른 보육시설의 탁아 개념이 아닌 보육 서비스로의 전환, 교육에 대한 사회의 전반적 관심 증대에 기인한 보육의 질적 향상 등의 실질적 요청이 반영되어 2004년에 영유아보육법이 전면 개정되기에 이른다. 1961년

표 4-2	합계출산율[2]				(단위: 천 명, 가임여성 1명당 명)	
구분	1970	1980	1990	2000	2011	2012
출생아 수	1,007.00	863	650	635	471.3	484.3
합계출산율	4.53	2.82	1.57	1.467	1.244	1.3

출처: 통계청(2013).

....
1) 1982년 어린이집이 유아교육진흥법에 따라 유아교육기관으로 편제되기 이전에 요보호 아동에 대한 국가책임의 원칙이 처음으로 법제화되어 보육시설설치기준, 직원배치기준, 보육기관, 보호내용을 적시하였다. 구빈적 아동보육에서 아동복리증진의 개념이 처음 등장하였다고 볼 수 있다.
2) 합계출산율(Total fertility rate)은 출산율의 척도로 가장 많이 이용되는 지표로서, 가임기간(15~49세) 여성이 평균 몇 명의 자녀를 출산하는가를 나타내는 수치다. 각 연도의 연령별 출산율(age specific fertility rate)의 평균으로 계산된다(박래정, 양희승, 2005: 4).

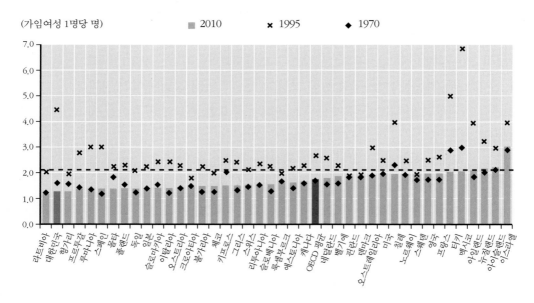

(가임여성 1명당 명)   ■ 2010   ✕ 1995   ◆ 1970

[그림 4-1] OECD 주요국 및 기타 국가의 합계출산율(2010)

출처: 통계청(2012).

영유아복리법과 달리, 2004년과 2008년 두 번에 걸쳐 개정 영유아보육법은 여성의 노동권을 보장하기 위하여 보육에 대한 사회적 책임 강화(김명순, 2005: 1; 영유아보육법 시행 2013. 8. 5. 법률 제11003호, 2011. 8. 4., 일부 개정)와 보육의 질 개선에 강조점을 두는 것이 특징이라 할 수 있다. 개정 법률에 따라 어린이집, 유치원에 다니는 만 5세 어린이에게 양질의 보육·교육 서비스를 제공하고 모든 계층에 보육·교육비를 지원하는 만 5세 공통과정을 도입하기에 이르렀다(실시비용을 지방교육재정교부금으로 부담).

2) 방과 후 보육정책

여성의 일반적인 경제활동 참여인구가 60%를 상회하지만, ① 결혼 직후 연령이라 할 수 있는 25~34세의 경제활동인구가 상당 폭 떨어지는 것과 ② 평

표 4-3	여성연령별, 활동상태별 비경제활동인구		(단위: 천 명, %)

〈여 자〉	51.3	〈전 체〉	15,579	100.0
15~19세	8.7	육 아	1,460	9.4
20~29세	65.3	가 사	5,754	36.9
30~39세	55.7	재학·수강 등[1]	4,211	27.0
40~49세	67.0	연 로	1,780	11.4
50~59세	60.5	심 신 장 애	400	2.6
60세이상	31.5	기 타[2]	1,975	12.7
전체: 15,579(100%)		− 쉬 었 음	1,326	8.5
남자: 5,253(33.7%), 여자: 10,326(66.3%)		※ 취업 준비[3]	541	3.5

1) '재학·수강 등'은 정규교육기관 재학, 입시학원, 취업을 위한 학원·기관 수강 등을 포함.
2) 학원·기관 수강 외 취업준비, 진학준비, 군입대대기, 쉬었음 등을 포함.
3) 취업 준비＝취업을 위한 학원·기관 수강＋학원·기관 수강 외 취업 준비
출처: 통계청(2013년 5월 고용동향: 16-17)

소 비경제활동인구 중 비구직 기간 동안의 활동 이유들에서 '가사 및 육아'
가 높은 비율을 차지하는 것을 감안하면(〈표 4-3〉 참조), 여성의 안정적인 경제
활동 참여를 위하여 방과 후 보육의 역할이 얼마나 중요한지를 알 수 있다.

최근 연구에 따르면 직장생활을 병행하면서 자녀를 키울 수 있는 사회 환
경이 조성된다면 추가 출산 의향이 25~29세 여성의 경우 43%에 이르고,
남성의 경우도 비슷하게 나타난다는 사실은 '육아 부담'과 '가사 부담'이
여성뿐만 아니라 남성에게도 노동권 보장의 중요한 요소가 된다는 점을 알
려준다([그림 4-2] 참조). 즉, 방과 후 보육정책은 가족복지 정책의 중요한 분
야가 됨을 예측할 수 있게 한다.

방과 후 보육은 기본적으로 ① 여성의 경제 참여에 따른 여성 노동권 보
장을 위한 아동보육 환경의 필요와 ② 저소득 소외계층의 교육격차 해소라
는 두 가지 목적이 공존하여 '방과 후 보육시설' '공부방' '초등학교 방과
후 학교' '지역아동센터' '청소년 방과 후 아카데미' 등 매우 다양한 이름
으로 진행되고 있다. 전자는 '12세까지 방과 후 보육을 명시한 영유아보육

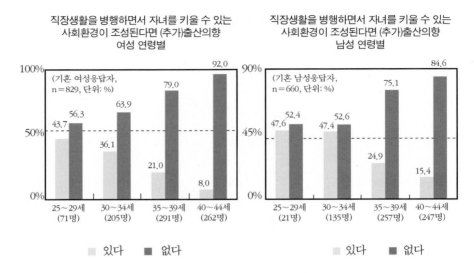

[그림 4-2] 노동권보장과 육아 및 가사부담

출처: 공선희(2009: 17)

법'을 기반으로 하며, 후자는 '18세까지 지역아동센터 교육을 명시한 아동
복지법' 및 '초등학교 방과 후 교육의 주체인 교육인적자원부 주도 초중고
방과 후 학교'(교육부, 2006: 16)를 기반으로 한다고 할 수 있다. 이처럼 현재
방과 후 보육정책은 보육시설의 방과 후 보육과정의 정책지침이 되는 영유
아보육법(보건복지부)과 지역아동센터(보건복지부), 공부방, 청소년 방과 후
아카데미 등 지역복지관이 주도하는 방과 후 교육 프로그램의 정책지침이
되는 아동복지법(보건복지부) 그리고 초등학교 방과 후 교육을 주도하는 교
육부의 3원화된 구조 속에 진행되고 있다.

뿐만 아니라 방과 후 보육과 교육의 지도를 담당하는 인력에 대한 국가인
증제도가 존재하지 않기 때문에 보육시설의 방과 후 보육은 보육교사가, 지
역아동센터는 사회복지사가 그리고 초등학교 방과 후 교육은 다양한 경력
자들이 진행하고 있다. 초등학교 방과 후 교육을 위하여 일부 광역시·도
교육청이 방과 후 교육을 위해 특성화된 전략을 추진하고 있으나, 방과 후
교사의 자격이 일원화되어 있지 않은 까닭에 교육의 질적 향상을 위한 엄격

한 정책이 추진되고 있지 않은 상황이다. 따라서 여성의 노동권을 보장하려는 근본 취지와 교육격차 해소를 위한 방과 후 보육정책의 적절한 추진과 정착을 위하여 일원화된 보육 및 교육정책이 중앙정부 주도로 개편되고, 방과 후 보육과 교육의 질적 개선 및 지도교사의 사회복지적 자질 검증을 위해 자격검증제도를 도입하는 것이 매우 시급한 과제라고 할 수 있다.

2. 부모권보장 정책
― 산전후휴가, 육아휴직, 부성육아휴직

저출산 · 고령화 사회의 원인이면서 동시에 국가경제 활성화에 중요한 역할을 할 수 있는 여성의 사회경제활동 참여를 위한 정책적 배려는 향후 우리나라의 복지적 필요를 채우는 중요한 과제라 할 수 있다. 전통적 개념에서 자녀돌봄의 주체였던 여성의 사회경제적 역할이 증대될 수밖에 없는 상황에서, 기혼여성의 자녀 출산과 관련된 문제, 육아양육의 문제 그리고 남성의 자녀돌봄을 위한 역할 분담의 복합적 문제들을 정책적으로 지원하는 '부모권보장 정책'은 보다 구체적으로 산전후휴가, 육아휴직, 부성육아휴직으로 요약될 수 있다.

1) 산전후휴가 및 육아휴직

산업화 · 정보화 사회에서 여성의 경제활동 참여비율이 증가하면서 기혼여성의 경제활동참여율이 증가하는 것도 자연스러운 현상으로 받아들여지고 있다. 핵가족화와 생활환경의 개선, 여성의 사회진출을 촉발하게 하는 가치관의 변화 등은 기혼여성의 경제활동을 보다 용이하게 하는 요소들로 작용한다. 이처럼 사회적으로 전개되는 여성을 위한 긍정적인 변화에서 직장생활을 하는 기혼여성에게 출산과 보육문제, 즉 부모권을 보장해 줄 수 있는 가장 기본적 정책은 산전후휴가와 육아휴직과 관련된 법령일 것이다.

　산전후휴가와 육아휴직제도는 2001년 11월 시행된 근로복지법과 2012년 시행된 남녀고용평등과 일·가정 양립 지원에 관한 법률을 기반으로 하는 법령으로서 맞벌이가족과 한부모가족을 위한 효과적인 복지대책이다.

(1) 산전후휴가제도

　임신 중의 여성근로자 및 여자공무원의 근로의무를 면제하고 임금상실 없이 출산 전후에 걸쳐 90일을 쉬고도 임금, 월급을 보장받도록 하는 제도를 말한다. 모든 기업은 산전후휴가의 제공의무가 있으며 산전후휴가급여를 고용보험에서 지원하는 형태의 정책이 실시되고 있다.

　주요 OECD 국가들은 오래전부터 부모 모두에게 산전후휴가 및 급여를 지급하는 특징이 있다. 스칸디나비아 국가들의 경우 최소 30주 이상 산전후휴가를 실시하며 산전후휴가급여도 통상 임금액의 최소 90% 이상을 지급하고 있다(〈표 4-4〉 참조). 산전후휴가와 육아휴가기간을 합하면 최장 116주에 달하는 나라도 있다. 영어권 국가에서 가장 짧은 산전후휴가를 실시하는 나라는 캐나다이나 산전후휴가급여가 통상급여의 55%에 달하고 산전후휴가 및 육아휴가기간을 합하면 50주에 해당한다(〈표 4-4〉 참조).

　이처럼 사회보장 수준이 높은 스칸디나비아 국가들은 산전후휴가를 남성의 양육책임과 성 평등 부모 역할을 강조하여 부모 모두에게 실시하여 기간도 다른 나라보다 길고 급여보장 수준도 높은 것을 알 수 있다. 반면 영미권 국가의 경우 스칸디나비아 국가들에 비하여 산전후휴가기간이 짧고 소득보전 수준이 비교적 낮은 것으로 나타난다. 반면에 미국의 경우 모성휴가 없이 무급가족·의료휴가를 시행할 수 있도록 하여 자율적인 정책을 시행하고 있다.

　우리나라는 우선지원대상기업의 90일 통상임금액(상한 135만 원)을 고용보험에서 지원하며 이외 기업은 60일 초과 기간만 통상임금액(상한 135만 원)을 고용보험에서 지원하게 되어 있다(〈표 4-5〉 참조). 이때 근로자는 최소

표 4-4   산전후휴가 및 급여 국제 비교

구분	산전후휴가기간(주)	산전후휴가급여 (평균임금의 %)	산전후+육아휴가기간(주)
노르딕 국가			
덴마크	30	100	82
노르웨이	42	100	116
스웨덴	64	90	85
대륙 국가			
프랑스	16	100	162
독일	14	100	162
네덜란드	16	100	68
영어권 국가			
캐나다	15	55	50
영국*	26	60	52
미국**	0(6)	0(6)	12***

* 2003년부터 산전후휴가 26주로 연장.
** 5개 주(캘리포니아, 하와이, 뉴저지, 뉴욕, 로드 아일랜드). (단기간 의료적 질병으로 구분되면서 임금 손실의 부분의 법적 보호를 받음.) (Kamerman, 1991a), 평균 기간은 6주.
*** Family & Medical Leave
출처: 장지연(2005: 35).

3개월 고용보험 가입자이어야 하며 휴가종료일 이전 피보험단위기간이 180일 이상이어야 한다. 2006년 1월 1일 마련된 근로기준법 제72조에서는 다음과 같이 명시하고 있다.

• 사용자는 임신 중의 여성에 대하여 산전후를 통하여 90일의 보호휴가를 주어야 하며, 이 경우 휴가기간의 배치는 산후에 45일 이상이 되어야 한다.
• 임신 중인 여성 근로자가 유산의 경험 등 대통령령으로 정하는 사유로

휴가를 청구하는 경우 출산 전 어느 때라도 휴가를 나누어 사용할 수 있도록 한다. 이 경우 출산후의 휴가기간은 연속하여 45일 이상이 되어야 한다.

- 제1항의 규정에 의한 휴가 중 최초 60일은 유급으로 한다.
- 사용자는 임신 중의 여성근로자에 대하여 시간 외 근로를 시키지 못하며, 당해 근로자의 요구가 있는 경우에는 경이한 종류의 근로로 전환시켜야 한다.
- 산전후휴가제도에 해당되는 여성근로자 및 공무원은 다음과 같이 고용보험법 제55조의 9 및 동법 시행규칙 제66조의 9의 규정에 의하여 산전후휴가 사실을 확인한 후 산전휴가급여를 청구할 수 있다.
- 우선지원 대상기업[3]의 경우 90일의 급여가 고용보험에서 지급되고, 대규모 기업의 경우 최초 60일은 사업주가 그 이후 30일은 고용보험에서 지급한다.
- 1년 이상 재직한 근로자의 경우에만 1세 미만 영아 양육을 위해 1년간 육아휴직이 가능하고 2007년부터 50만 원으로 인상된 육아휴직급여가 지급된다[30일분의 통상임금이 135만 원을 초과하는 경우에는 135만 원을 지급, 최고 135만 원(비우선지원대상기업)～405만 원(우선지원대상기업)].
- 우선지원대상기업 휴가를 시작한 날 이후 1개월부터 휴가가 끝난 날 이후 12개월 이내(휴가기간 중, 30일 단위로 신청 가능), 대규모기업은 휴가를 시작한 날(대규모 기업은 휴가 시작 후 60일이 지난 날로 본다.) 이후 1개월부터 휴가가 끝난 날 이후 12개월 이내 신청하여야 한다. 출산전후휴가 종료일부터 12월 이내에 신청하지 않을 경우에는 출산전후휴가급여를 받을 수 없다.

---

3) 광업 300인 이하, 제조업 500인 이하 건설업 300인 이하, 운수·창고 및 통신업 300인 이하, 기타 100인 이하 사업장(중소기업법 제2조 제1항 및 제3항의 기준에 해당하는 기업)
출산전후휴가기간 90일 중 최초 60일은 유급휴가이므로 종전과 같이 사용자가 급여를 지급할 의무가 있고, 다만 고용보험에서 출산전후휴가급여를 받은 경우 그 금액의 한도 내에서 지급 의무가 면제됨.

| 표 4-5 | 산전후휴가제도 특징 |

구 분	산전후휴가	산전후휴가급여
기업의 제공 의무	○	×
의무기업의 보편성 여부	모든 기업	-
기업의 비용부담 의무	○	○
기업의 실제 비용부담률	100%	우선지원대상기업의 190일 통상임금액(상한 135만 원)을 고용보험에서 지원, 이외 기업은 60일 초과기간만 통상임금액(상한 135만 원) 고용보험 지원
고정 편익량 여부	○(90일)	60일간 임금소득 비례, 100%, 30일은 무급
근로자 자격요건	○	○
근속 또는 고용기간 상의 자격요건	없음	최소 3개월 고용보험 가입 (휴가종료일 이전 피보험단위기간 180일 이상)

출처: 김혜원 외(2007: 43)

현재 산전후휴가급여의 신청이 30일 이상 휴가를 사용한 후에 신청이 가능하고, 산전후급여 처리 기간이 14일이어서 산전후휴가급여 공백이 생길 수 있고, 미신청·고용보험 미가입 등으로 인하여 산전후휴가급여를 지급받지 못하는 문제가 발생할 수 있다. 이 문제를 해소하기 위하여 사용주의 산전후휴가급여 대리신청제도를 도입하고, 고용보험 실업급여와 가능한 사회보험 재원을 활용하여 산전후휴가 미사용자와 미수급자의 소득보전을 해주는 방안이 실시되어야 바람직할 것이다(김영옥 외, 2007).

(2) 육아휴직제도

육아휴직이란 근로자가 만 6세 이하의 초등학교 취학 전 자녀(입양한 자녀를 포함하며, 2008. 1. 1 이후 출생하거나 2008. 1. 1 이후 입양한 경우)를 양육하기 위하여 신청, 사용하는 휴직을 말하며, 근로자의 육아 부담을 해소하고 계속 근로를 지원함으로써 근로자의 생활안정 및 고용안정을 도모하는 한편, 기업의 숙련인력 확보를 지원하는 제도다. 남녀고용평등과 일·가정 양립 지원에 관한 법률 제19조의 규정에 따라 근로자는 다음과 같은 육아휴직을 보장받을 수 있다.

- 근로자는 사업주로부터 30일 이상 육아휴직을 부여받아야 하고, 육아휴직 개시일 이전에 피보험단위기간(재직하면서 임금 받은 기간)이 모두 합해서 180일 이상이 되어야 한다[단, 과거에 실업급여를 받았을 경우 인정받았던 피보험기간은 제외/같은 자녀에 대해서 피보험자인 배우자가 육아휴직(30일 미만은 제외)을 부여받지 않음].
- 육아휴직기간 동안 매월 통상임금의 100분의 40을 지급하고(상한액: 월 100만 원, 하한액: 월 50만 원), 급여 중 일부(100분의 15)를 직장복귀 6개월 후에 합산하여 일시금으로 지급한다.
- 육아휴직급여액의 지급대상 기간이 1개월이 안 되는 달에 대해서는 일수로 계산하여 지급한다. 또한, 육아휴직 기간 중 사업주로부터 육아휴직을 이유로 금품을 지급받은 경우로서 매월 단위로 육아휴직기간 중 지급받은 금품과 육아휴직급여의 100분의 85에 해당하는 금액(그 금액이 50만 원 미만인 경우에는 하한액 50만 원)을 합한 금액이 육아휴직 시작일 기준으로 한 월 통상임금을 초과한 경우에는 그 초과한 금액을 육아휴직급여의 100분의 85에 해당하는 금액에서 빼고 지급한다(단, 개정 규정은 2011. 1. 1. 영 시행 후 최초로 육아휴직을 시작하는 경우부터 적용한다).

'2012년도 서울특별시 공무원 육아휴직 현황'에 따르면 2011년 전체 육아휴직 대상인원 2,164명 가운데 183명만 육아휴직을 사용한 것으로 조사되어 그 활용도가 매우 낮은 수준인 것으로 나타난다([그림 4-3] 참조). 남성

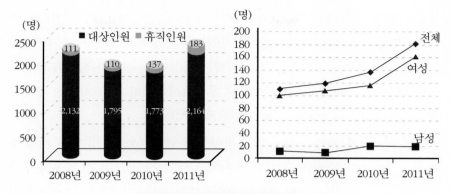

[그림 4-3] 서울시 육아휴직 현황

출처: 서울특별시(2013). 육아휴직 현황

공무원인 경우 육아휴직 활용도는 훨씬 더 낮은 수준에 불과하여 여전히 육
아 부담이 여성에게 편중된 상황이 포착되므로 육아 부담에 대한 남성 역할
제고의 인식 전환이 이루어져야 할 것이다.

2) 부성육아휴직

우리나라에서 여성의 사회진출을 돕기 위한 국가정책인 산전후휴가 및
육아휴직제도가 적극적으로 실현되고 있음에도 실제 육아부담은 여성에게
편중되는 것으로 나타나는 것이 한국적 가족환경을 반증하는 또 다른 상황
이다. 이런 문제를 개선하기 위하여 제안되는 정책이 '부성육아휴직'이다.
부성육아휴직은 자녀양육에 대하여 부모의 공동책임을 인정하고 휴직기간
중 일정 기간을 아버지에게 할당하는 제도를 말한다. 스웨덴의 경우 부성육
아휴직이 1994년 제도화된 이후 휴가기간 동안 남성의 육아분담비율이
1977년에 7%에 불과하던 것이 1996년에는 46%로 증가하였다(윤홍식, 2005:
12). 이로 보아 부성육아휴직은 남성의 육아부담을 높여 여성의 사회적 진
출을 높이는 데 결정적인 기여를 할 수 있는 가족정책으로 이해된다. 현재
우리나라는 OECD 국가들 가운데 터키, 멕시코와 함께 여성의 경제활동참

가율이 가장 저조하고(OECD 회원국의 여성 경제활동참가율, 여성 경제활동참
여현황 통계 p. 12에서 재인용), 출산율 또한 가장 낮으며, 남성의 육아분담비
율이 공무원의 경우 1%에 훨씬 못 미치는 실정이다. 이러한 상황을 고려할
때 남성의 육아부담을 제고하기 위한 부성육아휴직와 같은 발전적 형태의
가족정책은 충분히 고려할 만한 제안이라 할 수 있다.

  노동부는 이와 같은 상황을 일부 받아들여 남여고용평등법 일부 개정 법
률(법률 제8781호, 2008년 6월 22일 시행)에서 사업주는 근로자가 배우자의 출
산을 이유로 휴가를 청구한 경우 3일의 휴가를 주도록 하였다. 동 제도 실시
이후 육아휴직을 이용하는 남성근로자 수는 매년 증가하고 있지만 여성에
비하여 실질 이용실적은 미미하여 전체 육아휴직자 중 남성근로자의 비율
은 2% 내외 수준에 불과한 것으로 조사된다(〈표 4-6〉 참조).

표 4-6 출산 및 육아휴직 현황

(단위: 명)

구분		2004	2008	2009	2010	2011	2012
경제활동인구	전체	23,417,000	24,347,000	24,394,000	24,748,000	25,099,000	25,501,000
	여성경제활동인구	9,690,000	10,139,000	10,076,000	10,256,000	10,416,000	10,609,000
	남성경제활동인구	13,717,000	14,208,000	14,318,000	14,492,000	14,683,000	14,892,000
육아 휴직[4]자 수	계	9,304	29,145	35,400	41,733	58,137	64,069
	여성근로자	9,123	28,790	34,898	40,914	56,735	62,279
	남성근로자	181	355	502	819	1,402	1,790

출처: 통계청(2011).

---

4) 1987년 남녀고용평등법 개정시 제도가 도입. 2001년 11월부터 고용보험기금에서 육아휴직급
  여를 지급하면서 육아휴직급여 수급자 수를 토대로 육아휴직자 수를 파악하기 시작했고, 육
  아휴직급여는 고용보험에 180일 이상 가입하고, 30일 이상 휴가를 사용한 경우 지원받을 수
  있으며, 휴직기간 중 매월 통상임금의 40%(상한 100만 원, 하한 50만 원)씩 지급한다.

3. 노인돌봄 관련 정책 – 노인장기요양보험제도

1) 추진 개요

2008~2010년 동안 우리나라 65세 이상 인구 수는 매년 약 3~4% 지속적으로 증가함에 따라 2018년에는 14.4%로 고령사회로 진입하고, 2026년에는 다섯 명 중 한 명이 노인인 초고령사회가 될 것으로 예측된다(윤소영, 2012). 게다가 노인 네 명 중 한 명은 치매 발생 위험이 매우 높은 경도인지장애를, 열 명 중 약 여섯 명의 노인은 적어도 하나 이상의 만성질환을 앓고 있어 가족 내 노인들의 돌봄 요구는 크게 증가하고 있다. 그러나 전통적인 가족 중심 노인 부양 체계는 약화되고 있어 노인이 가구주인 가구가 전체의 20%에 육박하고, 이 중 독거노인 가구도 6%를 넘어서 심각한 사회문제로 대두되고 있다(김홍수, 권순만, 2012). 이처럼 고령화의 진전과 함께 핵가족화, 여성의 경제활동참여가 증가하면서 종래 가족의 부담으로 인식되던 장기요양문제가 이제 더 이상 개인이나 가계의 부담으로 머물지 않고 이에 대한 사회적·국가적 책무가 중요한 정책 사안이 된다. 이를 대처하기 위하여 정부는 2000년에 치매 등 노인성 질환의 문제를 가지고 있는 노령층의 장기요양보호 수요에 적극적으로 대처하기 위해 노인장기요양보호정책기획단을 설치하였고, 2002년 10월에는 노인보건복지종합대책 및 실행계획을 제시하였다. 이후 2003년 3월 공적노인요양보장제도 실행모형 개발을 위한 공적노인요양보장추진기획단을 설치하였고, 2004년 개편된 고령화 및 미래사회위원회를 기반으로 하여 2005년 1월 고령친화산업 활성화전략을 발표하였으며, 마침내 국민건강보험공단을 주체로 '노인장기요양보험법률안'이 공포되기에 이르렀다. 이 법률안에 따라 2008년 7월 1일부터 요양급여를 제공하고 노인장기요양보험료를 징수하며, 노인장기요양보험료 산정 및 요양인정 신청 등을 2007년 7월 1일부터 시행하고 있다(노인장기요양보험 공식

홈페이지, 2013).

2) 사업개요 및 절차

노인장기요양보험제도[5]는 노인성 질병 등의 사유로 일상생활을 혼자서 수행하기 어려운 노인 등에게 신체활동 또는 가사활동 지원 등의 장기요양 급여를 제공하여 노후의 건강증진 및 생활안정을 도모하고 그 가족의 부담을 덜어줌으로써 국민의 삶의 질을 향상하도록 함을 목적으로 시행하는 사회보험제도다(노인장기요양보험 공식홈페이지, 2013). 노인장기요양보험은 고령이나 노인성 질병 등으로 인하여 일상생활을 혼자 수행하기 어려운 노인 등에게 신체활동 또는 가사 지원 등의 요양급여를 사회적 연대 원리에 의해 제공하는 사회보험제도다. 이는 대상자의 심신 상태와 부양 여건에 따라 시설요양기관 및 재가기관 등 다양한 형태의 서비스 공급자를 포괄하며, 대상

---

5) 국민건강보험은 질환의 진단, 입원 및 외래 치료, 재활 등을 목적으로 주로 병·의원 및 약국에서 제공하는 서비스를 급여대상으로 하는 반면, 노인장기요양보험은 고령이나 노인성질병 등으로 인하여 혼자의 힘으로 일상생활을 영위하기 어려운 대상자에게 요양시설이나 재가기관을 통해 신체활동 또는 가사지원 등의 서비스를 제공하는 제도라는 측면에서 차이가 있다. 노인장기요양보험은 기존 노인복지법상 노인요양과도 차이가 있는데, 기존 「노인복지법」상의 노인요양은 주로 국민기초생활보장수급자 등 특정 저소득층을 대상으로 국가나 지방자치단체가 공적부조방식으로 제공하는 서비스 위주로 운영되어 왔으나, 「노인장기요양보험법」상 서비스는 소득에 관계없이 심신기능 상태를 고려한 요양필요도에 따라 장기요양인정을 받은 자에게 서비스가 제공되는 보다 보편적인 체계로 운영되고 있다는 점에서 다르다.

〈노인장기요양보험제도와 기존 노인복지서비스체계 비교표〉

관련법	노인장기요양보험법	노인복지법
서비스 대상	• 보편적 제도 • 장기요양이 필요한 65세 이상 노인 및 치매 등 노인성질병을 가진 65세 미만자	• 특정대상 한정(선택적) • 국민기초생활보강 수급자를 포함한 저소득층 위주
서비스 선택	• 수급자 및 부양가족의 선택에 의한 서비스 제공	• 지방자치단체장의 판단(공급자 위주)
재원	• 장기요양보험료+국가 및 지방자치단체 부담+이용자 본인부담	• 정부 및 지방자치단체의 부담

노인에 대한 현물서비스 제공과 함께 예외적으로 가족요양비, 휴식서비스 (respite care)와 같은 부양가족 지원서비스도 포함하는 등 급여 형태가 다양하다. 노인장기요양보험제도는 서비스 대상자에게 신체 중심형 서비스(배설, 목욕, 식사, 이동) 및 일상가사 중심형 서비스(조리, 세탁, 청소 등)와 함께 의료 중심형 서비스(요양상의 간호진료 보조, 요양상의 상담 등)를 제공하는 것을 목적으로 하고 있다. 2008년 4월 4일부터 노인의료복지시설의 무료, 실비, 유료의 구분이 없어지고 노인요양시설과 노인전문요양시설이 통합되었으며 시설 유형에 노인요양공동생활가정이 추가되었다. 노인장기요양 인정 신청을 위한 절차는 다음과 같이 진행된다.

표 4-7　노인장기요양 인정 절차, 서비스 내용

구분	설명
대상	65세 이상의 노인 및 65세 미만으로 노인성 질병(치매, 뇌혈관성질환, 파킨슨 병 등 보건복지가족부장관이 정하여 고시한 질병)을 가진 자
신청절차	장기요양인정신청 및 방문조사(국민건강보험공단) → 장기요양인정 및 장기요양등급 판정(등급판정위원회) → 장기요양인정서·표준장기요양 계획서 송부(국민건강보험공단) → 장기요양급여 이용계약 및 장기요양 급여제공(장기요양기관)
등급판정 기준	등급판정은 '건강이 매우 안좋다.' '큰 병에 걸렸다.' 등과 같은 주관적인 개념이 아닌 '심신의 기능상태에 따라 일상생활에서 도움(장기요양)이 얼마나 필요한가?'를 지표화한 장기요양인정조사표의 인정점수를 기준으로 하며, 장기요양인정 점수를 기준으로 다음과 같은 세 개 등급으로 등급판정을 한다. {표}

등급	심신의 기능상태	장기요양인정점수
1등급	일상생활에서 전적으로 다른 사람의 도움이 필요한 상태	95점 이상
2등급	일상생활에서 상당 부분 다른 사람의 도움이 필요한 상태	75점 이상 95점 미만
3등급	일상생활에서 부분적으로 다른 사람의 도움이 필요한 상태	51점 이상 75점 미만

인정신청을 하게 되면 간호사, 사회복지사, 물리치료사 등으로 구성된 공단 소속장기요양 직원이 직접 방문하여 「장기요양인정조사표」에 따라 신체기능, 인지기능, 행동변화, 간호처치, 재활항목에 대하여 조사를 실시한다.

〈등급판정위원회의 심의 · 판정 양식〉

- 심의번호:　　　　 ■ 성별: 남(　　) 여(　　) ■ 연령: (　　)세 ■ 이용구분: 시설(　　) 재가(　　)
- 신청구분: 최초(　　) 등급변경(　　) 갱신 신청(　　) 이의신청(　　) ■ 전회 등급(　　) ■ 전회 유효기간: (　　　　　)

방문조사

가. 인정 조사 결과: (　) 등급/ 인정점수: (　)점

항목		전결과	조사 결과	의사 소견서
신체 기능 (12)	1. 옷 벗고 입기 2. 세수하기 3. 양치질하기 4. 목욕하기 5. 식사하기 6. 체위 변경하기 7. 일어나 앉기 8. 옮겨 앉기 9. 방밖으로 나오기 10. 화장실 사용하기 11. 대변 조절하기 12. 소변 조절하기			
인지 기능 (7)	1. 단기 기억장애 2. 날짜 불인지 3. 장소 불인지 4. 나이 생년월일 불인지 5. 지시 불인지 6. 상황 판단력 감퇴 7. 의사소통 전달 장애			
행동 변화 (14)	1. 망상 2. 환각환청 3. 슬픈 상태 울기도 함. 4. 불규칙한 수면, 주야 혼돈 5. 도움에 저항 6. 서성거림, 안절부절 못함. 7. 길을 잃음. 8. 폭언, 위험 행동 9. 밖으로 나가려 함. 10. 물건 망가트리기 11. 의미 없거나 부적절한 행동 12. 돈, 물건 감추기 13. 부적절한 옷 입기 14. 대소변 불결행위			
간호 처리 (9)	1. 기관지 절개 간호 2. 흡인 3. 산소요법 4. 욕창간호 5. 경관영양 6. 암성 통증 간호 7. 도뇨 관리 8. 장루 간호 9. 투석 간호			
재활 (10)	1. 우측상지 운동장애 2. 좌측상지 운동장애 3. 우측하지 운동장애 4. 좌측하지 운동장애 5. 어깨관절 제한 6. 팔꿈치관절 제한 7. 손목 및 수지관절 제한 8. 고관절 제한 9. 무릎관절 제한 10. 발목관절 제한			

나. 심의 지표

지표1. 여덟 개 서비스군 별 백분위 수 범위

구분	계	청결	배설	식사	기능 보조	행동 변화	간접 지원	간호 처치	재활 훈련
점수									
범위									

- ▲▲: 상위 2.5% 이내　　　　▲: 상위 5% 이내
- ▽▽: 하위 2.5% 이내　　　　▽: 하위 5% 이내

지표2. 영역별 기능 상태 백분위 수 범위

구분	신체 기능	인지 기능	행동 변화	간호 처리	재활
점수					
범위					

지표3. 표준점수 평균 비교 도표

구분	신체 기능	인지 기능	행동 변화	간호 처리	재활
점수					
범위					

지표4. 장애 치매성 노인의 일상생활 자립도 및 등급별 분포

구분		치매노인			
		자립	불완전	부분의존	완전의존
장애 노인	정상				
	생활자립				
	준와상				
	완전와상				

다. 요양인정점수 변경

구분	청결	배설	식사	기능 보조	행동 변화	간접 지원	간호 처치	재활 훈련
원점수								
신뢰구간								
상향 /하향								
조정점수								

구분	설명
장기요양급여의 제공시기	1~3등급의 장기요양인정을 받은 자로서, 장기요양인정서가 도달한 날부터 장기요양 급여를 받을 수 있다(단, 돌볼 가족이 없는 등 대통령령이 정하는 부득이한 사유가 있는 경우에는 장기요양인정신청서를 제출한 날부터 장기요양인정서가 도달되는 날까지의 기간 중에도 장기요양급여를 받을 수 있음).
장기요양급여의 이용	장기요양수급자는 시설 또는 재가 장기요양기관과 계약을 체결하고 급여 이용 공단은 수급자가 자율적으로 장기요양기관을 선택할 수 있도록 객관적인 정보제공 및 안내, 상담함으로 개시된다. 장기요양인정서와 표준장기요양이용계획서에 따라 수급자와 가족이 자율적으로 장기요양기관을 선택하여 급여 계약 체결을 하고, 장기요양기관에서는 표준장기요양 이용계획서와 계약 내용을 반영하여 세부급여제공 계획(일정)을 수립하고 급여를 제공한다. 장기요양기관은 표준장기요양이용계획서와 계약내용을 반영하여 장기요양급여의 제공계획서를 작성하고 급여를 제공하여야 한다.
급여의 종류	• 재가급여: ① 방문요양(장기요양요원이 수급자의 가정 등을 방문하여 신체활동 및 가사활동 등을 지원하는 장기요양급여), ② 방문목욕(장기요양요원이 목욕설비를 갖춘 차량을 이용하여, 수급자의 가정을 방문하여 목욕을 제공하는 급여), ③ 방문간호(장기요양요원인 간호사 등이 의사, 한의사 또는 치과의사(구강위생에 한함)의 지시서에 따라 수급자의 가정 등을 방문하여 간호, 진료의 보조, 요양에 관한 상담 또는 구강위생 등을 제공하는 장기요양급여), ④ 주 · 야간보호(수급자를 하루 중 일정한 시간 동안 장기요양기관에 보호하여 신체활동 지원 및 심신기능의 유지 향상을 위한 교육 · 훈련 등을 제공하는 급여) • 시설급여: 노인의료복지시설(노인전문병원 제외)에 장기간동안 입소하여 신체활동 지원, 심신기능의 유지 · 향상을 위한 교육 · 훈련 등을 제공하는 요양급여. • 특별현금급여: ① 가족요양비: 장기요양기관이 현저히 부족한 지역(도서 · 벽지)에 거주하는 자, 천재지변 등으로 장기요양기관이 실시하는 장기요양급여 이용이 어렵다고 인정된 자, 신체 · 정신 · 성격 등의 사유로 가족 등이 장기요양을 받아야 하는 자에게 지급, ② 특례요양비: 수급자가 장기요양기관으로 지정되지 않은 장기요양시설 등의 기관과 재가 또는 시설급여에 상당한 장기요양급여를 받은 경우 장기요양급여 비용의 일부를 지급, ③ 요양병원간병비: 수급자가 노인복지법 상의 노인전문병원 또는 의료법 상의 요양병원에 입원한 때에 장기요양에 사용되는 비용의 일부를 지급(※ 특례요양비와 요양병원 간병비는 현재 시행을 유보하고 있음).
장기요양기관 설치	노인장기요양보험법 제31조에 따라 장기요양기관을 설치 · 운영하고자 하는 자는 소재지를 관할구역으로 하는 시장 · 군수 · 구청장으로부터 지정을 받아야 하고, 재가 장기요양기관의 설치(노인장기요양보험법 제32조)하여 재가급여 중 어느 하나 이상에 해당하는 장기요양급여를 제공하고자 하는 자는 시설 및 인력을 갖추어 재가 장기요양기관을 설치하고 시장 · 군수 · 구청장에게 이를 신고하여야 합니다. 신고를 받은 시장 · 군수 · 구청장은 신고 명세를 공단에 통보하여야 한다. 의료기관이 아닌 자가 설치 · 운영하는 재가장기요양기관은 방문간호를 제공하는 경우 방문간호의 관리책임자로서 간호사를 둔다.

출처: 노인장기요양보험 홈페이지(2013). http://www.longtermcare.or.kr 재정리

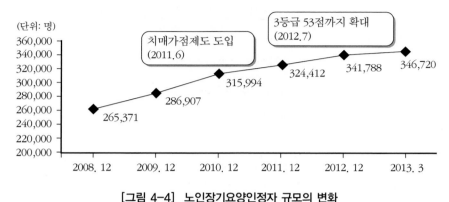

(단위: 명)

```
360,000                                    3등급 53점까지 확대
340,000                                    (2012.7)
320,000
300,000          치매가점제도 도입
280,000          (2011.6)                              341,788    346,720
260,000                          315,994    324,412
240,000          286,907
220,000   265,371
200,000
        2008. 12   2009. 12   2010. 12   2011. 12   2012. 12   2013. 3
```

[그림 4-4] 노인장기요양인정자 규모의 변화

출처: 이윤경(2013: 2)

노인장기요양보험제도가 도입된 이후 대상자는 2008년 26만 5천 명에서 2013년 34만 7천 명으로 지속적인 증가세를 보이고 있으며, 2013년 3월 현재 노인인구 6백 13만 8천 명 중 장기요양 등급 인정자는 약 5.6%에 달하는 것으로 나타난다(이윤경, 2013: 2, [그림 4-4] 참조).

현행 장기요양보험제도하에서 서비스를 받은 노인들의 주요 심리 · 정서 · 신체기능 저하가 지연되었고, 돌보는 가족들의 경제적 · 심리적 부담이 감소하였으며, 의료서비스 이용도 저하된 부분에 대하여 긍정적인 평가가 있으나(김찬우, 2013), 현재 65세 이상 인구 기준 5.8%에 해당되는 최중증자에게만 국한된 보험 대상자의 확대, 장기요양 시설과 요양보호사의 급속한 증가에 따른 서비스의 범위와 질 향상, 의료서비스 연계 등에 대한 지속적 당면 과제들이 지적된다. 또한 최근 노인장기요양보험의 인정점수 하향조정(55 → 51점까지 확대)을 통한 대상자 확대에 따라 장기요양대상자 선정도구의 신뢰도 미흡에 따른 적합성 판정과 장기요양보험제도가 담보하고자 하는 요양필요도의 절대적 수준[장기요양대상자의 적정규모는 일상생활수행능력 제한자(Activities of Daily Living: ADL)[6]로 정의될 때 노인인구 대비 7.2~11.4%

---

6) OECD에서는 장기적 요양보호 대상노인을 설정하는데 일상생활동작(ADL과 IADL) 지표를

로 예측]에 대한 기준설정의 필요성에 대한 논의(이윤경, 2013: 3)도 가족돌봄 정책 실현을 위한 중요한 과제라고 할 수 있다.

4. 가족정책의 전달체계

사회복지에서 '전달체계'란 사회복지 정책 혹은 서비스를 수급자 혹은 이용자에게 원활하게 전달하기 위하여 마련된 '조직체계'라고 할 수 있다. 여기에서 공공정책과 공공서비스의 주체는 정부(지자체)와 민간 사회복지기관(시설)이 모두 해당되고, 민간 사회복지 서비스의 주체는 민간 사회복지기관(시설)이 주체가 된다.

가족정책의 전달체계는 위에서 설명된 것처럼 가족복지를 원활하게 실현하기 위한 정부, 지자체 그리고 민간 사회복지기관(시설)의 행정조직을 의미한다. 즉, 노동권보장(보육정책, 방과후 보육정책), 부모권보장(산전후휴가, 육아휴직, 부성육아휴직), 노인돌봄 관련(노인장기요양보험), 소득보장을 위한 각종 정책들[아동(양육)수당]을 실현하기 위하여 관련된 중앙정부, 지자체 주무부서와 민간 사회복지기관(시설)의 조직이 포함된다. 먼저 가족복지 정책 전달을 위한 관련 법과 주무 행정조직은 〈표 4-8〉과 같이 정리할 수 있다.

활용하나 우리나라에서는 ADL을 주로 사용한다. 다만, ADL과 IADL 지표항목에 대해서는 국가 간, 연구자 간 차이가 발생하고, 동일한 지표항목이라도 그 국가의 문화적 습관 등에 따라서 장애 정도에 차이가 발생한다. ADL은 ① 걷기, ② 앉았다 일어서기, ③ 옷 갈아입기, ④ 목욕하기, ⑤ 화장실 이용하기, ⑥ 식사하기 항목으로 설정하고, IADL은 ① 집안일 하기, ② 교통수단 이용하기, ③ 물건 사기, ④ 전화 걸기 항목으로 설정한다.

| 표 4-8 | 가족복지 정책 관련 법 및 주무 행정부서 |

가족정책 구분	가족정책 내용	관련 법 (실시연도)	주무 행정부서
노동권보장	보육, 방과후 보육	• 영유아보육법(1991, 개정 2013년)	보건복지부 여성가족부
부모권보장	산전후휴가 육아휴직 (부성육아휴직)	• 여성발전기본법(1995, 개정 2011년) • 남녀고용평등과 일·가정 양립 지원에 관한 법률(2012)	여성가족부 고용노동부
노인돌봄관련	노인장기요양보험	• 노인장기요양보험법(2012)	보건복지부
소득보장	아동(가족)수당 아동양육 수당 장애아동수당	• 영유아보육법(1991, 개정 2013년) • 장애아동복지지원법(2013) • 농어업인 삶의 질 향상 및 농어촌지역 개발촉진에 관한 특별법(2012) • 다문화가족지원법(2013)	보건복지부 농림축산식품부 여성가족부
가족일반		• 사회복지사업법(1970) • 건강가정기본법(2004) • 아동복지법(1961) • 모자복지법(1989)/윤락행위등방지법(1961)/성폭력범죄처벌 및 피해자보호등법(1994)/가족폭력방지 및 피해자보호법(1997)/일제하 일본군위안부 생활안정지원법(1997) • 노인복지법(1989) • 장애인복지법(1989) • 청소년기본법(2005)/청소년복지지원법(2005)/청소년보호법(1999)/청소년의 성보호에 관한 법률(2005)	보건복지부 여성가족부 보건복지부 여성가족부 보건복지부 보건복지부 여성가족부

1) 중앙정부의 가족복지 전달체계
　-보건복지부, 여성가족부

　가족복지 정책 전달체계의 주무부서인 보건복지부, 여성가족부의 행정조직([그림 4-5] 참조)을 살펴보면 주무부서의 가족복지 전달 행정업무를 파악

조직도

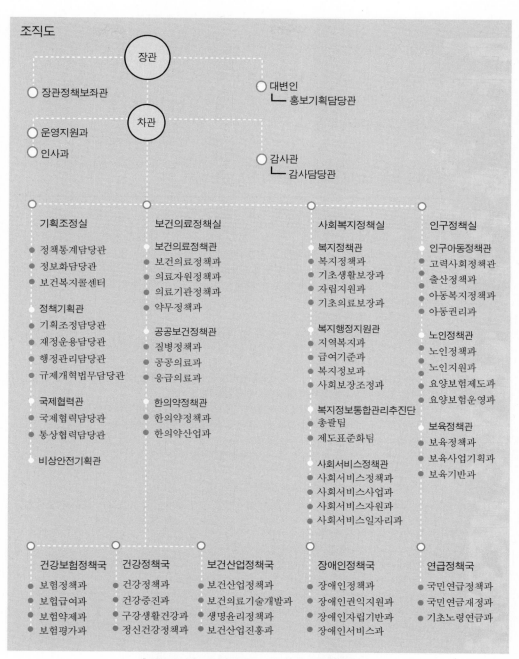

[그림 4-5] 보건복지부 가족정책 전달 행정조직

출처: 보건복지부 조직도 (2014. 6.). www. mw. go.kr

할 수 있다.

먼저 보건복지부 인구정책실은 저출산·고령사회기본계획 및 시행계획의 수립·평가·총괄, 아동복지에 관한 종합계획의 수립·조정 및 아동정책조정위원회 운영, 영유아 보육료·양육수당 지원 및 가정양육 지원에 관한 사항을 총괄한다(〈표 4-9〉 참조).

| 표 4-9 | 보건복지부 인구정책실 가족 관련 업무 |

1. 저출산·고령사회기본계획 및 시행계획의 수립·평가·총괄
2. 저출산·고령사회정책 개발 및 총괄·조정
3. 저출산·고령사회위원회의 운영 지원
4. 저출산·고령화 관련 홍보·대외협력 및 민간 활동지원
5. 베이비부머 세대에 관한 종합계획의 수립 및 조정
6. 노후의 소득·건강·교육·주거·환경·여가 및 문화 등에 관한 정책의 수립·조정
7. 인구 관련 정책의 총괄 및 조정
8. 고령친화산업 관련 개발 지원 및 종합계획의 수립·조정
9. 아동복지에 관한 종합계획의 수립·조정 및 아동정책조정위원회 운영
10. 빈곤아동 맞춤형 통합서비스 제공, 아동발달계좌(CDA), 결식아동 지원 등 빈곤아동 지원에 관한 사항
11. 아동건강관리에 관한 사항
12. 아동권리증진, 아동학대 예방·보호 및 아동권리 관련 국제협약에 관한 사항
13. 아동의 안전 및 실종에 관한 종합계획의 수립·시행에 관한 사항
14. 입양에 관한 종합계획 수립·시행 및 국제협약, 아동의 입양 및 사후관리 등에 관한 사항
15. 아동양육시설, 지역아동센터, 그룹홈 등 아동복지시설 관리·운영에 관한 사항
16. 아동의 가정위탁, 소년소녀가정 등 가정보호에 관한 사항
17. 어린이날, 어린이 주간, 아동 총회 등 아동행사에 관한 사항
18. 아동 관련 법인 및 단체에 관한 사항
19. 노인의 보건복지에 관한 종합계획의 수립·조정
20. 노인건강증진, 노인의 안전과 권익 향상에 관한 사항
21. 경로효친사상의 앙양 및 경로우대에 관한 사항
22. 노인일자리 마련 및 자원봉사활동 지원
23. 장사시설의 확충·지원 및 제도개선에 관한 사항
24. 국립망향의동산관리소 지도·감독에 관한 사항
25. 노인장기요양보험제도의 종합계획 수립·조정 및 홍보에 관한 사항
26. 노인장기요양보험의 급여·수가·지불체계·이용지원 및 관리운영기관 지도·감독에 관한 사항
27. 노인장기요양보험의 가입자 관리 및 재정운영·추계에 관한 사항
28. 노인주거·의료·재가복지시설 및 공립치매요양병원의 지원·육성·확충에 관한 사항
29. 장기요양기관 관리·감독, 현지조사 및 평가에 관한 사항
30. 사할린 한인동포 지원에 관한 사항
31. 중앙행정기관 및 지방자치단체의 영유아 정책(유아교육정책은 제외한다. 이하 같다)의 협의·조정 총괄

32. 영유아 정책에 대한 평가 및 제도 개선
33. 보육예산의 편성 및 집행의 관리
34. 보육행정 전산화 및 보육서비스 이용권 제도 운영 · 관리
35. 보육교직원의 양성 및 자격관리
36. 영유아 보육료 · 양육수당 지원 및 가정양육 지원에 관한 사항
37. 영아 · 장애아 · 다문화 가정 영유아 등 취약보육 서비스 등의 지원에 관한 사항
38. 표준보육과정 및 보육프로그램의 개발 · 보급
39. 어린이집의 평가인증
40. 국공립어린이집 등의 확충 및 환경개선
41. 어린이집의 설치 및 인가 기준에 관한 사항
42. 어린이집의 지원 및 지도 · 감독

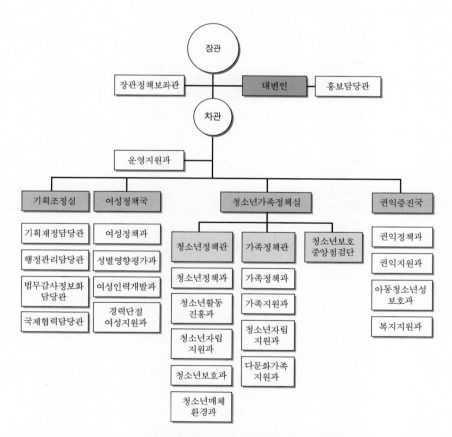

[그림 4-6] 여성가족부 가족정책 전달 행정조직

다음으로 중앙정부의 가족정책 관련 주무부서라 할 수 있는 여성가족부([그림 4-6] 참조)의 여성정책과는 여성정책의 기획·종합, 성별영향평가에 관한 종합계획의 수립 및 종합·조정, 주요 정책에 대한 성별영향평가 및 지원여성인력개발에 관한 계획의 수립, 양성평등 의식·문화의 확산을 위한 교육 및 홍보, 남녀차별적 제도의 정비 및 조사·연구, 경력단절여성의 경제활동촉진을 위한 정책의 기획·종합 및 기본계획 수립 사항을 전담한다(〈표 4-10〉 참조).

표 4-10 여성가족부 여성정책국 가족관련 업무

여성 정책과	• 여성정책의 기획·종합 • 여성정책 기본계획의 수립 • 여성정책 기본계획에 의한 연도별 시행계획의 종합·조정 및 이행상황 점검 • 여성발전기본법령의 관리·운영 • 중앙부처 및 지방자치단체 여성정책의 협의·조정 • 여성정책조정회의 및 여성정책책임관제 운영 • 여성정책 관련 위원회의 운영 • 여성에 대한 적극적 조치의 총괄 • 여성의 정치참여 확대 • 정부 내 각종 위원회의 여성참여 확대 • 여성친화도시 확산에 관한 사항 • 성평등지표의 개발 및 관리에 관한 사항 • 여성정책과 관련된 각종 현안의 관리 • 여성정책 관련 조사·연구 및 연차보고서 발간 • 여성 관련 단체와의 협력 및 지원 • 여성과 관련된 법인·단체에 대한 지도·감독 • 여성의 자원봉사활동에 관한 사항 • 여성 관련 녹색생활 실천에 관한 사항 • 그 밖에 국내 다른 과의 주관에 속하지 아니하는 사항
성별 영향 평가과	• 성별영향평가에 관한 종합계획의 수립 및 종합·조정 • 주요 정책에 대한 성별영향평가 및 지원 • 주요 정책의 분석·평가 지원기관의 지정 및 운영 • 성인지 예산·결산 제도 운영의 지원

	• 국가 주요 사업에 대한 성인지 예산서 및 결산서상 작성 · 분석 지원 • 성별영향평가 관련 정보시스템의 운영 • 성별영향평가 및 성인지 예산 · 결산 제도 운영 등에 관한 조사 · 연구 및 개선 • 성별영향평가 및 성인지 예산 · 결산 제도 담당 공무원 및 관계자 교육에 관한 사항 • 성별통계의 구축에 관한 사항 • 양성평등 의식 · 문화의 확산을 위한 교육 및 홍보 • 한국양성평등교육진흥원의 지도 · 관리 및 감독 • 여성사전시관의 운영 · 관리 • 남녀차별적 제도의 정비 및 조사 · 연구 • 여성주간 운영 및 여성관련 유공자 포상에 관한 사항 • 대중매체 성차별 개선에 관한 사항
여성 인력 개발과	• 여성인력개발에 관한 계획의 수립 • 여성인력 개발 관련 정책 개발 및 제도 개선 • 중앙부처 · 지방자치단체 등의 여성인적자원개발 시책 협의 · 조정 • 여성인력양성 · 활용에 관한 조사 · 연구 • 여성의 경제활동촉진을 위한 일 · 생활 양립 정책 개발 • 대상별 특성을 고려한 여성의 경력 개발 및 위업지원 • 기업내 여성관리자 육성 지원 • 청년여성의 경력 개발을 위한 프로그램의 개발 및 운영 · 지원 • 여성평생교육시설 등 여성인력 관련 시설의 설치 · 운영 • 여성친화형 사회적 기업 등 여성의 일자리 창출 · 확대 사업의 지원 • 여성인력개발 및 취업 연계를 위한 정보시스템 운영 • 온라인을 통한 멘토링 사업 지원 • 그 밖의 인력개발 분야 여성정책의 협의 · 조정 및 정책 개발
경력 단절 여성 지원과	• 경력단절여성의 경제활동촉진을 위한 정책의 기획 · 종합 및 기본계획 수립 • 경력단절여성의 경제활동촉진 기본계획에 따른 연도별 시행계획의 종합 · 조정 및 이행상황 점검 • 경력단절여성의 경제활동촉진 관련 법령의 관리 · 운영 • 경력단절여성의 경제활동실태 및 취업촉진에 관한 조사 · 연구 • 경력단절여성의 취업촉진 사업의 개발 · 추진 • 경력단절여성의 직장적응지원 및 경력개발 프로그램의 개발 · 운영 • 경력단절여성지원센터의 지정 · 운영 및 평가 • 경력단절여성지원센터의 기능 활성화에 관한 사항 • 여성창업자금의 관리 · 운영

2) 지방자치단체의 가족복지 전달체계
-서울특별시, 서대문구

지방자치단체는 1988년 제정된 지방자치법에 따라 광역지자체인 특별시, 광역시·도와 기초지자체인 시·군·구가 존재하는데, 광역지자체와 기초지자체별로 가족복지 관련 업무가 다르게 편성되어 있다.

서울특별시의 경우, 여성가족정책실이 상위부서로서 여성정책 관련 업무를 관장하고, 그 산하에 여성가족·출산육아·외국인다문화·아동청소년 관련 담당관을 두어 가족복지업무에 관한 사항을 담당하도록 하고 있다([그림 4-7] 참조).

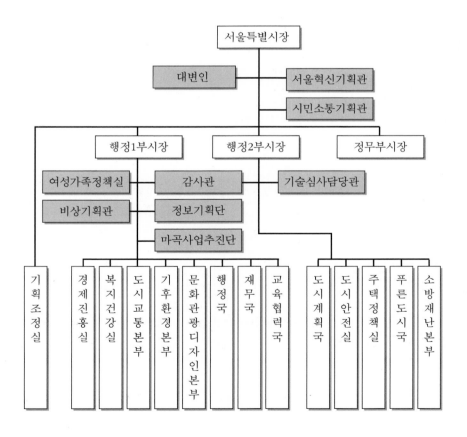

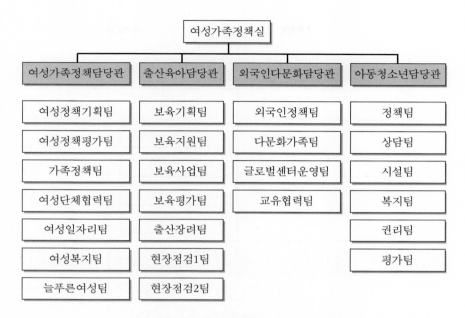

[그림 4-7] 서울특별시 행정조직도(2013년 8월)

서울특별시 산하 기초지자체에 해당하는 서대문구의 경우에는 복지문화
국 산하에 복지정책과, 사회복지과, 어르신청소년과, 여성가족과, 교육지원
과, 문화체육과를 두고 가족복지 종합계획 및 실행, 보육시설 운영, 노인 ·
장애인 · 여성의 기초생활보장 및 생계지원 사업 등을 주관하고 있다([그림
4-8] 참조).

3) 민간 사회복지기관(시설) 전달체계

중앙정부 혹은 지자체의 가족복지 전달체계 안에서 해소되지 않는 사각
지대를 해소하는 데 기여하는 민간 사회복지기관(시설)은 사회복지사업법
제2조[7])의 '사회복지사업'을 행할 목적으로 설치된 시설을 의미한다(사회복

---

7) 사회복지사업법 제2조 제1호에 규정된 개별법령*에 의한 '보호 · 선도 또는 복지에 관한 사

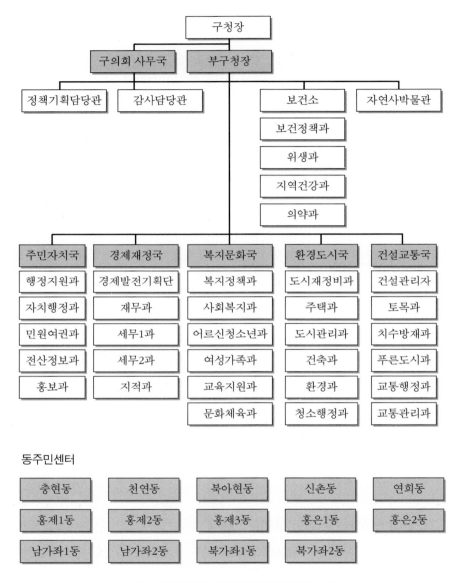

[그림 4-8] 서울특별시 서대문구 행정조직도(2013년 8월)

....
업'과 '사회복지상담 · 직업지원 · 무료 숙박 · 지역사회복지 · 의료복지 · 재가복지 · 사회복
지관 운영 · 정신질환자 및 한센병력자 사회복귀에 관한 사업' 등 각종 복지사업과 이와 관련
된 '자원봉사활동 및 복지시설의 운영 또는 지원을 목적으로 하는 사업'을 말한다.

지시설 여부는 시설운영자의 주관적인 목적이 아니라 실질적으로 사회복지사업을 행하는지에 따라 판단). 이러한 민간 사회복지기관(시설)은 통상 사회복지법인이 위탁 운영하는 체제로 되어 있으며, 사회복지사업법 및 대상별 지도지침을 따라 운영되고 있다. 민간 사회복지기관(시설)은 〈표 4-11〉과 같이 분류된다.

이상의 지역사회의 가족복지 관련 서비스 기관 중 대표적인 기관들로는 사회복지관, 노인복지시설, 복합노인복지시설, 아동복지시설, 장애인복지시설, 정신보건시설, 노숙인시설, 어린이집, 성폭력피해지원시설, 가정폭력보호시설, 한부모자복지시설, 다문화가족지원센터 등을 들 수 있다(〈표 4-11〉, 〈표 4-12 참조). 이들 기관들은 대상별로 특성화된 가족복지 상담, 보호 및 예방서비스를 제공하고 있으며, 2005년 개정된 사회복지사업법에 따라 지자체별로 지역별 특성에 맞는 사회복지 서비스 계획(〈표 4-13〉 참조)을 수립하고 지자체와 상호 연계 · 보완하는 가족복지 서비스가 추구되고 있다.

....

* 개별법령

① 국민기초생활보장법 ② 아동복지법 ③ 노인복지법 ④ 장애인복지법 ⑤ 한부모가족지원법 ⑥ 영유아보육법 ⑦ 성매매방지 및 피해자보호 등에 관한 법률 ⑧ 정신보건법 ⑨ 성폭력 방지 및 피해자 보호 등에 관한 법률(2013년 6월 개정시행) ⑩ 입양촉진 및 절차에 관한 특례법률 ⑪ 일제하 일본군위안부 피해자에 대한 생활안정지원 및 기념사업 등에 관한 법률 ⑫ 사회복지공동모금회법 ⑬ 장애인 · 노인 · 임산부 등의 편의증진보장에 관한 법률 ⑭ 가정폭력방지 및 피해자보호 등에 관한 법률 ⑮ 농어촌주민의 보건복지증진을 위한 특별법 ⑯식품기부활성화에 관한 법률 ⑰ 의료급여법 ⑱ 기초노령연금법 ⑲ 긴급복지지원법 다문화가족지원법 ⑳ 장애인연금법 ㉑ 장애인활동 지원에 관한 법률 ㉒ 노숙인 등의 복지 및 자립지원에 관한 법률 ㉓ 보호관찰 등에 관한 법률 ㉔ 장애아동복지지원법

표 4-11   사회복지시설의 종류

| 관련법 | 시설종류 | 세부종류 | | 소관 부처 |
		생활시설	이용시설	
사회복지사업법	사회복지관 결핵ㆍ한센시설	• 결핵ㆍ한센시설	• 사회복지관 • 상담보호센터	보건 복지부
노인복지법	노인복지시설	• 노인주거복지시설 • 노인의료복지시설	• 재가노인복지시설 • 노인여가복지시설 • 노인보호전문기관	
농어촌주민의 보건복지 증진을 위한 특별법	복합노인복지시설	• 농어촌에 지역에 한해 노인복지법 제31조 노인복지시설을 종합적으로 배치한 복합노인복지시설을 설치ㆍ운영 가능		
아동복지법	아동복지시설	• 아동양육시설 • 아동일시보호시설 • 아동보호치료시설 • 자립지원시설 • 공동생활가정	• 아동상담소 • 아동전용시설 • 지역아동센터	
장애인복지법	장애인복지시설	• 장애인유형별 거주시설 • 중증장애인 거주시설 • 장애영유아 거주시설 • 장애인단기 거주시설 • 장애인공동생활가정	• 장애인지역사회재활시설 • 장애인직업재활시설 • 장애인의료재활시설 • 장애인생산품판매시설	
정신보건법	정신보건시설	• 정신요양시설 • 사회복귀시설 중 생활(주거)시설	• 사회복귀시설 중 이용시설	
노숙인 등의 복지 및 자립지원에 관한 법률	노숙인시설	• 노숙인자활시설 • 노숙인재활시설 • 노숙인요양시설	• 노숙인종합지원센터 • 노숙인일시보호시설 • 노숙인급식시설 • 노숙인진료시설 • 쪽방상담소	
국민기초생활보장법	지역자활센터		• 지역자활센터	
영유아보육법	어린이집		• 어린이집	

성매매 방지 및 피해자 보호 등에 관한 법률	성매매피해지원시설	• 일반지원시설 • 청소년지원시설 • 외국인여성지원시설	• 자활지원센터	
성폭력 방지 및 피해자 보호 등에 관한 법률 (2013년 6월 시행)	성폭력피해보호시설	• 성폭력피해자보호시설	• 성폭력피해상담소	
가정폭력 방지 및 피해자 보호 등에 관한 법률	가정폭력보호시설	• 가정폭력피해자보호시설	• 가정폭력상담소	여성 가족부
한부모가족지원법	한부모자복지시설	• 모(부)자보호시설 • 모(부)자자립시설 • 미혼모(자)시설 • 공동생활가정 • 일시보호시설	• 여성복지관 • 한부모가족복지상담소	
다문화가족지원법	다문화가족지원센터		• 다문화가족지원센터	

출처: 보건복지부(2013).

표 4-12   보건복지부 소관 사회복지시설의 종류

대상자별	형태		시설 종류	소관부서	관련법령
노인	생활	• 주거	• 양로시설, 노인공동생활가정	요양보험 운영과	노인복지법 제31조
			• 노인복지주택		
		• 의료	• 노인요양시설		
			• 노인요양공동생활가정		
	이용	• 재가	• 재가노인복지시설(방문요양, 주·야간보호, 단기보호, 방문목욕)		
		• 여가	• 노인복지관	노인정책과	
			• 경로당, 노인교실		
		• 노인보호전문기관			

아동	생활	• 아동양육시설, 공동생활가정		아동복지 정책과	아동복지법 제52조
		• 아동일시보호시설			
		• 아동보호치료시설			
		• 자립지원시설			
	이용	• 아동상담소, 아동전용시설			
		• 지역아동센터		아동권리과	
장애인	생활	• 생활시설	• 장애유형별 거주시설	장애인권익 지원과	장애인복지법 제58조
			• 중증장애인 거주시설		
			• 장애인영유아 거주시설		
			• 장애인단기 거주시설		
			• 장애인공동생활가정		
	이용	• 지역사회 재활시설	• 장애인복지관		
			• 장애인주간보호시설		
			• 장애인체육시설, 장애인수련시설, 장애인심부름센터		
			• 수화통역센터, 점자도서관, 점서 및 녹음서 출판시설		
		• 장애인의료재활시설			
		• 직업재활 시설	• 장애인보호작업장	장애인자립 기반과	
			• 장애인근로사업장		
		• 장애인생산품판매시설			
영유아	이용	• 어린이집	국공립, 법인, 직장, 가정, 부모협동, 민간	보육기반과	영유아보육법 제10조
정신 질환자	생활	• 정신요양시설 • 정신질환자 사회복귀시설 – 입소생활시설 · 주거제공시설 · 공동생활가정 · 중독자재활시설 · 종합재활시설		정신건강 정책과	정신보건법 제16조
	이용	• 정신질환자 사회복귀시설 – 생활훈련시설 · 작업훈련시설 · 종합훈련시설 – 주간재활시설 · 심신수련시설 · 직업재활시설 · 생산품판매시설 · 종합재활시설			

노숙인 등	생활	• 노숙인자활시설 • 노숙인재활시설 • 노숙인요양시설	민생안정과	노숙인등의복지 및 자립지원에 관한 법률
	이용	• 노숙인종합지원센터 • 노숙인일시보호시설 • 노숙인급식시설 • 노숙인진료시설 • 쪽방상담소		
지역주민	이용	• 사회복지관	사회서비스자원과	사회복지사업법
기타시설	복합	• 결핵 · 한센시설	질병관리본부(에이즈 · 결핵관리과)	사회복지사업법
	이용	• 지역자활센터	자립지원과	

출처: 보건복지부(2013).

표 4-13   **지역사회복지계획 개요**

■ 목적
• 최근 지방자치의 활성화와 중앙정부의 권한의 지방이양 등 지방의 자율성과 책임성이 강화
• 민간부문의 복지참여가 확대되는 추세
• 중앙정부의 기획에 따른 지방정부의 집행 형태에서 벗어나 지역특성에 따라 복지수요를 전망
• 복지자원의 조달, 관리 및 사회복지전달체계를 지역 단위로 설계 · 추진할 지역복지 계획 필요성 대두

■ 법적근거
• 사회복지사업법 제15조의 3~6
• 사회복지사업법 시행령 제7의 2~4

■ 종류 및 수립시기
• 수립주체별: 시도 복지계획, 시 · 군 · 구 복지 계획
• 계획수준별: 지역사회복지계획(4년 주기), 기본계획에 따른 연차 별 시행 계획

■ 시 · 군 · 구 지역사회복지계획

| 지역복지욕구 및 복지자원조사 | 지역사회복지 계획안 마련 | 주민의견 수렴 (공고 등) | 지역복지협의체의 심의 · 확정 | 시 · 도에 제출 |

■ 시 · 도 지역사회복지계획

| 시 · 군 · 구계획 종합 · 조정 | 지역사회복지 계획안 마련 | 주민의견 수렴 (공고 등) | 사회복지위원회의 심의 · 확정 | 보건복지부에 제출 |

■ 주요내용
• 복지수요의 측정 및 전망
• 사회복지시설 및 재가복지에 대한 장 · 단기 공급대책
• 인력 · 조직 및 재정 등 복지자원의 조달 및 관리
• 사회복지전달체계 관한 사항
• 사회복지서비스 및 보건의료서비스의 연계 제공방안
• 지역사회복지에 관련된 통계의 수집 및 정리
• 사회복지시설 종사자의 처우개선

출처: 보건복지부(2013).

생각해 볼 문제

1. 우리나라 보육정책의 최근 변화를 지적하고 그런 변화를 가능하게 한 이유들을 설명하시오.
2. 현재 우리나라의 방과후 보육정책을 설명하고, 문제점과 개선필요 내용을 논의하시오.
3. 부모권보장 정책이라 할 수 있는 산전후휴가제도를 설명하시오.
4. 부모권을 보장 정책이라 할 수 있는 육아휴직제도를 설명하시오.
5. 부모권보장하기 위하여 부성육아휴직을 시행하는 것이 중요한 이유를 제시해 보시오.
6. 아동(양육)수당의 법적근거를 설명하고, 현재 시행하고 있는 제도의 문제점을 제시하시오.
7. 노인장기요양보험제도를 설명하고 요양급여 이용절차를 제시하시오.
8. 우리나라 중앙정부의 가족복지 전달체계를 설명하시오.
9. 우리나라 지방자치단체의 가족복지 전달체계를 설명하시오.
10. 민간 사회복지기관(시설)의 가족복지 전달체계를 설명하시오.

참고문헌

공선희(2009). 서울시 기혼남녀의 일-가족양립과 저출산. 서울시 여성가족재단.
교육인적자원부(2006). 사회통합 및 동반성장 기반구축을 위한 2006년 주요 업무계획. 대통령업무보고.
김명순(2005). 표준보육과정연구. 여성가족부 연구보고, 2005-26.
김승권, 박종서, 김유경, 김연우, 최영준, 손창균, 윤아름(2012). 2012년 전국 결혼 및 출산동향 조사. 한국보건사회연구원.
김승권, 조애저, 김유경, 박세경, 이건우(2003). 2003년 전국출산력 및 가족보건·복지 실태조사. 한국보건사회연구원.

김영옥, 최숙희, 전기택, 이선행(2007). 출산·육아로 인한 여성의 노동시장 이탈 방지를 위한 정책방안. 노동부.

김찬우(2013). 노인장기요양보험제도의 사회적 성과에 대한 고찰. 한국사회복지조사연구, 34, 273-296.

김혜원, 김경희, 김향아, 유계숙(2007). 저출산 및 인구고령화 대응 연구: 가족친화적 고용정책의 기업수용성 연구, 한국보건사회연구원.

김홍수, 권순만(2012). 노인장기요양보험 이용자 및 급여비 중장기 추계. 보건경제와 정책연구, 18(3), 29-51.

노인장기요양보험 홈페이지(2013). http://www.longtermcare.or.kr

박래정, 양희승(2005). 고령시대, Business Challenges & Opportunities. LG경제연구원.

보건복지부(2013). 2013년도 사회복지시설관리 안내.

보건복지부(2013). 지역사회복지계획 개요.

보건복지부 조직도(2013. 12). www.mw.go.kr

서울특별시 서대문구 행정조직도(2013. 08). http://www.sdm.go.kr/wesdm/ info/ organization.do

서울특별시(2013). 육아휴직 현황. http://gov.seoul.go.kr/archives/842

서울특별시 동작구 행정조직도(2007. 05). http://www.dongjak.go.kr

여성가족부(2006). 여성 경제활동 참여현황 통계. OECD 회원국의 여성경제활동 참가율(2000~2004), p. 6.

윤소영(2012). 한·일 비교를 통한 노인장기요양보험의 현황분석. 보건산업브리프, 17, 1-8.

윤홍식(2005). OECD 국가들의 남성 돌봄노동참여 지원정책과 한국 가족정책에 대한 함의: 부모·부성휴가를 중심으로. 남성노동돌봄권리관련 토론회 자료집. 한국여성단체연합.

이윤경(2013). 노인장기요양대상자 규모와 대상자 선정의 타당성 검증. 보건·복지 Issue & Focus 189(2013-9. 2013.05.10), 1-8.

장지연(2005). 출산 및 양육과 관련된 휴가제도의 국제비교. 국제노동브리프, 3, 32-42.

저출산·고령화위원회(2006). 노인장기요양보험제도. http://www.precap.go.kr

조선일보(2013. 5. 13). 기혼여성 절반 "자녀 없어도 괜찮아".

중앙인사위원회(2006). 2006년도 중앙행정기관 출산휴가 및 육아휴직 이용현황.

통계청(2006). 연령별 경제활동참가율. http://www.kosis.kr/on lineon00_index. jsp.

통계청(2006). 여성취업 장애요인. http://www.kosis.kr/on line on00_index.jsp.

통계청(2006). 연령별 여성의 취업률. http://www.kosis.kr/on line on00_index.jsp.

통계청(2012). 2011년 출생통계(확정).

통계청(2013). 출생통계(잠정), 국가승인통계 제10103호 출생통계. 출산 및 육아휴 직 현황.

통계청(2013). 2012년 경제활동인구조사, 출산 및 육하휴직 현황.

한국개발연구원(2005). 인구고령화의 파급효과와 대응과제. 고령화사회대비 협동연 구총괄보고서.

제5장

가족복지 정책 관련 법

1. 건강가정기본법

1) 법의 의의와 목적

경제적 합리성과 인간형을 강조하는 자본주의 사회의 부정적인 영향으로 인하여 가족은 저출산 · 고령화 · 높아지는 이혼율 · 다양한 형태의 가정 · 결혼과 관련 인식의 변화와 가족구조의 변화 · 맞벌이 가정의 증가를 경험하고 있다. 이러한 사회적 변화 속에서 가족은 단순히 가족돌봄만을 목적으로 하는 전통적인 사적 영역의 가족기능에서 사회적 공동체로서 중요한 생활단위가 되고 상호 협력하고 소통하며 타인에 대한 배려, 공동체의 구성원으로서의 도덕성이 생애 초기부터 가정생활에서 체득되는 삶에 대한 관심과 실천이 사회적 자본이 되는 건강한 가정의 필요성이 증대하게 되었다. 더 이상 폐쇄적이고 이기적인 가족이 아니라 사회의 공동체문화를 주도하고 적극적으로 사회통합에 기여하는 개방적이고 공동체적 가정구성에 대한 사회적 분위기가 조성된 것이다.

이와 같은 건강가정에 대한 사회적 필요성과 욕구에 기초하여 가족복지 정책의 근간이 되는 건강가정기본법은 '건강한 가정생활의 영위와 가족의 유지 및 발전을 위한 국민의 권리·의무와 국가 및 지방자치단체 등의 책임을 명백히 하고, 가정문제의 적절한 해결방안을 강구하며, 가족 구성원의 복지 증진에 이바지할 수 있는 지원정책을 강화함으로써 건강가정 구현에 기여하는 것을 목적'(동법 제1조)으로 하여 2004년 2월 9일에 제정되었다 (2005년 1월 1일 시행, 2007년 10월 17일 개정 시행, 2011년 9월 15일 일부 개정).

2) 법의 주체 및 적용 대상자

건강가정기본법에 따르면 '모든 국민은 가정[1]의 구성원으로서 안정되고 인간다운 삶을 유지할 수 있는 가정생활을 영위할 권리'(동법 제4조 1항)를 가지기 때문에 '모든 국민은 가정의 중요성을 인식하고 그 복지의 향상을 위하여 노력하여야 한다'(2항). 따라서 국가 및 지방자치단체는 건강가정[2]을 위하여 필요한 제도와 여건을 조성하고 이를 위한 시책을 강구하여 추진하여야 한다(동법 제5조). 이때 국가와 지방자치단체는 1항의 시책을 강구하면서 가족[3] 구성원의 특성과 가정 유형을 고려하여야 하며(1항), 민주적인 가정 형성, 가정 친화적 환경 조성, 양성 평등한 가족가치 실현 및 가사노동의 정당한 가치평가를 위하여 노력하여야 한다(2항).

---

1) '가정'이라 함은 가족 구성원이 생계 또는 주거를 함께 하는 생활공동체로서 구성원의 일상적인 부양·양육·보호·교육 등이 이루어지는 생활단위를 말한다(동법 제3조 2항).
2) '건강가정'이라 함은 가족 구성원의 욕구가 충족되고 인간다운 삶이 보장되는 가정을 말한다(동법 제3조 3항).
3) '가족'이라 함은 혼인·혈연·입양으로 이루어진 사회의 기본단위를 말한다(동법 제3조 1항).

3) 건강가정 기본계획의 수립과 국가 · 지방자치단체 협력

여성가족부장관은 관계 중앙행정기관의 장과 협의하여 건강가정기본계획(이하 '기본계획'이라 한다)을 5년마다 수립하여야 하는데, (개정 2011. 9. 5.) 기본계획에는 다음의 사항이 포함되어야 한다.

- 가족기능의 강화 및 가정의 잠재력 개발을 통한 가정의 자립 증진 대책
- 사회통합과 문화계승을 위한 가족공동체문화의 조성
- 다양한 가족의 욕구 충족을 통한 건강가정 구현
- 민주적인 가족관계와 양성평등적인 역할 분담
- 가정친화적인 사회환경의 조성
- 가족의 양육 · 부양 등의 부담 완화와 가족 해체 예방을 통한 사회비용 절감
- 위기가족에 대한 긴급 지원책
- 가족의 건강증진을 통한 건강사회 구현
- 가족지원정책의 추진과 관련한 재정 조달 방안

건강가정기본법은 지자체인 특별시, 광역시 · 도에 건강가정위원회를 두고, 건강가정에 관한 시행계획, 건강가정을 위한 재정 지원, 건강가정과 관련된 사업을 심의하도록 하였다. 특히 자녀양육지원의 필요성에 대한 욕구를 반영하여 ① 국가 및 지방자치단체로 하여금 자녀를 양육하는 가정에 대하여 자녀양육으로 인한 부담을 완화하고 아동의 행복추구권을 보장하기 위하여 보육, 방과후 서비스, 양성이 평등한 육아휴직제 등의 정책을 적극적으로 확대 시행(개정 2011. 9. 15.), ② 다양한 가족형태를 고려하여 아동양육지원사업 시책(아이돌보미 서비스를 포함)을 수립 · 시행(신설 2011. 9. 15.), ③ 아동양육지원사업을 예산의 범위에서 지원(신설 2011. 9. 15.), ④ 가사노동의 가치에 대한 사회적 인식을 제고하고 이를 관련 법 · 제도 및 가족정책

에 반영(개정 2011. 9. 15.)을 명시하였다.

나아가 현대 가족의 다양한 문제를 해소하는 데 기여하고자 국가 및 지방자치단체로 하여금 건강한 가정을 유지하기 위하여 필요한 경우에는 가정을 방문하여 가사, 육아, 산후조리, 간병 등을 돕는 가정봉사원을 지원할 수 있도록 하였다(동법 제30조). 이혼하고자 하는 부부가 이혼 전 상담을 받을 수 있게 하는 등 이혼조정을 내실화할 수 있도록 필요한 조치를 강구하고, 이혼의 의사가 정해진 가족에 대하여 그들이 자녀양육·재산·정서 등의 제반 문제를 준비할 수 있도록 도움을 주는 지원서비스를 제공하며, 이혼한 가족에 대하여 양육비에 대한 집행력의 실효성을 강화하고 그 적용 대상을 확대하였다(동법 제31조). 국가 및 지방자치단체가 결혼준비교육, 부모교육, 가족윤리교육, 가족가치 실현 및 가정생활 관련 교육 등 건강가정 교육을 실시하도록 규정하였다(동법 제32조).

4) 건강가정센터

건강가정기본법은 국가 및 지방자치단체가 가정문제의 예방·상담 및 치료, 건강가정의 유지를 위한 프로그램의 개발, 가족문화운동의 전개, 가정 관련 정보 및 자료 제공 등을 위하여 중앙, 시·도 및 시·군·구에 건강가정지원센터(동법 제35조 1항)를 설립하도록 하였다. 건강가정지원센터는 여성가족부가 시행하는 가족정책의 주요 전달체계로서 가족문제 예방 및 해결을 위해 가족돌봄사업, 가족교육, 가족상담, 가족문화활동 등 예방적 선제적 가족지원서비스를 제공하여 가족의 건강성을 증진하고 다양한 가족에 맞춤형 서비스 지원 강화를 기본방향으로 건강가정지원센터를 통해 수요자 중심의 서비스 전달체계를 갖추고 지역 주민의 특성을 고려한 맞춤형 가족지원서비스를 제공함으로써 가족의 안정성 강화 및 가족관계 증진을 사업 목적으로 한다(〈표 5-1〉 참조).

| 표 5-1 | 건강가정지원센터 사업 및 현황 |

구분	주요 사업내용
중앙건강 가정지원센터	가족서비스 전달체계의 중추기관으로서 지방건강가정지원센터 운영을 지원하고 강화하는 역할을 수행한다. • 다양한 가족지원 프로그램 개발 및 보급 • 가족관련 정보 구축 및 보급, 전국 단위 대국민 홍보 • 센터 종사(예정)인력 등에 대한 교육 • 지방건강가정지원센터 사업운영 지원, 평가 실시
지방건강 가정지원센터	지역주민의 가족생활과 관련한 문제를 종합적으로 상담하고 관련 서비스를 직접 제공하는 창구역할을 수행한다. • 다양한 가족형태에 맞는 가족교육, 가족상담 제공 　예: 결혼준비교육, 부부교육, 부모교육, 가족갈등 및 이혼전 · 후 상담 • 지역 주민 대상의 가족문화 개선 · 홍보 사업 추진 　예: 가족사랑의 날, 전통문화체험교실 운영, 가족사랑 걷기 대회 등 • 지역주민의 가족서비스 욕구조사, 지역사회 가족관련 정보제공 • 가족돌봄 기능지원 및 한부모 · 조손가족 등 다양한 가족 지원서비스 　예: 모두가족봉사단, 모두가족품앗이, 토요돌봄, 초등취학적응 돌봄 서비스, 방학 돌봄 　　　서비스 등
사업방향	 요보호가족 중심 지원 → 모든 가족에 대한 지원 개별 가족의 부담 → 가족에 대한 사회적 　책임성 강화 보편성　평등성 사회성　통합성 권위족 가족관계 → 평등하고 민주적인 가족관계 향상 단편적 · 개별적 정책 → 통합적 기획 · 조정기능 강화 예방, 돌봄 및 치료의 포괄적 서비스 제공 교육 및 문화운동을 통한 가족문제의 예방기능 수행 포괄성　전문성 예방　연계 조정 건강가정사업은 전문가 및 전문기관에서 수행 센터 상호 간 또는 센터 및 관련기관 과의 합리적인 수평적 · 수직적 연계 관계 수립 지역사회 서비스 네트워크의 조정 역할, 사례관리자의 역할 구성 (출처: 건강가정지원센터 방향, http://familynet.or.kr)

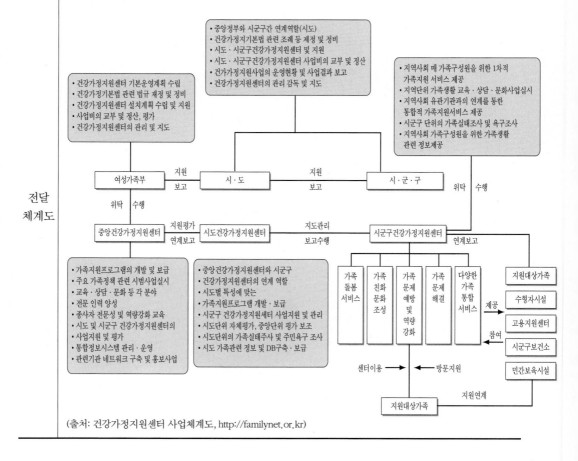

사업 영역

가족돌봄지원
- 아이돌보미
- 육아정보나눔터
- 맞벌이가족자녀돌봄
- 장애아가족휴식지원

가족교육상담
- 예비부부
- 신혼기부부
- 중년기가족생활
- 노년기가족생활

맞춤형서비스
- 한부모가족
- 조손가족
- 다문화가족
- 맞벌이가족
- 장애가족
- 군인가족
- 재소자가족

가족친화 문화조성
- 찾아가는 아버지교육
- 가족봉사단
- 다양한 가족통합
- 가족편견해소
- 지역사회연계
- 가족관련 종합정보제공

(출처: 건강가정지원센터 사업운영 및 사업영역, http://familynet.or.kr)

전달 체계도

(출처: 건강가정지원센터 사업체계도, http://familynet.or.kr)

구분			2004	2005	2006	2007	2008	2009	2010	2011	2012
총계			3	16	47	66	82	98	138	139	149
중앙센터			–	1	1	1	1	1	1	1	1
지방센터	계		3	15	46	65	81	97	137	138	148
	독립형	국비	3	12	23	37	48	59	76	77	77
		전액지방비	–	3	23	28	33	38	38	38	38
	다기능화		–	–	–	–	–	–	23	23	33

연도별 센터 설치 추이 (2012년 9월 말 현재, 단위: 개소)

※ 다기능화 센터: 다문화가족지원센터에서 건강가정지원센터 사업을 수탁 받아 수행하는 센터(종사자 2인 이상)
※ 독립형 센터: 다기능화 센터 외 센터(종사자 4인 이상)

구분		계	서울	부산	대구	인천	광주	대전	울산	경기	강원	충북	충남	전북	전남	경북	경남	제주
계		148	26	8	7	9	5	1	2	30	7	4	11	6	9	9	12	2
독립형	국비	77	7	7	4	5	3	1	1	11	5	3	6	3	6	4	9	2
	지방비	38	19			1				18								
다기능화		33		1	3	3	2		1	1	2	1	5	3	3	5	3	

재원별·지역별 현황 (2012년 9월 말 현재, 단위: 개소)

출처: 여성가족부(2013), 통합가족지원: 건강가정지원센터.

센터에는 건강가정사업을 수행하기 위하여 관련 분야에 대한 학식과 경험을 가진 전문가인 건강가정사를 두도록 되어 있다. 건강가정사는 대학 또는 이와 동등 이상의 학교에서 사회복지학, 가정학, 여성학 등 여성가족부령이 정하는 관련 교과목을 이수하고 졸업한 자로 한정한다(2, 3항, 〈표 5-2〉 참조).

5) 건강가정기본법의 개선 필요 내용

건강가정기본법은 2004년 제정 과정에서 건강가정의 개념, 법제정 목적

구분		교과목
핵심과목(5)		건강가정론, (건강)가정(족)정책론, 가족상담(및 치료), 가정(족)생활교육, 가족복지론, 가족과 젠더, 가족(정)과 문화, 건강가정현장실습, 여성과 (현대)사회, 비영리기관 운영관리 중 5과목 이상
관련 과목(7)	기초이론(4)	가족학, 가족관계(학), 가족법, 아동학, 보육학, 아동(청소년)복지론, 노년학, 노인복지론, 인간발달, 인간행동과 사회환경, 가족(정)(자원)관리, 가계경제, 가사노동론, 여가관리론, 주거학, 생애주기 영양학, 여성복지(론), 여성주의이론, 정신건강(정신보건사회복지)론, 장애인복지론, 가정생활복지론, 상담이론, 자원봉사론, 성과 사랑, 법여성학, 여성과 문화, 일과 가족(정), 사회복지(개)론 중 4과목 이상
	상담· 교육 등 실제(3)	생활설계상담, 아동상담, 영양상담 및 교육, 소비자 상담, 주거상담, 부모교육, 부부교육, 소비자교육, 가정생활과 정보, 가계재무관리,주택관리, 의생활관리, 지역사회 영양학, 프로그램 개발과 평가,사회복지실천기술론, 지역사회복지론, 연구(조사)방법론, 부부상담, 집단상담, 가족(정)과 지역사회, 여성과 교육, 여성과 리더십, 여성주의 상담, 사회복지실천론, 위기개입론, 사례관리론 중 3과목 이상

표 5-2 건강가정사가 되기위하여 이수하여야 하는 관련 교과목(건강가정기본법 제35조 제3항의 규정에 의한 관련)

비고
1. 대학원에서 관련 교과목을 이수하는 경우에는 같은 표의 교과목 중 핵심과목 4과목 이상, 관련과목 4과목(기초이론 2과목, 상담·교육 등 실제 2과목) 이상을 각각 이수하여야 한다. 다만, 핵심과목 및 관련과목 각각의 2분의 1의 범위에서 대학 또는 이와 동등 이상의 학교에서 이수한 교과목도 이를 대학원에서 이수한 것으로 본다.
2. 교과목의 명칭이 동일하지 아니하더라도 교과의 내용이 동일한 것으로 여성가족부장관이 인정하는 경우에는 동일 교과목으로 본다.
3. 관련 교과목 이수는 12과목 36학점(대학원에서 이수하는 경우 8과목 24학점) 또는 12과목 이상 36학점(대학원에서 이수하는 경우 8과목 이상 24학점)으로 한다.

에 대한 학계·단체 간 다양한 의견 차이가 있었음에도 불구하고 이런 문제들에 대한 견해 차이를 극복하지 못한 채 법이 제정되었다는 비판이 있었다. 이후 현행 건강가정기본법에 대한 개정 요구가 지속적으로 제기되어 2006년 9월 21일 국회여성가족위원회에서는 법안심사소위원회의 심의 결과를 받아들여 가족정책기본법안을 위원회의 대안으로 채택하기로 의결하여 법제사법위원회에 회부한 바 있다. 그 내용을 요약하면 다음과 같다.

- 중립적인 법제명으로 개정(건강가정기본법 → 가족정책기본법)
- 가족의 범위 확대(사실혼, 아동위탁가정 등 포함)
- 가정의 정의에 '1인 단독가구' 포함
- 국제결혼가족에 대한 지원 근거 마련
- 법제명 변경에 따른 용어의 변경(중앙건강가정정책위원회 → 중앙가족정책위원회, 건강가정지원센터 → 가족지원센터, 건강가정사 → 가족지원사 등)
- 체계 및 자구 정리(홍미영, 건강가정기본법 전부개정법률안 대토론회, 2007년 3월 27일)

그러나 이러한 내용들은 사회복지계의 다양한 의견들을 종합하여 개정·발의한 법규인 만큼 그 내용을 기초로 하여 보편타당한 가족정책법이 마련되어야 하나, 최근 개정된 법률안도 이러한 요구를 충분히 반영하지 못하였다. 다만 가정봉사원 지원, 이혼 전 상담, 이혼 의사가 정해진 가족에 대한 자녀양육, 재산, 정서지원 서비스 제공, 이혼한 가족에 대하여 양육비에 대한 집행력의 실효성을 강화하고 그 적용 대상을 확대, 건강가정교육(결혼준비교육, 부모교육, 가족윤리교육, 가족가치 실현 및 가정생활 관련 교육 등)의 실시는 고무적인 변화라 할 수 있다.

2. 한부모가족지원법[4]

1) 법의 의의와 목적

산업화, 도시화, 핵가족화를 경험한 이후 이혼 · 사별 · 미혼모로 인한 한부모가족의 급속한 증가는 새로운 가족 개념의 필요를 요청하고 있다. 한부모가구의 수는 2005년 1,370천 가구에서 2010년 1,594천 가구, 2012년 1,677천 가구로 증가하고 있고, 전체 가구에서 한부모가구가 차지하는 비율은 2005년 8.6%에서 2010년 9.2%, 2012년 9.3%로 증가 한 것으로 나타난다 (〈표 5-3〉 참조).

한부모가족[5]의 급속한 증가는 선진국에서 이미 경험된 것처럼 한부모가정의 사회경제적 소외현상을 야기하기 때문에 기존 기초생활보장법과 함께 정책적 지원이 불가피하다. 즉, 한부모가족의 상당수를 차지하는 모자가족의 경우 자녀보육으로 인한 경제적 자립을 어렵고, 경제적 어려움이 심리적 부담뿐만 아니라 가족관계와 사회적 소외를 야기할 가능성이 높기 때문에 매우 복합적인 심리 · 사회 · 경제적 갈등을 야기할 수 있다. 따라서 한부모가정의 이러한 문제들을 해소, 예방, 지지하기 위한 사회복지적 지원과 원조가 요청된다. 한부모가족지원법은 한부모가정이 건강하고 문화적인 생활을 영위할 수 있게 함으로써 한부모가정의 생활 안정과 복지 증진에 기여함을 목적으로 한다(동법 제1조).

----

4) 모부자복지법의 법명 변경(2007년 10월 17일)
5) 한부모가구: 일반 가구 중 한부(모)와 미혼 자녀로만 구성된 가구

| 표 5-3 | 한부모가구 비율 | | | | | | | (단위: 천 가구, %) |

구분		2006	2007	2008	2009	2010	2011	2012
전체가구 대비 한부모 가구 현황	전체가구	16,289	16,543	16,791	17,052	17,339	17,687	17,951
	한부모가구	1,426	1,468	1,509	1,551	1,594	1,639	1,677
	저소득한부모가족	140	148	150	171	185	189	218
	한부모가족 (한부모가족지원법)	66	73	82	94	108	115	131
	비율	8.8	8.9	9.0	9.1	9.2	9.3	9.3

출처: 통계청(2013). 인구주택총조사, 장래가구추계.

2) 법의 주체 및 적용 대상자

한부모가족지원법의 주체는 국가, 지방자치단체, 국민 모두가 해당되며(동법 제2조), 그 적용 대상자는 한부모가정의 구성원, 즉 모와 부 혹은 그 양육아동이다.

'한부모가정'이라 함은 모 또는 부가 세대주(세대주가 아니더라도 세대원을 사실상 부양하는 자를 포함한다, '청소년 한부모'란 24세 이하의 모 또는 부를 말함)인 가정을 말하며, '아동'이라 함은 모 또는 부에 의하여 양육되는 18세 미만(취학 중인 때에는 20세 미만을 말한다)의 자녀를 말한다(동법 제4조). 이때 '모' 또는 '부'라 함은,

가. 배우자와 사별 또는 이혼하거나 배우자로부터 유기(遺棄)된 자
나. 정신이나 신체의 장애로 장기간 노동능력을 상실한 배우자를 가진 자
다. 교정시설·치료감호시설에 입소한 배우자 또는 병역복무 중인 배우자를 가진 사람
라. 미혼자 [사실혼(事實婚) 관계에 있는 자는 제외한다.]
마. 가목부터 라목까지에 규정된 자에 준하는 자로서 여성가족부령으로 정하는 자(개정 2008. 2. 29., 2010. 1. 18., 2011. 4. 12., 2012. 2. 1.)

한부모가족지원법은 보호대상자의 범위에 대하여 특례규정을 두고 있는데, ① 출산 후 해당 아동을 양육하지 아니하는 미혼모는 제5조에도 불구하고 제19조 제1항 제3호의 미혼모자가족복지시설을 이용할 때(개정 2011. 4. 12.), ② 다음 각 호의 어느 하나에 해당하는 아동과 그 아동을 양육하는 조부 또는 조모로서 여성가족부령으로 정하는 자(개정 2008. 2. 29., 2010. 1. 18., 2011. 4. 12., 부모가 사망하거나 생사가 분명하지 아니한 아동, 부모가 정신 또는 신체의 장애·질병으로 장기간 노동능력을 상실한 아동, 부모의 장기복역 등으로 부양을 받을 수 없는 아동, 부모가 이혼하거나 유기하여 부양을 받을 수 없는 아동, 제1호부터 제4호까지에 규정된 자에 준하는 자로서 여성가족부령으로 정하는 아동), ③ 국내에 체류하고 있는 외국인 중 대한민국 국민과 혼인하여 대한민국 국적의 아동을 양육하고 있는 사람으로서 대통령령으로 정하는 사람이 제5조에 해당하면 이 법에 따른 보호대상자가 된다고 규정하고 있다.

3) 한부모가족 보호 및 지원 지역복지기관

한부모가족지원법상 '보호기관'이라 함은 이 법에 의한 보호를 행하는 국가 또는 지방자치단체를 말한다. 국가 또는 지방자치단체는 아동의 양육 및 교육 서비스, 장애인·노인·만성질환자 등의 부양서비스, 취사·청소·세탁 등 가사서비스, 교육·상담 등 가족관계 증진 서비스, 그 밖에 대통령령이 정하는 한부모가정에 대한 가족지원 서비스를 제공하도록 노력하여야 한다(동법 제17조).

'한부모복지단체'라 함은 한부모가정의 복지 증진을 목적으로 설립된 기관 또는 단체를 말한다(동법 제4조 7항).

한부모복지단체의 종류로는 한부모복지상담소와 한부모복지시설이 있다. 먼저 한부모복지상담소는 ① 한부모가족 복지에 관한 사항을 상담하거나 지도하기 위하여 특별시장·광역시장·도지사와 시장·군수·구청장은 관할구역 안에 한부모복지상담소를 설치할 수 있으며, 한부모가족복지상담

소에는 소장과 상담에 필요한 한부모복지상담원을 두어야 한다. ② 한부모
가족복지상담소를 설치하는 것이 필요하다고 인정할 때에는 동 상담소의
분소 또는 이동상담소를 설치·운영할 수 있다. ③ 한부모가족복지상담소
에는 상담실을 두어야 하며, 피보호자를 일시적으로 보호하기 위한 보호실
(이하 '일시보호실'이라 한다)을 운영할 수 있다. ④ 한부모가족복지상담원은
사회복지사업법 시행령 [별표] 1의 2에 의한 사회복지사 3급 이상의 자격증
소지자 중에서 한부모가족복지상담소를 설치하는 기관의 장이 임용한다(동
법 제7조). ⑤ 동법 제8조의 규정에 의한 한부모가족복지상담원의 직무는 한
부모가정에 대한 신상 및 고충상담, 보호대상자의 실태조사 및 통계 작성,
한부모가정에 대한 취업상담 및 지원, 한부모가정에 대한 아동양육 상담 및
지원, 한부모가정에 대한 보호 내용의 구분, 피보호자의 일시 보호, 피보호
자에 대한 사후관리, 그 밖에 한부모가족복지상담에 필요한 사항이 해당된
다(대통령령 제19946호 제13조).

　한부모복지시설에는 ① 모자가족복지시설(✔ 기본생활지원: 생계가 어려운
모자가족에게 일정 기간 동안 주거와 생계를 지원, ✔ 공동생활지원: 독립적인 생활
이 어려운 모자가족에게 일정 기간 동안 공동생활을 통하여 자립을 준비할 수 있도
록 주거 등을 지원, ✔ 자립생활지원: 자립욕구가 강한 모자가족에게 일정 기간 동
안 주거를 지원), ② 부자가족복지시설(✔ 기본생활지원: 생계가 어려운 부자가족
에게 일정 기간 동안 주거와 생계를 지원, ✔ 공동생활지원: 독립적인 생활이 어려
운 부자가족에게 일정 기간 동안 공동생활을 통하여 자립을 준비할 수 있도록 주거
등을 지원, ✔ 자립생활지원: 자립욕구가 강한 부자가족에게 일정 기간 동안 주거를
지원), ③ 미혼모자가족복지시설(✔ 기본생활지원: 미혼 여성의 임신·출산 시
안전 분만 및 심신의 건강 회복과 출산 후의 아동의 양육 지원을 위하여 일정 기간
동안 주거와 생계를 지원, ✔ 공동생활지원: 출산 후 해당 아동을 양육하지 않는 미
혼모 또는 미혼모와 그 출산 아동으로 구성된 미혼모자가족에게 일정 기간 동안 공
동생활을 통하여 자립을 준비할 수 있도록 주거 등을 지원), ④ 일시지원복지시
설(배우자의 물리적·정신적 학대로 인하여 아동의 건전 양육 또는 모의 건강에 지

장을 초래할 우려가 있을 경우 일시적으로 또는 일정 기간 그 모와 아동 또는 모를 보호함을 목적으로 하는 시설), ⑤ 한부모가족복지상담소(한부모가정에 대한 조

표 5-4   한부모가족복지시설의 종류(한부모가족지원법, 제19조 제1항)

개정후명칭	개정전명칭	세부 내용
모자가족 복지시설	모자복지시설	가. 기본생활지원: 생계가 어려운 모자가족에게 일정 기간 동안 주거와 생계를 지원
	모자자립시설	나. 공동생활지원: 독립적인 생활이 어려운 모자가족에게 일정 기간 동안 공동생활을 통하여 자립을 준비할 수 있도록 주거 등을 지원
	모자공동생활 가정	다. 자립생활지원: 자립욕구가 강한 모자가족에게 일정 기간 동안 주거를 지원
부자가족 복지시설	부자보호시설	가. 기본생활지원: 생계가 어려운 부자가족에게 일정 기간 동안 주거와 생계를 지원
	부자자립시설	나. 공동생활지원: 독립적인 생활이 어려운 부자가족에게 일정 기간 동안 공동생활을 통하여 자립을 준비할 수 있도록 주거 등을 지원
	부자공동생활 가정	다. 자립생활지원: 자립욕구가 강한 부자가족에게 일정 기간 동안 주거를 지원
미혼모자 가족복지 시설	미혼모자시설	가. 기본생활지원: 미혼 여성의 임신·출산 시 안전 분만 및 심신의 건강 회복과 출산 후의 아동의 양육 지원을 위하여 일정 기간 동안 주거와 생계를 지원
	미혼모자 공 동생활가정	나. 공동생활지원: 출산 후 해당 아동을 양육하지 아니하는 미혼모 또는 미혼모와 그 출산 아동으로 구성된 미혼모자가족에게 일정 기간 동안 공동생활을 통하여 자립을 준비할 수 있도록 주거 등을 지원
	미혼모 공동 생활가정	
일시지원 복지시설	일시보호시설	배우자(사실혼 관계에 있는 사람을 포함한다)가 있으나 배우자의 물리적·정신적 학대로 아동의 건전한 양육이나 모의 건강에 지장을 초래할 우려가 있을 경우 일시적 또는 일정 기간 동안 모와 아동 또는 모에게 주거와 생계를 지원하는 시설
한부모 가족상담소	한부모가족복 지상담소	한부모가족에 대한 위기·자립 상담 또는 문제해결 지원 등을 목적으로 하는 시설

출처: 법률 제10582호, 한부모가정지원법 2011. 4. 12. 공포, 2012. 7. 1. 시행, 제2조.

사, 지도, 시설 입소 등에 관한 상담업무를 수행)가 있다(〈표 5-4〉 참조).

　한부모가족지원법 제19조 5항의 규정에 의한 한부모가족복지시설에서의 보호기간 및 연장사유는 〈표 5-5〉와 같다.

표 5-5　한부모가족복지시설 유형별 보호의 기간

시설유형		보호기간	연장 가능 보호기간
가. 모자가족 복지시설	1) 기본생활지원형	3년 이내	1년 미만의 기간을 단위로 하여 총 2년 이내에서 연장
	2) 공동생활지원형	2년 이내	6개월 미만의 기간을 단위로 하여 총 1년 이내에서 연장
	3) 자립생활지원형	3년 이내	1년 미만의 기간을 단위로 하여 총 2년 이내에서 연장
나. 부자가족 복지시설	1) 기본생활지원형	3년 이내	1년 미만의 기간을 단위로 하여 총 2년 이내에서 연장
	2) 공동생활지원형	2년 이내	6개월 미만의 기간을 단위로 하여 총 1년 이내에서 연장
	3) 자립생활지원형	3년 이내	1년 미만의 기간을 단위로 하여 총 2년 이내에서 연장
다. 미혼모자 가족복지시설	1) 기본생활지원형	출산 전 · 후 1년 이내	6개월 이내에서 연장
	2) 공동생활지원형	2년 이내	6개월 미만의 기간을 단위로 하여 총 1년 이내. 다만, 출산 후 해당 아동을 양육하지 아니하는 미혼모의 경우에는 총 6개월 이내에서 연장
라. 일시지원복지시설		6개월 이내	6개월 이내에서 연장

보호기간을 연장 받을 수 있는 경우는 다음과 같다.
• 모 또는 부가 「고등교육법」에 따른 대학 이하의 학교에 재학 중인 경우
• 모 또는 부가 「학원의 설립 · 운영 및 과외교습에 관한 법률」에 따라 등록된 학원에서 교육중인 경우
• 모 또는 부가 「여성발전기본법」 제33조에 따른 여성인력개발센터 또는 「근로자직업능력개발법」에 따른 직업능력개발훈련시설에서 교육 · 훈련 중인 경우
• 특별자치도지사 · 시장 · 군수 · 구청장이 장애 · 질병 등의 이유로 보호기간의 연장을 인정하는 경우

출처: 한부모가족지원법 시행규칙, 제9조의 4 및 별표 1

4) 복지의 내용과 실시

(1) 복지급여 대상자의 보호기관과 급여 대상자

한부모가족은 최저생계비, 소득수준 및 재산정도 등에 따라 생계비·아동교육지원비·직업훈련비 및 훈련기간 중 생계비 및 아동양육비 등의 복지 급여를 받을 수 있다. 아동양육비를 지급할 때에 미혼모(未婚母)나 미혼부(未婚父)가 5세 이하의 아동을 양육하면 예산의 범위에서 추가적인 복지급여를 받을 수 있으나 한부모가족지원법에 따른 복지급여는 국민기초생활보장법에 따른 지원과 중복하여 지급되지 않는다.

한부모가족('부' 또는 '모'의 연령이 만 25세 이상인 경우)에게는 다음의 복지급여가 지급된다[2013년도 한부모가족 보호대상자 복지급여 지급기준(여성가족부 고시 제2013-2호, 2013. 1. 24. 발령·시행), 〈표 5-6〉 참조].

청소년 한부모가족('부' 또는 '모'의 연령이 만 24세 이하인 경우)에게는 다

표 5-6 **2013년도 한부모가족 보호대상자 복지급여 지원종류, 대상, 금액**

지원종류	지원대상	지원금액
아동양육비	소득인정액이 최저생계비의 130% 이하인 가족의 만 12세 미만 자녀	자녀 1인당 월 7만 원
추가 아동양육비	소득인정액이 최저생계비의 130% 이하인 조손 및 만 25세 이상 미혼한부모가족의 만 5세 이하 아동	자녀 1인당 월 5만 원
아동교육 지원비 (학용품비)	소득인정액이 최저생계비의 130% 이하인 가족의 중학생·고등학생 자녀	자녀 1인당 연 5만 원
생활보조금	한부모가족복지시설에 입소한 가족 중 소득인정액이 최저생계비의 130% 이하인 가족	가구당 월 5만 원

출처: 여성가족부 고시 제2013-2호, 2013. 1. 24. 발령·시행 「2013년도 한부모가족 보호대상자 복지급여 지급기준」

음의 복지급여가 지급된다(2013년도 한부모가족 보호대상자 복지급여 지급기준
〈표 5-7〉 참조).

표 5-7 2013년도 한부모가족 보호대상자 복지급여 지급기준 및 제한대상

지원종류	지원대상	지원금액
아동양육비	소득인정액이 최저생계비 150% 이하인 가족의 자녀	자녀 1인당 월 15만 원
아동교육 지원비 (학용품비)	소득인정액이 최저생계비의 130% 이하인 가족의 중학생 · 고등학생 자녀	자녀 1인당 연 5만 원
생활보조금	한부모가족복지시설에 입소한 가족 중 소득인정액이 최저생계비의 130% 이하인 가족	가구당 월 5만 원
검정고시 학습비	소득인정액이 최저생계비의 150% 이하인 가족으로서, '부' 또는 '모'가 검정고시를 준비하는 경우	가구당 학원비 연 154만 원 이내
고등학생 교육비	소득인정액이 최저생계비의 150% 이하인 가족으로서, '부' 또는 '모'가 고등학교에 재학하는 경우	수업료, 입학금 전액
자립촉진 수당	국민기초생활보장법에 의한 수급자로서 만 24개월 이하의 자녀를 양육하면서 학업이나 취업활동을 하는 경우	가구당 월 10만 원

중복지원 제한 종류 및 대상	지원종류	중복지급 제한 대상
	• 아동양육비 • 추가 아동양육비 • 생활보조금	• 국민기초생활보장법에 의한 생계급여 • 긴급복지지원법에 의한 생계지원
	• 아동교육지원비(학용품비) • 청소년 한부모가족 고등학생 교육비	• 국민기초생활보장법에 의한 교육급여 • 국민기초생활보장법에 의한 탈수급자 이행급여 중 교육급여 • 장애인복지법에 의한 교육비 지원 • 긴급복지지원법에 의한 교육지원

출처: 여성가족부 고시 제2013-2호, 2013. 1. 24. 일부 개정, 2013년도 한부모가족 보호대상자 복지급여 지급기준

(2) 생활 안정 및 자립 촉진 복지자금 대여

국가 또는 지방자치단체는 한부모가정의 생활 안정과 자립을 촉진하기 위하여 사업에 필요한 자금, 아동교육비, 의료비, 주택자금을 대여할 수 있다(한부모가족지원법 제13조 제1항). 실제 소득이 최저생계비 150% 이하인 한부모가족으로 근로능력 및 자립자활 의지가 뚜렷하고 현실성 있는 사업계획을 제시하는 사람에게 복지자금이 대여되며, 복지자금의 대여한도는 대여 목적에 부합되는 수준으로 하되, 그 금액은 각 복지자금별로 매년 여성가족부장관이 정한다(무보증대출[6]: 가구당 1,200만 원 이하, 보증대출[7]: 가구당 2,000만 원 이하, 담보대출: 가구당 담보 범위 내(5,000만 원 이하, 고정금리 연 3.0%, 5년 거치 5년 상환).

(3) 고용촉진 및 주거안정 방법

한부모가족은 한부모가족지원법 제18조 주택법에 따라 국민주택을 분양하거나 임대[8]할 때에는 일정 비율한도에서 우선 분양 받을 수 있고, 한부모가족 또는 한부모가족복지단체는 국가나 지방자치단체가 운영하는 공공시설의 장이 그 공공시설에 각종 매점 및 시설의 설치를 허가하는 경우 우선적으로 허가를 받을 수 있으며, 한부모가족의 모(母) 또는 부(父)와 아동은 능력 및 적성 등에 따라 직업능력개발훈련을 받을 수 있다.

2011년 개정법에서는 '한부모가족의 모(母) 또는 부(父)는 임신과 출산 및 양육을 사유로 합리적인 이유 없이 교육·고용 등에서 차별을 받지 아니한다(신설 2011. 4. 12.)'는 내용을 담아 교육 및 고용에서 차별금지를 명문화 하

6) 기존 대출금(금융기관 대출 및 현금서비스 잔액)이 2천만 원 이하인 사람 중 연간 소득이 600만 원 이상인 사람 또는 연간 재산세 납부실적이 2만 원 이상인 사람
7) 보증인의 연간소득이 800만 원 이상인 사람 또는 연간 재산세 납부실적이 2만 원 이상인 사람 중 1명(다만, 대출금이 1천만 원을 초과한 경우 보증인 1명 추가)
8) 전세임대: 국민주택규모 이하(85㎡)의 주택(다가구·단독주택, 다세대·연립주택, 아파트, 주거용 오피스텔)을 대상으로 수도권의 경우 최고 7,000만 원, 광역시는 5,000만 원까지, 그 밖의 지역은 4,000만 원까지 지원

였으며 동시에 '한부모가족의 모 또는 부와 아동은 그가 가지고 있는 자산과 노동 능력 등을 최대한으로 활용하여 자립과 생활 향상을 위하여 노력하여야 한다(개정 2011. 4. 12.)'고 하여 자립에 대한 책임을 부과하여 국가와 지자체의 책임과 함께 당사자의 노력도 함께 이루어져야 함을 강조하였다.

5) 한부모가족지원법의 개선 필요 내용

한부모가족지원법은 한부모가정의 생활 안정과 복지 증진에 기여함을 목적으로 한다. 그러나 저소득 한부모가정이 전체 가구의 10%에 달하고 미성년 자녀를 배우자 없이 양육하는 한부모의 83%는 전 배우자로부터 양육비를 전혀 받지 못하고 있어 한부모 가족의 월평균 소득은 172만 원으로 전체 가구 평균의 절반에 못 미치고, 순 자산액도 5천 500만 원으로 평균의 5분의 1에 불과하다는 사실(MBC 뉴스, 2013. 4. 16.)은 한부모가족지원법에 의하여 실질적인 경제환경을 개선하는 데는 실효를 거두기가 어렵다는 한계가 있다는 사실을 반증하고 있다 할 것이다. 대부분의 여성 한부모가정은 경제적 지원을 받지 못하고, 생활 안정을 기할 수 있는 전문적 직업훈련에 편입되고 있지 못한 것이 현실로 드러난다. 따라서 경제적 위기를 경험하고 있는 여성 한부모가정들이 한부모가족지원법의 지원을 받을 수 있도록 개선될 필요가 있다. 더불어 대여나 직업훈련에 관련하여서도 실제로 경제적 위기를 해소할 수 있는 정도의 대여방안이 강구되어야 하고, 보다 전문적인 직업훈련을 통해 최소한의 삶이 실질적으로 개선될 수 있도록 정책 전환이 있어야 할 것이다.

3. 영유아보육법

1) 법의 의의와 목적

우리나라의 보육제도는 일하는 기혼 여성의 아동을 보호하는 탁아사업의 형태로 시작되었다가, 1980년대 후반부터 기혼여성의 사회진출을 적극적으로 돕는 차원에서 보육권 보장의 사회적 책임문제가 공적으로 제기되기 시작하였다. 그 결과 1991년에 제정되고 그 후 6차례에 걸쳐 개정된 영유아보육법은 영유아를 심신의 보호와 건전한 교육을 통하여 건강한 사회 성원으로 육성함과 아울러, 보호자의 사회경제적 활동을 원활하게 함으로써 가정복지 증진에 기여함을 목적으로 한다(동법 제1조).

이러한 영육아보육법의 목적에 따라 보육은 영유아의 이익을 최우선적으로 고려하고, 영유아가 안전하고 쾌적한 환경에서 건강하게 성장할 수 있도록 하여야 하며, 영유아는 자신 또는 보호자의 성·연령·종교·사회적 신분·재산·장애 및 출생지역 등에 따른 어떠한 종류의 차별도 받지 아니하고 보육되어야 한다(동법 제3조).

2) 법의 주체 및 적용 대상자

국가 및 지방자치단체, 모든 국민은 보호자와 더불어 영유아를 건전하게 보육할 책임을 진다(동법 제4조). 따라서 시장·군수·구청장 등 지자체의 단체장은 영유아의 보육을 위한 적정한 보육시설을 확보할 책임이 주어진다(동법 제4조). 여기에서 '영유아'라 함은 6세 미만의 취학 전 아동을 말하며, '보육'이라 함은 영유아를 건강하고 안전하게 보호·양육하고 영유아의 발달 특성에 적합한 교육을 제공하는 사회복지서비스를 말한다. 그리고 '보육시설'이라 함은 보호자의 위탁을 받아 영유아를 보육하는 시설을 말하고,

'보호자'라 함은 친권자·후견인, 그 밖의 자로서 영유아를 사실상 보호하고 있는 자를 말한다(동법 제2조).

3) 영유아 보육시설, 육아종합지원센터(보육정보센터)

(1) 보육시설

보육시설의 종류로는 ① 국·공립보육시설[국가와 지방자치단체가 설치·운영(위탁운영 포함)하는 어린이집, 영유아보육법 제10조 제1호)], ② 사회복지법인어린이집(사회복지사업법에 따른 사회복지법인이 설치·운영하는 어린이집), ③ 법인·단체 등 어린이집[각종 법인(사회복지법인을 제외한 비영리법인)[9]이나 단체 등이 설치·운영하는 어린이집, 영유아보육법 제10조 제3호 및 영유아보육법 시행령 제18조의 2)]. ④ 직장어린이집: 사업주가 사업장의 근로자를 위하여 단독 또는 공동으로 사업장 내 또는 그에 준하는 인근지역과 사원주택 등 사업장 근로자 밀집 거주지역에 설치·운영하는 어린이집(영유아보육법 제10조 제4호 및 제14조 제1항), ⑤ 가정어린이집: 개인이나 가정 또는 그에 준하는 곳에 설치·운영하는 어린이집을 말합니다(영유아보육법 제10조 제5호), ⑥ 부모협동어린이집: 가정어린이보육 영유아를 둔 보호자들 15명 이상이 조합을 결성하여 설치·운영하는 어린이집(영유아보육법 제10조 제6호), ⑦ 민간어린이집: 국공립어린이집, 법인어린이집, 직장어린이집, 가정어린이집 또는 부모협동어린이집이 아닌 어린이집(영유아보육법 제10조 제7호(동법 제10조, [별첨 1-5] 참조).

---

9) 1. 유아교육법, 초·중등교육법 및 고등교육법에 따른 학교법인이 설치·운영하는 어린이집
　2. 종교단체가 설치·운영하는 어린이집
　3. 산업재해보상보험법에 따른 근로복지공단이 설치·운영하는 어린이집
　4. 영유아보육법 제21조 제2항 제2호에 따른 교육훈련시설이 설치·운영하는 어린이집
　5. 위의 1부터 4까지에서 규정하는 어린이집에 준하는 어린이집으로서 보건복지부장관이 정하는 어린이집

국·공립보육시설은 국가 또는 지방자치단체가 설치·운영하며, 도시 저소득 주민 밀집 주거지역 및 농어촌지역 등 취약지역에 우선적으로 설치하여야 하고, 국·공립보육시설 외의 보육시설 설치는 지자체 단체장의 인허가를 취득하여야 한다(동법 제12조). 영유아보육법 제14조 1항의 규정에 의하여 상시 여성근로자 300인 이상 또는 근로자 500인 이상을 고용하고 있는 사업장은 직장보육시설을 설치하여야 한다(대통령령 제19446호 제20조, 참조).

2013년 3월 1일부터 만 0~5세 영유아(소득수준에 관계없이 보육료 지원), 만 0~12세의 미취학 장애아, 다문화가정 자녀, 농어업인 자녀에 대하여 보육료를 지원하고, 그 밖에 다양한 형태의 보육료를 지원하는 정책을 실시하고 있다(〈표 5-8〉 참조).

표 5-8 보육료 지원 종류 및 지원금액

구분	지원대상 및 지원금액		
	연령	출생연도	지원금액
만 0~5세 영유아에 대한 보육료 지원	만 0세	2012. 1. 1. 이후	39만 4천 원
	만 1세	2011. 1. 1.~12. 31.	34만 7천 원
	만 2세	2010. 1. 1.~12. 31.	28만 6천 원
	만 3세	2009. 1. 1.~12. 31.	22만 원
	만 4세	2008. 1. 1.~12. 31.	22만 원
	만 5세	2007. 1. 1.~12. 31.	22만 원
만 0~12세 미취학 장애아[10] 보육료 지원	만 0~12세의 미취학 장애아가 어린이집을 이용할 경우 무상보육 대상자로서 월 394,000원의 보육료 지원[영유아보육법 제34조 제2항]		

10) • 장애인복지카드(등록증) 발급 받은 아동
   • 장애가능성을 확인할 수 있는 장애진단서를 제출한 만 5세 이하 아동

연령	지원단가		
	종일	야간	24시간
만 0세	394,000원	394,000원	591,000원
만 1세	347,000원	347,000원	520,500원
만 2세	286,000원	286,000원	429,000원
만 3세	220,000원	220,000원	330,000원
만 4세	220,000원	220,000원	330,000원
만 5세	220,000원	220,000원	300,000원

다문화 가정 자녀 보육료 지원

[영유아보육법 제34조 제2항, 영유아보육법 시행령 제22조 제3항]

농어업인 자녀 보육료 지원

농어촌지역 또는 준농어촌지역에 주소를 두고 실제 거주하는 농지소유면적 50,000제곱미터 미만 농가 또는 이에 준하는 축산·임업·어업경영가구의 농어업인으로서 농어업 외 소득이 일정액 미만이며, 만 5세 이하 및 취학을 유예한 만 6세 자녀를 둔 경우에 농어업인 영유아 양육비 지원(농어촌주민의 보건복지증진을 위한 특별법 제22조 및 농어업인 삶의 질 향상 및 농어촌지역 개발촉진에 관한 특별법 제17조)

장애아동에 해당되는 취학아동 및소득액 이하 가구(법정저소득층 포함)의 취학아동 방과후 보육료 지원

장애아동에 해당되는 취학아동 및 소득액 이하 가구(법정저소득층 포함)의 취학아동 방과후 보육료 지원

구분	3인 이하 가정	4인 가정	5인 가정	6인 가정
소득인정액 (최저생계비 120% 이하)	151만 원	186만 원	220만 원	254만 원

[영유아보육법 제34조 제2항, 영유아보육법 시행령 제22조 제3항]

• 발달지체를 보이는 특수교육대상자로 선정되어 특수교육대상자 진단·평가 결과통지서를 제출한 만 3~8세 이하의 미취학 아동

※ 장애아가 부득이하게 휴학한 경우에도 보육료를 지원할 수 있으며, 이 경우 장애인복지카드 소지자는 만 6세 이상 만 12세까지 지원할 수 있고, 특수교육 대상자 진단·평가 결과통지서(발달지체를 보이는 특수교육대상자)를 제출한 경우 만 6세 이상 만 8세까지 지원할 수 있다.

방과후 보육시설을 이용하는 아동	구분	지원금액	
	일반아동	100,000원(4시간 미만 이용 시 미지원)	
	장애아동	197,000원	

※ 방학기간 중 종일제 보육을 이용하는 경우에는 최대 220,000원까지 지원 가능

시간연장 보육료 영유아보육법 시행령 제22조 제3항

만 0~5세 보육료, 다문화 보육료 및 장애아 무상보육료(취학 전) 지원아동을 대상으로 기준시간 초과 보육료에 대하여 최대 60시간까지 보육료 지원

구분	지원금액	지원 한도액
일반아동(다문화 아동 포함)	2,700원	162,000원
장애아동	3,700원	222,000원

야간 보육료

주간에 어린이집을 이용하지 않는 아동이 야간(19:30~익일 07:30)에 어린이집을 이용하는 경우 야간보육료 지원(영유아보육법 시행령 제22조 제3항)

연령	지원금액
만 0세	394,000원
만 1세	347,000원
만 2세	286,000원
만 3세	220,000원
만 4세	220,000원
만 5세	220,000원

24시간 보육료

부모가 야간에 경제활동에 종사하는 가정, 한부모 또는 조손가정 등의 아동으로 주간보육도 이용하고 야간보육이 불가피하다고 판단되는 아동의 경우 24시간 보육료 지원(영유아보육법 시행령 제22조 제3항)

연령	지원 금액
만 0세	591,000원
만 1세	520,000원
만 2세	429,000원
만 3세	330,000원
만 4세	330,000원
만 5세	330,000원

출처: 영유아 보육법, 시행령, 시행규칙 및 보건복지부 마음 더하기 정책포털(http://momplus.mw.go.kr) 재정리.

(2) 육아종합지원센터(구, 보육정보센터, 2013. 6. 4. 개정, 2013. 12. 5. 시행)

육아종합지원센터는 영유아보육법(제7조 및 시행령 제12조)과 지방자치단체 조례에 따라 영유아 보육에 대한 제반 정보제공 및 상담을 통하여 일반 주민에게 보육에 대한 편의를 도모하고 어린이집과의 연계체제를 구축하여 어린이집 운영의 효율성 제고하기 위하여 설치되었다. 주요사업으로는 영유아보육 관련 정보제공, 상담, 교육 및 대체교사 인력 관리 및 운영, 어린이집 보육컨설팅 지원이 있다(〈표 5-9〉 참조).

표 5-9   보육정보센터 사업

구분	공통사업	개별사업
정보 제공	• 영유아 보육에 관한 정보의 수집 및 제공 • 보육교직원에 대한 구인 · 구직 정보의 제공 • 어린이집 이용자에 대한 안내 • 장애아 보육, 다문화 보육 등 취약 보육에 대한 정보의 제공	• [중앙] 온라인교육시스템 운영 • [지방] 지역주민의 육아지원(양육상담, 놀잇감 무료대여, 부모 강좌 등)
상담	• 영유아 보육에 관한 상담 • 보육교직원 및 이용자에 대한 상담 • 어린이집 이용자에 대한 상담 • 보육통합정보시스템 상담	• [중앙] 전문가 상담 운영 • [지방] 보육통합정보시스템관련 상담을 위한 보육통합정보시스템 HelpDesk 운영
교육	• 보육 프로그램 및 교재 · 교구의 연구 및 제공 • 어린이집평가인증 조력프로그램 제공 및 교육 • 어린이집 이용자에 대한 교육	• [중앙] 표준보육과정 관련 교육 및 보육프로그램 보급 • [지방] 보육 프로그램 및 교재 · 교구 대여 • [지방] 어린이집평가인증 관련 조력 제공
기타	• 대체교사 인력 관리 및 운영 • 어린이집 보육컨설팅 지원	• [중앙] 지방보육정보센터 운영 지원 • [중앙] 보건복지부장관이 필요하다고 인정하는 업무 • [지방] 보수교육 실시의 위탁 • [지방] 어린이집 급식재료 공동구매 지원 • [지방] 보육도서관 운영 • [지방] 보육정보지 발간 등 보육 관련 홍보 • [지방] 시 · 도지사 또는 시장, 군수, 구청장이 필요하다고 인정하는 사항

출처: 중앙보육정보센터(2013 → 2013년 12월 13일부터 육아종합지원센터로 개칭), 사업소개. http://central.childcare.go.kr

(3) 보육의 내용과 평가

보육과정은 영유아의 신체 · 정서 · 언어 · 사회성 및 인지적 발달을 도모할 수 있는 내용을 포함하여야 하며(동법 제29조), 법 제29조 2항의 규정에 의하여 여성가족부장관이 개발 · 보급해야 하는 표준보육과정에는 교육 · 영양 · 건강 · 안전 등 영유아의 발달단계에 따른 보육 내용이 포함되어야 한다(영유아보육법 시행규칙 여성가족부령 제6호 제30조).

여성가족부장관은 법 제30조 3항의 규정에 의하여 보육정책위원회의 심의를 거쳐 운영체계, 평가지표, 수수료 등 보육시설의 평가인증에 관하여 필요한 사항을 정한다(개정 2005. 6. 23.). 평가지표에는 보육환경, 보육과정 운영, 보육교사와 보육영유아 간의 일상적 상호작용, 영유아의 건강 · 영양 및 안전, 보육인력의 전문성, 보육시설 운영관리, 가족 및 지역사회와의 연계 등이 포함되어야 한다(영유아보육법 시행규칙 여성가족부령 제6호 제31조, 〈표 5-10〉 참조).

표 5-10 보육시설 인증지표 사업개요, 기본방향, 구성, 분류(영유아보육법 제30조)

사업개요	• 대상 어린이집: 영유아보육법에 따라 설치한 모든 종일제 어린이집(방과후 전담 어린이집 제외) • 인증지표: 어린이집 규모 및 유형별 3종 • 인증과정: 4단계(신청, 자체점검, 평가, 심의) • 수수료: 40인 이상(30만 원), 39인 이하(25만 원), 장애아전담(정원에 따라 40인 이상, 39인 이하 금액 적용) • 수행기관: 한국보육진흥원
기본방향	• 2차 평가인증에서는 1차 평가인증을 통하여 확보된 어린이집의 보편적 질적 수준을 점진적으로 향상 • 교사의 상호작용 및 교수법과 관련된 항목을 신설함으로써 평가인증지표가 도달하고자 하는 수준을 향상 • 어린이집마다의 특성이 다양함을 고려하여 지표의 세부기준 설정 및 지침서 기술에 있어 연령별 또는 영유아의 특성에 관한 내용을 상세하게 기술하고, 1차 평가인증 시행 이후 고시된 표준보육과정의 내용 및 용어를 새로운 지표에 반영함으로써 보육 현장에 보다 정확하고 쉽게 지표 이해

구성	• 어린이집 평가인증지표는 어린이집 규모 및 유형에 따라 3종으로 구성.
	(40인 이상 어린이집용 평가인증지표 6개 영역 70항목)
	(39인 이하 어린이집용 평가인증지표 5개 영역 55항목)
	(장애아전담 어린이집용 평가인증지표 6개 영역 75항목)
	• 평가인증지표의 항목별 평가기준은 3단계 기술 평정 척도로 이루어짐.
	(3점: '우수한 수준' 으로 바람직한 실제를 기술함.)
	(2점: '부분적으로 우수한 수준' 으로 최소한의 기준에 부합되는 부분적으로 우수한 실제를 기술함.)
	(1점: '미흡한 수준' 으로 바람직하지 못한 실제를 기술함.)

40인 이상 어린이집 평가인증지표 (여섯 개 영역 70항목)		39인 이하 어린이집용 평가인증 지표(다섯 개 영역 55항목)		장애아전담 어린이집용 평가인증 지표(여섯 개 영역 75항목)	
영역	하위 영역	영역	하위 영역	영역	하위 영역
영역 1. 보육환경	가. 어린이집 환경 나. 보육활동 자료 다. 보육지원 환경	영역 1. 보육환경 및 운영관리	가. 어린이집 환경 나. 어린이집의 운영관리 다. 보육인력 라. 가족과의 협력	영역 1. 보육환경	가. 어린이집 환경 나. 보육활동 자료 다. 보육지원 환경
영역 2. 운영관리	가. 어린이집의 운영관리 가. 어린이집의 운영관리 가. 가족과의 협력 라. 지역사회와 협조	영역 2. 보육과정	가. 보육활동 계획과 구성 나. 보육활동	영역 2. 운영관리	가. 어린이집의 운영관리 나. 보육인력 다. 가족과의 협력 라. 지역사회와 협조
영역 3. 보육과정	가. 보육활동 계획과 구성 나. 보육활동	영역 3. 상호작용과 교수법	가. 일상적 양육 나. 교사의 상호작용 다. 교수법	영역 3. 보육과정	가. 보육활동 계획과 구성 나. 보육활동
영역 4. 상호작용과 교수법	가. 일상적 양육 나. 교사의 상호작용 다. 교수법	영역 4. 건강과 영양	가. 청결과 위생 나. 질병관리 다. 급식과 간식	영역 4. 상호작용과 교수법	가. 일상적 양육 나. 교사의 상호작용 다. 교수법
영역 5. 건강과 영양	가. 청결과 위생 나. 질병관리 다. 급식과 간식	영역 5. 안전	가. 실내외 어린이집의 안전 나. 영유아의 안전보호	영역 5. 건강과 영양	가. 청결과 위생 나. 질병관리 다. 급식과 간식
영역 6. 안전	가. 실내외 어린이집의 안전 나. 영유아의 안전보호			영역 6. 안전	가. 실내외 어린이집의 안전 나. 영유아의 안전보호

출처: 영유아보육법 제30조에 따른 평가인증 지표, 재정리.

(4) 영유아보육법의 개선 필요 내용

전체 어린이집 수는 2012년 12월 현재 42,527개소로 2000년 대비 2.2배 증가(2000년: 19,276개소 → 2012년: 42,527개소)하였으나 부모의 보육 욕구가 많은 국공립어린이집이 차지하는 비율은 5.2%(2,203개소, 보육 어린이 수는 전체 10.1%)로 민간과 가정 어린이집은 87.9%를 차지하고 있는 것으로 나타난다(〈표 5-11〉 참조). 0~5세 무상 보육료 지원 등으로 어린이집 이용 아동이 지속적으로 증가할 것으로 예상됨에 따라 국공립어린이집의 지속적 확충과 다양한 정책을 통한 보육서비스의 질적 수준 향상 도모하는 것이 요청

표 5-11   보육시설 및 보육아동 현황   (단위: 개소, 명)

구분		2009	2010	2011	2012
어린이집수	계	35,550	38,021	39,842	42,527
	(전년대비, %)	6.12	6.95	4.79	6.74
	국공립	1,917	2,034	2,116	2,203
	사회복지법인	1,470	1,468	1,462	1,444
	법인 단체 등	935	888	870	869
	민간	13,433	13,789	14,134	14,440
	가정	17,359	19,367	20,722	22,935
	부모협동	66	74	89	113
	직장	370	401	449	523
보육아동수	계	1,175,049	1,279,910	1,348,729	1,487,361
	(전년대비, %)	3.48	8.92	5.38	10.28
	국공립	129,656	137,604	143,035	149,677
	사회복지법인	112,338	114,054	112,688	113,049
	법인 단체 등	52,718	51,126	50,676	51,914
	민간	623,045	671,891	706,647	768,256
	가정	236,843	281,436	308,410	371,671
	부모협동	1,655	1,898	2,286	2,913
	직장	18,794	21,901	24,987	29,881

출처: 보건복지부(2013), 보육통계(국가승인통계 제15407호, 어린이집 및 이용자 통계)

된다.

한편, 아동의 건강과 안전을 책임져야 할 보육시설의 운영과 서비스의 질 문제는 향후 개선되어야 할 중요한 과제로 부각된다. 2013년 7월 1일 '투명 사회를 위한 정보공개센터'가 보건복지부에서 받은 2010년부터 지난해까지의 '어린이집 법규위반 및 처분 실적'에 따르면 법규를 위반한 어린이집은 2010년 1,272건에서 2011년 1,587건, 지난해에는 1,781건으로 크게 늘고 있는 것을 알 수 있고, 법규 위반 내역 중에는 아동허위등록(2012년 885건), 보육교사 허위등록(2012년 855건), 원장 자격정지·운영정지·교사 자격취소·보조금 환수 등의 행정처분은 2012년 4,346건에 달하여 심각한 수준으로 알려진다(경향신문, 2013. 7. 1.). 보육시설의 이와 같은 문제점들을 해소할 수 있는 실질적 방안이 수립될 필요가 있다.

4. 모성보호에 관한 3법

가족정책 관련 법규 중 여성의 경제적 활동을 위한 사회진출을 도우면서 동시에 모성의 역할을 충실히 할 수 있도록 보호하는 법에는 근로기준법, 남녀고용평등과 일·가정 양립 지원에 관한 법률 그리고 고용보험법이 포함된다.

1) 근로기준법

(1) 법의 의의와 목적
근로기준법은 근로자의 기본적 생활을 보장·향상시키고, 균형 있는 국민경제의 발전을 꾀하는 것을 목적으로 하며(동법 제1조), 여성의 경제적 활동과 모성 역할을 도모하는 데 기여한다.

(2) 법의 적용 대상자

근로기준법상 법의 상호 관련자는 직업의 종류와 관계없이 임금을 목적으로 사업이나 사업장에 근로를 제공하는 '근로자'와 사업주 또는 사업경영 담당자, 그 밖에 근로자에 관한 사항에 대하여 사업주를 위하여 행위하는 '사용자' 사이에 적용된다(동법 제2조).

(3) 모성 보호 내용

근로기준법 중 모성보호 관련 지원 내용에는 균등처우, 탄력적 근로시간제, 연차 유급휴가, 야간근로와 휴일근로의 제한, 임산부의 보호, 태아검진 시간의 허용, 육아시간이 있다(〈표 5-12〉 참조).

- 균등한 처우: 사용자는 근로자에 대하여 남녀의 성(性)을 이유로 차별적 대우를 하지 못하고, 국적·신앙 또는 사회적 신분을 이유로 근로조건에 대한 차별적 처우를 하지 못한다(제6조).
- 탄력적 근로시간제: ① 사용자는 취업규칙(취업규칙에 준하는 것을 포함한다)에서 정하는 바에 따라 2주 이내의 일정한 단위기간을 평균하여 1주 간의 근로시간이 제50조 제1항의 근로시간을 초과하지 아니하는 범위에서 특정한 주에 제50조 제1항의 근로시간을, 특정한 날에 제50조 제2항의 근로시간을 초과하여 근로하게 할 수 있다. 다만, 특정한 주의 근로시간은 48시간을 초과할 수 없다. ② 사용자는 근로자대표와의 서면 합의에 따라 다음 각 호의 사항을 정하면 3개월 이내의 단위기간을 평균하여 1주 간의 근로시간이 제50조 제1항의 근로시간을 초과하지 아니하는 범위에서 특정한 주에 제50조 제1항의 근로시간을, 특정한 날에 제50조 제2항의 근로시간을 초과하여 근로하게 할 수 있다. 다만, 특정한 주의 근로시간은 52시간을, 특정한 날의 근로시간은 12시간을 초과할 수 없다. ③ 제1항과 제2항은 15세 이상 18세 미만의 근로자와 임신 중인 여성 근로자에 대하여는 적용하지 아니한다.

- 연차 유급휴가: ① 사용자는 1년간 80퍼센트 이상 출근한 근로자에게 15일의 유급휴가를 주어야 한다(개정 2012. 2. 1.). ② 사용자는 계속하여 근로한 기간이 1년 미만인 근로자 또는 1년간 80퍼센트 미만 출근한 근로자에게 1개월 개근 시 1일의 유급휴가를 주어야 한다(개정 2012. 2. 1.). ③ 사용자는 근로자의 최초 1년 간의 근로에 대하여 유급휴가를 주는 경우에는 제2항에 따른 휴가를 포함하여 15일로 하고, 근로자가 제2항에 따른 휴가를 이미 사용한 경우에는 그 사용한 휴가 일수를 15일에서 뺀다. 임신 중의 여성이 제74조 제1항부터 제3항까지의 규정에 따른 휴가로 휴업한 기간은 출근한 것으로 본다.
- 야간근로와 휴일근로의 제한: ① 사용자는 18세 이상의 여성을 오후 10시부터 오전 6시까지의 시간 및 휴일에 근로시키려면 그 근로자의 동의를 받아야 한다. ② 사용자는 임산부와 18세 미만자를 오후 10시부터 오전 6시까지의 시간 및 휴일에 근로시키지 못한다(산후 1년이 지나지 아니한 여성의 동의가 있는 경우, 임신 중의 여성이 명시적으로 청구하는 경우 제외). 제2항의 경우 고용노동부장관의 인가를 받기 전에 근로자의 건강 및 모성 보호를 위하여 그 시행 여부와 방법 등에 관하여 그 사업 또는 사업장의 근로자대표와 성실하게 협의하여야 한다(개정 2010. 6. 4.).
- 임산부의 보호: ① 사용자는 임신 중의 여성에게 출산 전과 출산 후를 통하여 90일의 출산전후휴가를 주어야 한다. 이 경우 휴가 기간의 배정은 출산 후에 45일 이상이 되어야 한다.
- 태아검진 시간의 허용: ① 사용자는 임신한 여성근로자가 모자보건법 제10조에 따른 임산부 정기건강진단을 받는데 필요한 시간을 청구하는 경우 이를 허용하여 주어야 한다. ② 사용자는 제1항에 따른 건강진단 시간을 이유로 그 근로자의 임금을 삭감하여서는 아니 된다.
- 육아 시간: 생후 1년 미만의 유아(乳兒)를 가진 여성 근로자가 청구하면 1일 2회 각각 30분 이상의 유급 수유 시간을 주어야 한다.

표 5-12	근로기준법상 모성보호 관련 내용

구분	모성보호 관련 주요내용
근로기준법[시행 2012. 8. 2.] [법률 제11270호, 2012. 2. 1. 일부 개정]	• 제6조(균등한 처우) 사용자는 근로자에 대하여 남녀의 성(性)을 이유로 차별적 대우를 하지 못하고, 국적·신앙 또는 사회적 신분을 이유로 근로조건에 대한 차별적 처우를 하지 못한다. • 제51조(탄력적 근로시간제) ① 사용자는 취업규칙(취업규칙에 준하는 것을 포함한다)에서 정하는 바에 따라 2주 이내의 일정한 단위기간을 평균하여 1주간의 근로시간이 제50조 제1항의 근로시간을 초과하지 아니하는 범위에서 특정한 주에 제50조 제1항의 근로시간을, 특정한 날에 제50조 제2항의 근로시간을 초과하여 근로하게 할 수 있다. 다만, 특정한 주의 근로시간은 48시간을 초과할 수 없다. ② 사용자는 근로자대표와의 서면 합의에 따라 다음 각 호의 사항을 정하면 3개월 이내의 단위기간을 평균하여 1주 간의 근로시간이 제50조 제1항의 근로시간을 초과하지 아니하는 범위에서 특정한 주에 제50조 제1항의 근로시간을, 특정한 날에 제50조 제2항의 근로시간을 초과하여 근로하게 할 수 있다. 다만, 특정한 주의 근로시간은 52시간을, 특정한 날의 근로시간은 12시간을 초과할 수 없다. → ③ 제1항과 제2항은 15세 이상 18세 미만의 근로자와 임신 중인 여성 근로자에 대하여는 적용하지 아니한다. • 제60조(연차 유급휴가) ① 사용자는 1년간 80퍼센트 이상 출근한 근로자에게 15일의 유급휴가를 주어야 한다. 〈개정 2012. 2. 1.〉 ② 사용자는 계속하여 근로한 기간이 1년 미만인 근로자 또는 1년 간 80퍼센트 미만 출근한 근로자에게 1개월 개근 시 1일의 유급휴가를 주어야 한다. 〈개정 2012. 2. 1.〉 ③ 사용자는 근로자의 최초 1년 간의 근로에 대하여 유급휴가를 주는 경우에는 제2항에 따른 휴가를 포함하여 15일로 하고, 근로자가 제2항에 따른 휴가를 이미 사용한 경우에는 그 사용한 휴가 일수를 15일에서 뺀다. → 임신 중의 여성이 제74조 제1항부터 제3항까지의 규정에 따른 휴가로 휴업한 기간은 출근한 것으로 본다. • 제65조(사용 금지) ① 사용자는 임신 중이거나 산후 1년이 지나지 아니한 여성(이하 "임산부"라 한다)과 18세 미만자를 도덕상 또는 보건상 유해·위험한 사업에 사용하지 못한다. ② 사용자는 임산부가 아닌 18세 이상의 여성을 제1항에 따른 보건상 유해·위험한 사업 중 임신 또는 출산에 관한 기능에 유해·위험한 사업에 사용하지 못한다. • 제70조(야간근로와 휴일근로의 제한) ① 사용자는 18세 이상의 여성을 오후 10시부터 오전 6시까지의 시간 및 휴일에 근로시키려면 그 근로자의 동의를 받아야 한다. ② 사용자는 임산부와 18세 미만자를 오후 10시부터 오전 6시까지의 시간 및 휴일에 근로시키지 못한다(산후 1년이 지

나서 1년이 지나지 아니한 여성의 동의가 있는 경우, 임신 중의 여성이 명시적으로 청구하는 경우 제외) → 제2항의 경우 고용노동부장관의 인가를 받기 전에 근로자의 건강 및 모성 보호를 위하여 그 시행 여부와 방법 등에 관하여 그 사업 또는 사업장의 근로자대표와 성실하게 협의하여야 한다. 〈개정 2010. 6. 4.〉

• 제74조(임산부의 보호) ① 사용자는 임신 중의 여성에게 출산 전과 출산 후를 통하여 90일의 출산전후휴가를 주어야 한다. 이 경우 휴가 기간의 배정은 출산 후에 45일 이상이 되어야 한다.

• 제74조의 2(태아검진 시간의 허용 등) ① 사용자는 임신한 여성근로자가 「모자보건법」 제10조에 따른 임산부 정기건강진단을 받는데 필요한 시간을 청구하는 경우 이를 허용하여 주어야 한다. ② 사용자는 제1항에 따른 건강진단 시간을 이유로 그 근로자의 임금을 삭감하여서는 아니 된다.

• 제75조(육아 시간) 생후 1년 미만의 유아(乳兒)를 가진 여성 근로자가 청구하면 1일 2회 각각 30분 이상의 유급 수유 시간을 주어야 한다.

• 제93조(취업규칙의 작성·신고) 상시 10명 이상의 근로자를 사용하는 사용자는 다음 각 호의 사항에 관한 취업규칙을 작성하여 고용노동부장관에게 신고하여야 한다. 이를 변경하는 경우에도 또한 같다. 〈개정 2008. 3. 28, 2010. 6. 4, 2012. 2. 1.〉 8. 출산전후휴가·육아휴직 등 근로자의 모성 보호 및 일·가정 양립 지원에 관한 사항 9. 안전과 보건에 관한 사항, 9의2. 근로자의 성별·연령 또는 신체적 조건 등의 특성에 따른 사업장 환경의 개선에 관한 사항

출처: 법제처(2013). 근로기준법

(4) 근로기준법의 개선 필요 내용

근로기준법은 모성보호를 위한 법규로서 여성의 근로 여건을 개선하는 데 상당 부분 기여하고 있다. 그러나 약 360만 명(2012년 여성근로자 10,294,000명의 약 35%. 2013년 통계청 자료, 〈표 5-13〉 참조)으로 추산되는 비정규직 근로자들을 위한 모성보호 정책은 마련되어 있지 않은 상황이다. 2007년 7월 1일부터 시행된 '기간제 및 단시간근로자 보호 등에 관한 법률'(법률 제11273호, 2012. 2. 1. 일부 개정)에도 여성근로자의 모성보호를 보장하는 내용은 포함하고 있지 않아, 비정규직 근로층에 상당수 편입되어 있는 저소득층 기혼여성들을 위한 대책 마련이 시급하다 하겠다.

표 5-13	성별 근로자 종사상[11] 구분							(단위 : %)
구분		임금 근로자	상용	임시	일용	비임금 근로자	자영 업자	무급가족 종사자
여성	1990	56.8	21.4	22.5	12.9	43.2	18.7	24.5
	2000	61.5	19.1	285	13.9	38.5	19.2	19.2
	2005	67.1	25.6	30.2	11.3	32.9	19.0	13.9
	2009	71.2	31.2	30.6	9.3	28.8	16.9	11.9
	2010	72.9	34.5	30.0	8.4	27.1	16.1	10.9
	2011	73.6	37.1	28.7	7.9	26.4	15.7	10.7
	2012	74.0	38.7	28.3	7.0	26.0	15.5	10.5
남성	1990	63.1	40.7	14.1	8.3	36.9	34.4	2.5
	2000	64.3	38.1	17.1	9.2	35.7	33.8	2.0
	2005	66.0	41.1	16.4	8.5	34.0	32.8	1.3
	2009	69.2	46.2	15.4	7.6	30.8	29.6	1.3
	2010	70.0	479	15.1	7.0	30.0	28.7	1.3
	2011	70.4	48.9	14.8.	6.7	29.6	28.4	1.2
	2012	70.2	49.4	14.4	6.3	298	28.7	1.2

출처: 여성가족부(2013).

2) 남녀고용평등과 일 · 가정 양립 지원에 관한 법률

(1) 법의 의의와 목적

남녀고용평등법은 남녀의 평등한 기회 및 대우를 보장하는 한편, 모성을 보

---

11) 상용근로자: 고용계약기간이 1년 이상인 자 또는 고용계약기간을 정하지 않은 경우 소정의
  채용 절차에 의하여 입사한 사람으로 회사의 인사관리규정을 적용받는 자 등
  임시근로자: 고용계약기간이 1개월 이상 1년 미만인 자 또는 일정한 사업완료(사업완료기간
  1년 미만)의 필요에 의해 고용된 자
  일용근로자: 고용계약기간이 1개월 미만인 자 또는 매일매일 고용되어 근로의 대가로 일급
  또는 일당제 급여를 받고 일하는 자 등

호하고 직장과 가정생활의 양립과 여성의 직업능력 개발 및 고용 촉진을 지원함으로써 남녀고용 평등실현을 목적으로 한다(동법 제1조, 〈표 5-14〉 참조).

(2) 법의 적용 대상자

근로자를 사용하는 모든 사업 또는 사업장에 적용되며, 기본적으로 고용상 남녀평등을 목적으로 하기 때문에 사업장 내 차별적 요소의 제거가 중요한 적용 사항이 된다. 여기서 '차별'이라 함은 사업주가 근로자에게 성별, 혼인, 가족 안에서의 지위, 임신 또는 출산 등의 사유로 합리적인 이유 없이 채용 또는 근로의 조건을 달리하거나 그 밖의 불이익한 조치를 취하는 경우를 말한다. 다만 다음의 어느 하나에 해당하는 경우는 제외한다.

- 직무의 성격에 비추어 특정성이 불가피하게 요구되는 경우
- 근로여성의 임신, 출산, 수유 등 모성보호를 위한 조치를 취하는 경우
- 그 밖에 이 법 또는 다른 법률에 의하여 적극적 고용개선 조치를 취하는 경우(동법 제2조)

(3) 모성 보호 내용

남녀고용평등과 일·가정 양립 지원에 관한 법률상 모성보호 및 직장과 가정생활의 양립 지원 내용에는 출산전후휴가, 배우자 출산휴가, 육아휴직, 육아기 근로시간 단축이 있다.

- 출산전후휴가에 대한 지원: ① 국가는 근로기준법 제74조에 따른 출산전후휴가 또는 유산·사산 휴가를 사용한 근로자 중 일정한 요건에 해당하는 자에게 그 휴가기간에 대하여 통상임금에 상당하는 금액(이하 '출산전후휴가급여 등'이라 한다)을 지급할 수 있다(개정 2012. 2. 1.). ② 제1항에 따라 지급된 출산전후휴가급여 등은 그 금액의 한도에서 근로기준법 제74조 제4항에 따라 사업주가 지급한 것으로 본다(개정

2012. 2. 1.). ③ 출산전후휴가급여 등을 지급하기 위하여 필요한 비용은 국가재정이나 사회보장기본법에 따른 사회보험에서 분담할 수 있다(개정 2012. 2. 1.). ④ 여성 근로자가 출산전후휴가급여 등을 받으려는 경우 사업주는 관계 서류의 작성·확인 등 모든 절차에 적극 협력하여야 한다(개정 2012. 2. 1.). ⑤ 출산전후휴가급여 등의 지급요건, 지급기간 및 절차 등에 관하여 필요한 사항은 따로 법률로 정한다(개정 2012. 2. 1.).

• 배우자 출산휴가: ① 사업주는 근로자가 배우자의 출산을 이유로 휴가를 청구하는 경우에 5일의 범위에서 3일 이상의 휴가를 주어야 한다. 이 경우 사용한 휴가기간 중 최초 3일은 유급으로 한다(개정 2012. 2. 1.). ② 제1항에 따른 휴가는 근로자의 배우자가 출산한 날부터 30일이 지나면 청구할 수 없다.

• 육아휴직: ① 사업주는 근로자가 만 6세 이하의 초등학교 취학 전 자녀(입양한 자녀를 포함한다)를 양육하기 위하여 휴직(이하 '육아휴직'이라 한다)을 신청하는 경우에 이를 허용하여야 한다. 다만, 대통령령으로 정하는 경우에는 그러하지 아니하다(개정 2010. 2. 4.). ② 육아휴직의 기간은 1년 이내로 한다. ③ 사업주는 육아휴직을 이유로 해고나 그 밖의 불리한 처우를 하여서는 아니 되며, 육아휴직 기간에는 그 근로자를 해고하지 못한다. 다만, 사업을 계속할 수 없는 경우에는 그러하지 아니하다. ④ 사업주는 육아휴직을 마친 후에는 휴직 전과 같은 업무 또는 같은 수준의 임금을 지급하는 직무에 복귀시켜야 한다. 또한 제2항의 육아휴직 기간은 근속기간에 포함한다. ⑤ 기간제근로자 또는 파견근로자의 육아휴직 기간은 기간제 및 단시간근로자 보호 등에 관한 법률 제4조에 따른 사용기간 또는 파견근로자보호 등에 관한 법률 제6조에 따른 근로자파견기간에 산입하지 아니한다(신설 2012. 2. 1.).

• 육아기 근로시간 단축: ① 사업주는 제19조 제1항에 따라 육아휴직을 신청할 수 있는 근로자가 육아휴직 대신 근로시간의 단축(이하 '육아기 근로시간 단축'이라 한다)을 신청하는 경우에 이를 허용하여야 한다. 다

만, 대체인력 채용이 불가능한 경우, 정상적인 사업 운영에 중대한 지장을 초래하는 경우 등 대통령령으로 정하는 경우에는 그러하지 아니하다(개정 2012. 2. 1.). ② 제1항 단서에 따라 사업주가 육아기 근로시간 단축을 허용하지 아니하는 경우에는 해당 근로자에게 그 사유를 서면으로 통보하고 육아휴직을 사용하게 하거나 그 밖의 조치를 통하여 지원할 수 있는지를 해당 근로자와 협의하여야 한다(개정 2012. 2. 1.). ③ 사업주가 제1항에 따라 해당 근로자에게 육아기 근로시간 단축을 허용하는 경우 단축 후 근로시간은 주당 15시간 이상이어야 하고 30시간을 넘어서는 아니 된다. ④ 육아기 근로시간 단축의 기간은 1년 이내로 한다. ⑤ 사업주는 육아기 근로시간 단축을 이유로 해당 근로자에게 해고나 그 밖의 불리한 처우를 하여서는 아니 된다. ⑥ 사업주는 근로자의 육아기 근로시간 단축기간이 끝난 후에 그 근로자를 육아기 근로시간 단축 전과 같은 업무 또는 같은 수준의 임금을 지급하는 직무에 복귀시켜야 한다.

표 5-14　**남녀고용평등과 일 · 가정 양립 지원에 관한 법률상 모성보호 관련 내용**

구분	모성보호 관련 주요내용
남녀고용 평등과 일 · 가정 양립 지원에 관한 법률	[시행 2012. 9. 2.] [법률 제11461호, 2012. 6. 1., 타법개정] • 제1조(목적) 이 법은 대한민국헌법의 평등이념에 따라 고용에서 남녀의 평등한 기회와 대우를 보장하고 모성 보호와 여성 고용을 촉진하여 남녀고용평등을 실현함과 아울러 근로자의 일과 가정의 양립을 지원함으로써 모든 국민의 삶의 질 향상에 이바지하는 것을 목적으로 한다. [전문개정 2007. 12. 21] • 제17조의 2(경력단절여성의 능력개발과 고용촉진지원) ① 고용노동부장관은 임신 · 출산 · 육아 등의 이유로 직장을 그만두었으나 재취업할 의사가 있는 경력단절여성(이하 "경력단절여성"이라 한다)을 위하여 취업유망 직종을 선정하고, 특화된 훈련과 고용촉진프로그램을 개발하여야 한다. 〈개정 2010. 6. 4.〉 ② 고용노동부장관은 직업안정법 제2조의 2 제1호에 따른 직업

안정기관을 통하여 경력단절여성에게 직업정보, 직업훈련정보 등을 제공하고 전문화된 직업지도, 직업상담 등의 서비스를 제공하여야 한다. 〈개정 2009. 10. 9, 2010. 6. 4.〉

- 제18조(출산전후휴가에 대한 지원) ① 국가는 근로기준법 제74조에 따른 출산전후휴가 또는 유산·사산 휴가를 사용한 근로자 중 일정한 요건에 해당하는 자에게 그 휴가기간에 대하여 통상임금에 상당하는 금액(이하 '출산전후휴가급여 등'이라 한다)을 지급할 수 있다. 〈개정 2012. 2. 1.〉 ② 제1항에 따라 지급된 출산전후휴가급여 등은 그 금액의 한도에서 근로기준법 제74조 제4항에 따라 사업주가 지급한 것으로 본다. 〈개정 2012. 2. 1.〉 ③ 출산전후휴가급여등을 지급하기 위하여 필요한 비용은 국가재정이나 사회보장기본법에 따른 사회보험에서 분담할 수 있다. 〈개정 2012. 2. 1.〉 ④ 여성 근로자가 출산전후휴가급여 등을 받으려는 경우 사업주는 관계 서류의 작성·확인 등 모든 절차에 적극 협력하여야 한다. 〈개정 2012. 2. 1.〉 ⑤ 출산전후휴가급여 등의 지급요건, 지급기간 및 절차 등에 관하여 필요한 사항은 따로 법률로 정한다. 〈개정 2012. 2. 1.〉
- 제18조의 2(배우자 출산휴가) ① 사업주는 근로자가 배우자의 출산을 이유로 휴가를 청구하는 경우에 5일의 범위에서 3일 이상의 휴가를 주어야 한다. 이 경우 사용한 휴가기간 중 최초 3일은 유급으로 한다. 〈개정 2012. 2. 1.〉 ② 제1항에 따른 휴가는 근로자의 배우자가 출산한 날부터 30일이 지나면 청구할 수 없다.
- 제19조(육아휴직) ① 사업주는 근로자가 만 6세 이하의 초등학교 취학 전 자녀(입양한 자녀를 포함한다)를 양육하기 위하여 휴직(이하 '육아휴직'이라 한다)을 신청하는 경우에 이를 허용하여야 한다. 다만, 대통령령으로 정하는 경우에는 그러하지 아니하다. 〈개정 2010. 2. 4.〉 ② 육아휴직의 기간은 1년 이내로 한다. ③ 사업주는 육아휴직을 이유로 해고나 그 밖의 불리한 처우를 하여서는 아니 되며, 육아휴직 기간에는 그 근로자를 해고하지 못한다. 다만, 사업을 계속할 수 없는 경우에는 그러하지 아니하다. ④ 사업주는 육아휴직을 마친 후에는 휴직 전과 같은 업무 또는 같은 수준의 임금을 지급하는 직무에 복귀시켜야 한다. 또한 제2항의 육아휴직 기간은 근속기간에 포함한다. ⑤ 기간제근로자 또는 파견근로자의 육아휴직 기간은 기간제 및 단시간 근로자 보호 등에 관한 법률 제4조에 따른 사용기간 또는 파견근로자보호 등에 관한 법률 제6조에 따른 근로자파견기간에 산입하지 아니한다. 〈신설 2012. 2. 1.〉
- 제19조의 2(육아기 근로시간 단축) ① 사업주는 제19조 제1항에 따라 육아휴직을 신청할 수 있는 근로자가 육아휴직 대신 근로시간의 단축(이하 '육아기 근로시간 단축'이라 한다)을 신청하는 경우에 이를 허용하여야 한다. 다만,

대체인력 채용이 불가능한 경우, 정상적인 사업 운영에 중대한 지장을 초래하는 경우 등 대통령령으로 정하는 경우에는 그러하지 아니하다. 〈개정 2012. 2. 1.〉 ② 제1항 단서에 따라 사업주가 육아기 근로시간 단축을 허용하지 아니하는 경우에는 해당 근로자에게 그 사유를 서면으로 통보하고 육아휴직을 사용하게 하거나 그 밖의 조치를 통하여 지원할 수 있는지를 해당 근로자와 협의하여야 한다. 〈개정 2012. 2. 1.〉 ③ 사업주가 제1항에 따라 해당 근로자에게 육아기 근로시간 단축을 허용하는 경우 단축 후 근로시간은 주당 15시간 이상이어야 하고 30시간을 넘어서는 아니 된다. ④ 육아기 근로시간 단축의 기간은 1년 이내로 한다. ⑤ 사업주는 육아기 근로시간 단축을 이유로 해당 근로자에게 해고나 그 밖의 불리한 처우를 하여서는 아니 된다. ⑥ 사업주는 근로자의 육아기 근로시간 단축기간이 끝난 후에 그 근로자를 육아기 근로시간 단축 전과 같은 업무 또는 같은 수준의 임금을 지급하는 직무에 복귀시켜야 한다.

- 제19조의 3(육아기 근로시간 단축 중 근로조건 등) ① 사업주는 제19조의 2에 따라 육아기 근로시간 단축을 하고 있는 근로자에 대하여 근로시간에 비례하여 적용하는 경우 외에는 육아기 근로시간 단축을 이유로 그 근로조건을 불리하게 하여서는 아니 된다. ② 제19조의 2에 따라 육아기 근로시간 단축을 한 근로자의 근로조건(육아기 근로시간 단축 후 근로시간을 포함한다)은 사업주와 그 근로자 간에 서면으로 정한다. ③ 사업주는 제19조의 2에 따라 육아기 근로시간 단축을 하고 있는 근로자에게 단축된 근로시간 외에 연장근로를 요구할 수 없다. 다만, 그 근로자가 명시적으로 청구하는 경우에는 사업주는 주 12시간 이내에서 연장근로를 시킬 수 있다. ④ 육아기 근로시간 단축을 한 근로자에 대하여 「근로기준법」 제2조 제6호에 따른 평균임금을 산정하는 경우에는 그 근로자의 육아기 근로시간 단축 기간을 평균임금 산정기간에서 제외한다.

- 제19조의 4(육아휴직과 육아기 근로시간 단축의 사용형태) 근로자는 제19조와 제19조의 2에 따라 육아휴직이나 육아기 근로시간 단축을 하려는 경우에는 다음 각 호의 방법 중 하나를 선택하여 사용할 수 있다. 이 경우 어느 방법을 사용하든지 그 총 기간은 1년을 넘을 수 없다. 1. 육아휴직의 1회 사용, 2. 육아기 근로시간 단축의 1회 사용, 3. 육아휴직의 분할 사용(1회만 할 수 있다), 4. 육아기 근로시간 단축의 분할 사용(1회만 할 수 있다), 5. 육아휴직의 1회 사용과 육아기 근로시간 단축의 1회 사용

- 제19조의 5(육아지원을 위한 그 밖의 조치) ① 사업주는 초등학교 취학 전까지의 자녀를 양육하는 근로자의 육아를 지원하기 위하여 다음 각 호의 어느 하나에 해당하는 조치를 하도록 노력하여야 한다. 1.업무를 시작하고 마치는 시간 조정, 2. 연장근로의 제한, 3. 근로시간의 단축, 탄력적 운영 등 근로시간 조정, 4. 그 밖에 소속 근로자의 육아를 지원하기 위하여 필요한 조치

자에 대한 직업능력 개발 및 향상을 위하여 노력하여야 하고 출산전후휴가, 육아휴직 또는 육아기 근로시간 단축을 마치고 복귀하는 근로자가 쉽게 직장생활에 적응할 수 있도록 지원하여야 한다. 〈개정 2012. 2. 1〉

- 제20조(일·가정의 양립을 위한 지원) ① 국가는 사업주가 근로자에게 육아휴직이나 육아기 근로시간 단축을 허용한 경우 그 근로자의 생계비용과 사업주의 고용유지비용의 일부를 지원할 수 있다. ② 국가는 소속 근로자의 일·가정의 양립을 지원하기 위한 조치를 도입하는 사업주에게 세제 및 재정을 통한 지원을 할 수 있다. [전문개정 2007. 12. 21.]
- 제21조(직장어린이집 설치 및 지원 등) ① 사업주는 근로자의 취업을 지원하기 위하여 수유·탁아 등 육아에 필요한 어린이집(이하 '직장어린이집'이라 한다)을 설치하여야 한다. 〈개정 2011. 6. 7.〉 ② 직장어린이집을 설치하여야 할 사업주의 범위 등 직장어린이집의 설치 및 운영에 관한 사항은 영유아보육법에 따른다. 〈개정 2011. 6. 7.〉
- 제22조의 2(근로자의 가족 돌봄 등을 위한 지원) ① 사업주는 근로자가 부모, 배우자, 자녀 또는 배우자의 부모(이하 '가족'이라 한다)의 질병, 사고, 노령으로 인하여 그 가족을 돌보기 위한 휴직(이하 '가족돌봄휴직'이라 한다)을 신청하는 경우 이를 허용하여야 한다. 다만, 대체인력 채용이 불가능한 경우, 정상적인 사업 운영에 중대한 지장을 초래하는 경우 등 대통령령으로 정하는 경우에는 그러하지 아니하다. 〈개정 2012. 2. 1.〉 ② 제1항 단서에 따라 사업주가 가족돌봄휴직을 허용하지 아니하는 경우에는 해당 근로자에게 그 사유를 서면으로 통보하고, 다음 각 호의 어느 하나에 해당하는 조치를 하도록 노력하여야 한다. 〈신설 2012. 2. 1.〉 1. 업무를 시작하고 마치는 시간 조정, 2. 연장근로의 제한, 3. 근로시간의 단축, 탄력적 운영 등 근로시간의 조정, 4. 그 밖에 사업장 사정에 맞는 지원조치 ③ 가족돌봄휴직 기간은 연간 최장 90일로 하며, 이를 나누어 사용할 수 있다. 이 경우 나누어 사용하는 1회의 기간은 30일 이상이 되어야 한다. 〈신설 2012. 2. 1.〉 ④ 사업주는 가족돌봄휴직을 이유로 해당 근로자를 해고하거나 근로조건을 악화시키는 등 불리한 처우를 하여서는 아니 된다. 〈신설 2012. 2. 1.〉 ⑤ 가족돌봄휴직 기간은 근속기간에 포함한다. 다만, 근로기준법 제2조 제1항 제6호에 따른 평균임금 산정기간에서는 제외한다. 〈신설 2012. 2. 1.〉 ⑥ 사업주는 소속 근로자가 건전하게 직장과 가정을 유지하는 데에 도움이 될 수 있도록 필요한 심리상담서비스를 제공하도록 노력하여야 한다. 〈개정 2012. 2. 1.〉 ⑦ 고용노동부장관은 사업주가 제1항에 따른 조치를 하는 경우에는 고용 효과 등을 고려하여 필요한 지원을 할 수 있다. 〈개정 2010. 6. 4, 2012. 2. 1.〉 ⑧ 가족돌봄휴직의 신청방법 및 절차 등에 관하여 필요한 사항은 대통령령으로 정한다. 〈신설 2012. 2. 1.〉 [본조신설 2007. 12. 21.] [시행일: 2013. 2. 2.] 제22조의 2의 개정 규정 중 상시 300명 미만의 근로자를 사용하는 사업 또는 사업장

- 제22조의 3(일·가정 양립 지원 기반 조성) ① 고용노동부장관은 일·가정 양립프로그램의 도입·확산, 모성보호 조치의 원활한 운영 등을 지원하기 위하여 조사·연구 및 홍보 등의 사업을 하고, 전문적인 상담 서비스와 관련 정보 등을 사업주와 근로자에게 제공하여야 한다. 〈개정 2010. 6. 4.〉 ② 고용노동부장관은 제1항에 따른 업무와 제21조와 제21조의2에 따른 직장보육시설 설치·운영의 지원에 관한 업무를 대통령령으로 정하는 바에 따라 공공기관 또는 민간에 위탁하여 수행할 수 있다. 〈개정 2010. 6. 4.〉 ③ 고용노동부장관은 제2항에 따라 업무를 위탁받은 기관에 업무수행에 사용되는 경비를 지원할 수 있다. 〈개정 2010. 6. 4.〉 [본조신설 2007. 12. 21.]
- 제37조(벌칙) ① 사업주가 제11조를 위반하여 근로자의 정년·퇴직 및 해고에서 남녀를 차별하거나 여성 근로자의 혼인, 임신 또는 출산을 퇴직사유로 예정하는 근로계약을 체결하는 경우에는 5년 이하의 징역 또는 3천만 원 이하의 벌금에 처한다.

출처: 법제처(2013).

(4) 남녀고용평등과 일·가정 양립 지원에 관한 법률의 개선 필요 내용

여성의 모성보호를 위해 제정된 남녀고용평등과 일·가정 양립 지원에 관한 법률의 의의는 첨삭될 수 없으나, 실제 고용에서 여성의 낮은 취업의 질과 성별 임금격차의 문제는 남녀고용평등과 일·가정 양립 지원에 관한 법률이 향후 개선되어야 할 과제를 남긴다. 현재 전문직종에서의 여성 비율은 여전히 낮은 것으로 보고 되고(〈표 5-15〉 참조), 성별 임금격차 역시 일정 수준 존재하는 것으로 나타난다([그림 5-1] 참조). 여성의 노동시장 참여 의지를 약화시키는 이러한 문제들을 해결하기 위하여 전문직종에서의 여성 비율을 높이는 구체적 방안이 제시되고, 성별 임금격차를 개선할 법적·제도적 장치마련이 우선되어야 한다.

표 5-15	여성 전문 · 관리직 종사자 구성비									(단위: 천 명, %)
구분	2003	2004	2005	2006	2007	2008	2009	2010	2011	2012
여성취업자	9,108	9,364	9,526	9,706	9,826	9,874	9,772	9,914	10,091	10,294
전문 · 관리직 종사자	1,541	1,582	1,669	1,823	1,900	1,953	2,016	2,083	2,157	2,223
구성비	16.9	16.9	17.5	18.8	19.3	19.8	20.6	21	21.4	21.6

* 전문 · 관리직종사자: 한국표준직업분류에 의한 직업의 분류 중 〈의회의원, 고위임직원 및 관리자〉, 〈전문가〉, 〈기술공 및 준전문가〉로 종사하는 여성취업자(① 의회의원, 고위임직원 및 관리자, ② 전문가, ③ 기술공 및 준전문가, ④ 사무종사자, ⑤ 서비스종사자, ⑥ 판매종사자, ⑦ 농업, 임업 및 어업 숙련종사자, ⑧ 기능원 및 관련기능 종사자 , ⑨ 장치, 기계조작 및 조립종사자, ⑩ 단순노무종사자)

출처: 통계청(2013). 여성 전문 · 관리직 종사자 구성비

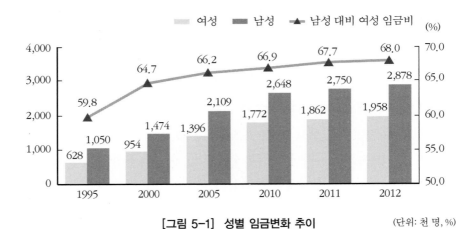

[그림 5-1] 성별 임금변화 추이

(단위: 천 명, %)

출처: 여성가족부(2013). 통계로 보는 여성의 삶: 22

3) 고용보험법

(1) 법의 의의와 목적

이 법은 고용보험의 시행을 통하여 실업의 예방, 고용의 촉진 및 근로자의 직업능력의 개발과 향상을 꾀하고, 국가의 직업지도와 직업소개 기능을 강화하며, 근로자가 실업한 경우에 생활에 필요한 급여를 실시하여 근로자의 생활 안정과 구직 활동을 촉진함으로써 경제·사회 발전에 이바지하는 것을 목적으로 한다(동법 제1조).

(2) 법의 주체 및 적용 대상자

고용보험은 노동부장관이 관장하며(동법 제3조), 고용보험법 제1조의 목적을 실현하기 위하여 피보험자에게 고용 안정, 직업능력 개발사업, 실업급여, 육아휴직급여 및 산전후휴가급여 등의 혜택이 주어진다.

(3) 고용보험법의 내용

고용보험법상 모성보호에 해당되는 급여 내용에는 육아휴직급여, 육아기 근로시간 단축 급여, 산전후휴가급여가 있다(〈표 5-16〉 참조).

- 육아휴직급여: ① 고용노동부장관은 남녀고용평등과 일·가정 양립 지원에 관한 법률 제19조에 따른 육아휴직을 30일(근로기준법 제74조에 따른 출산전후휴가기간 90일과 중복되는 기간은 제외한다) 이상 부여받은 피보험자 중 다음 각 호의 요건을 모두 갖춘 피보험자에게 육아휴직 급여를 지급한다〈개정 2007. 12. 21., 2010. 6. 4., 2011. 7. 21., 2012. 2. 1.〉. 1. 육아휴직을 시작한 날 이전에 제41조에 따른 피보험 단위기간이 통산하여 180일 이상일 것, 2. 같은 자녀에 대하여 피보험자인 배우자가 30일 이상의 육아휴직을 부여받지 아니하거나 남녀고용평등과 일·가정 양립지원에 관한 법률 제19조의 2에 따른 육아기 근로시간 단축(이하 '육

아기 근로시간 단축'이라 한다)을 30일 이상 실시하지 아니하고 있을 것, ② 제1항에 따른 육아휴직 급여를 지급받으려는 사람은 육아휴직을 시작한 날 이후 1개월부터 육아휴직이 끝난 날 이후 12개월 이내에 신청하여야 한다. 다만, 해당 기간에 대통령령으로 정하는 사유로 육아휴직 급여를 신청할 수 없었던 사람은 그 사유가 끝난 후 30일 이내에 신청하여야 한다(신설 2011. 7. 21.), 제75조에 따른 산전후휴가급여 등은 근로기준법 제74조에 따른 휴가 기간에 대하여 근로기준법의 통상임금에 해당하는 금액을 지급한다. 다만 제19조 2항에 따라 근로자의 수 등이 대통령령으로 정하는 기준에 해당하는 기업이 아닌 경우에는 휴가 기간 중 60일을 초과한 일수(30일을 한도로 한다)로 한정한다.

- 육아기 근로시간 단축 급여: ① 고용노동부장관은 육아기 근로시간 단축을 30일(근로기준법 제74조에 따른 출산전후휴가기간 90일과 중복되는 기간은 제외한다) 이상 실시한 피보험자 중 다음 각 호의 요건을 모두 갖춘 피보험자에게 육아기 근로시간 단축 급여를 지급한다(개정 2012. 2. 1.). 1. 육아기 근로시간 단축을 시작한 날 이전에 제41조에 따른 피보험 단위기간이 통산하여 180일 이상일 것 2. 같은 자녀에 대하여 피보험자인 배우자가 30일 이상의 육아휴직을 부여받지 아니하거나 육아기 근로시간 단축을 30일 이상 실시하지 아니하고 있을 것, ② 제1항에 따른 육아기 근로시간 단축 급여를 지급받으려는 사람은 육아기 근로시간 단축을 시작한 날 이후 1개월부터 끝난 날 이후 12개월 이내에 신청하여야 한다. 다만, 해당 기간에 대통령령으로 정하는 사유로 육아기 근로시간 단축 급여를 신청할 수 없었던 사람은 그 사유가 끝난 후 30일 이내에 신청하여야 한다.
- 출산전후휴가급여: 고용노동부장관은 남녀고용평등과 일·가정 양립 지원에 관한 법률 제18조에 따라 피보험자가 근로기준법 제74조에 따른 출산전후휴가 또는 유산·사산휴가를 받은 경우로서 다음 각 호의 요건을 모두 갖춘 경우에 출산전후휴가 급여 등(이하 '출산전후휴가 급여

등'이라 한다)을 지급한다(개정 2007. 12. 21., 2010. 6. 4., 2012. 2. 1.).

1. 휴가가 끝난 날 이전에 제41조에 따른 피보험 단위기간이 통산하여 180일 이상일 것, 2. 휴가를 시작한 날(제19조 제2항에 따라 근로자의 수 등이 대통령령으로 정하는 기준에 해당하는 기업이 아닌 경우는 휴가 시작 후 60일이 지난 날로 본다) 이후 1개월부터 휴가가 끝난 날 이후 12개월 이 내에 신청할 것. 다만, 그 기간에 대통령령으로 정하는 사유로 출산전 후휴가급여 등을 신청할 수 없었던 자는 그 사유가 끝난 후 30일 이내 에 신청하여야 한다(제목 개정 2012. 2. 1.).

표 5-16　**고용보험법상 모성보호 관련 내용**

구분	모성보호 관련 주요내용
고용보험법 [시행 2013. 6. 4.] [법률 제11864호, 2013. 6. 4., 일부 개정]	• 제70조(육아휴직급여) ① 고용노동부장관은 남녀고용평등과 일·가정 양립 지원에 관한 법률 제19조에 따른 육아휴직을 30일(근로기준법 제 74조에 따른 출산전후휴가기간 90일과 중복되는 기간은 제외한다) 이 상 부여받은 피보험자 중 다음 각 호의 요건을 모두 갖춘 피보험자에게 육아휴직급여를 지급한다〈개정 2007. 12. 21., 2010. 6. 4., 2011. 7. 21., 2012. 2. 1.〉. 1. 육아휴직을 시작한 날 이전에 제41조에 따른 피보험 단 위기간이 통산하여 180일 이상일 것, 2. 같은 자녀에 대하여 피보험자인 배우자가 30일 이상의 육아휴직을 부여받지 아니하거나 「남녀고용평등 과 일·가정 양립지원에 관한 법률」 제19조의 2에 따른 육아기 근로시 간 단축(이하 '육아기 근로시간 단축'이라 한다)을 30일 이상 실시하지 아니하고 있을 것, ② 제1항에 따른 육아휴직급여를 지급받으려는 사람 은 육아휴직을 시작한 날 이후 1개월부터 육아휴직이 끝난 날 이후 12 개월 이내에 신청하여야 한다. 다만, 해당 기간에 대통령령으로 정하는 사유로 육아휴직급여를 신청할 수 없었던 사람은 그 사유가 끝난 후 30 일 이내에 신청하여야 한다. 〈신설 2011. 7. 21.〉 • 제71조(육아휴직의 확인) 사업주는 피보험자가 제70조에 따른 육아휴 직급여를 받으려는 경우 고용노동부령으로 정하는 바에 따라 사실의 확 인 등 모든 절차에 적극 협력하여야 한다.

- 제73조의 2(육아기 근로시간 단축 급여) ① 고용노동부장관은 육아기 근로시간 단축을 30일(근로기준법 제74조에 따른 출산전후휴가기간 90일과 중복되는 기간은 제외한다) 이상 실시한 피보험자 중 다음 각 호의 요건을 모두 갖춘 피보험자에게 육아기 근로시간 단축 급여를 지급한다. 〈개정 2012. 2. 1.〉 1. 육아기 근로시간 단축을 시작한 날 이전에 제41조에 따른 피보험 단위기간이 통산하여 180일 이상일 것 2. 같은 자녀에 대하여 피보험자인 배우자가 30일 이상의 육아휴직을 부여받지 아니하거나 육아기 근로시간 단축을 30일 이상 실시하지 아니하고 있을 것, ② 제1항에 따른 육아기 근로시간 단축 급여를 지급받으려는 사람은 육아기 근로시간 단축을 시작한 날 이후 1개월부터 끝난 날 이후 12개월 이내에 신청하여야 한다. 다만, 해당 기간에 대통령령으로 정하는 사유로 육아기 근로시간 단축 급여를 신청할 수 없었던 사람은 그 사유가 끝난 후 30일 이내에 신청하여야 한다.
- 제75조(출산전후휴가급여 등) 고용노동부장관은 남녀고용평등과 일·가정 양립 지원에 관한 법률 제18조에 따라 피보험자가 근로기준법 제74조에 따른 출산전후휴가 또는 유산·사산휴가를 받은 경우로서 다음 각 호의 요건을 모두 갖춘 경우에 출산전후휴가급여 등(이하 "출산전후휴가급여 등"이라 한다)을 지급한다. 〈개정 2007. 12. 21., 2010. 6. 4., 2012. 2. 1.〉 1. 휴가가 끝난 날 이전에 제41조에 따른 피보험 단위기간이 통산하여 180일 이상일 것, 2. 휴가를 시작한 날(제19조 제2항에 따라 근로자의 수 등이 대통령령으로 정하는 기준에 해당하는 기업이 아닌 경우는 휴가 시작 후 60일이 지난 날로 본다) 이후 1개월부터 휴가가 끝난 날 이후 12개월 이내에 신청할 것. 다만, 그 기간에 대통령령으로 정하는 사유로 출산전후휴가 급여 등을 신청할 수 없었던 자는 그 사유가 끝난 후 30일 이내에 신청하여야 한다[제목개정 2012. 2. 1]
- 제75조의 2(출산전후휴가급여 등의 수급권 대위) 사업주가 출산전후휴가급여 등의 지급사유와 같은 사유로 그에 상당하는 금품을 근로자에게 미리 지급한 경우로서 그 금품이 출산전후휴가급여 등을 대체하여 지급한 것으로 인정되면 그 사업주는 지급한 금액(제76조 제2항에 따른 상한액을 초과할 수 없다)에 대하여 그 근로자의 출산전후휴가급여 등을 받을 권리를 대위한다. 〈개정 2012. 2. 1.〉. [본조신설 2008. 12. 31] [제목개정 2012. 2. 1]
- 제76조(지급 기간 등) ① 제75조에 따른 출산전후휴가급여 등은 근로기준법 제74조에 따른 휴가 기간에 대하여 근로기준법의 통상임금(휴가를 시작한 날을 기준으로 산정한다)에 해당하는 금액을 지급한다. 다만, 제19조 제2항에 따라 근로자의 수 등이 대통령령으로 정하는 기준에 해당하는 기업이 아닌 경우에는 휴가 기간 중 60일을 초과한 일수(30일을 한도로 한다)로 한정한다. 〈개정 2012. 2. 1.〉

출처: 법제처(2013).

(4) 고용보험법의 개선 필요 내용

근로자에게 실업 및 능력개발 비용을 지원하고 사업주에게는 고용 유지와 교육훈련 비용을 지원하는 고용보험법 내의 모성보호와 관련된 사업은 육아휴직급여와 산전후휴가급여가 있는데, 이런 사업은 아동부양 여성의 실질적 고용 안정에 기여하는 것으로 이해된다. 그러나 그 밖의 사업 중 직업능력개발훈련(재직자)에 여성의 참여비율이 여전히 낮은 것으로 나타나 고용보험법의 실효적 실행 여부에 상당한 의문을 일으키고 있다(〈표 5-17〉 참조). 따라서 재직자뿐만 아니라 실업자훈련에서 여성의 전문훈련 기회를 제고할 수 있는 법안의 창출이 필요하다.

표 5-17　고용보험법에 의한 2012년도 재직자 훈련 특성별 현황　(단위: 명, 원)

구분		사업주훈련 (유급휴가제외)	유급휴가 훈련	근로자직무능력향상 지원금(수강지원금)	재직자내일배움카드제 (근로자능력개발카드제)	핵심직무 능력향상
합계	3,457,731	3,179,609	10,791	164,963	64,535	37,833
남	2,268,652	2,149,488	8,200	64,236	17,901	28,827
여	1,163,792	1,004,835	2,591	100,727	46,633	9,006
외국인	25,282	25,282	–	–	–	–
분류불능	5	4	–	–	1	–

출처: 고용노동부(2013).

생각해 볼 문제

1. 건강가정기본법의 목적, 대상, 건강가정센터를 각각 설명하고 개선이 필요하다고 생각되는 부분을 논하시오.
2. 한부모가족지원법의 목적, 대상을 설명하고 한부모가족 보호 및 지원 지역복지기관의 역할을 논의하되 문제점을 생각하여 설명하시오.
3. 영유아보육법의 목적, 대상을 설명하고 영유아 보육시설, 보육정보센터, 보육개발원의 역할을 각각 설명하시오.
4. 영유아보육법상 혹은 실천에서 개선이 필요하다고 생각되는 부분을 나열하고 그 이유를 설명하시오.
5. 근로기준법의 목적, 대상, 내용을 설명하고 개선 필요 부분을 제시하시오.
6. 남녀고용평등과 일·가정양립 지원에 관한 법률의 목적, 대상, 내용을 설명하고 개선 필요 부분을 제시하시오.
7. 고용보험법의 목적, 대상, 내용을 설명하고 개선 필요 부분을 제시하시오.

참고문헌

경향신문(2013. 7. 1). '어린이집 법규 위반 2년 새 500건 늘어⋯⋯ 보조금 환수액 매년 50~70억 달해'. http://news.khan.co.kr/kh_news/khan_art_view.html?artid=201307012208165&code=940702

고용노동부(2013). 직업능력개발사업현황.

법제처(2013). 근로기준법, 남녀고용평등과 일·가정 양립 지원에 관한 법률, 고용보험법.

보건복지부(2013). 보육통계(국가승인통계 제15407호, 어린이집 및 이용자 통계).

여성가족부(2013). 통합가족지원: 건강가정지원센터 운영. http://www.mogef.go.kr/korea/view/policyGuide/policyGuide06_03_02.jsp

여성가족부고시 제2013-2호, 2013. 1. 24, 일부개정 2013년도 한부모가족 보호대상자 복지급여 지급기준.

여성가족부(2013. 6. 27). 통계로 보는 여성의 삶.

중앙보육정보센터(2013). 사업소개. http://central.childcare.go.kr

통계청(2013). 인구주택총조사, 장래가구추계.

통계청(2013). 여성 전문·관리직 종사자 구성비.

홍미영(2007. 3. 27). 가족정책기본법 노인에게 유리한가, 효사상에 위배되나? 건강
　　　가정기본법 전부개정법률안(가족정책기본법) 대토론회. 사회복지공동모금회
　　　사랑의 열매회관.

MBC 뉴스(2013. 4. 16). 한부모 83% "양육비 전혀 못 받는다". http://imnews.imbc.
　　　com/news/2013/society/article/3267199_11203.html

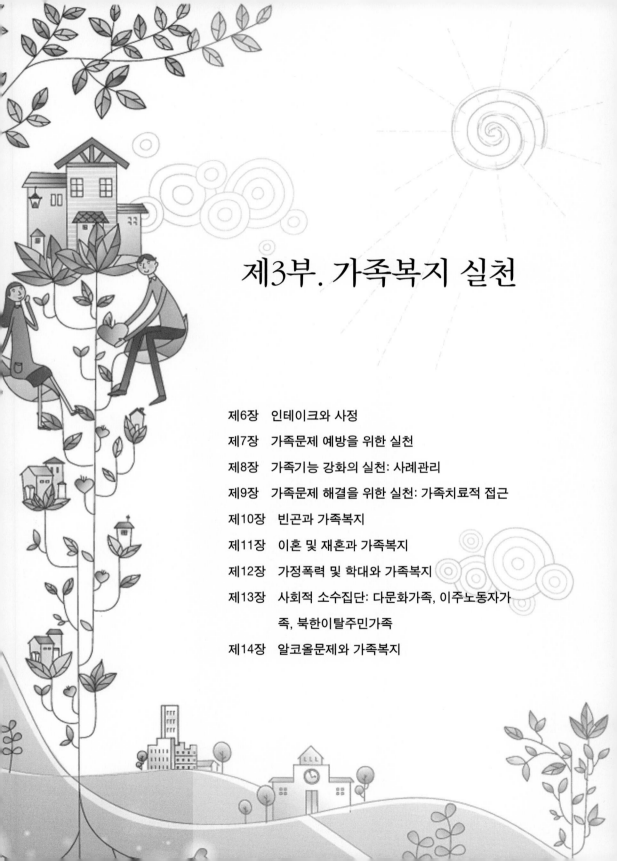

제3부. 가족복지 실천

제6장

인테이크와 사정

1. 인테이크

인테이크(Intake, 접수)는 지역사회복지 기관의 사회복지실천 첫단계로서 사례를 발견하고 스크리닝을 통해서 실천 대상이 되는 이용자(Client)를 판단하고 심층사정을 위한 기초자료를 수집하는 단계를 말한다. 즉 인테이크는 사회복지실천의 전문적 서비스인 사례관리가 요구되는 클라이언트를 발굴하는 것으로 직접방문, 추천, 관련기관 의뢰를 통하여 이루어진다. 인테이크 시 초기 스크리닝을 통하여 서비스 대상 여부를 판정하게 되고 이에 따라 클라이언트의 욕구와 전문가의 판단에 따른 욕구분석이 이루어지는 심층 사정 단계로 진행되는데, 적절한 스크리닝을 위하여 서비스 대상별 인테이크 기초사정 내용이 다르게 포함된다(〈표 6-1〉〈표 6-2〉〈표 6-3〉 참조).

| 표 6-1 | 아동학대 인테이크(접수) |

절차	아동학대 사정 내용
인테이크 (접수)	• 목적: 사례의 위급성을 판단하고 개입과정을 진행시킬 것인지 여부를 결정하기 위한 기초자료 수집 • 접수방법: 긴급전화 1577~1391, 129, 중앙 또는 해당 지방아동보호전문기관의 전자우편, 방문 및 서신 • 접수시간: 24시간 • 주요 결정사항: 아동학대 사례로서의 적합성 여부 판단, 신고내용이 불충분한 경우 행정기관의 기록 등을 통한 관련 정보의 추가수집 여부, 중앙 및 지방아동보호전문기관에 중복신고 여부 또는 이전 신고기록 확인, 중복신고 또는 기 신고 및 개입이 진행 중인 경우는 접수치 말 것 • 사례의 위급성 여부: 위급한 사례로 판단되나 12시간 이내 현장 조사가 어려운 경우 관할 경찰서에 의뢰 여부 결정 • 사례 접수 시 기록해야 할 사항 • 아동 관련: 이름, (추정)나이/생년월일, 학교/유치원/놀이방, 주소, 전화번호 등 • 학대자/가족 관련: 이름, (추정)나이/생년월일, 아동과의 관계, 아동과 동거 여부, 결혼 상태, 직업/직장, 현거주지 주소, 전화번호, 가족구성원 이름, 관계, 동거 여부 등 • 학대 관련: 학대 발생 일시/장소, 신고자 외의 목격자, 학대 유형 및 피해 정도, 현재 위급성 여부 등 • 기타: 신고자 이름, 직업/소속기관, 아동과의 관계, 주소, 전화번호 등 • 사례 판단: 사례접수의 마지막 단계인 판단과정에서 상담원은 사례의 위급성, 개입시점, 개입 여부를 판단 (가) 사례의 위급성 판단: 응급 아동학대 사례 → 12시간 이내에 현장 조사 실시, 단순 아동학대 사례 → 72시간 이내에 현장조사 실시 (나) 아동학대가 아닌 사례: 접수된 사례가 아동학대 문제보다는 다른 문제가 주를 이룰 경우, 상담원은 일반 상담 사례로 접수하고, 호소하는 문제와 관련된 정보와 자료를 제공하거나 유관기관 (아동보호전문기관별로 인근 사회 복지자원 파악)에 적절히 의뢰하여 도움 받을 수 있도록 조치

출처: 서울특별시 아동복지센터(2013).

| 표 6-2 | 장애인 대상 인테이크(접수) |

절차	장애인 인테이크 내용
인테이크	• 정의: 사례관리는 접수로부터 시작되며 접수를 통해 초기면접을 계획하고 실행하게 될 대상자를 접수하고 등록하는 단계로, 아웃리치(outreach), 의뢰(referral) 과정을 모두 포괄한다. • 내용: 잠재적 대상자를 발굴하고, 대상자의 장애나 욕구를 개략적으로 파악하여 사례관리를 필요로 하는 대상인지를 확인한다. • 수행방법과 조치 사항 • 사례관리가 필요하다고 의뢰되는 경우, 초기면접지에 의거하여 초기접수, 사례관리 사정을 실시한 후 개별파일을 만든다. 단, 기존 이용자의 경우 기존 등록번호를 유지한다. • 사례관리대상으로 적합하지 않다고 판단되면 다른 기관에 의뢰한다. • 내부의뢰: 사례관리 접수일지에 의뢰인과 의뢰된 대상자의 인적사항 및 의뢰 사유 등을 접수자가 기록한다. • 외부의뢰: 의뢰인 및 의뢰기관에게는 소정의 의뢰서를 작성하여 제출하도록 하게 하되 의뢰인이 내관하기가 어려울 경우 전화접수를 실시한다. 이때 기관의 의뢰인 경우 의뢰서 전송을 요청하고, 의뢰인이 개인인 경우 접수인이 직접의뢰서를 작성한다. 의뢰서 작성 내용은 다음과 같다. (가) 의뢰인의 인적사항 및 대상자와의 관계를 기록하고, 대상자 인적사항 및 경제, 주거, 가족, 사회지지자원 등을 기록한다. (나) 내용을 바탕으로 외부기관에 의뢰사유 및 의료내용을 기록한다. • 초기면접을 위한 일정을 대상자와 조정하며, 일주일 이내 실시한다. 단, 위기 개입이 필요한 사례인 경우 즉시 초기면접을 실시한다.

출처: 조석영 외(2012: 328-332).

구분	지체장애/ 뇌병변장애	시각 · 청각 · 언어장애	내부장애	지적장애/ 자폐성장애	정신장애	기타장애
접수	아웃리치(매체홍보), 초기면접과 스크리닝	의뢰, 아웃리치, 초기면접과 스크리닝	아웃리치 초기면접과 스크리닝	의뢰, 아웃리치(스크리닝) 초기면접과 스크리닝	의뢰 초기면접과 스크리닝	아웃리치(홍보)

출처: 변경희(2008).

표 6-3   노인 대상 인테이크(접수)

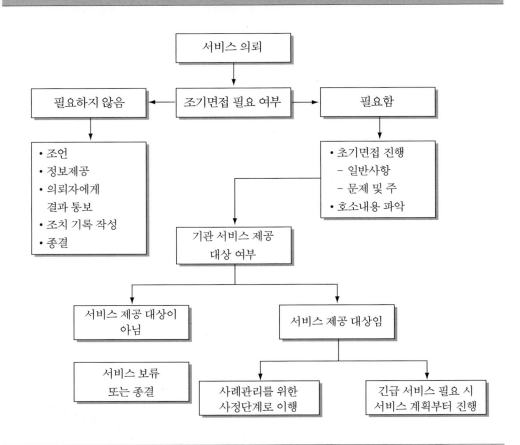

| 인테이크(접수 순서도) |

초기면접 내용	

<table>
<tr><td colspan="2">

면접일자:
면접방법: □ 내방　□ 방문　□ 전화상담
면 접 자:

</td></tr>
</table>

기본 사항	성명		성별		연령		주민등 록번호		학력		종교	
	현주소											

가족 사항	관계	성명	연령	직업	동거	비고

보호 형태	사업 대상	□ 국민기초생활수급자　□ 차상위　□ 일반　□ 기타
	동거 실태	□ 독거노인　□ 노부부　□ 아들가족　□ 딸가족　□ 기타
	주거 형태	□ 자가　□ 전세(　　)만 원 □ 월세/보증금(　　)만 원, 월(　　)만 원　□ 무료임대　□ 기타 □ 아파트　□ 연립　□ 빌라　□ 단독주택 □ 반지하　□ 지하　□ 기타 난방 형태: □ 연탄보일러　□ 기름보일러　□ 전기장판 　　　　　　□ 도시가스　□ 기타 주거 형태: · 벽지 □ 상 □ 중 □ 하　· 장판 □ 상 □ 중 □ 하 　　　　　　· 보일러 □ 상 □ 중 □ 하　□ 기타 방(1칸　　평) 부엌 □ 입식 □ 재래식) 화장실 □ 양변기 □ 재래식 □ 공동 □ 기타)
건강 상태	활동 상태	□ 거동 가능　□ 거동 불편　□ 거동 불가　□ 보장구 사용
	장애 유형	□ 지체　□ 시각　□ 청각　□ 언어　□ 지적　□ 뇌병변　□ 신장　□ 심장
경제 상태	수입	□ 정부 보조(　　)만 원　□ 본인 수입(　　)만 원 □ 후원금(　　)만 원　□ 기타(　　)만 원
	지출	□ 식비(　　)만 원　□ 의료비(　　)만 원　□ 난방비(　　)만 원 □ 공과금(　　)만 원　□ 기타(　　)만 원

주요 문제	□ 경제　□ 건강　□ 주택　□ 수발　□ 정신건강　□ 이동　□ 가족관계 □ 대인관계　□ 법률관계　□ 이성　□ 시설적응　□ 기타
희망 서비스	1) 생활 지원 서비스: □ 주거환경 개선　□ 특별보양식　□ 이동목욕 서비스 　　□ 이, 미용 서비스　□ 빨래 서비스　□ 택배 서비스　□ 차량 지원 2) 특별 지원 서비스: □ 장수 사진　□ 명절 지원　□ 문화 친구 3) 기타: □ 방문 간호　□ 방문 물리치료　□ 기타

재가노인 욕구 및 문제점

욕구	문제점

자원 활용 상황

공식적 자원	비공식적 자원

재가 노인 태도와 반응 및 사회복지사 의견

2011.　.　.
초기 면접자　　　(인)

출처: 박지영, 김춘아, 서창현(2011), 23, 26-27

2. 사 정

　사정(査定, assessment)은 가족문제의 해결 및 해소 그리고 궁극적인 가족
기능 회복을 목적으로 하는 개입 계획과 방법의 선택을 위해 결정적인 역할
을 한다. 엄밀하고 포괄적인 사정을 토대로 문제 해소를 위한 적절한 관리
방법이 도출되기 때문에 사정은 가족복지 실천에서 가장 기본적이면서 핵

심적인 요소다. 보슬러(Vosler, 1996)는 체계이론에 기초하여 개인을 포함한 가족의 다양한 욕구, 사회조직으로서의 가족(가족체계), 가족의 환경에 대한 상호작용 요소들 그리고 가족의 전반적인 생활주기의 사정이 가족기능 회복을 목적으로 하는 가족사정을 위한 핵심적인 사안들이라고 보았다.

이 장에서는 가족의 욕구, 가족체계, 환경과의 상호작용 그리고 가족생활 주기를 기본적인 사정 영역으로 이해하여 각 영역의 특징들을 개괄하고, 사정 방법으로 널리 사용되는 면접, 관찰, 사정도구, 은유적 방법 등을 소개하고자 한다.

1) 사정 영역

(1) 가족의 욕구

가족 욕구사정은 가족복지 실천의 전 과정 중 본질적으로 중요한 과제다. 예를 들어, 아동학대가 발생했을 때 그 문제는 단순히 피해아동의 문제일 뿐만 아니라 가족 전체의 문제이기도 하기에, 가족 욕구사정은 문제를 적절히 판단하고 문제 해결을 위한 가족의 장단점을 파악하며 가족을 보존하고 결국 문제 해결을 도울 수 있는 가장 효과적인 개입 계획을 개발할 수 있도록 한다. 따라서 적절하게 안배된 가족 욕구사정은 사회복지사로 하여금 문제 해결을 위해 가장 최선의 개입을 실행할 수 있도록 돕는 역할을 한다(California Social Work Education Center, 2001: 5). 예를 들어, '학대아동가족 욕구사정'에 포함되어야 하는 기본적인 요소들은 〈표 6-4〉와 같이 정리할 수 있다.

표에서 제시된 것처럼 학대아동 문제에 개입하기 위하여 가족 욕구사정을 할 때 기본적으로 포함되어야 하는 요소들은 ① 가족 구성원 관계, ② 폭력/학대/알코올중독 기록, ③ 가족 내 문제상황 대처능력, ④ 가족 동기부여 능력, ⑤ 가족 의식주 생활 정도, ⑥ 육체·정신건강, ⑦ 양육능력 등이다. 이러한 분류를 기초로 하여 '문제 및 위기요소'와 '지지요소'를 찾아내는

| 표 6-4 | 학대아동 가족 욕구사정에 포함되어야 할 기본적인 요소들 | |

분류	문제 및 위기요소	지지요소
가족 구성원 관계	• 가출 혹은 별거 중인 구성원 • 가족 구성원 간 관계에 문제 • 현재 발생한 문제에 도움을 줄 수 없는 부모	• 가족 구성원 중 지속적으로 긍정적인 관계를 가진 사람 존재 • 가족 내 역할모델 존재
폭력/학대/ 알코올중독 기록	• 가정폭력을 행사한 경험 • 알코올중독 경험 • 범죄기록 • 학대/방임을 한 경험	• 학대/방임/폭력 기록이 없음
가족 내 문제 상황 대처능력	• 일정한 직업이 없는 부모 • 위기상황을 대처할 수 없는 부모 • 의식생활을 돌볼 수 없는 부모	• 일정한 직업 • 건강한 생활을 유지할 수 있는 능력 • 복지서비스의 지지자원이 될 수 있는 가족 구성원 존재
가족 동기부여 능력	• 문제상황을 남의 탓으로 돌리는 부모 • 변화를 위한 어떤 동기부여도 거부 • 사회복지사의 서비스 거부/무시 • 사회복지사의 서비스보다 자신의 일상생활을 우선시	• 가족문제 해결을 위해 서비스에 적극 협력하는 자원 존재 • 자신의 문제 인정 • 사회복지사와의 지속적인 연락
가족 의식주 생활 정도	• 불충분한 수입 • 경제적 재원 운용능력 부족 • 부족한 음식 • 의류 부족, 불청결 • 위험한 거주환경 • 전기, 수도, 난방문제 • 교통수단의 문제	• 기본적 수입 확보 • 재원 운용능력 존재 • 기본적 의식주의 요구 충족
육체 · 정신건강	• 가족 구성원 중 발달장애 존재 • 발견된 심리적 문제에 대한 치료 거부 • 서비스에 대한 불합리한 거부/무시	• 발견된 건강 및 심리적 문제 해소 서비스에 대한 적극적 협력 • 문제 해소를 위한 자발적 행동 의지
양육능력	• 자녀에 대한 기본적 양육기술 부족 • 애정을 향상시키기 위한 기술 부족 • 훈련, 지도능력 부족 • 아동발달을 돕는 능력 부족	• 기본적 양육기술 이해 • 훈련, 지도능력 향상에 관심 • 양육능력 향상에 적극적으로 참여할 의지

출처: California Social Work Education Center(2001: 10-40).

작업이 바로 가족 욕구사정의 과정이다.

- 가족 구성원 관계: 가족 내 가출/별거 구성원이 존재하거나, 가족 구성
  원 간 관계의 문제가 발견되거나, 아동학대 상황에 직접적인 도움을 받
  을 수 있는 부모가 없으면 이런 사항들은 위기요소로 이해될 수 있다.
  반면에 학대아동에 대하여 긍정적 관계를 가진 가족 구성원이 존재하
  거나, 학대아동에게 역할모델이 될 수 있는 구성원을 발견할 수 있으면
  서비스의 지지자원으로 판별할 수 있다.
- 폭력/학대/알코올중독 기록: 가족 내에 폭력/학대/알코올중독 경력 구
  성원이 있거나, 범죄 및 가정폭력 구성원이 존재한다면 중대한 위기요
  소가 된다.
- 가족 내 문제상황 대처능력: 부모가 일정한 직업을 가지고 있지 않거
  나, 위기상황 대처능력이 부족하거나, 의식생활을 돌보기에 미흡하다
  고 판단된다면 가족 내 문제요소로 구분할 수 있다. 이와 반대되는 특
  징이 가족 내에 있다면 지지요소로 볼 수 있다.
- 가족 동기부여 능력: 아동학대를 비롯한 문제상황을 개선하기 위하여
  일상생활에서 해결을 위한 동기부여 자원이 가족 내에 존재하는 것이
  중요하다. 따라서 부모가 문제상황을 자신의 탓으로 이해하지 않는다
  든지, 변화를 위한 동기가 약하다든지, 서비스에 대한 협조를 자발적으
  로 하지 않는다든지 하는 행위는 위기요소로 분류할 수 있다.
- 가족 의식주 생활 정도: 의식주와 관련된 요인들 중 위기요소로 이해될
  수 있는 내용은 불충분한 수입, 경제적 재원을 운용할 수 있는 능력, 의
  류/식량 부족, 위험한 거주환경, 전기/수도/난방문제, 교통수단의 부재
  (혹은 재원 부족) 등이다.
- 육체 · 정신건강: 장애와 질병 같은 육체적인 건강, 발달/성격장애와 심
  리적 불안과 같은 정신건강의 문제들이 발견된다면 문제요소로 분류
  가능하다. 만약 현재의 건강문제와 심리적 문제를 해소하기 위하여 적

극 참여하려는 의지가 존재한다면 지지요소로 이해할 수 있다.
- 양육능력: 학대와 관련하여 가장 문제가 되는 요인 중의 하나는 피해아동이 자신의 잠재력을 최대한 발휘하도록 돕기 위해 부모가 충분한 양육능력(기술)을 가지고 있는가의 문제다. 양육능력(기술)에는 기본적 양육기술, 애정/친밀감을 향상시킬 수 있는 능력, 훈련/지도능력, 아동발달을 돕는 능력 등이 포함되는데, 이런 요소들이 부족한 것으로 판별된다면 문제요소로 분류될 수 있다.

(2) 가족체계

가족체계와 가족관계를 시각적으로 잘 이해할 수 있도록 표시하는 방법을 가계도(family genogram)라고 한다(Volser, 1996: 47). 가계도는 가족관계를 한눈에 파악할 수 있도록 도우며, 세대 간 관계 및 가족사에서 드러나는 중요한 사건들을 체계적으로 살펴볼 수 있게 해 주는 장점이 있다. 기본적으로 남성은 네모, 여성은 동그라미로 표시하며, 가족 간 관계를 [그림 6-1]에 제시된 것처럼 '감정관계선'으로 표시할 수 있다.

가계도 작성을 위하여 사회복지사는 클라이언트와 대면하여 가족력과 가족의 특징들 그리고 연대기적으로 발생한 사건들 중에 중요한 내용을 표시함으로써 클라이언트의 현재 문제에 직간접적으로 영향을 미친 사건들을 파악하는 데 도움이 될 수 있다. 적절한 가족체계 사정을 위하여 사회복지사는 클라이언트가 가장 편안한 상태에서 자신의 가족과 관계된 내용을 진술할 수 있도록 환경을 만들어 줄 필요가 있다. 예를 들어, 편안한 분위기의 상담실을 마련하고, 상담실 내 인테리어의 배치를 고려하며, 자유롭게 표현할 수 있도록 예상되는 대화 내용과 질문을 준비한다.

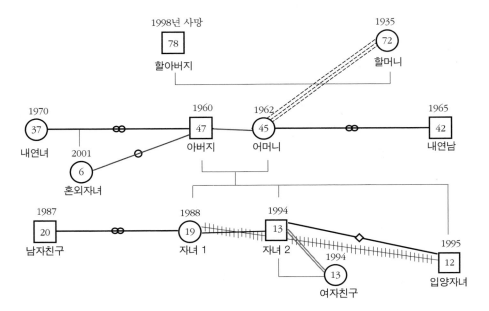

[그림 6-1] 가계도의 예

＊가계도와 가족관계 해석

- 아버지는 내연녀와 사랑에 빠져 있으며, 혼외관계에서 자녀를 두었고 그 자녀에게 강한 애정을 보이고 있음. 그러나 어머니에게 폭력을 행사하고 있다.
- 어머니는 폭력적인 아버지를 증오하여 내연남을 사귀는 상황에 있다.
- 자녀 1과 자녀 2는 서로를 학대하고 있다.
- 자녀 1은 남자친구를 두고 사랑하는 관계로 발전된다.
- 자녀 2는 여자친구와 친밀한 관계 속에 있다.
- 자녀 2는 입양자녀를 시기, 질투하는 상황 속에 있다.
- 자녀 1은 입양자녀를 불신한다.

＊감정관계 표시선

—— 무관심	==== 충돌	≡≡≡≡ 증오	—— 존경	══ 친밀한 관계
▥▥▥ 최상의 친구관계	—○— 강한 애정	—∞— 사랑	═══ 끊어진 관계
▥▥▥ 불신	∿∿∿ 적대적 관계	∿∿∿ 폭력	∿∿∿ 학대	—◇— 시기, 질투
—⌒ 존경			

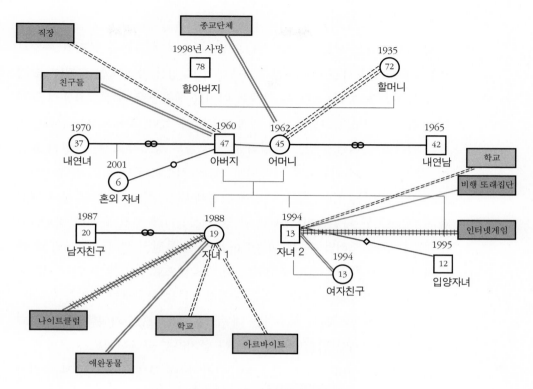

[그림 6-2] 환경생태도의 예

＊환경생태도 해석
• 자녀 2는 학교생활에서 별 흥미를 느끼지 못하는 반면에 인터넷게임 및 비행 또래집단과는 매우 친밀한
  관계를 가지고 있다.
• 자녀 1은 자녀 2와 마찬가지로 학교생활과 아르바이트에 흥미를 가지지 못하고, 애완견과 나이트클럽에
  상당한 관심을 가지고 있다.
• 아버지는 직장생활에 만족감을 느끼지 못하는 반면에 친구들과 즐기기를 좋아한다.
• 어머니는 종교에 관심을 보이고 감정적 지지를 받고 있다.

＊환경생태도 감정관계 표시선
　　── 무관심　 ＝＝＝＝ 충돌　 ≡≡≡≡ 증오　 ── 존경　 ═══ 친밀한 관계
　　####### 최상의 친구관계　─●─ 강한 애정　─◆◆─ 사랑　 ═══ 끊어진 관계
　　####### 불신　 ∧∧∧∧∧ 적대적 관계　 ММММ 폭력　 ММММ 학대 ─◇─ 시기, 질투
　　──∧── 존경

(3) 환경과의 상호작용

개인과 가족은 서로 직간접적으로 상호작용하며 그들을 둘러싼 환경과 역동적으로 상호작용하여 개인과 가족이 서로 성장 및 성숙할 수 있는 요건이 만들어진다. 클라이언트와 가족의 이러한 생활공간 내 상호작용의 구체적 모습은 생태도를 그림으로써 쉽게 파악할 수 있다. 생태도에는 클라이언트와 가족을 둘러싸고 있는 환경의 각 요소들의 상호작용, 즉 자원의 흐름이 드러난다. 클라이언트와 가족에게 직간접적으로 긍정적 혹은 부정적으로 영향을 미치는 집단, 기관, 개인을 판별해 내고, 클라이언트의 문제 해결을 위해 어떠한 자원들이 활동될 수 있을 것인가에 대한 유용한 정보들이 생태도를 통해 드러날 수 있다([그림 6-2] 참조). 특별히 생태도를 그릴 때 클라이언트뿐만 아니라 가족 구성원들 중 자발적으로 참여할 수 있는 사람들이 동참하여 가족을 둘러싸고 있는 환경요소들을 확인하는 작업을 한다면, 가족 간 문제를 파악하고 해소하는 데 좀 더 긍정적으로 기여할 수 있다. 그러나 이때 가족 구성원은 참여를 원한다 할지라도 클라이언트가 원치 않는다면 오히려 문제의 소지가 있으므로 클라이언트의 의견을 존중하는 것이 바람직하다.

(4) 가족생활주기

가족생활주기(family life cycle)란 아동기부터 노년기에 이르기까지 가족 구성원들이 일반적으로 경험하게 되는 정서적·심리적·지적 발달과정 전반을 말한다. 듀발(Duvall)은 가족생활주기를 8단계로 세분화하였으나(조홍식 외, 2006 재인용), 카터와 맥골드릭(Carter & McGoldrick, 2005)은 가족으로부터의 독립, 결혼, 양육, 자녀 독립 그리고 은퇴와 노년의 5단계로 보다 간단히 구분하였다. 가족생활주기는 누구나 경험하게 되는 삶의 과정이지만, 각 과정을 성공적으로 수행할 수 있다면 정신건강의 문제와 동반되는 신체건강의 문제들을 예방·해소할 수 있다.

클라이언트와 가족 구성원들은 가족생활주기를 경험하면서 개인의 특성에 따라 가지는 특별한 스트레스 혹은 우울의 사건들이 있을 수 있다. 그러므로 이런 것들을 확인함으로써 클라이언트의 문제 해결과 해소에 도움이 될 수 있다. 뿐만 아니라 클라이언트가 가족생활주기를 잘 이해하면 할수록 다음 인생의 과정을 보다 수월하게 보내고 성공적으로 삶을 진척시킬 수 있기 때문에, 상담과 치료의 과정에서 클라이언트에게 가족생활주기를 이해하도록 돕는 것은 중요한 작업이다. 카터와 맥골드릭(Carter & McGoldrick, 2005)이 소개하는 가족생활주기는 다음과 같이 요약될 수 있다.

① 독립 단계

가족으로부터 독립하여 한 가정을 이루기 전에 경험하게 되는 시간은 가족생활주기에서 가장 어렵고 힘든 시기라고 할 수 있다. 왜냐하면 이전에 가족에게 받았던 모든 정서적, 신체적, 사회적, 경제적 지지로부터 독립하여 스스로 모든 것을 해결해야 하는 상황에 놓이기 때문이다. 이때 타인과의 관계에서 친밀성 유지, 신뢰 구축, 도덕성 발달, 사회경제적 독립을 위한 일자리 찾기 등이 중요한 과업이 된다.

② 결혼 단계

타인과의 관계에서 친밀성, 신뢰, 도덕성 회복과 함께 사회경제적 독립을 성취했을 때 결혼을 통한 결속된 가족을 이룰 수 있다. 결혼을 통해 과거에 가졌던 이상을 새롭게 형성된 가족 안에서 정착시키고, 부부간 상호작용의 적절한 개발을 통한 문제해결 능력 및 경제적 능력 향상, 정서적 순화를 위한 모든 노력 등은 성공적인 가족 정착을 도울 것이다.

③ 자녀양육 단계

결혼 후 자녀를 가지기 위한 부부간 의사결정 및 노력 등은 부부관계 향상과 문제 해결에 결정적 기여를 할 수 있다. 자녀를 출산하고 양육하는 과정 속에서 역할 분담을 고민하고, 가족 정체성을 확인하며, 부모로서 자녀를 양육하기 위한 다양한 노력들이 부부의 결속을 더욱 공고하게 한다. 자녀의 건강한 성장은 부부의 사랑과 애정, 공동노력이 중요한 요소가 되므로, 자녀양육을 통해 삶의 가치와 미래에 대한 의미부여가 가능해져서 행복을 체험할 수 있다. 비록 청소년기의 가치혼란과 성장을 위한 고통과 어려움이 가족관계에 다양한 형태의 문제를 가져다줄 수 있으나, 청소년기의 바람직한 성장을 돕기 위한 양육 노력은 가족에게 또 다른 긍정적 기회를 가져다줄 것이다.

④ 자녀독립 단계

자녀들이 성장하여 부모를 떠나 독립의 경험을 할 때 부모는 빈 둥지가 된 느낌을 가질 수 있다. 부정적으로 생각한다면 고통의 시간이 될 수 있으나, 자녀에게는 반드시 필요한 시기이고, 지금까지의 양육 노력이 결실을 맺는다는 사실을 깊이 인지한다면 새로운 삶의 조망을 가질 수 있을 것이다. 자녀 없는 부부간 관계를 더욱 돈독히 하고 은퇴 후 시기를 준비하는 것은 매우 중요한 노력이 된다.

⑤ 은퇴와 노년 단계

은퇴와 노년기는 자녀양육과 일의 짐을 내려놓고 자신의 관심과 흥밋거리들에 시간을 투여하며 자신이 평생 일궈 온 삶의 열매를 누리는 시기다. 비록 경제적으로 더 나아지기는 힘들고 신체적으로 왕성한 활동을 하기 어려워도, 배우자와 함께 시간을 보내고 사회봉사의 기회를 늘리며 지난 삶을 반추하는 것이 아름다운 노년기를 경험하는 지혜가 될 것이다.

2) 사정 방법

(1) 면접

사정에서 면접(interviewing)은 가장 오래된 사회복지 실천방법의 하나라고 할 수 있을 정도로 사회복지 실천가들에게서 널리 사용되어 온 임상사회복지 실천방법이다. 면접방법은 사회복지사와 클라이언트가 직접 얼굴을 대면하고 문제를 논의하는 과정이기에, 신뢰를 구축할 수 있는 방식이기도 하다. 이때 사회복지사는 클라이언트와 개별면접을 할 것인지, 둘 이상의 집단면접을 할 것인지 그리고 어떤 질문들을 사용할 것인지에 대하여 미리 준비하는 것이 중요하다(Holland, 2004: 115). 특히, 이러한 사전 고려는 사안의 민감성(아동학대나 가정폭력 등 당사자들의 이해관계가 서로 문제가 될 수 있는 경우 등)에 따라 혹은 면접 당사자가 어떤 환경에서 가장 편안함을 느끼고 면접에 참여할 수 있는가에 따라 면접상황이 충분히 고려되어야 할 것이다. 일반적으로 사회복지의 위기개입의 대상이 되는 가정폭력, 아동학대, 노인학대, 청소년 비행행동의 초기 면접에서는 사안의 민감성 때문에 타인의 동시 참여 시 자신의 실제 상황의 노출을 꺼리는 경우가 많다. 따라서 이런 경우에는 개별면접이 선호된다.

발생한 문제에 대하여 가족 내 혹은 가족 밖 다른 지지자원의 참여가 긍정적으로 판단될 때 혹은 가족문제의 경우 사안에 따라 가족 전체가 함께 참여하여 논의할 때 해결을 위한 실마리는 쉽게 도출될 수 있다. 그러므로 사회복지사의 신중한 면접방법의 선택에 의해 사정방법이 달라질 수 있을 것이다.

면접 시 사용될 질문들에 대하여는 기관과 대상에 따라 표준화된 질문지가 자주 사용된다. 표준화된 질문지는 기관의 성격, 문제의 특징에 따라 내용이 달라질 수 있다. 그러나 이름, 성별, 나이, 가족 구성원, 결혼 여부, 직업, 수입 등의 인구통계학적 내용들을 시작으로 현재 발생하고 있는 문제가 무엇이며, 문제의 심각한 정도, 동일 문제가 지속될 경우 느끼는 심적 부담감의 정도, 예상되는 문제의 결과가 어떻게 나타날 것인지 등의 질문들이 포함될 수 있다.

이상과 같은 기본적이고 과정적인 질문 외에도 면접 당시의 맥락과 상황에 따라 클라이언트로 하여금 자유롭게 느낌과 의견을 표현하게 할 수도 있고, 사안의 핵심적인 내용을 도출하기 위해 사회복지사가 적절하다고 판단되는 질문을 유도할 수도 있을 것이다.

면접은 문제상황에 처한 클라이언트를 직접 대면하는 방식으로 진행되기 때문에 매우 민감한 사안에 직면할 수 있다. 따라서 면접자가 적절한 면접사정을 수행하기 위하여 다음과 같은 면접기술을 고려한다면 긍정적인 효과를 얻을 수 있을 것이다.

- 질문(questioning): 사회복지사는 문제상황에 적절한 질문들을 준비하여 시행하는데, 이때 질문의 유형으로는 개방형(답변자가 제한 없이 자유롭게 답변하는 형태)과 폐쇄형('예' '아니요'로 답변하는 형태)이 있다.
- 반향(reflection): 답변자의 진술 내용에 대하여 사회복지사가 충분히 숙지하고 있을 뿐만 아니라 정서적으로도 사려 깊게 청취하고 있음을 표현하면서 면접을 진행한다.
- 재진술(restatement): 클라이언트가 진술한 내용을 조리 있게 재진술하여 청취자로 하여금 사회복지사가 잘 듣고 이해하고 있다는 사실을 알려 주는 효과가 있으며, 클라이언트의 근심 내용에 정서적으로, 이성적으로 동참하는 느낌을 줄 수 있다.
- 명료화(clarification): 질문, 반향, 재진술의 반복을 통하여 사회복지사는 문제 내용을 분명하게 서로 파악하고 이해하도록 할 필요가 있다.
- 직면(confrontation): 클라이언트가 진술하는 내용 중 서로 모순되는 사항을 지적하여 일관된 진술을 이끌어 내거나, 가해자의 부인 혹은 자기방어적 답변에 대해 올바른 응답을 하도록 대응하는 태도를 말한다. 이러한 방식의 진행은 클라이언트가 부정적인 반응을 보이도록 할 수도 있다. 그러나 직면은 사회복지사가 클라이언트가 보이는 반항적이고 부정적인 태도에 대하여 동일한 방식으로 대응하는 것이 아니라는 사실을 분명히 하면서 문제상황을 진전시키는 데 필요한 면접기술이다.
- 자기노출(self-disclosure): 클라이언트의 숨겨진 내용을 이끌어 내기 위해 사회복지사 자신의 개인적 경험을 나누어 대화 분위기를 좋게 만드는 기술이다. 그렇지만 면접사정은 결국 클라이언트의 이야기에 초점이 있기 때문에 사회복지사의 자기노출적 대화방식은 최소화될 필요가 있다.

- 침묵(silence): 사회복지사는 면접과정 중 필요하다고 판단되는 때에 클라이언트가 잠시 침묵하며 자신의 생각을 정리하도록 혹은 감정을 추스를 수 있는 환경을 만들기 위해 침묵의 시간을 갖도록 할 수 있다. 사회복지사 자신도 침묵이 필요하다고 판단되는 상황이 생길 수 있을 것이다.
- 탐색(exploration): 면접사정 중 사회복지사는 클라이언트가 대화과정을 지속할 의지가 있는지, 사회복지사의 질문에 응답하는 상황을 보아 어느 정도로 사리판단의 능력이 있는지 그리고 이러한 클라이언트의 정황을 기반으로 했을 때 전체 개입계획에 어느 정도로 참여가 가능한지 판단할 수 있다.
- 재구성(reframing): 사회복지사는 면접과정 중 드러나는 클라이언트의 부정적 가치관 및 자신과 남에게 해를 끼칠 수 있는 태도에 대하여 그런 행동의 변화를 목적으로 구체적 문제행동의 유형을 지적할 수 있다. 그러나 이런 관점을 제시할 때는 주관적 판단에 근거하기보다는 클라이언트가 충분히 동의할 수 있는 객관적인 사실에 근거하며 감정을 거스르지 않는 방식으로 진행하여야 한다.

출처: *Social Work Exam Review* 2007, Diagnostic interviewing techniques 재정리)

(2) 관찰

관찰(observation)은 사정과정에서 매우 중요한 역할을 한다. 관찰은 가족의 역할, 가족관계, 가족의 생활모습 전반을 살펴보는 도구로 작용할 수 있으며, 사정 전, 사정과정 그리고 사정 후의 전 과정에 걸쳐 발생할 수 있다. 클라이언트의 말과 행동을 통해 관찰이 가능하고, 클라이언트를 포함한 가족 단체상담을 통해서도 가족 간 관계, 역할 정도 등을 이해할 수 있는 단서들을 찾을 수 있다. 또한 초기 사정을 통하여 발견된 사실들을 확인하고 개입 계획을 보완하는 자료들도 수집 가능하다.

이처럼 관찰사정은 매우 강력한 사정도구가 될 수 있으나, 고려할 몇 가지 문제점이 존재한다. 첫 번째, 공개관찰의 경우 클라이언트 자신이 관찰되고 있다는 사실을 고지받거나 동의했을 때 관찰자를 인식하여 자신의 원래 행동과 다르게 행동할 가능성이 있다는 점이다. 이 경우 정확한 사정이 어려우므로 공개관찰의 이런 단점을 해소할 수 있는 사전 준비가 필요하다. 두 번째, 정신지체장애를 가지고 있는 클라이언트를 보호자의 동의하에 관찰한다 할지라도 여전히 윤리적으로 문제가 될 수 있다(Oka & Shaw, 2003). 세 번째, 관찰자의 관찰에 영향을 주는 사회적 통념과 문화적 편견 등은 관찰자에게 왜곡된 사정을 가능하게 할 수 있다. 예를 들어, 우리나라의 경우 학대를 고려할 때 상당 부분 개선은 되고 있으나, 학대에 대한 아동의 권리보다 자녀에 대한 부모의 권한이 강조되는 사회적 통념이 일부 존재하고, 여성보다 남성이 학대 가해자일 가능성이 많다고 미리 예단할 가능성이 있다. 그러므로 관찰자는 객관적 관찰을 방해하는 사회적 통념이나 문화적 편견을 최소화하려는 노력을 기울여야 한다. 그러나 이러한 단점들이 존재한다 할지라도 관찰사정은 여전히 사정의 한 방법으로서 매우 중요한 역할을 한다고 볼 수 있다.

특히, 아동의 문제를 사정할 때 아동의 식생활 습관, 놀이행동, 또래와의 관계, 학교생활 등 생활 전반을 관찰함으로써 개입 계획을 도출하는 데 매우 중요한 기여를 할 수 있는 아동의 전반적 개괄이 가능할 수 있다. 이처럼 아동의 일반적 행동과 타인과의 관계를 발견할 수 있는 필수적 매개 역할을 할 수 있는 방법이 관찰사정이다.

(3) 사정도구에 의한 사정

가계도와 생태도 외에 대상에 따라 사정도구가 사용될 수 있다. 예를 들어, 아동학대사정, 장애인사정, 노인사정의 경우 표준지표는 아니나 다음과 같은 도구(checklist)가 사용될 수 있다(〈표 6-5〉 〈표 6-6〉 〈표 6-7〉 참조).

| 표 6-5 | 아동학대 사례관리 사정가 |

절차	아동학대 사정 내용
현장 조사 및 위기 사정	1. 목적: 충분한 자료와 정보의 수집 분석, 학대사실 및 위급성 여부의 확인, 사례개입 및 프로그램 제공 계획 2. 주요 조사사항 • 아동학대 발생 여부: 해당사례는 당해 아동복지법령이 정의 · 규정하는 아동학대에 대한 충분한 내용적 근거를 가지고 있는가? • 아동학대 증거 유무: 확실한 증거나 증인이 있는가? • 아동의 학대 위험에 노출 여부 • 아동의 안전 여부: 아동 이외의 다른 피해자는 없는가? 아동이 안전하지 않다면, 아동의 안전보장을 위해 어떤 조치와 서비스 제공 또는 지역사회의 공동대처방안이 필요한가? • 가정 내에서 아동의 안전이 보장될 수 없다면, 아동을 보호하기 위하여 시설 또는 위탁가정에 격리해도 될 것인가? • 가족이 당면하고 있는 시급한 욕구 파악 • 아동보호전문기관에 의한 지속적인 개입 · 서비스 제공의 필요성 여부 　- 사법기관에 의한 수사의 필요성 여부: 아동학대가 가정 외의 장소에서 발생하였다면 다음과 같은 내용을 살펴보아야 함. 　- 시설 직원의 행동에서 학대 징후를 발견할 수 있는가? 그렇다면, 아동보호시설에서 인정되는 행동인가? 　- 학대 발생에 대한 시설 내 책임은 누구에게 있는가? 앞으로 이러한 학대가 일어날 가능성을 예방하기 위하여 어떠한 조치 및 계획이 필요할 것인가? 　- 시설에 대해 시정명령, 또는 폐쇄조치를 할 것인가? 3. 응급아동학대 사례 (1) 판별을 위한 고려사항 ① 상황의 위급성 • 생명에 위협이 되는 상황인가? • 잔인한 처벌로 인한 신체 상해가 입원할 정도로 심각한가? • 학대가 계획적이라고 판단되는가? • 아동에 대한 신체학대가 현재 진행중인가? • 학대에 대한 전례가 있는가? • 복합적인 상해가 보고 되었는가? • 이전의 학대 결과로 의심되는 상흔이 보고되었는가? • 머리, 목, 성기의 상처나 내장의 출혈이 보고 되었는가?

- 도구를 사용한 학대인가?
- 학대의 빈도나 강도가 심한가?

② 아동 상황
- 아동이 어려서 스스로를 보호할 수 없는 상황인가?
- 아동이 부모/양육자를 두려워하거나 집에 가기를 두려워하는가?
- 아동이 부모/양육자 또는 지역사회로부터 완전히 유기된 상태인가?
- 아동이 학대행위자에게 즉각적으로 노출되어 있는가?
- 아동에게 자살, 자해의 위험이 있는가?

③ 부모/양육자 상황
- 부모/양육자가 처방된 치료를 거부하고 잔인한 행동을 보이는가?
- 방임 또는 학대가 알콜이나 약물중독과 관련되어 있는가?
- 부모/양육자가 적대적이거나 위험하다고 판단되는가?
- 아동에 대한 부모/양육자의 견해가 비정상적인가? (예: 부모/양육자가 그 아동에게 악령이 씌였다고 믿는 것)

④ 가족 상황
- 부모/양육자가 아동을 숨기는가?
- 가족이 지역사회로부터 고립되어 있는가?
- 가족구성원들이 위협적이고 통제력이 없는가?
- 가정폭력의 징후가 있는가?

(2) 아동이 안전한가?

'긴급한 위험'의 여부를 판정하고 그에 대한 효과적인 조치를 취하기 위해서는 어떠한 행동 또는 상황이 아동의 안전을 위협하는 것인지를 우선적으로 평가하는 것이 중요하다. 아동과 그 가족이 처한 상황 및 욕구는 각각 사정되어야 하며, 아동보호서비스의 대응조치는 가족기능을 최대한 방해하지 않는 조치부터 우선적으로 고려해야 한다.

① 기본적인 확인사항
- 아동 및 가족의 상황이 통제 가능한가 • 아동안전이 시급한 문제인가?
- 학대의 정도 또는 학대결과 피해가 어느 정도로 심각한가?

② 증거자료의 확보
- 전문의료인의 소견서 및 진단서
- 학대상처에 대한 근접 사진 촬영

(3) 가족이 당면한 시급한 욕구가 있는가?

- 아동과 가족이 처한 상황 및 욕구 사정
- 긴급서비스 제공 응급 의료서비스 및 정신보건서비스, 위기상담, 기본적 의식주 문제의 해결 등

사례 판별	1. 목적: 사례의 성격에 따라 적절한 개입을 결정, 사례의 판별은 상담원의 전문성에 준거하되 필요시에는 의료인, 법조인 등과 같은 분야별 전문가로 이루어진 사례판정위원회 활용 2. 사례의 분류		

2. 사례의 분류

	일반 사례	부적절한 사례	고소·수사(형사사건, 아동학대사건, 가정보호사건)
	※ 신고내용이 학대보다는 단순히 아동양육에 대한 이해 부족에 기인한 것으로 판단될 경우 ※ 부모 또는 양육자에게 필요한 자료와 정보 제공 후 사례 종결	※ 특수한 상황에 있는 사례의 욕구를 충족시키기 위해서 다른 기관이 더 효과적이라고 판단될 경우 가족과 그 기관간의 상호 합의에 의하여 타 기관으로 의뢰 ※ 아동보호전문기관의 개입(응급아동학대사례, 단순아동학대사례) 지원 서비스를 통하여 아동이나 가족의 욕구가 충족되고 상황이 호전될 가능성이 있는 아동학대사례: 아동·부모상담과 더불어서 종합적인 지원·아동보호서비스·아동학대예방계획 수립 및 지역사회 내의 자원 연계, 그 가정의 문제가 악화 또는 개선 여부 관찰	※ 학대의 심각성 정도에 따라 판단 ※ 심각한 신체적 학대, 성적 학대, 학대로 인한 아동의 사망이 의심되는 경우는 해당법령에 따른 고소 및 사법절차 제기

아동 가족 사정	1. 목적: 초기 현장조사 및 위기사정 단계에서 밝혀진 위험요인들에 대한 특성·정도·원인 및 학대로 인한 영향을 보다 포괄적으로 조사, 아동과 가족에 대한 구체적인 개입 및 치료 계획 수립의 기초 마련 2. 주요 확인사항 • 밝혀진 위험요소들의 원인 및 특성과 그 범주 • 학대 또는 다른 위험요인들이 미친 영향 • 아동과 가족 구성원이 가지고 있는 개인적·가족적 장점 및 강점 • 가족 구성원들이 현 상황 및 제기된 문제를 바라보는 시각 • 제기된 학대의 영향 및 학대에 대한 위험도를 감소·제거하기 위한 변화 내용 아동보호전문기관의 장은 피해아동, 그 보호자 또는 아동학대행위자의 신분조회 등의 조치를 관계행정기관에 협조요청할 수 있으며, 요청을 받은 행정기관은 정당한 사유가 없는 한 이에 응하여야 함(아동복지법시행령 제18조 제5항). 3. 진행과정 (양식 4 '아동·가족 사정 평가서') • 초기사정 및 조사 단계의 결정사항들과 결론 검토

> • 아동 · 가족사정을 위한 계획 수립
> • 가족구성원 모두에 대한 면접상담기법을 도입 · 사용
> • 필요에 따라서 아동과 부모를 외부 평가기관에 의뢰
> • 수집된 정보 분석 · 결정

출처: 서울특별시 아동복지센터(2013).

표 6-6 장애인 사정

절차	장애인복지관 사례관리 사정 내용
진단	종합적인 서비스계획을 위하여 처음으로 실시되는 것으로 필요한 모든 영역의 진단을 포함. • (선정) 진단영역은 이용자(가족)의 욕구를 고려하여 선정하며, 진단의 종류, 목적, 시간, 비용 등을 충분히 설명한 후 이용자(가족)의 동의가 있는 진단 영역을 선정하여 실시 • (조정) 진단자는 진단 도중 상담자가 선정한 진단 영역이 부적절하거나, 추가로 진단, 영역이 필요하다고 사료되는 경우에 접수상담자와 진단 영역을 협의하여 조정
계획 수립 및 사정 평가	서비스는 서비스 시간, 비용, 기간, 서비스 과정에 필요한 내용을 충분히 설명하고 이용자와 기관, 치료사의 권리와 의무에 대해 확인하고 동의서 작성과 함께 시작함. 1. 계획수립 • (계획수립) 초기평가 후 개별화된 서비스 계획을 수립한다. 계획수립 시 이용자 가족의 의사나 욕구를 충분히 반영하도록 한다. • (활용) 서식은 초기평가서 서비스 계획 및 목표항목을 활용하거나, 영역에 따라 개별화 교육계획안 또는 치료계획서를 사용 • (내용) 이용자의 강점, 약점 또는 욕구 및 평가 결과를 반영하여 재활방향을 설정하고 그에 따라 개별화된 세부 서비스 제공 내용과 중재방법 등을 계획서에 기술하고 계획된 내용을 이용자 및 보호자에게 설명 • (계획변경) 서비스 계획 내용은 과정 평가를 통해 얻어진 변화사항에 따라 서비스 계획을 수정 변경 • (결과) 서비스 계획수립에 대해 이용자 및 보호자와 공유하며 서명 받음. 2. 사정평가 • (기간) 서비스의 효과를 증대시키기 위하여 정기적으로 평가를 실시 • (담당) 서비스 담당자가 평가를 주관하여 실시하고 평가 전에 평가목적 및 방법, 용도 등을 이용자 및 보호자에게 설명

• (기록 및 보관) 과정평가의 결과를 기록하여 이용자 및 보호자에게 충분히 설명하고 그에 대한 동의 서명을 받아 보관, 결과에 대해 서면제공을 요청할 경우 서면 제공

출처: 조석영 외(2012: 328-332).

구분	지체장애/뇌병변장애	시각 · 청각 · 언어장애	내부장애	지적장애/자폐성장애	정신장애	기타장애
사정	사회진단: (일상생활능력/사회참여) 자원체계 사정 심리진단 직업진단	사회진단 심리진단 교육진단 의료진단 직업진단	사회진단 자립생활 능력 직업능력	사회진단 교육진단 언더진단 심리진단 직업진단	사회진단 심리진단 직업진단	사회진단 심리진단 직업진단

출처: 변경희(2008).

표 6-7 노인사정

일반사항				수발사항									
일시		상담자		가족사항	성명	관계	연령	직업	건강상태	장애유형(등급)	주소	전화번호	동거유무
방법	□내방 □방문 □전화												
인적사항	성명	성별	남□ 여□	케어자 유무	□있다 □없다								
	주소			주 케어자의 상태	관계			케어 의욕	□안정 □불안정				
	주민등록번호	전화번호			케어의욕	□충분 □보통 □상실		경제 상태	□안정 □불안정				
	비상연락망	관계			지원내용	□용돈 □가사 □식사 □세탁 □목욕 □병원동행 □주거환경수리 □기타( )							
	종교	□개신교 □천주교 □불교 □무교 □기타( )			주요욕구								
	보호구분	□구민기초생활보장수급자 □저소득 □국가유공자 □일반		이외 원조자 및 지원내용									
	의료구분	□1종 □2종 □일반 □기타( )		수발 상태	□상 □중 □하								
	장기요양 등급	□1급 □2급 □3급 □등급 외( ) □A급 □B급) □해당 없음		수발자 경제 상태	□상 □중 □하								
	장애종류	( )장애 ( )급 □해당 없음		서비스 지원 필요 여부	□최대한 필요 □부분 필요 □불필요								
	교육정도	□무학(국문해독 □가능 □불가능) □초졸(퇴) □중졸(퇴) □고졸(퇴) □대졸(퇴)		소견									
	동거상태	□독거 □노인부부 □아들가족 □딸가족 □친척동거 □기타( )											

질병사항			
현재병력	순환기	□고혈압 □심장질환 □혈관성 질환 □빈혈 □인공심박기	
	근골격계	□퇴행성관절염 □디스크 □골졸 □인공관절 □류마티스 □골다공증 □절단 □통풍 □선천성기형	
	신경계	□퇴현관성질환(뇌경색) □두부손상 □파킨슨병 □마비/장애 □신경염/신경증	
	호흡기계	□천식 □기관지질환 □폐렴 □결핵 □늑막질환 □만성기침 □객담	
	안과	□백내장 □녹내장 □망막질환 □각막염 □안구건조증 □안검하수증	
	이비인후과	□편도선염 □축농증 □비염 □인/후두염 □중이염 □난청 □고막손상	
	비뇨기계	□신장질환 □요도/방광염 □전립선 질환 □투석 □뇨실금	
	피부과	□비부염 □대상포진 □조갑무좀 □화상 □욕창	
	소화기계	□위장질환 □간/담도 질환 □대장/항문 질환 □황달 □소화불량	
	내분비	□당뇨병 □갑상선 질환	
	정신과	□우울증 □불면증	
	부인과	□유방 질환 □자궁/난소 질환 □자궁적출 □질염	
	기타 질환	□알콜릭 □기타( )	
병력 추가 설명			
통증	종류	□무통 □급성 □만성 □국소 □전신	
	강도	□약 □중 □강 □부정확	
보장구		□휠체어 □지팡이/워커 □보청기 □돋보기/안경 □틀니 □기타( )	

투약	번호	현재 복용약	복용기간	병원명	진료주기	병원동행인
	1					□없다 □있다( )
	2					
	3					
	4					

건강상태	□정상 □요주의 □이상
서비스 지원필요	□최대한 필요 □부분 필요 □불필요
소견	

일상행활 · 도구적생활정도				

• 일상생활 · 도구적 생활 정도(ALD)

일상생활 동작		자립 가능	약간 불편	도와주면 가능	완전 도움 필요
기본 동작	문 열고 닫기				
	혼자서 신발 벗기				
	신발을 신장에 넣기				
	의자를 책상에 넣고 빼기				
신변 처리	욕조에 들어가 목욕하기				
	세수하고 양치질하기(머리빗기, 면도, 화장)				
	혼자서 옷 입기				
	혼자서 옷 벗기				
용변 처리	혼자서 변기에 앉기				
	용변 후 뒤처리 하기				
	대변 조절하기				
	소변 조절하기				
식사	수저로 먹기				
	젓가락 사용하기				
	포크 사용하기				
	컵으로 물 마시기				
	손잡이 있는 컵 사용하기				
보행	혼자서 100m 이상 걷기				
	난간 잡고 계단 오르내리기				
	난간 없이 계단 오르내리기				
침상 활동	선 상태에서 앉기				
	앉은 상태에서 앉기				
	혼자서 눕고 일어나기				
	혼자서 뒤척이기				
	기상 후 침구류 정리하기				

• 도구적 일상생활 동작(LADL)

항목	자립 가능	약간 불편	도와주면 가능	완전 도움 필요
전화 사용				
외출 또는 여행				
문건 구입				
식사 준비				
집안일(청소나 정리정돈)				
빨래				
제시간에 정확한 용량의 약 복용				
금전 관리				
집 수공일(바느질이나 못질)				

서비스 이용상황

구분	사업명	이용상황	이용욕구	구분	사업명	이용상황	이용욕구
A 재가 복지 시 서비스	1 가사도우미(청소, 세탁, 식사 준비 보조)			B 시설 서비스	1 무료 양로원		
	2 목욕 서비스				2 실비 양로원		
	3 밑반찬 서비스				3 유료 양로원		
	4 건강 음료 서비스				4 무료 요양원		
	5 도시락 배달 서비스				5 실비 요양원		
	6 간병 서비스				6 유료 요양원		
	7 전화 말벗 서비스				7 치매 전문 용양원		
	8 영정 사진 서비스						
	9 차량 서비스						
	10 이미용 서비스						
	11 일상생활용구(기저귀 등)의 지급, 대여						
	12 경로잔치, 나들이 서비스						
	13 현금 후원 서비스						
	14 물품 후원 서비스			C 일과 여가	1 노인정		
	15 주간 보호 서비스				2 노인종합복지관		
	17 안전대책(긴급통보 등)				3 경로대학		
	18 의료용구 지급 대여				4 노인교실		
	19 물리치료				5 주민자치센터 노인회		
	20 한방 서비스(침, 뜸)				6 노인친목회		
	21 무료 건강진단 및 건강상담 서비스						
	22 치과 진료						
	23 건강 교육						
	24 방문간호 서비스						
	25 무료 급식 서비스(경로식당)						
	26 고령자 직업상담						
	27 법률상담						

사정분석

항목			사정 평가 내용	점수	등급
케어 사항	수발 상태		☐상 ☐중 ☐하		
	서비스 지원 여부		☐최대한 필요 ☐부분 필요 ☐불필요		
건강 사항	질환	질환 상태	☐정상 ☐요주의 ☐이상		
		서비스 지원 여부	☐최대한 필요 ☐부분 필요 ☐불필요		
	신체 기능	ALD	☐자립 가능		
		서비스 지원 여부	☐최대한 필요 ☐부분 필요 ☐불필요		
		LADL	☐자립 가능		
		서비스 지원 여부	☐최대한 필요 ☐부분 필요 ☐불필요		
	치매	치매 상태	☐정상 ☐치매 의심 ☐불필요		
		서비스 지원 여부	☐최대한 필요 ☐부분 필요 ☐불필요		
	우울증	우울증 상태	☐정상, 우울 위험 ☐경증 ☐중증, 최중증		
		서비스 지원 여부	☐최대한 필요 ☐부분 필요 ☐불필요		
경제 상황	경제 상태		☐상 ☐중 ☐하		
	서비스 지원 여부		☐최대한 필요 ☐부분 필요 ☐불필요		
주거 사항	주거상태		☐상 ☐중 ☐하		
	서비스 지원 여부		☐최대한 필요 ☐부분 필요 ☐불필요		
식사	영양상태		☐최대한 필요 ☐부분 필요 ☐불필요		
총계					
결과	☐중점 관리 대상 ☐일반 관린 대상 ☐단순 관리 대상				

- 합계: 항목별 상태점수 + 서비스 지원 여부 점수
- 등급: 합계 8점-) A/ 합계 4~6점-) B/ 합계 0~2점-) C
- 총계: 합계를 총 더한 점수
- 결과: 중점 관리 대상(C-1개 이상) 일반 관리 대상(B-1개 이상) 단순 관리 대상(모두 A)

출처: 박지영, 김춘아, 서창현(2011: 33-42).

생각해 볼 문제

1. 인테이크 사정 시 대상별로 고려되어야 할 사항을 제시하시오.
2. 가족복지 실천에서 면접사정이란 무엇을 말하는지 정의하시오.
3. 사정방법 중 가족 욕구사정을 정의하고 그 내용과 과정을 설명하시오.
4. 가족체계 사정을 정의하고 가계도 작성방법을 설명하시오.
5. 가족의 환경과의 상호작용을 사정하기 위한 효과적인 방법을 말하고 그 절차를 설명하시오.
6. 가족생활주기에 따른 사정을 정의하고, 카터와 맥골드릭(Carter & McGoldrick, 2005)의 가족생활주기의 단계를 나열하며 각각의 특징을 설명하시오.
7. 면접사정을 정의하고 면접사정 시 사용되어야 할 사회복지사의 면접기술들을 설명하시오.
8. 관찰사정을 정의하고, 아동학대/방임을 예로 들어 특별히 고려되어야 하는 관찰 내용들을 지적하시오.
9. 아동, 장애인, 노인 등 사회복지 실천대상별 문제상황에 대하여 유용하게 사용될 수 있는 사정도구들을 찾아 각각의 장단점을 논의하시오.

참고문헌

박지영, 김춘아, 서창현(2011). 노인대상 시설유형별 사례관리 매뉴얼 개발연구(이용시설). 경기: 경기복지재단.

변경희(2008). 지적장애인 사례관리방안 모색을 위한 세미나. (사)한국지적장애인복지협회.

서울특별시 아동복지센터(2013). 사례관리. http://child.seoul.go.kr/prevention/prevention05_06.html

조석영, 류학기, 문정선, 신영철, 이정자, 이현주, 주민정, 조만우, 최미영, 최영광 (2012). 장애인복지관 운영 규정 및 지침 표준안 연구. (사)한국장애인복지관협회.

조홍식, 김인숙, 김혜란, 김혜련, 신은주(2006). 가족복지학(3판). 서울: 학지사.

California Social Work Education Center (2001). *Family Needs Assessment*. Berkeley, CA: University of California, Berkeley School of Social Welfare.

Carter, B., & McGoldrick, M. (Eds.). (2005). *The Expanded Family Life Cycle* (3rd ed.). Boston: Allyn and Bacon.

Holland, S. (2004). *Child and family assessment in social work practice*. London: SAGE Publications.

Oka, T., & Shaw, I. (2003). *Introduction to Social Work Research*. Tokyo: Chuo Hok.

Social Work Exam Review (2007). Diagnostic interviewing techniques. http://socialworkexam.ning.com/profiles/blog/show?id=771534:BlogPost: 171.

Vosler, N. R. (1996). *New Approaches to Family Practice: Confronting Economic stress*. London: SAGE Publications.

제7장

가족문제 예방을 위한 실천

1. 결혼예비교육

1) 결혼예비교육의 필요성

우리나라의 가족 형태는 급속하게 핵가족화되고 있다. 2012년 통계청의 인구주택총조사에 따르면 우리나라 전국 가구 중 부부 중심의 가구가 전체의 70% 이상을 차지하고 있다(통계청 사회통계국, 2012). 이 같은 부부가족에서는 사회적 지원보다는 부부관계가 결혼생활의 성공 여부에 더 큰 영향을 미친다. 부부의 관계기술은 결혼생활 유지에 필수적이지만, 결혼을 앞둔 예비부부들이 이러한 기술이나 방법을 습득하거나 배울 기회는 매우 제한되어 있으며, 부부들의 이혼율과 가정 내 폭력이 증가하고 있다.

한국 사회는 과거 어느 때보다도 극심한 가치관의 혼돈과 정체성의 상실 속에서 가정이 해체되고 있다. 가정의 붕괴는 여러 가지 사회문제를 초래하고 사회의 혼돈을 야기한다. 가정이 건강하지 못하면 사회와 국가가 건강할 수 없다.

2011년 한 해에만 11만 4천 쌍이 이혼을 했다(통계청, 2012). 이들 이혼한 부부들의 평균 동거기간을 보면 신혼부터 결혼 4년 차까지의 부부가 26.9%, 결혼 5년 차부터 9년 차까지의 부부가 19.0%로서 결혼 10년 미만인 젊은 부부들의 이혼이 전체 이혼 건수의 약 절반을 차지한다(통계청, 2012). 결혼 초기에 부부의 갈등을 극복하지 못하고 이혼하는 부부의 비율이 높게 나타난다. 경우에 따라서는 결혼을 준비하는 과정에서 결별하기도 하고, 결혼식 후 신혼여행을 떠났다가 헤어져 남남이 되는 사례도 있다.

늘어가는 가정의 불화와 이혼율을 보면서 우리는 치료책을 마련하려고 많은 노력을 한다. 그러나 문제가 발생한 다음에 해결하는 것보다는 사전에 문제를 예방하는 것이 비용도 적게 들고 큰 효과를 볼 수 있다는 점에서 더욱 중요하다. 결혼한 후에 불화와 갈등이 생겼을 경우 이미 부부 사이의 감정의 골이 깊어지고 서로에 대한 분노와 불신이 쌓여 있기 때문에 이를 치료하고 건강한 부부관계를 회복하는 것은 쉽지 않다. 그리고 치료하는 데 상당한 기간과 노력이 수반되어야 한다. 그러나 결혼 전에 결혼 후 발생할 수 있는 문제를 이해하고 그에 대비한다면 갈등과 불화의 정도를 약화시키면서 훨씬 만족스러운 결혼생활을 시작할 수 있다.

따라서 결혼한 부부들을 대상으로 부부관계 향상교육을 시키는 것도 필요하지만, 치료보다는 예방이 훨씬 쉽고 효과가 클 뿐만 아니라 결혼 초기에 이혼율이 높게 나타나는 점을 고려하면 예비부부들을 대상으로 한 결혼예비교육은 더욱 중요하고도 절실하다 하겠다. 미국과 독일 등 선진국에서는 이미 고교과정부터 결혼예비교육을 의무화시키고 있다. 결혼 초기의 이혼을 예방하고 부부의 갈등과 불화를 줄이며 서로 만족스러운 결혼생활을 유지하도록 하기 위해서는 결혼의 현실에 대한 노하우가 없는 예비부부들에게 결혼준비교육, 부부관계교육, 부모준비교육과 같은 가족생활교육이 절실하게 필요하다.

2007년 8월 기독교 단체인 두란노 바이블칼리지에서는 비기독교인들을 대상으로 '열린결혼예비학교'를 개설하고 지원자 100쌍을 모집했는데, 개설일 한 달 전에 모집이 마감될 정도로 높은 호응을 보였다. 이는 결혼을 앞둔 젊은이들이 결혼에 많은 관심을 갖고 있을 뿐만 아니라 결혼예비교육에 대한 현실적인 필요성을 반증하는 것이라고 하겠다.

2) 결혼예비교육의 내용과 실제

결혼을 앞둔 사람들은 결혼을 현실적으로 이해하기보다는 이상적으로 이해하려는 경향이 있다. 그래서 두 사람이 열렬히 사랑하기만 하면 현실적인 문제는 모두 극복될 수 있고, 열정만 있으면 굳이 배우거나 노력하지 않아도 결혼생활이 순조로울 것이라는 환상을 갖고 있다. 사랑만 있으면 돈이 좀 부족해도, 원가족관계가 복잡해도, 건강이 다소 좋지 않아도 만사가 잘 해결될 것이라고 믿는다. 하지만 현실에 대한 이해가 부족한 상태에서 결혼생활을 시작한다면 행복한 결혼을 예상했던 자신의 기대와는 달리 불행한 결혼을 초래하기 쉽다. 결혼은 '찬란한 오해'라는 말이 있는데, 결혼예비학교의 교육 내용은 결혼이 '찬란한 오해'가 아닌 '아름다운 이해'가 되도록 현실적인 시각과 실제적인 방법을 배울 수 있도록 구성되어야 한다.

결혼예비교육의 내용은 프로그램을 편성하는 주체 또는 대상의 종교관, 세계관 또는 가치관에 따라 달라질 수 있으나, 결혼과 관련된 폭넓은 주제들을 다루어 주는 것이 바람직하다. 그러나 무엇보다도 결혼준비교육을 통해서 행복하고 건강한 결혼에 대한 희망과 꿈을 갖게 하고, 결혼생활에서의 행복과 만족은 저절로 이루어지는 것이 아니라 공부하고 힘써 노력한 만큼 얻어지는 것이라는 점을 특별히 강조해야 한다. 결혼한 후에도 만족스러운 결혼생활을 유지하고 행복한 가정을 이루기 위해서 부부 및 가족관계 향상 교육을 정기적으로 받도록 권유하여야 한다. 결혼을 하게 되면 현실적으로 부딪히게 되는 문제들을 이해하고, 그러한 문제들의 원인과 그 문제들을 해결하기 위한 실제적인 방법과 상식이 교육되어야 하며, 결혼준비와 부부관계 그리고 부모준비교육 등이 필수적으로 포함되어야 할 것이다. 부부관계와 부모준비교육은 뒤의 부부관계 향상교육 및 부모교육 부분을 참고하기 바란다.

결혼식보다는 결혼생활을 준비해야 한다는 취지에서 채프먼(2010)은 결혼 전에 꼭 알아야할 열두 가지를 다음과 같이 설명하였다(김태곤 역, 2013).

- 사랑, 행복한 결혼생활 보장 못 한다.
- 사랑의 콩깍지, 머지않아 벗겨진다.
- 부전자전, 모전여전, 허투루 들어서는 안 된다.
- 갈등, 피할 수는 없어도 대비는 할 수 있다.
- 사과, 방법도 다양하다.
- 용서, 감정이 아니라 결단이다.
- 화장실, 저절로 깨끗해지지 않는다.
- 돈 사용, 계획 세우면 싸움이 줄어든다.
- 성적 만족, 거저 주어지는 것이 아니다.
- 결혼, 둘이 아니라 가족과 하는 것이다.
- 그리스도인, 믿음의 색깔은 다르다.
- 성격 차이, 그리 만만한 것이 아니다.

이 외에도 1만 명의 맞벌이 부부를 인터뷰하고 결혼생활의 지혜를 담은 오쓰카(2012)는 상대를 알기 위해 체크해야 할 것들을 다음과 같이 정리하였다(박승희 역, 2013).

- 상대의 장단점을 확인하라.
- 장점, 결혼 후엔 단점이 될 수 있다.
- 궁합, 믿다가 발등 찍힌다.
- 습관도 이유가 있다.
- 집안일을 돕겠다는 말은 믿지 마라.

• 맞벌이, 미리 의논하라.
• 부모에게서 독립한 사람인지 확인하라.
• 돈과 시간, 사용 기준 정하라.

3) 결혼예비교육의 효과

국내의 한 방송사가 결혼예비교육이 실제로 결혼생활을 얼마나 지탱해 주는 힘이 되는지를 알아보기 위해, 2000년부터 2006년까지 결혼한 한 결혼 예비학교 수료자 979쌍을 추적하여 그들의 이혼율과 통계청에서 발표한 대한민국 이혼율 통계를 비교하여 분석하였다. 그 결과, 결혼예비학교를 마친 부부의 이혼율이 결혼예비학교를 마치지 않은 부부의 이혼율과 비교해서 1/7 수준이었다고 한다(MBC 스페셜 '신궁합', 2007. 6). 결혼에 대해 미리 공부를 하고 결혼한 부부는 그렇지 않은 부부에 비해서 이혼율이 매우 낮게 조사되었다는 것은 결혼예비교육의 효과가 그만큼 큰 것이라고 볼 수 있다.

실제로도 결혼예비교육을 받은 커플이 교육을 통해 많은 것을 배웠다고 하고, 그들의 권유에 따라 결혼예비학교에 참석하는 커플이 점차 늘어나고 있다. 기독교 단체인 두란노 바이블칼리지에서 개설하는 결혼예비학교는 이제 검증된 결혼예비교육 프로그램으로 정착되어 건강한 결혼문화를 만들어 가는 데 일익을 담당하고 있다.

이미 결혼한 부부를 대상으로 부부관계 향상교육을 통해 건강한 결혼생활을 하도록 교육하는 것도 중요하지만, 결혼을 앞둔 예비부부에게 미리 결혼에 관한 준비교육을 받게 하는 것은 결혼 후 현실적으로 발생하는 불화와 갈등을 사전에 방지하고, 불화와 갈등이 생겼을 때 지혜롭게 대처하여 삶의 만족도를 높일 수 있다. 또한 부부의 이혼을 막고 가정의 해체를 예방하며, 나아가 건강한 가정과 사회를 이루는 긍정적인 효과가 있다.

〈두란노 일일 결혼예비학교〉

일시: 2014. 0. 0. (수) 10:00 ～ 18:00
대상: 결혼을 생각하며 교제하는 커플, 결혼을 앞둔 커플

교육과정

1. 결혼의 성경적 원리
결혼의 동기를 점검하고 결혼에 대한 자세를 배움으로써 건강한 떠남과 연합이 있는 결혼의 본질을 배우고 하나님의 말씀 안에서 가정의 방향과 기준이 될 부부계명을 함께 세우는 시간을 갖는다. 더불어 예비부부가 예식의 주체가 되어 건강한 결혼 문화를 이끌어 갈 수 있도록 한다.

2. 남녀 차이
두 사람의 차이가 남자와 여자의 근본적인 차이일 뿐 아니라 '나와 당신'의 차이를 새롭게 이해하는 시간을 통해 서로에게 나타날 갈등의 요소들을 미리 점검하게 한다.

3. 부부의 성
하나님이 주신 성에 대한 건강한 인식과 태도를 알려주고 성적 차이를 극복할 수 있도록 돕는다. 더불어 부부간 신뢰의 근간이 되는 성결을 서약하는 시간을 갖는다.

4. 결혼과 자아상의 치유
모든 관계의 기초가 될 뿐 아니라 건강한 가정관을 세우기 위해서는 그리스도 안에서 자기의 정체성과 자아상을 치유하고 회복이 있어야 함을 배우며 나누는 시간을 갖는다.

5. 건강한 대화법
갈등의 원인을 이해하고 역기능적인 의사소통 방식을 점검함으로써 서로를 존중하는 마음으로 의사소통 할 수 있도록 건강한 대화법을 제안한다.

6. 청혼식, 수료식

　강의 외에도 서로의 사랑을 표현하고 확인하는 청혼식이 수료식과 함께 진행된다.

출처: 두란노 바이블칼리지

2. 부부교육

1) 부부교육의 필요성

　가족관계는 부부관계, 부모와 자녀 관계, 조손(祖孫) 관계, 형제자매 관계 등으로 나눌 수 있다. 이러한 가족관계를 긍정적이고 역동적으로 향상시키기 위해서 각 관계를 기준으로 한 가족관계 향상교육을 생각할 수 있다.

　가족의 관계 중 가장 기초가 되는 것은 결혼으로 형성된 부부관계다. 따라서 가족관계 향상교육 중에서 가장 중요하게 다루어져야 할 부분이 부부관계 향상교육이며, 부부관계 향상을 위한 교육 프로그램이 부부학교다. 부부관계 향상교육에서 우선되어야 할 점은 결혼과 건강한 부부관계의 개념이 무엇인가 하는 것이다.

　시대와 환경의 변화는 전통적인 결혼관에도 많은 변화를 가져왔다. 종래 전통적 결혼에서는 남녀의 엄격한 구분이 있었고, 결혼한 많은 여성들의 권리는 경시된 채 희생과 의무만 강조하는 사회적 분위기가 팽배하였다. 이 때문에 여성은 가정에서의 역할과 비중에 비하여 정당한 인격적 대우를 받지 못하는 경향이 있었다.

　산업화 및 정보화를 거치면서 여성의 지위가 향상되고 여권(女權)에 대한 인식이 많이 개선되기는 하였지만, 아직도 중장년 세대의 부부들 중에는 과거에 보아 왔던 부모 세대 결혼생활의 영향을 받아 남존여비의 유교문화 태도에서 벗어나지 못하고 과거 세대와 유사한 결혼생활을 하고 있는 사람들이 있다.

한편, 정보화 시대를 살아가는 젊은 세대들은 과거 전통적인 결혼생활에 대하여 비판적인 시각을 가지고 있다. 그렇지만 과연 결혼의 진정한 의미가 무엇인지 또는 바람직한 부부관계가 어떤 것인지에 대하여 올바른 개념을 정립하거나 경험하지 못했기 때문에, 비록 행복하고 건강한 부부관계를 유지하고 싶은 마음이 있다고 하더라도 실제적이고 구체적인 방법론을 몰라 시행착오를 겪는 사람들이 많이 있다.

결혼과 건강한 부부에 대한 개념과 올바른 인식이 없고 그 방법론을 모르는 부부들 중에 부부 갈등을 해결하지 못하고 그 갈등이 악화되어 결국 이혼에 이르는 사례가 많다. 부부가 파경을 맞아 이혼하게 되면, 이혼하는 부부 당사자, 자녀와 부모, 형제자매 등은 정신적으로 큰 충격을 입을 뿐더러 이혼에 따른 사회경제적 피해가 발생하게 된다. 건강한 사회를 이룩하기 위해서는 사회의 기초를 이루는 가정이 건강해야 하고, 가정이 건강하기 위해서는 부부가 건강한 관계를 유지해야만 한다. 건강한 사회를 이루고 이혼에 따른 정서적, 사회경제적 손실을 예방하기 위해서도 세대별 특성을 고려하여 결혼한 부부에 대한 관계상 교육은 반드시 필요하며, 평생교육의 일환으로서 제도적으로 도입되어야 할 것이다.

2) 부부관계 향상교육의 내용과 실제

부부관계 향상교육의 내용은 교육 프로그램을 편성하는 주체의 세계관이나 종교관, 가치관 또는 경험에 따라 크게 달라질 수 있다. 기본적으로 부부관계 향상교육에는 결혼에 대한 개념 정립이나 아무런 준비 없이 결혼한 부부들에게 결혼과 바람직한 부부관계에 대한 올바른 개념을 제시하고, 건강한 부부관계를 만들 수 있는 이론과 현실적인 방법론들이 포함되어야 한다.

결혼의 개념과 관련해서는 결혼과 부부, 가족의 의미와 가치 등이 제시되어야 한다. 행복한 부부로 살아갈 수 있는 구체적인 방법은 세대와 개인적인 성향 및 성장 배경 등에 따라 달라질 수 있겠지만, 대부분의 부부들이 공통적으로 겪고 있는 문제를 파악하고 그 원인을 분석해서 원인을 제거할 수 있는 방법들이 교육되어야 할 것이다.

다음과 같은 주제들이 부부관계 향상교육을 위한 구체적인 방법론에 포함될 수 있다.

- 자아상(自我象)의 치유와 결혼
- 부부의 역할과 부부관계의 이해
- 남녀의 차이
- 부부의 성
- 대화법(바람직한 의사소통)
- 원가족 관계 또는 가계도
- 자녀교육
- 가정경제

부부교육 프로그램의 편성에는 부부관계 향상을 위한 이론과 실제에 관한 강의가 포함되어야 한다. 부부학교에 직접 참여해 본 필자의 경험에 따르면 프로그램은 그룹토의와 특별한 예식 그리고 편지쓰기 등의 과제를 통해서 부부의 현주소를 스스로 파악하고 문제점들을 발견하게 하면서, 자신이 부족한 점을 깨닫고 부부의 사랑을 회복하는 효과적인 수단으로 작용하였다.

주제별 강의가 끝난 후에 부여되는 그룹토의 시간에는 참여한 부부들이 강의를 통해 느낀 점들을 토론하고 자신이 모르고 있었거나 미처 생각하지 못했던 점, 부부 갈등을 초래한 원인으로 작용한 사건, 자신이 개선하거나 고쳐야 할 행동이나 태도 등에 관해 자유롭게 대화하였다. 그리하여 다른 부부들의 사례를 통해 갈등의 해결책을 배우는 경우도 있었고, 자신의 잘못을 뉘우치면서 사과하는 경우도 종종 있었다.

부부학교에서는 세족식이나 화관식을 진행하기도 한다. 세족식(洗足式)에서는 부부가 서로 발을 닦아 주면서 부부의 첫사랑을 다시 확인하게 되는데, 세족식 후에 많은 부부들이 부둥켜안고 감동의 눈물을 흘리며 회복되는 모습을 볼 수 있다. 화관식(花冠式)은 부부교육의 마지막 순서로서 부부에게 꽃을 달아 주고 부부가 결혼식에서 하는 것처럼 함께 입장하여 결혼의 의미를 다시 새기는 결혼 갱신식이다. 향후 사랑과 신뢰를 바탕으로 부부로서의 책임과 의무를 다하겠다는 다짐을 하면서 결혼의 의미를 다시 되새기는데, 이때 결혼의 진정한 의미를 깨닫게 되었다고 고백하는 부부들도 있다.

부부학교에서는 프로그램이 진행되는 동안 참가자들에게 배우자에게 편지를 쓰게 하고, 배우자에게 감사한 점과 미안한 점 각 열 가지, 같은 점과 다른 점 각 열 가지를 작성하는 과제를 하게 한다. 많은 부부들이 결혼 전 연애할 때는 편지를 잘 쓰지만 결혼 후에는 편지를 쓰지 않고 생활하다가, 모처럼 배우자에게 편지를 쓰는 과제를 하면서 연애 시절의 감정을 되살리게 되고, 배우자에 대한 고마움과 자신의 부족함을 깨달으며 부부로서의 정서적 친밀감을 회복하는 모습을 볼 수 있다.

부부교육의 기간은 개설 지역의 여건과 환경에 따라 달라질 수 있다. 1박 2일 또는 2박 3일간 연속해서 진행하는 프로그램으로 편성할 수도 있고, 부부의 참여도를 높일 수 있도록 부부가 함께 참여할 수 있는 주말시간을 이용하여 개설할 수도 있다. 주말에 부부교육을 진행할 경우 토요일과 일요일에 걸쳐 1박 2일의 프로그램으로 편성해서 4~5주에 걸쳐 진행하거나, 1주일에 1회씩 토요일 또는 일요일 중 5시간 정도의 프로그램으로 편성해서 4~5주에 걸쳐 진행하기도 한다. 부부가 함께 숙박을 하는 프로그램으로 진행할 경우 숙박에 필요한 비용이 추가되지만, 부부만의 시간을 갖고 부부관계에 초점을 맞추어 서로 깊은 대화를 나누며 짧은 시간에 정서적 친밀감을 회복할 수 있게 된다.

　1주일에 1회씩 주말 프로그램으로 4, 5주를 진행하는 부부학교는 숙박하면서 진행하는 프로그램에 비해서 상대적으로 저렴한 비용으로 개설할 수 있고, 또 부부학교에서 배우고 학습한 내용을 주중에 부부가 서로 삶에 적용하고 실천해 볼 수 있다는 장점이 있다.

3) 부부교육의 효과

　부부교육에 참여한 많은 부부들은 혼기가 차고 감정적으로 끌리는 사람을 만나 서로 좋아서 결혼식을 준비하고 친지와 친구들의 축하를 받으며 결혼식을 올렸지만, 막상 부부가 된다는 것의 의미와 부부의 역할과 책임에 대해서는 아무것도 모른 채 자신의 기준과 입장에서 생각하고 행동하여 배우자에게 상처를 주고 서로 갈등하면서 살아왔다고 고백한다. 결혼식은 열심히 준비해서 성대하게 치렀지만 결혼 자체에 대해서는 실질적인 준비를 하지 못하고, 남편과 아내의 역할과 책임에 대해서 체계적으로 가르침을 받거나 배워 본 적도 없이 결혼한 것이 결국 만족스럽지 못한 결혼생활을 하게 된 원인이 되었다는 것이다.

　부부로 살면서 지혜롭게 건강한 가정을 가꾸며 사는 사람들도 있지만, 이혼을 생각해 보지 않은 사람들이 드물 것이다. 부부가 이혼을 생각한다는 것은 그만큼 현실적인 결혼생활에서 부부 사이에 견디기 힘든 갈등과 마찰이 많이 발생한다는 의미다. 결국 건강한 부부와 건강하지 못한 부부의 차이는 갈등을 대처하는 능력에 달려 있다. 상대방을 이해하고 수용하면서 갈등을 지혜롭게 극복하면 갈등 이전보다 더 건강한 관계로 향상시킬 수 있는 반면, 갈등을 극복하지 못하면 별거나 이혼에 이르게 된다.

　부부교육은 결혼생활에 영향을 미치는 여러 요소들을 이해하고, 부부의 갈등을 해소하는 의사소통 기술을 배우며, 부부의 역할을 서로 잘 감당하게 함으로써 결혼한 부부들의 결혼만족도를 높이고 이혼율을 줄일 수 있는 효과적인 프로그램이다. 실제로 이혼을 결심한 부부가 주위 사람들의 권유로 부부학교에 참여했다가 이혼 결정을 철회하고 다시 결합하거나, 이혼소송 진행 중에 부부학교에 참석해서 교육을 받은 다음 이혼소송을 취하한 사례도 있다. 부부학교를 마치면서 '우리 부부가 그동안 왜 그렇게 갈등하고 싸웠는지 그 이유를 알게 되었다.' 라거나, '부부교육 이후에 가정의 행복을 찾게 되었다.' 라고 말하는 사람들을 많이 볼 수 있다.

사회와 국가의 기초는 가정이고, 가정의 중심에는 부부가 있다. 부부관계가 건강해지고 부부의 결혼만족도가 높아지면 가정이 건강해지고 자녀들 또한 정서적 안정감과 건강한 자아상을 갖게 된다. 자녀들이 정서적으로 안정되고 건강한 자아상을 갖게 되면 청소년 문제도 자연히 줄어들게 될 것이고 건강한 사회가 될 것이다. 부부교육은 부부와 가정, 사회를 건강하게 하면서 부부 문제와 이혼, 청소년 문제 등에 따르는 사회경제적 손실과 비용을 감소시키는 효과도 있다.

〈가정문화원 부부행복학교〉

• 참가 대상: 보다 행복한 결혼생활을 원하는 부부
• 일정: 1박 2일 과정
　　　　2박 3일 과정(부부 단체여행 패키지 프로그램 포함)
　　　　주말 4주 과정(매 주말 3시간)
• 세부 프로그램

제1과 결혼과 현실 – 우리 부부는 맞는게 없어!	제2과 결혼의 목적과 원리 – 결혼 방정식과 사랑 방정식
– 현대사회에 대한 이해와 결혼의 위험 요소	– 결혼의 목적과 원리는?
– 성격유형 진단과 부부관계 진단	– 돕는 배필과 바라는 배필
– 행복한 결혼생활과 불행한 결혼생활	– 왜 사랑하면서 결혼에 실패하는가?

제3과 부부대화 - 통(通)하십니까? - 왜 대화경색증인가? - 남·여간 대화하는 동기와 방법의 차이 - 듣기와 대화의 원리	제4과 대화의 기술과 스킨십 - 부부사랑의 　　　지름길 - 대화의 훈련과 기술 - 만지며 삽시다. - 친밀감을 높이는 스킨십 대화
제5과 갈등과 갈등해결 - 웬수! 평생 웬수!! - 부부간, 고부간, 자녀와의 갈등 - 부부 갈등의 해법 - 부부 싸움 잘 싸워라!(Win-Win Game)	제6과 남편과 아내의 역할 - 배우자 기(氣) 　　　살리기 - 가장의 리더십 - 남편/아버지 역할, 아내/어머니 역할 - 현명한 아내는 남편의 최고의 지지자
제7과 친밀한 성(性)생활 - 성공(成功)하려 　　　면 성공(性功)하라! - 부부 문제는 성(Sex)의 문제다. - 성적(性的) 차이 극복하기 - 아침 키스는 연봉을 높인다.	제8과 가정행복 업그레이드 - 행복한 가정 　　　의 비밀 - 행복한 가정의 우선순위 - 가정도 경영이다. - 행복한 가정이 나의 경쟁력
[수료식] 혼인서약 - 앵콜! 신혼여행!! - 사랑의 편지 함께 나누기 - 혼인 서약 Revival	프로그램의 효과 - 자신과 배우자에 대한 이해 - 부부간 의사소통 능력 향상 - 결혼생활의 갈등해결 및 위기 해결 　향상 - 배우자 사랑의 재발견 및 부부관계 신 　뢰 회복 - 행복한 가정경영 노하우 습득

출처: 가정문화원 부부행복학교.

3. 부모교육

1) 부모교육의 필요성

자녀를 양육하는 데 가장 효과적인 방법이 무엇인지를 밝히는 것은 매우 어려운 일이다. 이는 부모와 자녀 간의 관계가 각 가정의 독특한 환경적인 조건이나 실질적인 요소들에 의해 영향을 받기 때문이다. 그러나 가족학자인 레매스터스와 드프레인(LeMasters & DeFrain, 1989)은 양육행동을 다섯 가지로 구분하였고, 그중 가장 현실적이고 바람직한 양육행동을 '운동 코치(athletic coach)' 같은 양육행동이라고 지적하였다. 운동 코치는 그 운동 분야에 필요한 능력과 기술을 갖고 있으면서 자신의 팀이 경기에서 승리할 수 있도록 전략을 짜고 팀원들을 인도하는 사람이다. 물론 선수가 문제가 있다고 하여 선수 대신 경기에 나가지는 않는다. 가족에서도 마찬가지다. 부모들은 인생에서 어느 길이 자녀에게 좋은 길이고 어떻게 살아야 좋은 길로 갈 수 있는지를 알고 자녀가 그 길로 갈 수 있도록 인도하는 역할을 감당해야 하지만 그 길을 대신 가줄 수는 없는 것이다. 여기서 중요한 것이 있다. 운동 코치와 운동 선수 간의 관계다. 운동선수가 코치를 신뢰하고 믿을 때 코치의 지시에 최선을 다해 따르듯이, 자녀는 부모가 자신을 아끼고 사랑하며 최선의 것으로 지도하고 있음을 알고 신뢰할 때 부모의 지시에 따르게 된다. 사실 자녀를 사랑하지 않는 부모는 없을 것이다. 그러나 그러한 부모의 사랑을 어떻게 자녀에게 전달하고 자녀와 긍정적인 관계를 맺으며 효과적으로 양육할 것인가는 결코 쉬운 일이 아니다. 따라서 어떻게 자녀와 긍정적인 관계를 맺으며 운동 코치와 같이 효과적으로 자녀를 양육할 것인가에 대해 교육할 필요가 있다.

현대 부모들은 사회적 변화와 가족구조의 변화 등으로 인해 자녀양육의 어려움을 호소하고 있다. 이에 자녀와의 관계에서 실질적으로 도움을 주기 위한 다양한 부모교육 프로그램들이 발달되어 왔다. 미국에서는 1970년대 이후 성공적인 부모 역할을 위한 교육 프로그램들이 확산되어 왔다. 대표적 인 프로그램으로는 루돌프 드레이커스(Rudolf Dreikurs)의 민주적 양육이론에 근거한 체계적 부모효율성훈련(Systematic Training for Effective Parenting: STEP)과 적극적 부모훈련(Active Parenting: AP)이 있다. 최근에는 토머스 고든(Thomas Gorden)에 의해 개발된 부모효율성훈련(Parent Effectiveness Training: PET)이 인기를 얻고 있다.

우리나라에서도 PET 프로그램은 활성화되어 1989년 한국심리상담연구소에 지부가 설치되어 85만 명 이상의 부모들이 강의를 듣고 6만여 명이 정규과정을 마친 것으로 알려져 있다(정옥분, 정순화, 2013). 그 후 문화체육부 산하 청소년상담원에서 '자녀의 힘을 북돋우는 부모훈련(Empowering Parents Training: EPT)'을 개발하여 보급한 바 있다(정옥분, 정순화, 2013).

2) 부모교육의 내용

다음은 부모교육 프로그램에서 공통적으로 사용될 수 있는 기법들을 정리한 것이다(정현숙 외, 2002).

- 긍정적인 부모-자녀 관계 맺기
  - 신뢰감 쌓기(긍정적 정서 경험하기, 부정적 정서 다루기, 민주적인 가족 분위기 만들기)
  - 소속감 길러 주기(격려하기, 자녀의 잘못된 목표 행동 다루기, 무기력함 보이기)
  - 애정 표현 및 시간과 경험 공유하기
- 자존감을 높여 주는 대화하기
  - 듣기
  - 효과적인 대화법

  - 갈등 해결과 협상
 • 아이 행동 가르치기
  - 수용 가능한 한계 가르치기
  - 결과 경험시키기
  - 행동하기

이 외에도 자녀의 성장 · 발달단계에 따라 부모의 역할이 달라짐을 인지하고 그에 따른 부모의 역할을 서로 토의하며 익히는 시간도 유익할 것으로 보인다. 자녀가 결혼하여 분가하고 손자를 낳아 기를 때에도 부모의 역할은 필요하므로 자녀의 성장 · 발달에 따른 부모 역할에 대한 내용들도 포함할 수 있을 것이다. 또한 선별적으로는 자녀의 특성에 따른 부모교육도 필요하다. 예를 들면, 영재자녀 부모교육, 장애자녀 부모교육 등 자녀의 특수성 때문에 일반적인 부모교육 프로그램만으로는 부족한 부분들을 다룰 수 있는 교육 프로그램도 요구된다.

3) 부모교육의 효과

(1) 자녀교육을 위한 기준이나 원칙 세우기

대부분의 우리나라 부모는 아무런 준비 없이 결혼하고 부모가 되었다. 그들은 자신의 생각과 습관 또는 기분에 따라 자녀를 키우고 양육시켜 왔다. 당연히 어떠한 기준이나 원칙은 찾아보기 어려운 것이 현실이다. 자녀들이 식당에서 무질서하게 뛰어다니고 어른들에게 함부로 대해도 그들의 기를 살리겠다는 현대 부모들의 의지 때문에 제재를 가하는 사람이 없는 현실이다. 이러한 현실을 직시하여 진정 자녀를 위하는 길이 무엇인가를 배울 수 있는 기회의 제공은 꼭 필요한 일이다. 제대로 된 자녀교육은 결과적으로 자녀를 잘되게 할 뿐 아니라 그 부모에게도 마땅히 해야 할 자녀의 도리를 다하는 균형 잡힌 자녀로 성장하게 할 것이다.

(2) 부모와 자녀들 간에 건강한 인격적 관계 형성하기

우리나라는 유교 문화의 영향으로 자녀에게 부모의 사랑을 표현하는 것을 부모의 권위와 품위를 손상시키는 것으로 오해해 왔다. 그러나 자녀가 부모의 사랑과 관심을 느끼고 부모가 자신들을 이해하고 수용하며 함께 고민하고 함께 문제를 풀어 나가기를 원한다고 느낀다면, 자녀는 자신들에게 어려움이 생겼을 때 그 고민을 부모와 함께 나누고자 할 것이다. 이러한 건강한 관계를 형성하기 위해서는 우선 부모가 자녀들의 발달과정과 자녀들이 처해 있는 상황이나 환경을 알아야 하며, 부모가 갖고 있는 관심과 사랑을 바르게 표현할 수 있어야 한다. 물론 자녀들에게 올바른 방향과 지침을 제공할 수 있다면 더욱 바람직할 것이다. 또한 부모와 자녀 간에 건강하고 인격적인 관계를 형성하기 위해서는 서로 존중하는 마음이 있어야 한다. 부모는 존경받는 부모가 되기 위해 스스로를 성장시킬 필요도 있을 뿐만 아니라 자녀를 존중하고 인정하는 마음과 태도도 필요하다. 부모교육을 통해 자녀들에 대한 이해를 증진시키고 대화와 자녀들에 대한 사랑의 표현기술들을 배워서 가정에서 실천함으로써 부모와 자녀 간의 건강하고 인격적인 관계를 형성할 수 있게 될 것이다.

(3) 자녀를 건강한 인격을 가진 사회인으로 양육하기

건강한 인격을 가진 사회인으로 성장하기 위해서는 먼저 건강한 가정의 자녀로서의 삶을 경험하는 것이 중요하다. 따라서 가정에서부터 타인을 배려하고 존중하며 다른 사람의 필요를 공급하는 성숙한 인격이 배양되도록 훈련되어야 한다. 사회생활은 결국 관계에 의해서 이루어진다고 할 수 있고, 자녀 인생의 성공 여부는 자녀의 인간관계에 의해 좌우된다고 할 수 있다. 그런데 기본적인 관계훈련은 부모와 자녀 관계에서 시작되고, 부모와 원만한 관계를 유지한 자녀가 사회에서 다른 사람들과의 관계도 원만하게 유지할 수 있게 된다. 자신의 이익만을 추구하는 이기적인 사람이 되지 않게 하고 이웃과 사회 전체의 이익을 생각할 줄 아는 너그러운 마음의 소유자로 양육하기 위해서는 먼저 부모가 훈련을 받고 봉사하는 삶을 실천하는 모습을 보여야 할 것이다. 또한 세상을 살아갈 수 있는 지식이나 실력을 갖추도록 돕고 격려하며, 장차 자녀에게 적합한 배우자를 만나 건강한 가정을 가꿀 수 있도록 현재의 가족관계에서 건강한 가정의 모습을 경험하게 하는 것도 필요하다.

(4) 자녀를 건강한 부모로 준비시키기

산업화와 핵가족화를 통해 여성들의 사회 참여가 높아지고 아울러 자녀에 대한 교육이 학교와 사교육에 맡겨지고 있는 것이 현실이다. 그러나 지식교육은 학교와 사교육에서 감당할 수 있다 하더라도 자녀들의 인성교육과 성품교육은 가정에서 이루어져야 하기 때문에 부모교육을 통하여 자녀의 인격 형성에 부모가 미치는 영향이 강조되고 교육되어야 한다. 결국 부모교육을 통해서 다음 세대들이 양육된다는 점에서 보면, 부모교육은 다음 세대의 기초를 닦는 중요한 일이라 할 수 있다.

자녀를 올바른 방향으로 인도하고 자녀가 자신의 길을 찾아 성공적인 인생 항로를 개척할 수 있도록 돕는 것도 부모의 역할이다. 원가족에서 건강한 가족관계를 경험한 사람은 건강한 가정을 이끌어 갈 확률이 높다. 일단 아들의 경우에는 올바른 남성으로 성장하도록 돕고 건전한 남편과 인격적인 아버지로 준비되도록 돕는 것이 필요하다. 딸의 경우에는 아름다운 여성으로 자라고 지혜로운 아내와 어머니로 준비될 수 있도록 격려하고 지원하는 것이 필요하다. 따라서 이러한 역할을 할 수 있는 부모가 되도록 부모를 먼저 교육하여야 한다.

〈효과적인 부모역할훈련〉

효과적인 부모역할훈련(PET)이란 좋은 부모가 되기 위한 훈련, 즉 부모로서의 역할을 효과적으로 수행하기 위한 훈련을 의미한다. 이 프로그램을 개발한 임상심리학자 고든(Gordon, 1970)은 자녀들이 가진 정신적, 정서적 문제는 부모와 자녀 간의 인간관계에서 생긴 문제로 보아야 하며, 양자 간의 관계를 개선시킬 수 있는 방법을 부모들에게 교육해야 한다고 생각하였다. 그리하여 의사소통기술 또는 대화기술의 습득뿐 아니라 그 근본 원리의 이해가 중요함을 먼저 설명하고 있으며, 문제를 소유한 자녀를 돕기 위해 부모가 새로운 통찰을 하도록 돕는다. 이 프로그램은 20명 내외의 집단을 구성하여 실제 역할연습과 피드백 주고받기, 강사의 모델링을 관찰하고 문답하기 등의 형식으로 자유롭게 진행된다.

- 8주 훈련과정(매주 1회 3시간씩, 총 24시간)과 3일 연속과정(8주 과정과 동일 구성)

1주: 강사 및 참가자 소개, P.E.T. 소개와 정의, 목표 설정하기 – 행동의 네모꼴 수용 도식/문제 소유를 가리기

가정에서 자녀와의 관계에 효과적으로 대처하기 어려웠던 경험과 앞으로 대처하기 어려우리라고 예상되는 점을 토대로 가족과의 관계에서 이루고 싶은 목표를 설정한다. 이러한 목표를 달성하기 위하여 부모가 갖고 있는 문제를 발견하는 과정을 갖는다. 부모가 수용하는 영역과 수용하지 못하는 영역으로 나누어 검토하게 하고 부모의 수용에 대한 이해를 돕는다.

2주: 반영적 경청 – 의사소통의 걸림돌/걸림돌 경험하기/소극적 경청/반영적 경청

평소 부모가 은연 중 사용하고 있는 의사소통의 걸림돌 열두 가지를 살펴보고, 자녀의 말을 경청하는 방법(소극적 경청과 반영적 경청)에 대해 새롭게 배우고 체험하게 한다. 자녀들이 문제를 소유하여 어려움을 겪고 있다고 부모가 느낄 때, 부모가 해결책을 제시하거나 책임을 떠맡으려 하는 것은 오히려 도움이 되지 못한다. 부모는 반영적 경청을 사용하여 자녀가 스스로 문제를 해결해 가도록 돕는 기술을 배운다.

3주: 반영적 경청 실습하기/유아와 의사소통하기

올바른 의사소통 기술을 배우는 것과 그것을 체화하는 것은 별개의 문제다. 올바른 의사소통 기술을 몸에 익히기 위해 역할 연습을 겸하여 반영적 경청을 충분히 실습하며, 말을 못하는 아주 어린 유아의 경우 유아의 의사를 알아듣는 연습을 한다.

4주: 나-전달법의 3요소/나-전달법 체험하고 인식하기
부모가 수용할 수 없는 자녀의 행동에 대하여 부모는 앞서 배운 의사소통의 걸림돌을 사용하기보다 자녀의 행동을 나-전달법을 사용하여 자녀가 자신의 (비수용적인) 행동을 스스로 변화시키도록 돕는 기술을 배운다.
5주: 나-전달법의 종류/유아를 위한 나-전달법/환경을 재구성하기-가정환경 재구성하기/가족환경을 재구성하기
강사의 사례 제시와 역할연습을 통하여 충분한 실습을 한다. 유아의 행동을 더욱 효과적으로 변화시키기 위해 부모가 비언어적인 행동과 언어를 결합시켜 나-전달법을 활용하는 데 도움을 준다. 물리적인 환경을 재조정함으로써 자녀의 수용할 수 없는 행동을 줄여 나가는 방법을 배운다.
6주: 제3의 방법, 욕구갈등의 이해
부모-자녀 사이에 욕구갈등이 생겼을 때는 반영적 경청이나 나-전달법으로 해결이 가능하지 않을 때가 있다. 이때는 서로의 욕구를 충족할 수 있도록 갈등을 해결가능한 문제로 전환해야 하며, 제3의 방법 6단계를 거치면서 만족한 해결방법을 선택, 결정, 실행하는 기술을 배운다.
7주: 문제해결의 6단계/욕구를 언어로 표현하기/제3의 방법으로 계획하기
제3의 방법 6단계를 실제로 실습한다. 욕구를 언어로 표현하면서 조화롭게 할 수 있는 가능한 해결책을 찾고 실질적으로 적용할 계획을 만든다.
8주: 가치관 대립에 대처하는 기술 – 가치관 대립을 인식하기/자녀의 가치관에 영향 주기
부모-자녀 간에 가치관이 완전 일치하는 것은 불가능하다. 따라서 이런 불가피한 상황에서도 관계를 해치지 않고 자녀의 가치관에 영향을 주거나 부모가 자신의 가치관 수정을 통해 문제해결 방법을 찾아보도록 한다. 가치관이 서로 다를 권리, 그러나 조화롭게 살아가야 할 의무에 대해 정리해 본다.

출처: 한국심리상담연구소.

4. 은퇴준비교육

1) 은퇴준비교육의 필요성

인간은 청장년기를 지나 노쇠현상이 나타나는 일정한 연령에 도달하면 자의 또는 타의에 의해서 사회에서 은퇴하게 되는데, 이는 산업화와 밀접한 관계가 있다. 현대화 이론은 산업화와 관련된 은퇴의 요인에 대해서 논하고 있으며 그 내용은 다음과 같다(최성재, 장인협, 2012, pp. 42-46).

- 노동력 수요의 감소: 생산기술의 발전으로 인해 기계가 노동자들의 단순노동을 대신하게 되었다. 따라서 일자리는 감소하고 고령의 노동자들은 젊은 노동자들에게 생산현장을 내놓고 은퇴를 맞게 된다.
- 생산기술과 지식의 급속한 발전: 젊은이들은 새로운 기술과 지식을 빠르게 습득하는 반면, 고령 노동자는 새로운 기술과 지식을 받아들이고 사용하는 데 유용성이 떨어진다. 따라서 고령자들은 생산현장에서 밀려나는 은퇴를 맞게 된다.
- 생산조직의 관료화: 산업화와 더불어 분업화와 전문화가 이루어지면서 조직의 효율적인 관리를 위해서 비대해진 조직 개편이 불가피하게 된다. 따라서 고령 노동자는 개인의 사정이나 의사와 관계없이 직장에서 물러나면서 은퇴를 맞게 된다.

일반적으로 은퇴는 인생주기 중 한 번은 겪어야 하는 통과의례라고 생각하고 준비하는 것이 필요하다. 농경사회에서는 건강이 허락되는 한 농사를 돌보고 농사에 대한 지식과 경험을 자손들에게 나누면서 자손들과 함께 생활했기 때문에 특별히 은퇴가 필요하지 않았다. 그러나 현대사회에서는 직장생활을 하면서 생계를 해결하고 일정 연령이 되어서는 자의 또는 타의에 의해 직장을 그만두어야 하는 현실을 맞게 된다. 우리나라의 봉급생활자들은 40세부터 점진적으로 수입액이 증가하여 54세경에는 생활주기 중 최대 수입을 올리고 55~64세에 직장에서 물러나게 되면서 수입이 격감됨을 알 수 있다(김태현, 2007). 이때 급여는 더 이상 지급되지 않는다. 그러나 이때를 위해 미리 경제적인 계획을 세우고 준비해 온 사람은 많지 않다. 미리 연금이나 다른 형태의 소득을 마련하지 않은 사람들에게는 충격적인 일이 될 수도 있다. 사실은 경제적인 측면 외에도 준비해야 할 것들이 있으며, 이러한 사항들을 보다 구체적으로 미리 교육하는 것이 중요하다.

2) 은퇴준비교육의 내용

다양한 연령대와 다양한 배경을 가진 여러 계층의 사람들을 대상으로 은퇴준비교육이 실시되어야 한다. 교육의 내용도 대상자의 필요에 따라 달라져야 하겠으나, 기본적인 내용은 다음과 같은 주제들을 포함하여야 할 것이다(최성재, 장인협, 2012, p. 615).

- 연령에 따른 신체 · 생리적 변화와 적응 방법
- 정치 · 경제 · 사회 · 문화 관련 최신 동향
- 젊은이들과의 세대 차이 인식과 적응 방법
- 퇴직 후 새로운 일 발굴과 적극적인 일 · 생활 태도
- 배우자 · 동료의 죽음과 그에 따른 생활방식의 조정과 소외감 · 허무감 극복 방안
- 동년배 노인들과 교류 유지
- 가정 · 직장 · 사회에서 일과 책임 물려 주는 방법
- 노년기에 적합한 운동과 섭생 방법

3) 은퇴준비교육의 효과

(1) 보람 있고 의미 있는 노후를 보낼 수 있도록 돕는다

은퇴를 통해 겪게 되는 가장 큰 문제는 경제적인 소득의 상실과 사회적 역할의 축소일 것이다. 그러나 소득이 높고 사회활동이 가장 왕성할 때 은퇴 후의 생활을 위해서 자금을 마련해 놓고 자신이 진심으로 하고 싶은 일을 하기 위한 준비를 한다면, 은퇴는 상실의 시기가 아니라 제2의 인생을 펼쳐 나가는 도약의 시기가 될 수 있다. 젊어서 가정의 경제생활을 책임져야 했기 때문에 자신이 하고 싶었던 일을 하지 못하고 지내는 경우도 종종 있다. 마이크로소프트 회장 빌 게이츠 부부처럼 모든 것이 안정된 상태에서 스스로도 행복하고 사회에도 공헌할 수 있는 일에 새로운 도전을 하는 멋진 삶을 살기도 한다. 이러한 일들을 위해서는 젊어서부터 철저한 준비가 필요하다. 사실 은퇴준비교육은 은퇴를 바로 앞둔 사람을 위해서뿐 아니라 보다 젊어서 인생의 설계를 계획할 때 더불어 이루어지는 것이 바람직하다.

(2) 자녀와 가족에 대한 부담을 경감시키고 결과적으로는 가족의 관계에도 긍정적인 영향을 가져온다

은퇴준비교육을 통해 아름답게 준비된 노후는 당사자뿐 아니라 자녀와 가족에게도 편안함을 느끼게 하고 여유로운 삶을 함께 영위하게 하는 특권을 부여한다. 일례로 교사생활을 하다가 퇴직한 70대 부부가 있다. 이 부부는 두 사람의 퇴직금과 약간의 다른 소득으로 평소 독립적인 생활을 한다. 그리고 해마다 한두 차례 온 가족(두 딸네 가족과 아들네 가족)을 데리고 해외여행을 다닌다. 여행경비 중 50%는 70대 부모가 지불하고 나머지 50%는 세 가족이 나누어 부담하고 있다. 월급을 받아 생활하고 있는 자녀들 입장에서 보면 부모님 덕분에 해외여행을 매년 다녀오는 셈이다. 그것도 손자손녀들을 포함한 3대의 대가족이 함께 하는 해외여행이다 보니, 가족들의 사이도 다른 가족들보다 각별해 보이는 것이다. 이처럼 준비된 노후는 자녀와 가족

에게도 긍정적인 영향을 미칠 수 있다. 이를 위해서는 미리 준비하는 과정
이 필요한데, 그것은 은퇴준비교육을 통해서 가능해진다.

(3) 사회적 비용이나 부담을 감소시킨다

은퇴준비교육을 통해 준비된 노후는 사회적 비용이나 부담을 감소시킬
수 있다. 은퇴준비교육은 경제적인 준비뿐 아니라 건강과 주거, 부양 등에
대한 준비도 포함한다. 건강은 건강할 때 지켜야 한다고 40~50대부터 운동
도 하고 건강한 생활습관을 유지하는 것이 중요하다. 제대로 관리하지 못한
채 노후를 맞이하게 되면 급격히 늘어나는 의료서비스 비용을 감당하기 어
려워진다. 대부분의 경우 국가나 사회가 그 비용을 감당하게 된다.

또한 은퇴 후의 삶에 대한 준비와 계획이 없이는 주거나 부양의 문제도
사회의 짐이 되기 쉽다. 은퇴 준비가 없이 노후를 맞이하게 된 경우 자녀들
이나 사회에 얹혀사는 상황이 되기 쉽다. 특히, 거동이 불편해지고 수발이
필요한 경우에는 자식들에게 전적으로 의존하거나, 자식이 여의치 않은 경
우 국가나 사회가 책임을 져야 한다. 즉, 자식이 없거나 있다 하더라도 부모
를 수발할 수 없는 경우 요양원에 입소하게 되는데, 은퇴 준비가 전혀 없었
던 노인의 경우 국가가 전적으로 부담하는 무료시설을 이용하게 됨에 따라
사회적 비용을 가중시키는 결과를 가져온다. 이렇듯 준비하지 못한 은퇴는
노후에 사회에 부담을 가중시키는 반면, 은퇴 준비가 충분히 된 노후는 여
러모로 사회의 부담을 경감시키는 효과가 있다.

〈서울대학교 제3기 인생대학〉

서울대학교 제3기 인생대학은 노년이 되기 전인 40~50대 일반 시민들(베이비부머 세대)을 대상으로 중년기 이후의 노화과정에 대한 이해를 돕고 노후를 새롭게 설계하여 건강하고 보람찬 제3기 인생(The Third Age: 은퇴 후 건강하게 지내는 시기)을 보낼 수 있도록 하는 것을 목표로 하는 교육과정이다.

한 학기 매주 2시간씩 13주간 13개 강좌로 구성된다, 총 2학기 26개 강좌의 과정이고, 강사진은 각 분야의 저명한 전문가들로 구성되어 있다(엄격한 출석 요건과 매 과목 당 과제 제출을 이수 조건으로 함).

• 2013~2014 운영 계획

주차	제1학기(2013년 9월 4일~12월 11일)		제2학기(2014년 3월 12일~6월11일)	
	강의 일정	과목명	강의 일정	과목명
1	9/4(수)	입학식 입학식 특강: 라이프 코스와 제3기 인생	3/12(수)	노년기 사회적 관계
2	9/11(수)	중년기 이후의 심리적 변화	3/19(수)	젊은 세대에 대한 이해
3	9/25(수)	디지털 시대 제대로 누리기: 스마트 모빌과 바이오닉스	3/26(수)	노화와 기억의 전쟁
4	10/2(수)	중년기 이후의 건강관리: 심혈관 질환	4/2(수)	노화혁명의 시대
5	10/16(수)	자서전 쓰기	4/9(수)	중년기 이후의 신체건강(근골격)
6	10/23(수)	중년과 운동	4/16(수)	노화와 약물복용
7	10/30(수)	특강: 영화와 인생	4/23(수)	특강: 문학과 인생
8	11/6(수)	TA를 통한 자기 이해(이론)	4/30(수)	중년기 이후의 성과 사랑
9	11/13(수)	TA를 통한 자기 이해(자신과 가족 이해하기 실천)	5/7(수)	중년기 이후의 자산관리: 은퇴자금 만들기와 관리하기
10	11/20(수)	중년기 이후의 맞춤 영양과 식생활	5/14(수)	행복을 찾는 시니어에게
11	11/27(수)	은퇴 이후의 사회적 기여	5/21(수)	노후를 위한 여가설계
12	12/4(수)	행복한 마음, 건강한 정신	5/28(수)	졸업발표
13	12/11(수)	종강특강: 오페라와 인생	6/4(수)	졸업발표

출처: 서울대학교 노화고령사회연구소.

생각해 볼 문제

1. 결혼예비교육의 필요성에 대해 설명하시오.
2. 결혼예비교육을 실시할 때 포함되어야 할 유익한 교육 내용에 대해 논하시오.
3. 건강한 부부관계의 모습과 개념에 대해 생각해 보고 부부교육의 필요성에 대해 설명하시오.
4. 부부교육의 효과에 대해 생각해 보고 부부교육 활성화를 위한 방법들에 대해 논하시오.
5. 레매스터스와 드프레인이 구분한 다섯 가지 양육행동 중 가장 현실적이고 바람직한 양육행동은 무엇이며 구체적으로 어떻게 실천할 수 있는지에 대해 논하시오.
6. 자녀의 성장·발달이나 자녀의 특성에 따른 부모교육의 선별성에 대해 논하시오.
7. 효과적인 부모역할훈련에 대해 설명하고 이러한 훈련이 자녀와의 관계에 어떠한 영향을 미칠 것인지에 대해 논하시오.
8. 부모교육의 효과에 대해 설명하시오.
9. 산업화와 관련된 은퇴 요인에 대해 설명하시오.
10. 은퇴준비교육의 필요성과 그 효과에 대해 논하시오.

참고문헌

가정문화원(2013. 8. 24). 부부행복학교. http://www.familyculture.net/aca_intro1.html
서울대학교 노화고령사회연구소(2014. 4. 17). 인생대학. http://ioau3a.snu.ac.kr/
김태곤 역(2013). 결혼전에 꼭 알아야 할 12가지. 생명의 말씀사. Gary Chapman (2010). Things I wish I'd known before we got married. Chicago, Moody

Publishers.

김태현(2007). 노년학(개정판). 경기: 교문사.

두란노 바이블칼리지(2013. 8. 14). 두란노 일일결혼예비학교. http://www.duranno .com/biblecollege/seminar_detail.asp?smrnum=1643

박승희 역(2013). 일하는 당신을 위한 결혼 사용설명서. 서울: 부키 출판. Hisashi Otsuka (2012). Business persons no tame no kekkon wo koukai shinai 50 no list.

신궁합(2007. 6). MBC 스페셜.

안기선, 김윤정(2007). 산업체 남성근로자를 위한 은퇴준비 프로그램 개발 및 효과성 평가. 한국가족관계학회지, 12(1), 93-118.

정옥분, 정순화(2013). 예비부모교육. 서울: 학지사.

정현숙, 유계숙, 어주경, 전혜정, 박주희(2002). 부모학: 부단히 노력하고 모범이 되는 부 모되기. 서울: 도서출판 신정

최성재, 장인협(2012). 고령화사회의 노인복지학. 서울: 서울대학교 출판문화원.

통계청(2012). 이혼통계.

통계청(2012). 인구주택총조사.

통계청 사회통계국(2013. 8. 12). 인구동향조사. http://kosis.kr/gen_etl/start.jsp? orgId=101&tblId=DT_1B85006&conn_path=I3&pat

한국심리상담연구소(2013. 8. 24). 효과적인 부모역할훈련. http://www.kccrose. com/edu/pet_5.asp

Gorden, T. M. (Ed.). (1970). *P. E. T.: Parent Effectiveness Training A Preventive Program and its Effects on Families*. Handbook on Parent Education Academic Press New York.

LeMasters, E. E., & DeFrain, J. (1989). *Parents in contemporary in America: A sympathetic view* (5th ed.). CA: Wadsworth Publishing Company.

제8장

가족기능 강화의 실천: 사례관리

가족은 가족 구성원들의 사회화 및 결속의 일차적 기반이 되며, 가족 구성원 간에 정서적 지지 및 보호의 역할도 한다. 이와 같이 가족은 사회 일반을 위하여 매우 중요한 역할을 하며, 가족 구성원들은 원활한 역할 수행을 위하여 서로의 성장과 성숙을 위한 책임을 수행해야 할 권리와 의무가 있다.

그러나 최근 가구의 축소(핵가족화)와 1인 가구의 증가, 이혼 및 재혼가정의 증가에 따라 가족기능도 상당한 변화를 겪고 있다. 이혼, 재혼, 한부모 가정의 급속한 증가로 자녀양육에 대한 부담이 가중되고, 가족 구성원 및 세대 간 정서적 유대 약화 혹은 사회화의 기능 약화의 문제도 제기된다. 뿐만 아니라 급속하게 신고건수가 증가하고 있는 가정폭력(아동학대, 배우자학대, 노인학대)의 문제는 가족의 보호기능 약화와 함께 사회화 기능 약화의 또 다른 문제로 대두되고 있다. 이와 같이 약화 혹은 왜곡되어 나타나고 있는 가족기능의 다양한 문제들에 직면한 사회복지 실천현장은 가족기능 강화를 위한 사회복지의 실천적 노력이 강구되어야 한다는 사실이 매우 시급한 과제로 요청된다. 이에 가족기능 강화를 위하여 사회복지 현장에서 가장 유용하게 적용하고 있는 실천방법이 바로 '사례관리(case management)'라고 할 수 있다.

미국사회복지사협회(NASW)가 발간한 『사회사업사전(The Social Work Dictionary)』(Baker, 2003)의 정의에 따르면 사례관리는 '사회복지기관 혹은 사회복지사가 클라이언트의 문제를 발견하고 욕구에 따라 다양한 형태의 서비스들을 계획하고 관리하는 것'을 의미한다. 일반적으로 사례관리란 한 기관이 클라이언트를 위한 주된 책임을 지고 관리자를 인선하여 관리하도록 하는 서비스를 말한다. 예를 들어, 사례관리는 ① 병원 세팅에서 다양한 건강 관련 시스템 아래 환자에게 가장 적합한 최선의 서비스를 받도록 돕는 일을 한다(Kodner, 1993). ② 노령자를 위한 장기간 케어가 필요한 클라이언트와 가족의 필요를 파악하고, 해당 노령자의 케어에 관련된 의료서비스 제공자 및 사회복지적인 부분을 담당하는 전문가들과 컨설팅하여 다양한 측면들을 고려해 종합적 재가복지 케어 계획을 세워 실행한다. ③ 아동복지 부분에서 학대/방임/유기아동들을 위하여 아동의 전인적 복지를 위한 종합적 관리를 실행한다. ④ 지역사회의 위기가정/위기아동/위기청소년/비행아동/비행청소년/장애인 문제를 가진 개별 클라이언트에게서 발견된 개인적 문제에 대하여, 개인적 특성과 가족 특성을 종합적으로 고려해서 가능한 개인적, 공적 자원을 동원하여 최적의 서비스를 제공한다. 결국 사례관리는 문제를 최소화하고 개인의 발달을 극대화하여 사회에서 최상의 삶을 영위하도록 돕는 종합적 관리 서비스가 모두 해당된다.

최근 우리나라는 2008년 7월 시행된 장기요양보험제도로 인해 장기요양 서비스의 대상이 되는 노령인구에게 사례관리 서비스가 도입, 시행되고 있다. 또한 사례관리가 아동학대 서비스 현장에서 그리고 일부 관심 있는 지역사회복지관을 중심으로 한 주로 노령자를 위한 재가복지 서비스에서 서로 다른 방법으로 제각기 실행되는 상황에 있다. 즉, 한국의 사례관리는 사회복지 대상별로 관심 복지기관마다 서로 다른 '문제사정' 도구들을 사용하고, 얻어진 정보들조차 복지기관 또는 보건기관 및 지자체와 서로 적절한 공유가 이루어지고 있지 않기 때문에, 인력과 자원의 효율성뿐만 아니라 문제를 안고 있는 사회복지 대상에게 최선의 서비스가 전달되지 않고 있다.

예를 들어, 발달장애 아동의 경우 문제가 심각하게 발전되기 이전(만 3세 이전)에 아동의 문제를 최소화하기 위해 장애아동 자신에게 초점을 맞춘 사례관리가 필요하다. 이것이 실행된다면 아동의 문제를 진단하고 아동과 가족의 장점을 기초로 지역사회와 지지자원을 최적으로 연결하여 미래 장애아동 자신의 능력을 극대화하고 사회에 기여하게 할 뿐만 아니라 공공자원의 적절한 분배를 가능하게 하는 데 매우 효과적으로 기여할 수 있다. 치매성 질환을 가진 노령자에 대하여도 문제와 지지자원을 통합적으로 판별하고 가족의 욕구를 측정하여 최적의 서비스 실행을 통해 가족의 부담을 경감하고 환자의 복지를 극대화할 수 있는 측면에서 서비스가 진행될 수 있을 것이다.

이런 장기간 케어를 필요로 하는 다양한 층의 사회복지 대상에 대하여 전반적인 정보를 획득하는 절차, 서비스를 받는 방법, 케어 방법 결정, 제한적 상황 아래 최적의 서비스를 최소의 비용으로 받을 수 있는 방법 등에 대한 정보의 제공이 표준화된 서비스를 통하여 시행된다면, 또 이런 서비스를 통해 얻어진 정보들이 담당 사회복지사 간에 공유되어 지속적인 서비스와 모니터링이 실질적으로 가능하다면 클라이언트는 최적의 사회복지 서비스를 받고 가족은 심리적 안정감과 실제적 불편을 덜 수 있을 것이다(National Chronic Care Consortium, 2000). 나아가 지역사회는 공공비용을 최소화하면서 동시에 복지 욕구를 효율적으로 반영할 수 있을 것이다.

1. 사례관리란 무엇인가

현재 우리나라의 아동학대예방센터, 가정폭력/노인학대예방센터, 청소년쉼터, 지역복지관들의 가족 및 재가복지팀에서 주로 시행되고 있는 사례관리는 미국 사회사업의 가장 초기 형태라 할 수 있는 정착촌운동(Settlement House Movement)과 자선조직협회(Charity Organizations Societies)에서 빈민들을 위한 개입방법으로 시도하였던 문제해결 접근방법(Problem-Solving Approach)에서 유래하였다(Schaedle, 1999). 이 방식은 사회복지사가 클라이언트 자신과 그를 둘러싼 환경에 초점을 맞추어 클라이언트가 스스로 자조할 수 있도록 하고, 클라이언트를 위한 인적·물적 지지자원을 획득하여 클라이언트의 자조활동을 도와, 결국 그가 문제 해결의 주체가 되도록 하는 데 초점을 맞추었다.

최근의 사례관리 개념은 보다 구체적으로 사회복지가 클라이언트의 문제를 발견하고, 클라이언트 자신의 복지적 욕구뿐만 아니라 사회복지 전문가들에 의해 발견되는 최적의 삶의 환경 개선을 위해 전달되는 포괄적 사회복지 서비스를 의미한다(Baker, 2003: 29). 사례관리는 클라이언트와 일대일의 관계 속에서 실행되는 미시 수준(micro level)의 방식과 클라이언트와 지역사회를 연계시키는 중간 수준(meso level)에서의 방식 그리고 서비스 개선을 목적으로 사회법과 규칙을 개정하는 거시 수준(macro level)의 방식으로 전개될 수 있다(O'Connor, 1988). 이와 같은 사회복지 사례관리자의 역할은 다음과 같이 정리될 수 있다.

〈사회복지 사례관리자의 역할 및 기능〉

- 클라이언트의 문제 해결을 위해 문제 해결 중심의 사례관리 방법 적용
- 클라이언트의 건강과 기능에 영향을 미치는 다양한 요소들을 사정
- 클라이언트와 관련된 다양한 정보를 획득하여 치료에 적용할 수 있도록 도움
- 클라이언트의 건강, 사회인지적 기능, 경제적 문제, 교육적 필요 등을 사정하여 관리계획을 세워 실행

- 클라이언트의 케어에 관련된 경비가 최소한으로 사용되고 최대한의 효과를 낼 수 있도록 관리계획 수립
- 모든 사례관리 내용의 문서화
- 클라이언트와 관련된 모든 정보에 관하여 법적, 윤리적으로 비밀 유지
- 클라이언트의 다양한 문제들(장애, 병, 상해 등)에 관하여 적절한 지식을 갖추어 치료의 효과가 극대화될 수 있도록 하고, 가용자원을 찾아 제공하는 면에서 최적의 서비스가 제공될 수 있도록 함.

출처: Mullahy(1998: 10 재인용)

2. 사례관리 실천의 윤리적 측면

사례관리 서비스는 클라이언트와 가족을 직접 대면하여 문제해결을 위해 개입하는 과정이기 때문에 사회복지 서비스 실천과 관련된 윤리적 문제를 경험할 수 있다. 이와 같은 발생 가능한 문제들에 대해 사회복지 전문가들은 사회복지 사례관리의 전문적 실천을 위하여 윤리적으로 저촉되지 않도록 준비할 필요가 있다. 이와 관련하여 미국사회복지사례관리협회(American Case Management Association, http://www.acmaweb.org)가 제안한 '사례관리자들의 윤리강령(Code of professional conduct for case managers)' (2001)은 다양한 차원에서 발생 가능한 윤리적 문제들에 대한 적절한 행동 지침을 제시하고 있다.

- 공적 이익추구 우선: 사회복지 실천에서 자신의 유익보다 공공의 이익이 우선되어야 하는 것은 매우 중요한 윤리적 가치가 된다.
- 서비스 대상에 대한 복지 우선 관심: 사례관리에 개입한 이상 사회복지

사는 어떠한 상황에서도 서비스 대상에 대한 복지와 보호에 우선권을
두어야 한다.

- 객관성 유지: 여러 경우에서 발생 가능한 주관적 판단과 그에 따른 잘
못된 서비스의 문제를 개선하기 위하여 사례관리자는 매우 신중하게
객관성을 유지하려고 노력해야 한다.
- 서비스 이용자 욕구의 최대 반영: 사례관리는 서비스 이용자 욕구의 관
철에 우선순위를 둔다. 물론 다른 전문가들과의 협의를 통해 이용자의
욕구가 비합리적이고 필요치 않다고 판단될 경우 그러한 욕구는 후차
적이 될 수 있으나, 사례관리의 기본적인 관심은 이용자 욕구의 반영에
있다.
- 클라이언트의 문제상황과 처해진 상황에 부합한 서비스: 개입 단계에서
사례관리의 핵심적 서비스는 엄밀한 사정에 있기 때문에, 클라이언트의
문제상황에 가장 적합한 서비스를 위하여 가능한 한 모든 상황과 문제
들을 사정하여 클라이언트의 부담이 최소화될 수 있도록 하여야 한다.
- 제삼자의 유해환경 해소: 클라이언트의 욕구와 문제 해결을 위하여 제
삼자가 어떠한 해를 입지 않도록 법과 사회적 규칙을 준수할 필요가
있다.
- 윤리행동강령의 준수: 사회복지 실천에서 사례관리를 실행하는 사회
복지사는 이상과 같은 윤리행동강령을 최대한 준수하려고 노력하여야
한다.

윤리행동강령의 준수와 더불어 사회복지 사례관리자가 사회복지 실천전
문가로서 다음과 같은 내용들을 항상 견지하려는 노력 또한 윤리적 가치의
실제 적용 측면에서 중요하다고 하겠다.

- 사례관리 실천의 대표성: 사회복지 사례관리자들은 사례관리자로 실천
하기 위해 받은 교육, 훈련 그리고 전문가적인 경험이 자신의 사례관리

실천을 위하여 기본적인 지침이 되고, 자신이 바로 사례관리 실천의 대표성을 띤다고 확신하며 실천에 참여하여야 한다.

- 사례관리 유자격자로서의 책임과 의무: 사례관리자는 자신의 국가자격 범위를 넘지 않도록 그에 응당한 책임과 의무를 준수하는 데 최선을 다하여야 한다.
- 사례관리 관련 법규의 준수와 비밀유출 억제: 사례관리자는 사례관리와 관련된 다양한 법에 정통하여 법의 테두리를 벗어나지 않을 책임이 있고, 클라이언트와 관련된 어떠한 정보도 유출해서는 안 되나, 사례관리 서비스 과정 중 제삼자가 위험에 처할 상황이 발견되면 즉시 관련 공공기관에 알려야 한다.
- 법적 진술의 공정성: 사례관리자는 자신의 사례와 관련하여 법적인 증인이 될 때 자신의 전문가적 실천능력 안에서 최대한 공정하고 정직한 진술을 해야 한다.
- 이용자에게 사례관리 서비스와 관련된 충분한 설명: 사례관리자는 클라이언트가 개입에 필요한 서비스 계획을 세우고 실행하는 데 자발적인 의사표시를 할 수 있도록 사례관리 서비스의 목적, 기술, 규칙, 절차, 예상된 결과, 비용, 서비스의 한계 등을 구체적으로 설명하여야 한다.
- 사례관리 서비스의 객관성: 사례관리자는 자신의 가치체계를 클라이언트에게 제시하려고 하면 안 되며, 자신의 객관성을 유지하는 데 영향을 미칠 수 있는 어떠한 수준의 개인적 관계도 맺어서는 안 된다.
- 범죄적·비윤리적 행동의 배제: 사례관리자는 어떠한 경우에도 범죄적 행위, 부정직한 행동, 차별, 성희롱 또는 성적 비하행동 등 비윤리적 행동을 하지 않아야 한다.
- 이해 당사자 간의 분쟁 참여 억제: 사례관리자들은 사례관리 과정 중 발생하는 어떠한 분쟁에도 사적으로 개입하지 않으며, 발생 가능한 상황이 포착되면 클라이언트와 관련 전문가에게 알려야 한다. 만약 이해

당사자 간 분쟁에 관여될 상황이 감지되면 클라이언트에게 이해를 구하고 사례관리를 종료할 필요가 있다.

• 사례관리 종료시점의 공정한 고지: 클라이언트의 문제 해결과 욕구 해소를 위한 사례관리 목적이 해소 혹은 해결되어 클라이언트를 위한 사례관리 서비스가 더 이상 필요치 않다고 전문가적 판단이 내려질 때, 사례관리자는 클라이언트에게 서비스의 종료를 알려야 한다.

앞서 설명한 것처럼 사례관리는 클라이언트의 다양한 문제 해결과 해소를 목적으로 합의된 목표를 성취하기 위해 사용 가능한 모든 자원들을 동원하고, 최적의 조건으로 최대의 서비스를 제시하는 전문적 실천이다. 따라서 사례관리자는 이상과 같은 윤리적, 전문적 실천행동 요소들이 자신의 실천 영역에서 실현될 수 있도록 최대한 노력을 기울여야 한다(〈표 8-1〉 참조).

표 8-1   사례관리의 전문가적 실천모델

분 류	실천 내용
윤리적 실천	• 공적 이익추구 우선 • 서비스 대상에 대한 복지 우선 관심 • 객관성 유지 • 서비스 이용자 욕구의 최대 반영 • 클라이언트의 문제상황과 처한 상황에 부합한 서비스 • 제삼자의 유해환경 해소 • 윤리행동강령의 준수
전문가적 실천	• 사례관리 실천의 대표성 • 사례관리 유자격자로서의 책임과 의무 • 사례관리 관련 법규의 준수와 비밀유출 억제 • 법적 진술의 공정성 • 클라이언트에게 사례관리 서비스와 관련된 충분한 설명 • 사례관리 서비스의 객관성 • 범죄적 · 비윤리적 행동의 배제 • 이해 당사자 간의 분쟁 참여 억제 • 사례관리 종료시점의 공정한 고지

3. 사례관리의 절차

NASW(National Association of Social Workers)는 사회복지 사례관리자의 직무와 책임에 대하여 규정하고 있는데, '이용자 수준의 개입'과 '시스템(지역사회 네트워크, 기관의 조직, 정책과 예산 등) 수준의 개입'으로 나누어 설명한다. 먼저 클라이언트 수준의 개입에서 사회사업 사례관리자는 서비스의 필요를 알고 참여하기로 했을 때 클라이언트와 마주하여 클라이언트의 사회적, 경제적, 제도적 자원들을 고려하여 포괄적인 사정을 실시한다. 이때 사례관리자는 그러한 자원들이 클라이언트의 근본적인 문제들과 관련하여 어떻게 연관될 수 있는지에 초점을 맞춘다. 이 사정을 기초로 사례관리자는 우선순위를 정하고 바람직한 결과를 예측하여 결과를 얻기 위한 전략과 운용 가능한 자원 활용방법 등을 제고한다.

클라이언트를 위한 개입과 관련하여 사회사업 사례관리자의 책무는 공식, 비공식 자원들을 활용하는 데 계획을 맞추고 서비스는 클라이언트의 육체적, 사회적, 정신적 복지를 최대한 증진하는 데 주안점을 두는 것이다. 모든 개입과정에서 사회사업 사례관리자는 가용한 모든 서비스와 재정적 자원들을 사정, 할당, 모니터, 평가하는 데 필요한 권위를 행사한다.

클라이언트 중심의 사례관리를 위해서는 지역사회의 네트워크뿐만 아니라 한 기관의 구조, 정책 그리고 예산이 적절하게 배분되어야 한다. 사회사업 사례관리자는 이용자에게 적극적으로 혹은 부정적으로 영향을 미치는 기관과 환경을 이해하고 그러한 환경을 최적화해야 하는 책임이 주어진다. 즉, 사회사업 사례관리자는 환경의 강점들과 한계들을 분석하고, 예상되는 결과들을 그려 보며, 시스템을 개선하기 위한 전략들을 선택하고, 그 전략의 효과를 사정하는 과정을 사례가 종료될 때까지 계속한다. 자원의 개발, 재정적 책임, 데이터 수집, 정보의 운용, 프로그램 평가 등이 그러한 활동들이다.

그 요소들에는 ① 사례접수, 위탁, 클라이언트 확인, 참여, ② 클라이언트의 사회심리생물학적(biopsychosocial) 사정, ③ 서비스 계획의 개발, ④ 서비스 계획의 시행, ⑤ (다른 전문가 집단들과의) 조력과 서비스의 모니터링, ⑥ 클라이언트의 가용자원들의 적절한 창조, 획득 및 분배, ⑦ 클라이언트 상태의 재사정, ⑧ 서비스가 더 이상 필요치 않을 때의 사례 및 종료 등이 포함된다.

1) 클라이언트 인테이크

사회복지사는 사례관리를 통하여 도움을 받을 수 있는 사람들을 찾고 그들의 사례에 개입한다. 혹은 위탁에 의해 사례관리가 필요한 경우 사회복지사는 그들이 사례관리의 필요가 있는지, 사례관리 프로그램을 이용할 대상이 되는지 등을 알아보기 위해 클라이언트(Client, 이용자)의 환경과 자원들을 적격 심사한다. 일반적으로 대상이 되는 사람들은 노령화의 과정에서 장애를 경험하여 장기적 케어가 필요함에도 불구하고 사회적인 지지가 없는 사람들, 아동학대/가정폭력 피해자들, 문제아동/청소년, 장애인, 극빈층 가정 등이다. 초기 접수(intake)를 통하여 확인되는 문제들은 사례관리를 통하여 얻어질 수 있는 효과적이고 효율적인 결과를 추정할 수 있는 격자가 될 수 있으므로 적절한 문제 파악이 중요하다(Challis, 1999). 또한 기존 사례관리 여부, 인구통계학적 정보, 기존 서비스 확인, 클라이언트의 정신적 기능 정도, 중독 여부, 학대 피해/가해 여부 등의 정보 획득도 중요한 사항들이 된다.

2) 사회심리생물학적 사정

사정은 클라이언트를 위한 서비스를 개발할 때 가장 먼저 이행되는 가장 중요한 절차다. 해당 클라이언트가 사례관리가 필요한 사람인지를 확인함과 동시에, 클라이언트가 현재 처하고 있는 상황과 필요, 도움을 받을 수 있는 직간접적인 지지자원들의 파악이 이루어진다(Holt, 2000).

클라이언트가 자신의 강점과 약점을 스스로 사정하고, 가족/지역사회 자원의 문제와 지지요소를 확인하며, 클라이언트의 신체·사회·인지기능에 대한 사정 후 필요한 경우 보다 구체적인 건강 상태의 확인이 의료진에 의해 파악된다. 클라이언트의 가족을 포함한 다른 사람들의 인적·사회적 자원을 확인하고, 동시에 클라이언트가 처한 상황을 살핀다. 나아가 서비스의 과정에서 영향을 미칠 수 있는 상황적인 특징들을 짚어 본다(Lebow & Kane, 1991). 이때 클라이언트를 돌보는 데 관여하는 모든 전문가들이 사정에 참여하지만, 이것이 불가능할 때는 사회복지 사례관리자가 필요한 정보를 모은다. 이상의 내용들을 정리하면, 클라이언트의 투약/처방상황, 의료혜택 수혜자격 여부, 인지적 지위, 자기 케어 능력, 영양 상태, 간접 지지자원의 역할, 환경적 문제상황, 정서·심리상황, 응급상황 대처능력, 술담배 여부, 사회활동 정도, 재활 가능성, 사례관리가 필요한 정도 등이 포괄적 사정에 포함될 것이다.

3) 서비스 계획 개발

사회복지사와 클라이언트는 사회심리생물학적 사정에 기초한 문제들을 해결하기 위하여 채택된 전략들을 적절하게 나열하고 개입방법들을 설명한다. 케어 서비스 계획은 문제 해결을 위한 목표를 진술하는 방식으로 작성하되, 목표를 달성하기 위한 직간접적인 방법과 클라이언트의 욕구를 최대한 반영하는 구체적인 계획들을 포함하여야 한다. 케어 계획에 포함된 각각의 서비스는 최대한 자세히 진술되어야 하고, 클라이언트가 동의할 수 있는 내용으로 쓰여야 한다. 또한 그 계획들은 클라이언트와 사회적 지지자원들을 어떻게 사용할 것인지에 관해서도 진술되어 있어야 한다. 그러므로 계획에는 어떤 종류의 서비스가 제공될 것인지(현실적이고 수치로 표현될 수 있는 목표에 따라), 그 서비스가 얼마나 자주 행하여질 것인지, 비용과 지불방법은 어떻게 이루어질 것인지 그리고 서비스에 대한 모니터링은 어떻게 진행될 것인지에 관하여 구체적인 진술 형태로 표현되어야 한다(Siefker, 1998).

이상적인 서비스 계획의 개발은 클라이언트를 돌보는 데 관여한 모든 전문가들이 같이 서비스 계획의 개발에 참여하는 것이다. 이때 케어 계획은 가용자원의 할당에서 비용 절감적이면서 동시에 최대한의 효과를 낼 수 있도록 개발되어야 한다. 이 계획은 클라이언트의 바람을 충족시키고, 클라이언트가 동의한 장단기적인 계획을 수립하되, 결과가 평가될 수 있는 형태로 계획되어야 한다. 결과의 계획과 수정은 초기 계획 시 함께 다루어야 하는 부분이기도 하다. 가능한 한 클라이언트와 가족은 예상되는 결과를 획득하기 위하여 클라이언트와 가족의 참여적 행동과 계획에 따른 실천에 동의한다는 사실에 서명하여야 한다.

4) 서비스 계획 시행

이것은 케어 계획에 명시된 서비스들을 클라이언트로 하여금 획득할 수 있도록 돕는 여러 활동을 의미한다. 이를 위하여 사회복지사는 클라이언트에게 서비스의 시행을 알리고, 제공된 서비스가 어떤 것인지 묘사해 주고, 개입하는 다른 전문가들에게도 수립된 계획의 적절한 시행 내용들이 어떤 수준에서 실천되어야 하는지를 알려 준다. 사회복지사가 클라이언트가 받을 수 있는 혜택을 받을 수 있도록 해 주고, 클라이언트를 대신하여 필요한 서비스를 구입하는 것도 계획 시행의 부분으로 이해될 수 있다.

5) (다른 기관 전문가들과) 조력(연계 · 조정)과 모니터링

사례관리의 핵심서비스는 서비스의 연계 · 조정에 있다고 해도 과언이 아니다. 사례관리를 맡은 사회복지사는 지역에서 제공할 수 있는 서비스 자원을 가장 잘 파악하고 있으므로 사례관리 과정에서 서비스연계와 조정의 핵심 역할을 한다. 파악된 욕구나 문제에 대하여 필요한 서비스를 제공할 수 있는 지역 내 기관 및 해당 서비스 전문가들과 조력하거나, 제공되고 있는 서비스를 조정하는 역할을 할 수 있다.

케어 모니터링은 클라이언트가 받고 있는 서비스의 질을 평가할 수 있고, 그 서비스가 원래 목적한 방향대로 추진되고 있는지에 대해서도 알 수 있도록 도와준다(Rothman & Sager, 1998). 그러므로 사회복지사는 수립된 계획이 클라이언트의 필요에 따라 잘 수행되고 있는지 알 수 있도록 다른 협력 전문가들의 실행을 자주 확인해야 하고, 자신의 개입이 진행되는 상황을 모니터링해야 한다. 이러한 모니터링은 클라이언트의 상황을 파악하고 개입 계획의 수정을 위하여 필수적인 요소다.

모니터링은 클라이언트, 가족 그리고 각종 서비스 제공자들과 정기적인 연락을 취할 것을 필요로 한다. 이때 사회복지사는 클라이언트의 목표, 문제, 바람직한 결과들을 확인하고 제공된 서비스에 대한 클라이언트의 만족 여부, 모니터링의 평가와 효과 등도 파악하여야 한다(Quinn, 1993).

6) 가용자원의 개발, 획득 및 분배

사회복지사는 클라이언트의 서비스 결과를 증진시키기 위하여 자신의 기관에 의해 제공된 자원들뿐 아니라 클라이언트와 가족들을 위한 다양한 수준의 인적·물적 자원들을 확보하도록 노력하는 지지자로서의 역할을 맡는다. 예를 들어, 빈곤아동의 경우 장학금, 학용품, 옷 등 생활용품 지원과 아동의 학습향상을 위한 학습도우미 자원봉사자 연계의 개발, 획득, 분배가 필요할 것이다.

7) 재사정

사회복지사는 서비스의 목표를 성취하는 것과 일치하여 서비스가 실행되고 있는지 정기적으로 재평가를 실시한다. 클라이언트를 위하여 제시된 근본적인 목표들이 케어 계획에 따라 잘 수행되고 있는지에 대한 재평가는 서비스 도중에 이루어질 수 있는 클라이언트의 욕구 변화도 포함하여야 한다.

지속적인 재평가의 시기는 사례관리 프로그램에 소개되어 있어야 하고, 서비스의 실행 중에도 적절한 판단에 따라 재평가가 이루어지도록 해야 한다.

8) 사례 종료

서비스의 종료는 다양한 이유들에 기반하여 이루어진다. 예를 들어, 클라이언트를 위한 목적이 달성되었을 때, 클라이언트 혹은 가족이 서비스의 실행에 보조를 맞추지 않을 때, 클라이언트 혹은 사회복지사가 사례관리의 진행을 원치 않을 때, 클라이언트가 갑작스러운 죽음을 맞이했을 때 등의 경우가 해당된다. 클라이언트가 다른 곳으로 이주할 경우 서비스 종료가 발생하기도 한다. 일반적으로 클라이언트의 육체적 기능이 향상되거나 외부적 요인에 의하여 클라이언트의 상황이 현저히 개선된 경우도 해당된다(Holt, 2000). 서비스의 종료 후 클라이언트의 삶의 상태가 적절한지를 살피기 위하여 사후관찰이 수행된다.

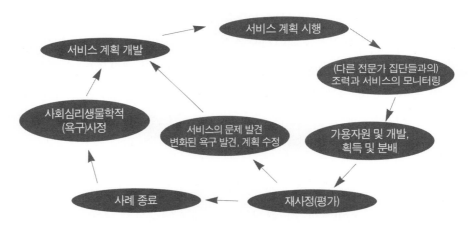

[그림 8-1] 사례관리 과정

4. 공공사례관리

주로 민간사회복지 현장에서 시행되어 오던 사례관리는 공공 분야에서 주로 기초생활수급자를 대상으로 시·군·구의 주민생활지원과의 행정업무로 진행됐다. 정부는 2013년 4월부터 기초생활수급자와 차상위계층의 탈빈곤을 목표로 통합사례관리[1]를 시행하는 '희망복지지원단'을 시·군·구에 설치하여 실질적인 공공 사례관리를 시작하였다(〈표 8-2〉 참조). 희망복지지원단이 통합사례관리를 통하여 제공하는 주요 서비스로는 공적 서비스 연계(기초수급자, 한부모가정, 기초노령·장애연금, 보육료지원 등), 건강 관련 서비스(방문간호, 의료지원, 건강교육, 정신보건 서비스 등), 주거복지 서비스(거주환경 개선, 주거용품 지원, 전세자금 융자 등), 사회구성원 기능향상 서비스(대인관계 향상, 부모 및 가족상담, 여가 서비스 등), 일상생활지원 서비스(거동 불편자에 대한 병원 동행 지원, 가사 지원, 이동 편의 제공 등), 교육지원 서비스(학원연계, 멘토링, 학습지도 및 교육 프로그램 등), 고용지원 서비스(자활사업, 취업 훈련, 취업 알선 등), 희망콜 서비스(독거노인, 장애인, 요보호 대상 아동에 대한 안부 확인 전화 실시 등), 후원연계 서비스(정기결연 후원금, 일시 후원금(품) 연계 등), 법률홈닥터(법률상담 및 정보제공)가 있다.

---

1) 지역사회 공공·민간자원에 대한 체계적인 관리·지원체계를 토대로 복합적이고 다양한 욕구를 가진 대상자에게 복지·보건·고용·주거·교육·신용·법률 등 필요한 서비스를 통합적으로 연계·제공하고, 이를 지속적으로 상담·모니터링 해 나가는 사업

표 8-2   희망복지지원단 통합사례관리

절차	주요 내용
통합사례관리 체계도	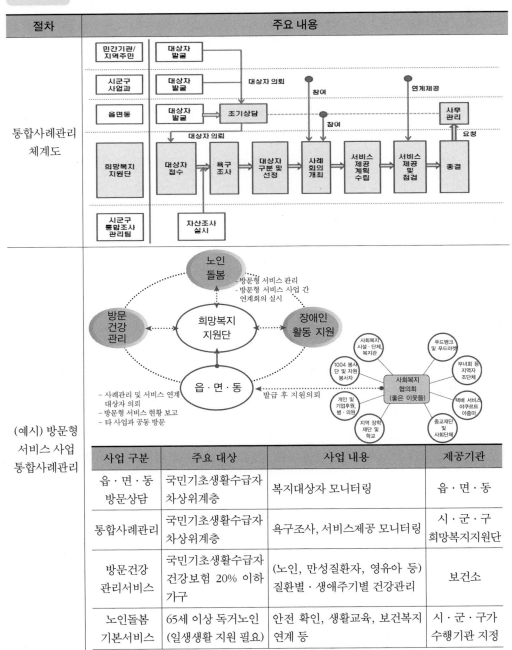

(예시) 방문형 서비스 사업 통합사례관리

사업 구분	주요 대상	사업 내용	제공기관
읍·면·동 방문상담	국민기초생활수급자 차상위계층	복지대상자 모니터링	읍·면·동
통합사례관리	국민기초생활수급자 차상위계층	욕구조사, 서비스제공 모니터링	시·군·구 희망복지지원단
방문건강 관리서비스	국민기초생활수급자 건강보험 20% 이하 가구	(노인, 만성질환자, 영유아 등) 질환별·생애주기별 건강관리	보건소
노인돌봄 기본서비스	65세 이상 독거노인 (일생생활 지원 필요)	안전 확인, 생활교육, 보건복지 연계 등	시·군·구가 수행기관 지정

노인돌봄종합서비스	65세 이상 치매·중풍, 노인성 질환자 (등급 외 A, B)	가사·활동지원, 주간보호	시·군·구가 수행기관 지정
장애인활동보조서비스	1급 장애인 (일상생활·사회활동 곤란)	신변처리·가사지원·이동보조(월 40~100시간)	시·군·구가 수행기관 지정
가사간병방문도우미	국민기초생활수급자 차상위계층 (가사·간병 필요가구)	가사·간병 서비스 지원	시·군·구가 수행기관 지정
방문요양서비스	장기요양보험 3등급 이상	신체활동, 가사활동 등 지원	장기요양기관
방문목욕서비스	장기요양보험 3등급 이상	목욕서비스	장기요양기관

통합사례관리 절차	
대상자 접수	읍·면·동에서 초기상담을 거쳐 희망복지지원단에 의뢰한 통합사례관리사업 대상가구 접수: 부록 〈서식1〉 초기상담지, 〈서식2〉 통합사례관리 사업 수행상 개인정보 활용에 관한 동의서 참조
욕구조사	접수된 통합사례관리 대상가구를 사례관리 가구와 서비스연계 가구로 구분 선정하기 위한 사전 심층조사, 종전에 수행한 욕구조사에 추가하여 욕구별 위기도 조사를 병행 실시함으로써 향후 개입방향을 구체적으로 설정하는 데 필요한 정보 수집: 사회복지통합관리망에 의한 통합사례관리사업 요청일로부터 15일 이내 실시(다만, 특별한 사유가 있는 경우에는 10일을 추가): 부록 〈서식3〉 욕구조사표, 〈서식4〉 위기도 조사지 참조
대상자 구분 및 선정	• 개념: 대상가구를 사례관리 가구와 서비스연계가구로 구분·선정(사업대상에서 제외 결정 포함) • 수행주체: 통합사례관리조정자 + 주사례관리자 • 시기: 욕구조사 결과 등록 완료일로부터 5일 이내 • 수행방안: 욕구조사(위기도 조사 포함) 결과를 토대로 통합사례관리조정자가 주사례관리자와 협의하여 대상가구 구분을 결정(사례관리 가구, 서비스연계 가구, 사업대상 제외 가구), 대상가구의 특성 및 가용자원 등을 감안하여 개입 기간이 1개월 이상 예

상시 사례관리 가구로, 1개월 미만 예상 시 서비스연계 가구로 구분, 지역 내 가용자원이 없거나 통합사례관리사업이 불필요한 경우 제외 처리, 대상자 제외 처리로 결정된 가구에 대해 제외처리 사유를 명확하게 기재하여 서면으로 통보사례관리 가구로, 1개월 미만 예상시 서비스연계 가구로 구분, 지역 내 가용자원이 없거나 통합사례관리사업이 불필요한 경우 제외 처리, 대상자 제외 처리로 결정된 가구에 대해 제외 처리 사유를 명확하게 기재하여 서면으로 통보

서비스연계 가구 관리	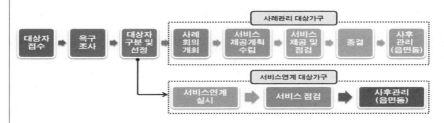 • 개념: 대상가구 중 서비스연계 가구로 결정된 경우에는 관련 서비스를 연계하고 사후관리 수행(서비스연계 가구는 사례관리 가구와 달리 사례회의-서비스제공계획 등의 절차를 생략하나, 간단한 서비스제공 계획, 서비스연계 실시 및 점검, 사후관리 등의 절차는 수행) • 수행주체: 주사례관리자＋읍·면·동 • 시기: (서비스연계 실시) 주사례관리자는 서비스연계 가구 선정 후 5일 내에 관련 서비스연계(사후관리) 읍·면·동은 서비스연계 가구 중 시·군·구가 요청한 가구에 대해 서비스 연계 종료 후 6개월 이내에 1회 사후관리 실시. 다만, 이 경우에는 만족도 조사를 따로 실시하지 않음.
사례회의 개최	• 사례관리 가구로 결정된 대상가구에 대해 서비스 제공계획을 수립하기 위하여 실시(욕구조사를 기초로 하되, 필요시 자산조사 결과도 활용) • 연계 가구로 결정된 가구에 대해서는 사례회의(서비스 제공계획 수립) 생략 • 주요 고려사항 　- 사례관리 대상자의 욕구해결을 위한 주요 강점은 무엇인가? 　- 사례회의를 통해 해결할 수 있는 과제는 무엇인가? 　- 사례회의를 통해 결정해야 할 서비스 제공 관련 내용은 무엇인가? 　- 기존의 지역 내 공공-민간자원을 어떻게 활용할 것인가? • 수행주체: 통합사례관리조정자＋사례관리자 전원 • 시기: 사례관리 가구 결정 후 10일 내 서비스 제공계획 수립이 가능하도록 회의 개최: 부록 〈서식5〉 사례회의록 참조

서비스 제공 계획수립	• 개념: 사례회의 결과를 토대로 사례관리 가구에 대한 개입목표(장·단기)를 설정하고, 구체적인 서비스 제공계획 수립 • 수행주체: 주사례관리자 • 시기: 사례관리 가구 결정 후 10일 내 서비스 제공계획 수립(사례회의 개최 포함) • 장·단기 목표 설정 예시 {표} • 서비스 제공 및 이용 동의: (서비스 제공 동의) 서비스 제공기관의 책임자로부터 대상자에게 보유한 자원과 서비스를 제공하겠다는 동의를 전화 등을 통한 방법으로 획득, (서비스 이용 동의) 서비스 이용 대상자에게 서비스제공계획을 충분하게 설명*하고 서면으로 이용 동의를 구함. 　* 대상자의 책임·의무와 함께 서비스 제공기간, 이용거리, 비밀보장 원칙을 전달
서비스 제공 및 점검	• 개념: 사례관리 가구에게 서비스 제공 계획에 따른 서비스를 제공하고, 이행 상황 및 대상가구의 환견·욕구 변화 등을 주기적으로 점검·파악 [공공·민간 서비스 제공기관이 제공하는 서비스만 아니라, 주사례관리자가 제공하는 직접서비스(전문적인 지지·상담개입 등)도 포함] • 수행주체: 주사례관리자 • 시기: 서비스 제공계획 수립 후 종결까지 • 사례관리 가구에 대한 점검사항 　· 사례관리 서비스를 통한 대상자의 변화 정도(대상자가 수립된 성과목표를 향해 나아가고 있느지, 대상자의 삶에서 어떠한 변화가 나타나고 있는지 등) 　· 대상자가 연계된 서비스에 실제로 참여하고 있는지, 서비스의 양은 충분한지, 서비스의 내용은 적절한지, 서비스의 품질은 양호한지, 서비스의 제공방법은 적절한지 등

표:

대상자 문제 및 욕구	단기 목표	장기 목표
- 경제적 문제 - 신체건강 문제 - 정신건강 문제 - 생활환경 및 권익보장의 문제	- 검사비 지원 및 취업 전 생계지원 - 병원 동행 및 질병치료를 통한 신체적 건강상태 회복 - 심리검사 및 상담을 통한 정신적 건강상태 증진 - 일자리 상담연계를 통한 취업지원 - 거주환경 개선	- 신체적, 정신적 건강상태 개선을 통한 자활지원 - 경제적 지원을 통해 위기 상황 극복 - 취업지원을 통한 경제적 안정 도모 - 거주환경 개선을 통한 위생환경 향상

- ·대상자 욕구 및 환경 변화에 따라 욕구재조사 또는 서비스 제공계획 수정 필요 여부
- ·서비스 품질에 대한 대상자의 만족도 등
- 서비스 제공기관에 대한 점검사항
  - ·서비스제공계획과 서비스 제공기간, 횟수, 내용의 일치 여부
  - ·서비스 제공 여건, 서비스 제공자의 변화 여부 등
  - ·서비스 제공기관 사이의 연계나 협력의 원활 여부
  - ·서비스의 충분성
- 점검방법
  - ·(상담) 전화 · 방문상담 · 설문지 등을 통해 대상가구의 서비스 평가, 생활실태 등 파악
  - ·(서비스 이용시 동행) 서비스 이용모습 및 서비스 내용 파악
  - ·(서비스 제공자와의 연락) 사례관리 대상자의 욕구와 상황의 변화를 파악
  - ·(기록지 검토) 사례관리 기록에 대한 체계적 검토를 통해 변화의 시점 등을 발견
- 점검에 따른 조치

점검결과	조치방안
• 대상가구를 둘러싼 환경의 변화가 발생하여 재검토가 필요한 경우 • 서비스가 진행되면서 심각한 신규 욕구 또는 문제가 발생한 경우	욕구 재조사
• 서비스의 양 또는 횟수에 대해 대상자가 변경 요청 시 • 주사례관리자의 판단 결과 서비스의 양 또는 횟수의 변경이 필요한 경우 • 욕구재조사 결과 서비스의 종류 변경이 필요할 경우 • 서비스 제공자의 여건 변화로 서비스 제공이 어려운 경우	서비스제공 계획 재수립
• 대상가구의 상황이 사례관리 서비스가 필요하지 않을 정도로 호전된 경우 • 대상가구의 이사, 연락 두절 등으로 사례관리 진행이 어려운 경우 • 대상가구가 1개월 이상 지속적인 사례관리 서비스를 거절 또는 포기하는 경우	종결을 위한 사례관리 평가

부록 〈서식6〉 서비스 제공계획 및 점검표, 〈서식7〉 서비스 의뢰서 참조

종결	• 개념: 사례관리의 개입목표가 달성되었거나 거부 등의 사유로 사례관리 개입이 불가능할 경우 종결 여부 결정 • 수행주체 주사례관리자(사례회의) • 시기: 사례관리 종력 5일 전부터 절차 진행 • 종결 유형 　- 대상가구의 긍정적 변화에 의한 종결: 장기 목표 달성, 단기 목표 달성, 상황 호전(위기도 조사 결과가 향상되어 더 이상 사례관리 개입이 불필요한 경우)

	− 대상가구 여건에 의한 종결 　· 타 시 · 군 · 구로의 전출. 이 경우에는 관련 정보를 해당 시 · 군 · 구로 이관 　· 대상자 사망. 1인 가구인 경우인 경우에만 해당(가구주가 사망한 경우에도 사례관 　　리 진행 가능) 　· 거절(서비스 제공계획 해지 요구 등), 포기, 3개월 이상 연락 두절 　− 자체 종결: 기관의 자원 · 능력의 한계로 인한 종결 • 종결 시 고려사항 　− 대상자가 종결을 수용할 수 있도록 일정 기간을 남겨두고 종결 논의 등 속도 조절 　− 종결 이후에도 필요한 경우 주사례관리자에게 도움을 요청할 수 있음을 안내 　− 욕구나 문제가 해결되어 종결된 대상자도 문제가 재발하거나 새로운 욕구가 발생할 　　수 있으므로 지속적인 사후관리를 통해서 대상자의 긍정적 변화 유지 여부 확인 　− 대상자가 종결을 수용할 수 있도록 일정 기간을 남겨두고 종결논의 등 속도 조절 　− 종결 이후에도 필요한 경우 주사례관리자에게 도움을 요청할 수 있음을 안내 　− 욕구나 문제가 해결되어 종결된 대상자도 문제가 재발하거나 새로운 욕구가 발생할 　　수 있으므로 지속적인 사후관리를 통해서 대상자의 긍정적 변화 유지 여부 확인: 부 　　록 〈서식8〉 사례관리 종결심사서 참조
사후관리	• 개념: 통합사례관리가구(사례관리 가구 및 서비스연계 가구)에 대한 개입 종결 후 일 　정기간을 설정하여 대상가구가 변화를 지속적으로 유지하는지 등을 모니터링, 사후관 　리 결과 새로운 문제나 욕구가 발생할 경우에는 재개입 필요성 등을 판단하여 위기상 　황의 재발 예방 • 수행주체: 읍 · 면 · 동 • 시기: 종결 후 6개월 단위로 2회 실시(서비스연계 가구는 1회 실시), 특이사항이 있는 　경우에는 사후관리를 위한 모니터링 기간 및 횟수 변경 가능 • 수행방안 　· 희망복지지원단은 종결된 통합사례관리가구를 읍 · 면 · 동에 의뢰 　· 읍 · 면 · 동은 원칙적으로 대상가구에 대해 방문상담 실시하고 상담 · 사례관리 시 　　스템에 상담내용 입력, 특이사항이 있는 경우에는 희망복지지원단에 즉시 보고, *방 　　문 전 사회복지통합관리망을 활용하여 사례관리 이력 등 조회 　　　− 대상자의 건강 · 영향 상태, 주거환경 등 생활실태와 욕구파악 　　　− 제공된 급여 · 서비스가 제대로 전달되고 있는지 파악 　　　− 신규 제도 및 서비스, 변화된 내용, 이용가능한 자원 정보 제공 등 　· 읍 · 면 · 동은 만족도 조사 병행 실시(사례관리 가구에 한하여, 서비스연계 가구는 　　제외): 부록 〈서식9〉 모니터 상담지, 〈서식 10〉 만족도 설문지 참조

출처: 보건복지부(2013). 희망복지지원단 업무안내 4~51 재정리.

생각해 볼 문제

1. 가족복지 실천에서 가족기능 강화의 문제가 중요한 이유를 설명하시오.
2. 사례관리를 정의하고 가족기능 강화에 적용될 수 있는 이유를 나열하시오.
3. 사회복지사가 사례관리를 실행할 때 특별히 관심을 가져야 할 역할과 기능에는 어떤 것들이 있는지 설명하시오.
4. 사례관리 실천을 위해 고려해야 할 윤리적 측면 중 비밀보장의 중요성과 비밀보장이 지켜질 수 없는 상황들을 설명하시오.
5. 사례관리 실천을 위해 고려해야 할 윤리적 측면 중 아동학대, 노인학대, 가정폭력의 상황에서 각각 중요시되어야 할 내용들을 설명하시오.
6. 사례관리의 절차를 설명하고 각 단계에서 포함되어야 할 내용들을 논하시오.
7. 사례관리 절차 중 지역사회 자원을 획득하기 위하여 선행되어야 할 작업들은 무엇인지 대상별로 논하시오.
8. 사례관리 종료를 결정하는 데 고려되어야 할 사항들을 설명하시오.

참고문헌

보건복지부(2013). 희망복지지원단 업무안내.

American Case Management Association (2001). *Code of Professional Conduct for Case Managers with Disciplinary Rules, Procedures, and Penalties*. Rolling Meadows, Illinois: CCMC.

Baker, R. L. (2003). *The Social Work Dictionary*. NASW.

Challis, D. (1999). Assessment and Care Management: Developments since the Community Care Reforms. In M. Henwood & G. Wistow, *With respect to old age: Long Term Care-Rights and Responsibilities Community Care and Informal Care* (pp. 3-123). Leeds: Royal Commission on Long-Term Care.

Holt, B. (2000). *The practice of Generalist Case Management*. Needham Heights: Allyn & Bacon.

Kodner, D. (1993). Case Management: Principles, Practice, and Performance. *GeronTopics, 1*, July 26. Brooklyn, NY: Metropolitan Jewish Health System Institute for Applied Gerontology.

Lebow, G., & Kane, B. (1991). Assessment: Private case management with the elderly. in B. S. Vourlekis & R. R. Greene (Eds.), *Social Work Case Management* (pp. 35-50). New York: De Gruyer.

Mullahy, C. M. (1998). *The Case Mamager's Handbook*. Gaithersburg, Maryland: An Aspen Publication.

National Association of Social Workers (2004). *NASW Standards for Social Work Case Management*.

National Chronic Care Consortium (2000). *Case Management: Methods and Issues: Medicare/Medicaid Integration Project*. Washington DC: University of Maryland Center on Aging.

O' Connor, G. C. (1988). Case Management: System and Practice. *Social Casework, 69*, 96-106.

Quinn, J. (1993). *Successful Case Management in Long-Term Care*. New York: Springer Publishing Company.

Rothman, J., & Sager, J. (1998). *Case Management: Integrating Individual and Community Practice*. Boston: Allyn & Bacon.

Schaedle, R. W. (1999). *Critical Ingredients of Intensive Case Management: Judgments of Researchers/Administrators, Program Managers and Case Managers*. City University of New York Hunter School of Social Work D.S.W Dissertation.

Siefker, J. (1998). *Fundamentals of Case Management: Guidelines for Practicing Case Managers*. Louis, St: Mosby.

CWS/CMS The Children and Family Services Division. (2007). *California Department of Social Services*. http://www.dss.cahwnet.gov/cfsweb/ChildWelfa _355.htm

제9장

가족문제 해결을 위한 실천:
가족치료적 접근

  가정은 마치 축구팀과 같다. 축구는 11명의 선수들이 자신의 자리를 지키고 서로 도우며 감독의 다양한 전술에 따라 경기를 하기 때문에, 한 선수라도 자신의 자리를 지키지 못하거나 자신의 역할을 제대로 감당하지 못하면 조직력이 무너지고 팀은 패배하게 된다. 마찬가지로 우리의 가정도 부부, 부모, 자녀가 서로 연합하여 하나가 되는 것이 중요하다(정희성, 2006).

  2002년 대한민국 축구팀이 세계 월드컵 4강을 이루어 내는 데 기여했던 히딩크 감독의 첫 번째 미션은 한국 선수들에게 영향을 주었던 과거 감독들의 익숙한 습관 및 전통에서 떠나게 한 것이었다. 이렇듯 가정에서도 과거 익숙한 습관 중 부정적 영향은 떠나게 하고 긍정적인 영향이나 유산은 계승·발전시키며 더욱 건강하고 바람직한 가족관계를 형성해 나가도록 해야 한다. 이러한 시각을 가족관계에 적용한 이론이 보웬의 가족치료 모델이다. 가족이 갖고 있는 현재 모습은 윗세대와의 관계나 영향에 의한 것이므로, 윗세대의 부정적인 영향이 있었다면 과거의 전통에서 떠나 발전적이고 긍정적인 방법을 모색하는 것이다. 히딩크 감독이 다른 방법을 사용했을 수도 있다. 즉, 과거의 익숙한 습관과 전통에 관심을 갖기보다는 현재 그 팀이 갖고 있는 구조에 관심을 갖고 공격수들의 포지셔닝이나 선수들 간의 상호작용과 역할, 규칙에 주안점을 두고 지도했을 수도 있다. 이를 가정에 적용해 본다면 지금 현재 영향을 미치고 있는 가정 내의 하위체계(부모와 자녀의 관계, 자녀들 간의 관계 등)에 초점을 두고 그들의 상호관계나 역할, 규칙 등에 초점을 두고 가정의 문제를 해석하며 문제해결 방법을 찾아가는 구조적 가족치료 모델의 적용이라고 볼 수 있다. 이처럼 가족의 기능이나 문제를 해석하고 해결책을 모색하는 방법은 다양할 것이나, 그중 어떤 구도에서 문제를 이해할 것인가는 문제에 대한 해결방안을 찾는 데 중요한 작용을 한다. 가족치료 모델 중 어느 모델을 이용하여 문제를 해석하고 풀어 나갈 것인가를 정하기 위해서는 우선 사용 가능한 모델들을 숙지할 필요가 있다.

가족의 기능을 도와 궁극적으로 가족 구성원들이 적절한 사회적 역할을 수행할 수 있도록 돕는 것이 가족개입 혹은 가족치료다. 이 장에서는 가족문제를 해결하기 위해 사용되는 다섯 가지 가족치료 모델에 대해 살펴보고자 한다.

1. 보웬의 다세대 가족치료 모델

보웬 다세대 가족치료(Bowen's Multi-generational Family Therapy)의 창시자인 머레이 보웬(Bowen, M.)은 미국 테네시에서 출생하여 대가족의 장남으로 성장하였고, 의과대학과 군복무를 하면서 정신의학에 관심을 갖게 되었다. 보웬은 1946년부터 1954년까지 메닝거 연구소에서, 1954년부터는 국립정신보건원에서 일하였다(Goldenberg & Goldenberg, 2000). 이때 정신분열증으로 발전하는 모자관계를 보면서 미성숙한 어머니는 자신의 감정적 욕구를 채우기 위해 아이와 공생관계를 맺는다는 사실을 발견하였다. 또한 한 가족원의 정신분열증은 병리적 가족체계의 증상이라는 것과, 그가 속한 정서체계와 관련지어서만 설명이 가능하다는 것을 발견하였다. 이를 통해 정서적 과정에서 전체 가족, 형제, 친척, 치료자까지도 가족문제를 조장하고 영속시키는 중요한 역할을 한다는 사실을 발견하였고, 현재 가족의 문제를 파악하기 위해서는 다세대에 걸친 가족체계 분석이 필요함을 깨달았다(Goldenberg & Goldenberg, 2000).

보웬은 핵가족에 초점을 두면서도 가족을 이해하기 위해서는 적어도 삼대에 걸쳐 진행되어 온 과정을 이해할 필요가 있다고 주장한다. 어느 시기든 이 삼대가 주요한 정서적 장을 이룬다고 보았다. 보웬 이론의 핵심은 '개별성, 연합성'이라는 양극의 두 세력을 중심으로 발달해 왔고, 연합성 쪽으로 기울면 '융합, 미분화'라고 한다(이영분 외, 2011). 자주적으로 기능할 수 있는 능력인 '분화'는 양 극단의 어느 한쪽으로 치우치는 것을 막는다. 보웬은 현재의 가족관계를 원가족과의 분화 정도가 반영된 것으로 보았다. 그의 가족치료는 항상 방법보다는 방향에, 기법보다는 이론에 치중하였기 때문에 가족체계이론 중에서 가장 체계적이고 영향력 있는 이론으로 꼽힌다(성정현 외, 2004).

1) 주요 개념

(1) 자기 분화

보웬 이론에서 가장 중요한 개념은 분화인데, 이 개념은 정신분열증 환자 가족에 대한 연구를 통해 도출되었다. 분화란 자극에 대하여 어느 정도로 감정을 조절할 수 있는가와 관련된 개념으로, 내적으로 자유로워지고 만족스러운 인간관계를 위해 일생 동안 추구해야 하는 과제다. 자기 분화(differentiation of self)는 정신 내적이고 인간관계적인 개념으로, '자신과 타인의 구분, 정서과정(feeling process)과 지적 과정(intellectual process) 그리고 확고한 자기(solid self)와 거짓 자기(pseudo self)를 구분하는 능력'을 말한다(김영화, 이진숙, 이옥희, 2006). 여기서 확고한 자기는 지적이고 합리적이며 대안적인 고려를 통해서 신념, 의견, 믿음 등 삶의 원칙을 가지나, 거짓 자기는 감정적 압력을 기반으로 선택과 결정을 하는 등 일관성이 없고 사실을 인식하지 못하는 것이다. 따라서 분화가 잘 이루어진 사람은 쉽게 화를 내지 않으며 감정 반사행동을 잘 하지 않는 사람으로, 자신의 목표를 성취하고 자신의 생활에 책임을 지는 등 다른 사람의 정서적 문제와 분화할 수 있고 합리적인 원칙을 적용할 수 있다. 그러므로 분화된 사람은 사고와 감정 사이에 균형을 이루며 자제력이 있고 객관적인 사람으로 보았다.

(2) 삼각관계

삼각관계(trianlges)는 두 사람 간의 긴장이 야기될 때 주위의 또는 가족 내의 가장 취약한 제삼자를 끌어들이는 방법이다. 가족원들의 분화가 이루어지지 않은 가족일수록 두 가족원들 간에 불안 수준이 높아지면 다른 가족원을 끌여들여 삼각관계를 형성하게 된다. 가족구조 안에서 어머니와 자녀들 간에 불안정한 애착관계, 즉 분화가 이루어지지 않은 관계가 나타날 수 있고, 이렇게 불안정한 애착관계를 형성한 사람은 자신을 유지하고 지탱하기 위해 다른 사람과 관계를 맺으려고 한다. 이것이 곧 삼각관계다. 때로는 두 사람 간의 스트레스를 해결하는 방법 중 다른 구성원을 두 사람의 상호작용 체계로 끌어들여 삼각관계를 형성하기도 한다. 일례로 부부 갈등이 심한 경우 자녀를 끌어들여 속죄양의 역할을 하게 하는데, 이는 경우에 따라 두 사람의 문제해결에 악영향을 미친다. 대부분 삼각관계는 장기적이고 반복적으로 형성된 미분화된 가족관계 패턴이라 할 수 있으며 건강하지 못한 관계를 형성한다.

(3) 가족투사 과정

부모가 부모의 미성숙함과 부족함을 자녀에게 투사하는 과정(family projection process)으로, 투사의 대상이 되는 자녀는 최소한의 분화만을 한 채 부모와 밀착관계를 형성한다(김영화, 이진숙, 이옥희, 2006). 부모로부터 외면을 경험한 차남인 아버지가 본인의 자녀 중 차남을 챙기는 경우가 될 것이다. 정서적 투사는 자녀에게 정서적 손상과 함께 만성적 질병과 무능함을 유발하기도 한다. 즉 부모의 미숙함과 가족이 겪는 스트레스와 불안의 정도에 의해 가족투사의 강도가 영향을 받으며, 자녀수가 적은 요즈음은 가족 투사과정이 비선택적이고 그 강도도 더 높게 나타날 수 있다.

(4) 정서적 단절

정서적 단절(emotional cut)은 투사과정에 개입된 자녀에게서 나타날 수 있는 현상으로 원가족과의 접촉에서 야기되는 불안을 감소시키기 위해 심리적 거리를 두는 것을 말한다(정문자 외, 2012). 이는 사람들이 그들의 부모와의 관계에서 과거에 해결하지 못한 정서적 애착을 처리하는 과정을 다루는 방법이다. 보웬은 정서적 단절을 '격리', '위축', '부모로부터 멀리 달아남' 그리고 '부모가 중요시하는 것의 부정 및 거부'로 정의하였다. 따라서 세대 간의 정서적 융합이 심할수록 정서적 단절의 가능성은 높다.

(5) 다세대 전수

다세대 전수는 자녀들의 자기 분화 정도가 현재 속해 있는 세대에서만 형성되는 것이 아니고 여러 세대를 거치는 동안 구축되어 온 가족투사 과정에서 형성된다는 것이다. 만일 자기 분화 수준이 낮은 사람이 비슷한 분화 수준의 사람과 결혼하여 자녀를 낳으면 그들이 가진 미분화된 특징을 투사하게 되어 자녀는 더욱 미분화된 상태에 놓이게 된다. 보웬은 정신분열증 증세의 자녀가 나오기까지는 최소한 3세대가 관련되어 있다고 생각하였다.

(6) 형제순위

성격적 특성을 열 가지로 나누어 연구한 토먼(Toman)의 영향을 받아 가족 내 형제자매의 위치(sibling position)에 따라 특정한 성격을 가진다고 보았다. 변수의 작용도 있지만, 일반적인 지식과 그 가족의 특성을 합하면 어떤 아이가 그 가족의 정서과정에서는 어떤 역할을 할 것인지를 예측할 수 있고 또 다음 세대도 예측 가능하다고 보았다. 또한 자녀들의 출생순위는 다세대 과정에서 가족 투사과정이나 삼각관계 형성, 다세대 전수과정 등에 영향을 미치고 다양한 가족역동을 만드는 것으로 이해된다. 그러나 실제로 형제자매 위치가 반드시 출생순위와 일치하는 개념은 아니다. 장자 역할을 하는 차남이나 막내 역할을 하는 장녀도 있을 수 있다. 따라서 출생순위보다는 가족 내 기능적 위치가 더욱 중요하다고 하겠다.

2) 치료목표 및 치료기법

가장 핵심적인 목표는 높은 수준의 분화를 이루는 것이다. 분화를 이룬 사람은 감정과 사고를 분리할 줄 알고 핵가족 및 확대가족과의 유대를 끊지 않으면서도 독립성을 발달시킨다. 가족치료는 문제가 사람에게 있는 것이 아니고 체계에 원래부터 존재하여 왔으며, 개인 변화는 다른 사람과의 관계 변화를 통하여 이루어진다고 본다. 보웬의 가족치료에서 치료자는 자기분화 수준이 항상 내담자의 자기분화 수준보다 높아야 하며 객관적인 태도를 유지하면서 '코치'나 '컨설턴트'의 역할을 하게 된다(정문자 외, 2012). 또한 치료자는 치료과정에서 가족의 정서체계에 융합되거나 갈등적 삼각관계에 개입되지 않도록 주의하면서 차분하고 객관적인 태도를 지키기 위해 노력해야 한다(정문자 외, 2012).

(1) 가계도

치료 초기에 확대가족을 포함한 가족의 정보를 얻기 위해 가계도(genogram)를 사용하는데, 여러 세대에 걸친 정서과정의 강점과 약점을 보여 준다. 가계도는 최소한 3세대에 걸쳐 확대가족을 도표화함으로써 현재 나타난 문제의 기원을 나타내 준다. 이는 다세대의 맥락에서 가족의 정서적 과정이 약해지고 강해지는 것을 파악하는 데 유용한 도구가 되고 있다. 가족치료자는 가계도를 다양한 방법으로 사용하는데, 첫째는 가족에 개입하기 위해서, 둘째는 가족의 문제를 재구성하고 재명명하기 위해서, 셋째는 가족체계의 방해요인을 제거하기 위해서, 넷째는 가족 패턴을 명확히 하기 위해서, 다섯째는 가족과 이전 세대를 연결하여 그들에게 힘을 부여하고 미래에 독립적이고 자유롭게 생활하게 하기 위해서 가계도를 사용한다(이영분 외, 2011).

(2) 과정질문

과정질문(process question)은 감정을 진정시키고 정서적 반응에 의해 발생하는 불안을 경감시키며 사고를 촉진하기 위한 질문이며, 가족들이 문제에 대해 어떻게 지각하며 어떠한 방식으로 상호작용하는지를 알아보기 위한 질문이다. 과정질문의 예를 보면, "당신의 아들이 귀가시간을 어길 때 당신의 마음 속에서 무슨 일이 일어나나요?" "만약 당신의 아들 사이에 문제가 있게 되면 당신의 남편은 그것을 어떻게 다루지요?" "남편의 반응에 대해 당신은 어떻게 대응하나요?" "남편이 아들에게 그렇게 말했을 때 당신은 그 상황에서 어떻게 반응하나요?" 등이 있다(김유경, 2013).

(3) 탈삼각화

탈삼각화(detriangulation)란 두 가족원들의 감정 영역에서 제3의 가족원을 분리시키는 과정을 말한다. 예를 들면, 고부관계에서 시어머니가 아들과 연합하여 며느리를 소외시키는 삼각관계의 경우, 기존 삼각관계에서는 시어머니가 아들에게 며느리에 대해 불평을 할 때 아들은 어머니를 위로하고 며느리를 비난하였다면 탈삼각관계에서는 시어머니가 아들에게 며느리에 대해 불평할 때 아들이 며느리에게 직접 이야기하도록 어머니에게 제안하고 아들이 시어머니와 며느리와의 관계에서 분리되는 것을 말한다. 이러한 경우 시어머니는 분화된 아들의 반응에 대해 보다 자신에게 끌어들이고자 더 강하게 감정적으로 반응할 수 있기 때문에 치료자는 예상되는 반응을 미리 논의하고 아들이 자신의 입장을 중립적으로 지킬 수 있도록 내담자에게 지속적인 피드백을 주어야 할 것이다.

(4) 코칭

코칭(coaching)은 내담자가 직접 가족문제를 해결하도록 치료자는 뒤에서 지지하고 조언하는 역할을 수행하는 것을 말한다. 치료자는 친구와 달리 전문적인 코치의 역할을 하게 되는데 이는 중립적이고 객관적인 입장에서 조언을 하며 이를 통해 개인의 분화를 돕는다(정문자 외, 2012). 보웬 치료자는 내담자가 자기입장을 분명하게 정리하고 분화된 방향으로 체계에 영향을 미치도록 돕는다. 예를 들면, 내담자가 자신의 원가족으로 돌아가 부모와 조부모 등을 직접 만나 그들과 밀착되지 않으면서 건강한 관계를 유지하면서 지내는 방법을 배우도록 돕는 것이다(정문자 외, 2012).

〈사 례〉

S는 25세의 미혼 여성으로 불안문제를 다루기 위해 상담 서비스를 요청했다. S는 불안이 초등학교 때 시작되어 계속되어 왔다고 했다. 그녀는 최근에 '공황발작'을 경험했는데, 점점 갇히는 것 같았고 죽을 것 같이 느껴졌다고 했다. S는 운전에 대한 공포가 있으며, 공포가 너무 커서 장거리 운전을 할 수 없다고 했다. 그리고 S는 친구들이나 가까운 친척들과 이야기할 때 극도로 불안해진다고 했다. S는 불안장애의 가족력이 있다고 했으며, 어머니와 오빠도 비슷한 증상들을 이야기할 것이라고 생각했다. 그녀의 아버지는 6개월 전에 돌아가셨다.

〈가족을 위한 치료계획〉

초기 단계 목표는 가족패턴을 추적하고 해독하는 것으로 우선 치료자는 S와 치료관계를 형성한다. 이를 위해 치료자는 불안하지 않고 중립적인 태도를 유지하도록 하며 자기분화를 명확히 인식하는 역할 모델이 된다. 또한 치료자는 치료자 자신의 원가족 이슈와 관련 있는 반응에 주의를 기울이면서 내담자의 원가족과 세대 간 이슈를 탐색한다. 이때 세대를 거쳐 가족 내에 존재하는 불안의 역할을 강조하면서, 세대 간 패턴을 파악하기 위해 가계도를 작성한다. S의 체계 내 형제 관계 위치를 파악하고 가족 내의 정서적 단절과 삼각관계가 있었는지를 사정한다. 다음으로 보고된 불안에 대해 질문함으로써 S의 분화수준과 불안 수준을 파악한다. 이때 정서과정에 초점을 맞춘 과정질문을 한다. 예를 들어, 가족 구성원들에게 아버지의 죽음이 미친 영향에 대해 묻는다. 어머니의 불안 및 그 불안이 S와 오빠에게 미친 영향을 탐색한다. 그리고 S의 사고와 감정의 분화 정도를 사정한다.

중간 단계 목표는 불안 감소 단계와 변화 계획 및 수행 단계로 나누어 볼 수 있다.

1. 불안 감소 단계에서는 S의 불안 원천을 다루고 불안을 감소시키기 위한 목적이 있다. 이를 위해 과정질문을 사용한다. 과거와 현재의 불안을 객관적으로 탐색하도록 하며 아버지의 죽음 전후에 불안을 일으킨 원천에 대해 질문하고 논의한다. 불안을 지속시키는 가족과 세대 간 패턴을 이성적으로 논의한다. 또한 공황발작을 일으키는 상황을 포함해서 다른 사람들과 이야기할 때 불안을 다루는 구체적인 방법들을 내담자에게 코치한다. 그리고 사고와 감정, 그리고 자기와 타인들을 분리하도록 S를 격려한다. 필요 시 부모의 부부관계에 대한 삼각관계가 S의 불안에 어떻게 영향을 미쳤는지 탐색한다.

2. 변화계획 및 수행 단계에서는 분화를 증진시키며, 가족관계에서의 탈삼각관계를 돕고 아버지의 상실을 다룬다. S의 행동이 타인들과 그녀의 책임감에 어떻게 영향을 미치는지 파악하도록 돕기 위해서 과정질문을 한다. 그리고 가족과정에서 더욱 분화된 방식으로 반응하는 방법을 S에게 코치하고 S가 어떻게 분화할 것인지를 이해하도록 돕기 위해 대체 이야기를 사용한다.

후기 단계 목표는 가족 구성원 스스로 변화노력을 수행하는 단계다. 이 단계에서는 내담자가 스스로 슬픔을 극복하기 위해 개별성과 연합성의 균형을 잡는 능력과 분화를 격려한다. 이를 위해 역기능적인 세대 간 과정을 차단할 방법을 파악한다. 이전의 과정과 삼각관계로 되돌아가려는 경향에서 벗어나도록 S를 코치하고 가족반응에 대해 불안하지 않은 태도를 유지하도록 그 방법들을 코치한다. S에게 아버지의 산소를 찾아보고 아버지께 편지를 쓰도록 격려한다. 그리고 마지막으로 그동안 얻은 것들과 감소된 불안수준을 확인하고 논의한다.

출처: Gehart & Tuttle (2003). 유채영 외 역. (2008: 221-222) 재정리

2. 구조적 가족치료 모델

구조적 가족치료(Structural Family Therapy)는 스탠튼(Stanton), 월브리지(Walbridge), 미누친(Minuchin) 등에 의해 발전되었다. 미누친은 유럽에서 아르헨티나로 이민을 한 유대인 부모에게서 세 자녀 중 장남으로 태어났으며 아르헨티나에서 의과대학을 바친 후 미국으로 건너가 소아정신과 훈련을 받았고 이후 이스라엘에서 유대인 가족을 돕는 일을 하다가 1954년 다시 미국으로 돌아가 정신훈련 분석을 받고 정신과 의사가 되었다. 1962년 미누친은 헤일리(Haley)와 관계를 맺으면서 전문성을 쌓았고 1965년 '필라델피아 아동지도클리닉(Philadelphia Child Guidance Clinic)'의 소장이 되었다. 이 기관이 추후에 세계적으로 유명한 가족치료 훈련기관인 '필라델피아 아동가족치료훈련센터(Philadelphia Child and Family Therapy Training Center)'로 성장하였으며, 아동, 청소년, 부부, 가족을 위한 구조적 가족치료의 자문, 훈련, 슈퍼비전을 제공하는 중심기관이 되었다(정문자 외, 2012).

구조적 가족치료는 짧은 시간 동안의 만남에서 가족문제 및 가족 특유의 양식 등을 파악하여 역기능적 가족구조의 변화를 꾀하는 접근방법이다. 이 방법을 사용하는 치료자들은 개인을 둘러싼 구조에 관심을 두기 때문에 가족구조의 변화가 가족과 각 구성원들의 경험의 변화를 초래한다고 가정한다(강문희 외, 2007).

구조적 가족치료는 가족 내 경계, 구조, 가족규칙, 하위체계 등과 같은 주요 개념을 사용하면서 가족체계적 관점에서 가족관계, 가족기능, 가족문제 등을 구조화하는 데 공헌하였다. 구조주의적 관점에서 가족의 병리는 역기능적인 상호작용에 기인하는 것으로, 재구조화를 통하여 가족들은 보다 기능적인 상호작용을 할 수 있게 되며, 구성원들의 성장을 이끌 수 있다. 구조적 가족치료는 비행청소년 가족, 알코올중독 가족, 부부위기 가족 등의 치료에 도움이 된다.

1) 주요 개념

(1) 가족구조

구조적 가족치료에서 가족구조(family structure)란 가족 내의 상호작용을 이해하는 기본 개념으로 가족 구성원들이 상호작용하는 일정한 형태를 의미한다. 치료자는 가족구조를 통해 상호작용하는 가족의 행동 등을 파악하고 예측할 수 있다. 가족구조를 이해하려면 가족 내의 관계 규칙을 파악하여야 하는데, 이러한 규칙을 파악하기 위해서는 가족의 상호교류 패턴을 유심히 관찰하여 누가, 누구와, 언제, 얼마나 자주 관계를 맺으며 친밀하게 지내는지 아니면 상호교류를 하지 않고 소원한 관계를 갖는지를 파악할 수 있다(정문자 외, 2012).

(2) 경계

경계(boundaries)란 눈에 보이지 않지만 가족 구성원 개인과 하위체계의 안팎을 구분하는 선이며 가족 구성원 간 허용되는 접촉의 양과 종류를 규정한다(Becvar & Becvar, 2001, 정문자 외, 2012 재인용). 가족이 적절한 기능을 유지하기 위해서는 하위체계의 경계선을 분명하게 하여 가족 구성원들이 기능을 발휘할 수 있도록 해야 한다. 하위체계를 명확하게 하는 것은 중요하며, 명확한 경계선은 가족들에게 안정을 준다.

가족의 건강함 정도는 경계를 통해서 구별할 수 있다. 그것은 밀착과 분리를 양극단으로 하는 연속선상에 위치한 것으로 설명할 수 있는데, 경직된 경계(rigid boundaries), 명확한 경계(clear boundaries), 밀착된 경계(enmeshed boundaries) 또는 모호한 경계(diffused boundaries)로 구분된다(김영화, 이진숙, 이옥희, 2006). 명료한 경계(clear boundaries)는 가족 구성원 간에 서로 독립성과 자율성을 인정하며 부모와 자녀 간에 상호작용과 의사소통이 잘 이루어지는 건강하고 정상적인 가족이라고 할 수 있다. 밀착된 경계(enmeshed boundaries)는 가족 구성원끼리 행동을 계속 간섭하고 한 구성원이 다른 구성원을 변호해 주는 프라이버시가 거의 없는 상태의 가족을 말한다. 가족 구성원들이 개인적인 손해를 보면서도 집단성이나 소속성을 위하여 밀착된 하위체계에 참여하고 있는 상태를 말한다. 경직된 경계(rigid boundaries)는 가족 구성원들이 자율성이 약하며 자아의식이나 책임감 등이 발달하기 어렵다. 경직된 경계는 상호 의존성을 덜 강조하고 고립되어 있는 개인성을 지지하는 하위체계로서 의사소통이 가장 잘 안 되는 상태다. 개인 간의 접촉이 적어 가족끼리 관계가 없는 사람들처럼 행동한다.

(3) 하위체계

가족체계는 여러 하위체계(subsystem)로 나누어지고 각 하위체계를 통하여 가족의 전체 체계의 기능을 수행해 간다. 가족 내에는 부부, 부모, 자녀, 형제 등과 같은 여러 하위체계가 있으며, 각 하위체계는 경계를 갖고 다른 체계와 구별되는 기능을 수행한다. 예를 들면, 부모 하위체계는 자녀가 발달단계에 맞추어 성장할 수 있도록 도와주며 자녀의 바람직한 사회화를 도와주는 역할을 한다. 부부 하위체계는 부부 상호 간의 발달을 위하여 필요한 정서적 지지를 제공하고 서로 상대방의 욕구에 맞추어 상호 만족을 얻을 수 있도록 돕는 역할을 한다(강문희 외, 2007).

(4) 제휴

가족의 상호작용 과정으로 가족체계의 한 구성원이 다른 협력관계(동맹) 또는 상반된 관계(연합)를 가지는 것을 말한다(Goldenberg & Goldenberg, 2001). 동맹(alliance)은 두 사람이 제삼자와는 다른 공동의 목적을 위하여 제휴하는 것으로 제삼자와 적대관계에 있지는 않다. 연합(coalition)은 두 사람이 제삼자에게 대항하기 위하여 제휴(alignment)하는 것을 뜻한다. 제휴는 절대적인 권한을 의미하는 것은 아니고 가변적이며 가족 내의 교류 발생 양상에 따라 달라지는 특성이 있다(정문자 외, 2012).

2) 치료목표 및 치료기법

구조적 가족치료에서는 가족의 문제가 역기능적 가족구조에 의해 발생하고 유지된다고 보고 가족구조를 변화시키는 것을 개입의 목표로 삼는다. 즉 가족문제의 증상은 역기능적인 구조를 반영하는 것이기 때문에 가족구조를 바로잡는 것이 일차적 목표이고 증상 완화는 이차적 목표가 된다. 결국, 구조적 가족치료의 핵심은 '가족의 재구조화를 통한 문제해결'이라고 이해할 수 있다. 이때 치료자는 가족구조 개념에 대한 지식과 신념을 가지고 있어야 하며, 가족구조 내에서 가족의 상호교류와 패턴을 관찰하고 파악할 수 있어야 하고, 가족 구성원과 환경을 고려하여 그 가정에 이상적인 구조가 어떤 것인지에 대한 명확한 이해가 있어야 한다. 따라서 치료자는 전문가로서 지도자의 역할을 맡는 한편 가족 구성원을 지원하고 가족들이 치료시간에 새로운 방법을 시도할 수 있도록 도우며, 가족 구성원들이 새로운 방법을 시도하거나 성공했을 때 인정하고 칭찬하는 지지자의 역할을 한다.

(1) 합류

치료자가 가족에 합류(joining)하는 것은 치료자가 가족의 조직과 상호작용 유형을 있는 그대로 수용하고 직접 경험함으로써 가족체계와 관계를 맺는 활동으로 가족 상호작용의 일원이 되며 가족 정서체계에 적응함을 뜻한다(정문자 외, 2012). 내담자 가족은 서로 죄책감이나 저항감을 느끼기도 하고 치료자에 대해 불안과 두려움을 가질 수 있다. 따라서 치료자는 가족의 모습 그대로를 받아들이고 존중해야 한다. 또한 내담자 가족의 위계구조를 존중할 때 가족과의 성공적인 합류가 가능하다. 특히 동양권 문화에서는 부모의 권위를 존중하고 부모에게 먼저 질문하는 것이 도움이 된다.

(2) 실연

실연(enactment)은 치료면담 중에 역기능적인 가족 구성원 간의 상호작용을 실제로 재현시키는 것이다(김유숙, 2007). 나아가 실연이란 치료자가 구상하고 있는 상호작용 방법을 가족들이 실제로 행동을 통해서 연기하도록 만드는 기법으로, 역기능적 가족구조를 발견하기 위해 가족들에게 실제 상호작용을 연기하게 하는 것이다.

(3) 경계 만들기

가족 내 하위체계들 간의 경계가 지나치게 경직되거나 밀착된 경우 경직된 경계는 보다 가깝게 하고, 밀착된 경계는 어느 정도 거리를 두도록 개입하는 것이다. 가족 구성원 각자가 체계 내에서 적절한 위치에 있도록 하며, 조부모, 부모, 자녀의 가족 내 세대 간 경계를 분명히 유지할 수 있도록 돕는 기법이다.

(4) 균형 깨뜨리기

가족 내의 하위체계들 간의 역기능적 균형을 깨뜨리기 위한 기법이다. 가족원의 관계가 일방적인 희생과 지배 관계로 안정화되어 있다면, 이를 재구조화하기 위해 힘이 약한 한쪽의 의견에 의도적으로 반응하고 긍정하여 힘을 실어 주거나, 힘이 강한 다른 한쪽의 의견에는 의도적으로 무시하는 반응을 함으로써 균형을 깨는 것을 말한다.

〈사 례〉

아버지와 어머니는 아동방임으로 상담을 받도록 법원의 명령을 받았다. 아버지와 어머니는 부적절한 생활환경 때문에 세 아이들(A, B, C)의 양육권을 상실했다가 두 자녀 A(9세)와 B(4세)의 양육권을 최근 회복하였고 두 살 난 아들 C의 양육권을 되찾기 위해 노력 중이다. 이 부모들은 자녀 A와 B가 끊임없이 욕을 하면서 몸싸움을 한다고 불평하였고, 어머니는 아버지가 가사나 부모 역할을 잘 도와주지 않는다고 호소하고 있다.

〈가족을 위한 치료계획〉

초기 단계 목표는 가족들과 합류하고 가족구조를 확인하는 것이다. 우선 가족들과 합류하기 위해 치료자는 가족규칙, 행동 유형과 구조에 합류하여 적응해야 하는데 이를 위해서는 가족 구성원의 느낌을 인정하고 공감대를 형성하여야 한다. 다음으로, 가족구조를 확인하는 단계에서는 가족구조와 경계를 사정한다. 구체적인 한 문제에 대해 부모들이 토론하고 아이들이 다투는 과정을 실연하게 하고 치료자는 실연을 관찰하여 가족구조 도표를 작성한다. 이때 자연적 행동 결과를 관찰하여 구조 유형을 확인한다.

중간 단계 목표는 가족의 재구조화다. 아이들의 과잉행동 문제를 다루기 위해 세대 간 위계를 증가시키는 한편 부모 하위체계를 재수립한다. 이를 위해서는 첫째, 부모가 아이들과의 상호작용을 늘릴 수 있도록 새로운 방법을 실연하고 부모의 역할에 대해 논의한다. 둘째, 부모-자녀 간 위계적인 권력의 불균형을 부각할 수 있도록 상담하고 아버지의 가족 내에서의 위치를 강화하기 위해 아버지 편을 들어 체계의 균형을 깬다. 셋째, 아이들과 함께 있을 때 부부가 친밀하게 가까이 앉을 수 있도록 지도함으로써 경계 설정 기법을 적용한다. 아버지가 보다 적극적인 부모 역할을 할 수 있도록 격려한다.

후기 단계 목표는 결혼관계를 재규정하고 명료화하는 것이며 더 나아가 새로 수립된 가족규범과 가족구조를 공고히 하는 것이다. 이를 위해 부부의 결혼생활과 가족을 탐색하고 도전할 수 있도록 부부 상담을 실시한다. 이때 해결되지 않은 부부경계의 불균형을 부각할 수 있도록 강한 감정을 표현하게 하고 부부간의 직접적 의사소통을 증가시키기 위해 실연을 도입한다. 또한 새로 수립된 가족규범과 가족구조를 확고히 다지기 위해 치료를 통해 학습한 내용과 성취한 내용을 점검하고 각 가족 구성원의 역할을 보다 확실히 수행할 수 있도록 돕는다.

출처: Gehart & Tuttle (2003), 유채영 외 역 (2008: 62-63) 재정리

3. 경험적 가족치료 모델

경험적 가족치료이론은 인본주의 심리학에서 시작되었는데, 즉각적인 지금-여기(here-and-now)를 강조하고 가족들이 갖고 있는 여러 형태의 역기능적인 대화를 연구하여 가족문제를 해결하는 독특한 전략들을 개발하였다(Goldenberg & Goldenberg, 2000). 경험적 가족치료는 칼 위테커(Whitaker)와 버지니아 사티어(Satir)에 의해 태동되고 발달하였다. 위테커의 비인습적 사고는 과감하고 창의적인 가족치료 접근법의 바탕이 되었다. 또한 그는 치료자의 적극적인 관여가 가족을 변화시키고 가족 구성원 간에 융통성을 증진시킬 수 있는 방법이라고 믿었다. 한편, 사티어는 문제가 있는 가정의 의사소통은 모호하고 간접적임을 지적하면서, 이러한 의사소통은 가족원의 낮은 자존감에서 기인한다고 보았다.

경험적 가족치료 모델은 경험 중심적이며 인본주의적인 접근방법에 기초한 가족치료 모델로, 가족의 건강한 교류를 촉진하여 올바른 성장을 자극하는 목표를 가진 성장 지향적인 모델이다. 따라서 '성장 의사소통 치료'라 부른다. 사티어는 다음의 네 가지 전제를 기초로 한다(강문희 외, 2007).

- 사람들의 모든 행동에는 합리적이거나 적절한 동기가 있다.
- 모든 사람들의 문제는 치유될 수 있으며, 상담과정을 통하여 치유될 수 있다.
- 마음과 신체는 서로 연결되어 있는 체계의 한 부분이다.
- 자존감과 효과적인 의사소통은 서로 밀접한 관련이 있다. 자존감과 효과적인 의사소통 능력은 정비례한다.

사티어의 성장 의사소통 치료는 자존감을 높이고 자기 인생에 대한 선택권을 스스로 갖도록 돕는 개인의 성장에 목표를 두었다. 이를 위해 사티어는 다음과 같은 가족체계 변화를 유도하였다(김유숙, 2007: 136-137).

- 각 가족 구성원들은 다른 사람이 있는 데서 자기 자신과 다른 사람에 관하여 보고 듣고 느끼고 생각하는 것에 관해 분명하게 말할 수 있어야 한다.
- 각 개인은 자신이 다른 사람과 다른 점에 관해 말할 수 있으며, 그것은 존중되어야 한다. 또한 어떤 것을 결정할 때는 강요에 의해서가 아니라 탐색과 협상을 통해서 결정하도록 한다.
- 서로의 차이점을 인식하며 성장을 위하여 그 차이점을 사용하도록 한다.

이와 같이 경험적 가족치료는 가족 구성원 개인의 자기 표현을 격려함으로써 가족을 강화시키고자 하였다.

〈사티어의 의사소통/생존 유형〉

• 회유형(placating): 자신의 내적 감정이나 생각을 무시하고, 타인의 말에
수긍하고 사과하고 미안해하는 마음 약한 모습을 보이면서 무슨 일이든지 상
대방의 비위를 맞추려고 하는 유형을 말한다.
• 비난형(blaming): 다른 사람을 비난함으로써 통제하려고 한다. 비난형은
타인의 결점을 발견하고 쉽게 타인과 싸우고 행동도 거칠며, 쉽게 흥분하고 다
른 사람의 잘못을 부각시키는 행동을 한다.
• 초이성형(super-reasonable): 지나치게 이성적이고 주로 자료와 논리에
따라 기능한다. 자신이 옳다는 것을 증명하고자 정보를 수집하고 연구결과를
활용하기 때문에 타인과 감정적으로 연결되는 데는 어려움을 겪는다. 마치 컴
퓨터와 같은 느낌을 준다.
• 산만형(irrelevant): 타인을 무시하고 대화의 초점을 흐려 상대방을 혼란
스럽게 만들며, 산만한 몸짓과 억양의 변화를 보여 주어 다른 사람들을 혼동스
럽게 만드는 유형이다.
• 일치형(congruent): 의사소통의 내용과 내면의 감정이 일치하는 유형으
로 생존을 위한 대처방식이라기보다는 전인격적인 인간의 모습을 보이는 유
형이다.

출처: 이영분 외 (2011: 305-312) 재정리

1) 주요 개념

(1) 대화체계

가족의 기능성을 알 수 있는 중요한 기준이다. 가족 간에 활발한 상호작
용이 있을 때 그 가족은 열린 체계라 할 수 있는데, 이는 가족 간의 대화가
분명해서 상대방에게 의사전달이 쉽게 이루어지는 상태를 말한다. 이러한

가족은 서로의 의견을 존중하며 융통성이 있고 건설적인 문제 해결 능력을 가진 건강한 가족의 모습을 갖는다(강문희 외, 2007). 반면 닫힌 체계를 가진 가족들은 가족 간의 대화가 분명하지 않아 상대방을 혼란스럽게 만드는 역기능적인 대화를 한다. 이러한 가족들은 자존감이 낮고 자기 비하 등 불만감을 갖는다. 자신의 감정이나 느낌을 솔직하게 표현할 수 없으며, 흔히 대화의 내용이 이중으로 전달되어 상대방을 혼란스럽게 만든다(강문희 외, 2007: 89).

(2) 자존감

자존감은 자기에 대한 신뢰와 존중을 의미하며(이영분 외, 2011), 자존감이 높은 사람은 자신을 소중하게 여기고 타인을 존중하며 책임감이 큰 사람으로 어려운 상황도 잘 견디고 극복할 수 있는 사람이다. 사티어의 성장 모델은 개인의 낮은 자존감을 높여서 자신의 가치를 인정하고 자신의 장점과 자원을 발견하고 활용하도록 도움으로써 해결책을 찾게 한다(이영분 외, 2011).

(3) 개인의 성장

경험적 치료자들은 문제의 증상 치료보다는 개인의 성장에 집중한다. 개인적 성장은 결국 가족의 변화를 가져오며 가족을 성장하게 만든다는 것이다. 개방적인 가족체계에서는 자신의 생각을 자유롭게 말할 수 있고 현실과 타협하며 개인적으로 성장할 수 있다. 따라서 치료자는 가족 구성원들의 개방적인 자기표현을 격려하고 개인의 성장을 발달시키는 데 역점을 둔다(강문희 외, 2007: 90).

2) 치료목표 및 치료기법

경험적 가족치료 모델에서는 인간의 건강성을 전제하고 가족 구성원의 독립적인 성장과 개인의 잠재력을 향상시키는 데 궁극적인 목적이 있다. 따라서 치료자의 목표는 어려움을 겪는 가족에게 희망을 발견하게 하고 가족 구성원들의 대처기술을 향상시키며 스스로를 능력 있는 존재로 인식할 수 있도록 돕는 것이다(이영분 외, 2011). 사티어는 가족체계 내에서 세 가지 변화를 시도하는데, 첫째는 가족 구성원 각자는 타인에 대해 보고 듣고 느낀 것을 분명하고 일관성 있게 말할 수 있게 하고, 둘째는 자신의 고유성을 존중함으로써 의사결정과정에서 자연스럽게 탐색하고 협상할 수 있게 하고, 셋째는 개인 간의 차이점을 인정하고 성장을 위해 사용할 수 있도록 한다(Satir, 1972; 이영분 외, 2011 재인용).

(1) 가족조각

가족조각(family sculpting)이란 특정 시점을 선택하여 그 시점에서 인간관계와 타인에 대한 느낌 등을 동작과 공간을 사용하여 표현하는 비언어적 기법을 말한다. 즉, 가족구조 내에서 개인이 갖고 있는 가족에 대한 이미지를 형상화하고 그 과정에서 가족 구성원 각자가 자신의 내면의 감정에 접촉할 수 있도록 한다. 실제로 가족 구성원들은 가족의 거리감이나 밀착된 몸짓, 자세를 통해 의사소통과 관계를 표현하게 된다(김영화, 이진숙, 이옥희, 2006).

〈가족조각기법의 실시 방법〉

1. 가족의 동의 얻기
- '가족을 보다 잘 이해하기 위해 좀 색다른 시도를 해도 좋겠는지'를 물어 가족동의를 구한 후, 가족 모두를 일어나게 한다.
- 이때 가족들은 주저할 수 있으므로 이 기법이 가족을 이해하는 데 유용한 방법임을 부각할 필요가 있다.

2. 조각가 선정하기

- 한 명의 가족 구성원을 조각가로 선정한다.
- 일반적으로 문제가 있는 가족 구성원이 조각하게 되지만, 때로는 기쁘게
  이 제안을 받아들이는 가족부터 시작할 수 있다.

3. 조각 만들기

- 조각가가 정해지면 다른 가족들 앞에 서게 한다. 그리고 "지금부터 당신
  의 가족은 진흙 덩어리입니다. 가족의 몸이나 얼굴을 마음대로 움직여서
  당신이 생각하는 가족의 이미지를 나타내 주세요."라고 설명한 후 조각을
  만들게 한다.
- 이때 치료자는 가족에게 조각가의 지시를 따르도록 설명한다.

4. 자신들의 감정 나누기

- 조각으로서 가족 배치가 끝나면, 치료자는 모든 가족에게 그 자세를 1분
  정도 그대로 유지하면서 정지하도록 요구한다. 이때 가족들은 자신의 내
  면 감정과 접할 기회를 얻게 된다.
- 그 후 치료자는 가족 개개인에게 조각하는 동안 어떤 느낌이 들었는지 질
  문한다. 치료자는 이때 가족들이 감정적 차원의 가능한 많은 피드백을 할
  수 있도록 돕는다.

출처: 김유숙(2007). 가족치료. pp.148-149.

(2) 은유

은유(metaphors)는 주제나 생각을 유사한 다른 상황과 연결시켜 표현하는
것이다. 은유기법은 가족에게 자신의 가족에 대한 이미지를 은유적으로 표
현하도록 요구하면 가족은 자신들의 가족의 이미지를 동물원의 동물, 자동
차, 침몰해가는 배로 표현하기도 한다(김유숙, 2007). 은유기법은 치료자가

직접 지시하거나 평가하기보다는 간접적으로 비유적 표현을 사용하는 것으로 내담자의 체면을 손상시키지 않으면서 치료를 진행할 수 있어서 덜 위협적이다(정문자 외, 2012).

(3) 개인의 빙산

빙산기법이란 사람들 대부분의 경험은 물 위에 떠 있는 빙산 아래 숨겨져 있는 내면에서 이루어지기 때문에 표면적인 경험뿐 아니라 잠재되어 있는 내적 과정(빙산의 아래 영역)도 다루어야 한다. 구체적으로 내담자는 자신의 내면 감정을 느껴 보고 표현하며 소용없는 기대들을 버리는 과정을 가지게 된다(강문희 외, 2007: 93). 이 과정을 통해 내담자는 힘을 얻고 스스로 선택하여 성취하고 책임을 질 수 있게 된다.

사티어는 치료과정에서 개인의 내적 과정을 이끌어 내는 방법으로 개인의 빙산(personal iceberg)방법을 활용하였다. 대부분의 치료 모델에서는 문제행동(1차)의 변화에 초점을 둔다. 그러나 이러한 1차 수준의 변화만으로는 개인 빙산의 '수면 아래'에서 경험되고 있는 감정이나 지각, 기대나 열망, 또는 자기(self)에 대한 경험은 다루지 못하는 오류를 범할 수 있게 된다. 따라서 사티어는 개인의 빙산 '수면 아래'를 탐색하여 부적응적인 내담자의 경험을 표면화하고 변형하도록 함으로써 2차(감정, 지각, 기대, 열망), 3차(자기(self)) 수준의 변화를 목표로 한다(정문자 외, 2012: 185-186).

(4) 원가족 삼인군 치료

원가족 삼인군 치료(primary triad therapy)는 내담자가 원가족 삼인군(아버지, 어머니, 아동)에서 배운 역기능적 대처방법에 집착하지 않고 가족규칙과 부모의 규제에서 벗어나 개별성을 갖도록 돕는 것이다(Gehart, Tuttle, 2003, 유채영 외 역, 2008). 원가족 삼인군 치료의 과정은 ㉠ 스타의 원가족 도표 그리기 및 설명, ㉡ 가족의 성격 특성, 대처유형, 관계양상 작성, ㉢ 스타의 아버지, 어머니의 원가족 도표 작성, ㉣ 스타 역할자를 선정, ㉤ 가족조각을 통해 원가족을 치료, ⓗ 스타와의 상호작용, ⓢ 스타의 역할 벗기, ⓞ 스타는 참여자와 경험을 나누기로 진행된다(최규련, 2008: 143; 정문자 외, 2012). 사티어는 치료대상을 내담자 또는 주요 대상자로 부르지 않고 스타(star)로 이름하였다.

(5) 재정의

재정의(reframing)는 부정적인 의미를 긍정적인 것으로 바꾸기 위하여 사용하는 기법으로 행동, 감정, 사고에 내재한 긍정적 의미를 제시하는 것이다(최규련, 2008: 142). 다시 말해, 내담자의 문제에 새로운 의미를 부여하는 것으로 내담자가 긍정적인 측면에서 자신이나 상대방의 행위를 볼 수 있도록 의미를 재정의하는 것이다(최규련, 2008). 힘들고 어려운 상황 때문에 자포자기하려는 내담자에게 현재의 고통은 미래의 성장과 발전을 위한 밑거름이 된다는 새로운 시야를 가질 수 있도록 도우면 내담자는 긍정적인 기대감과 희망을 갖게 된다(강문희 외, 2007: 93).

〈사 례〉

L(남)과 J(여)는 결혼한 지 3년 된 부부로, 두 사람 모두 결혼 전 다른 사람과의 관계가 있었다. J에게는 이전 결혼에서 얻은 딸이 하나 있으며, 이들 부부에게 다른 자녀는 없다. L과 J는 상근직으로 일하며, 서로 다른 활동들에 참여하며 시간을 보낸다. 부부는 관심사와 취미가 상이하며, 친밀감이 부족하다고 호소한다. L은 J가 자신을 '너무 들볶는다고' 이야기하고, J는 L이 매우 냉정하다고 이야기한다. 두 사람 모두 과거나 현재의 불륜 사실이 없으며, 관계가 회복되기를 원한다고 이야기한다.

〈가족을 위한 사티어의 의사소통 치료계획〉

초기 단계 목표는 접촉-연결을 시도하고 내담자의 문제를 경청함으로써 문제를 목적으로 재구성하는 것이다. 우선 치료자는 내담자들과 접촉하여 관계, 평등감, 희망감을 형성해야 한다. 그러기 위해 치료자는 L과 J에게 진실하고 정직하게 이야기하고, 두 사람의 이야기를 경청하고 따뜻하고 지지적인 환경을 조성하여 부부와 정서적 접촉을 시도한다. 다음으로는 내담자의 문제를 경청해야 하는데 이를 위해서는 상호 관련된 사고, 감정, 행동들을 다루면서, 부부의 의사소통 패턴, 생존방식, 문제 이슈들을 확인하여야 한다. 이때 원가족 역사를 포함한 가족 생활사건 연대기, L과 J의 역동과 문제 이슈들을 반영하는 은유적 이야기, L과 J의 원가족과 현재 관계를 포함한 가족조각, 관계의 역동을 드러나게 하는 부부 그림, 의사소통 및 관계 패턴들을 탐색하면서 각자 가계도 등을 통해 L과 J의 언어적, 비언어적 의사소통 패턴을 확인한다. 또한 문제를 목적으로 재구성하기 위해서는 치료의 초점과 목표를 확인한다. L과 J의 목표에 대한 잠재적 방해물과 기대를 탐색하면서, 친밀감 및 공동 활동의 증가와 같은 구체적인 목표들을 확인한다. 그리고 L과 J의 개인적 성장 욕구를 확인한다.

중기 단계 목표는 계획한 목표달성을 돕는 것이다. 이때 부부의 친밀감과 연결감을 증진시키기 위해 불일치된 의사소통과 추적자/냉담자 패턴을 감소시키도록 한다. 이를 위해서는 치료자는 '나 진술법'을 사용하고, 생각과 감정을 표현하고, 정직함을 유지함으로써 의사소통의 본보기가 된다. 또한 치료자는 회기 중에 부부에게 어떻게 일치된 의사소통을 할 수 있는지 지도한다. 보다 깊이 있게 의사소통을 탐색하기 위해서 구성요소 질문을 사용한다. "나는 무엇을 듣고 보는가?" "나는 내가 듣고 본 것에 어떤 의미를 부여하는가?" "나는 내가 부여한 의미에 대해 어떤 감정들을 느끼는가?" "나는 이 감정들에 대해 어떤 감정들을 느끼는가?" "나는 어떤 방어들을 사용하는가?" "나는 어떤 의사소통 규칙들을 사용하는가?" 등을 활용할 수 있다. 이 외에도 양육 관련 사항을 포함해 부부 규칙에 대하여 터놓고 논의하고 바람직한 친밀감을 지지하는 규칙을 정하기 위해 재협상을 한다. 그 후 부부 및 양육 이슈에 초점을 맞추면서 L과 J의 현재 가족과 원가족을 다시 조각한다.

다음으로는 L과 J의 개인적 독특성을 확인하고 지지하며, 부부의 친밀감 형성을 어렵게 만드는 힘의 이슈를 다루기 위해 문화적 이슈와 기대에 대해 민감성을 유지하면서 L과 J로 하여금 자신의 의견을 이야기하도록 한다. 그리고 L과 J의 차이점을 인식하고 탐색한다. 서로의 독특한 욕구를 지원할 수 있는 방법들을 확인한다. 이 때 L과 J는 각자가 갖고 있는 ① '기대', ② '인식', ③ '감정 및 그러한 감정에 대한 감정', ④ 원가족 삼인군과 관련된 '행동'을 확인한다.

그 외에도, 비생산적인 의사소통 방식과 패턴을 변경시켜야 한다. 이를 위해 L을 냉담자/초이성형으로, J를 비난형으로 조각한다. 각자의 위치에서 이야기하고, 경험을 다룬다. 조각된 위치에서 상황 하나를 역할 연습한다. L과 J가 각자의 위치와 과정을 바꾸도록 한다. L과 J가 자신이 어떻게 되기를 원하는지에 대해 스스로를 조각하게 한다.

후기 단계 목표는 가족의 재구성을 돕고 변화한 점을 요약하는 것이다. 가족 재구성을 돕기 위해 성장과 발전에 대한 부부의 인식을 증진시키고, 강화시켜야 한다. 이를 위해 가계도와 연대기를 재검토하고, 치료자는 부부와 집단이 듣고 있는 가운데 부부의 '살아온 이야기'를 말한다. 그리고 내담자들은 다른 구성원들을 현재의 관계, 부부의 원가족, 부모들의 원가족, 부부가 관계에 참여하는 과정으로 조각한다. 또한 현재의 관계는 현재와 미래에 희망하는 모습으로 다시 조각하고 가족 재구성 과정의 경험을 함께 나눈다.

끝으로 변화한 점을 요약한다. 이 과정을 통해, 새롭게 수립된 평등감, 전인성, 그리고 가능성과 변화에 대한 개방을 견고히 해야 한다. 이를 위해 L과 J의 성장과 변화에 대해 논의하고 칭찬한다. 부부가 긍정적 성장을 위한 자원과 기술을 가지고 있음을 반복해서 이야기하고 변화를 조각한다.

출처: Gehart & Tuttle (2003). 유채영 외 역 (2008: 166-168) 재정리

4. 해결중심 단기가족치료 모델

1970년대 이후부터 미국 밀워키에 위치한 단기가족치료센터(Brief Family Therapy Center)에서 스티브 드 셰이저(Steve de Shazer)와 인수 김 버그(Insoo Kim Berg) 부부가 중심이 되어 해결중심 단기치료(Solution-Focused Brief Therapy) 접근법을 발전시켰다(Berg & Miller, 1992). 이 접근법은 강점 지향의 철학을 기초로 하고 있으며, 문제보다는 해결방안 구축에 초점을 두고 있다. 해결중심 단기치료 접근법의 실천을 위한 기본 원칙은 다음과 같다(de Shazer, 1985; Goldenberg & Goldenberg, 2000; 송성자 외, 2005: 58 재인용).

- 병리적인 것 대신 건강한 것에 초점을 둔다. 잘못된 것에 관심을 두는 대신 성공한 것과 성공하게 된 구체적인 방법을 발견하는 데 관심을 둔다.
- 내담자의 강점, 자원, 건강한 특성을 발견하여 치료에 활용한다. 내담자가 원하는 목표를 성취하기 위해 내담자가 이미 가지고 있는 자원, 기술, 지식, 믿음, 동기, 행동, 증상, 사회관계망, 환경, 개인적인 특성 등을 활용한다.
- 탈이론적이고 비규범적이며 내담자의 견해를 존중한다. 인간 행동에 관한 가설적 이론의 틀에 맞추어 내담자를 사정·평가하지 않고 내담자가 표현하는 견해와 서술방법을 그대로 수용하면서 개별성을 최대로 존중한다.
- 단순하고 가장 솔직한 의미를 추구한다. 즉, 단순한 것에서 복잡한 것으로 개입함으로써 목표를 성취한다. 이는 문제와 해결방안은 상관관계가 없다고 가정하기 때문에 원인 규명을 위해 심리역동적인 분석을 하거나 증거자료를 근거로 해석할 필요가 없음을 의미한다.
- 현재와 미래를 지향한다. 과거의 문제보다는 현재와 미래에 적응하고 대처하는 것을 돕는 것에 초점을 둔다. 사람들은 문제가 심각할수록 과

거의 문제에서 벗어나지 못하는데, 이렇게 과거에 집착하는 것은 성장과 변화에 장애가 된다.

• 자율적인 협력을 중요시한다. 목표 성취를 위해 내담자의 문제에 대한 견해, 언어적 표현, 에너지와 자원 등을 발견하고 활용하는 과정에서 내담자와 치료자의 협력관계를 중요시한다.

1) 주요 개념

(1) 인간에 대한 신뢰

해결중심 모델은 인간에 대한 신뢰를 바탕으로 한다. 이 모델은 대부분의 가족들이 실제 생활에서 성공한 경험들이 있고 그것을 근거로 문제를 해결할 수 있는 잠재능력을 갖고 있다고 이해한다. 따라서 문제의 내용보다는 해결방안에 관심을 두고 과거의 실패보다는 성공을 찾아내어 강화하는 것에 초점을 둔다.

(2) 작은 수준의 변화에서 시작

해결중심 모델에서는 한 부분의 변화가 전체 체계의 변화를 가져올 수 있다고 생각하기에 가족의 한 구성원의 변화가 가족 전체의 변화를 가져올 수 있다고 믿는다. 또한 가족들의 문제가 아무리 복잡하고 어렵다 하더라도 그것을 해결하는 방법은 아주 작은 단위의 행동에서 출발한다고 본다. 즉, 작은 수준에서의 변화를 맛보면 보다 큰 변화에 도전할 수 있는 힘이 생겨서 문제 해결에 도움이 된다는 것이다. 따라서 치료자는 가족들이 갖고 있는 자원을 활용하여 스스로 문제 해결을 할 수 있도록 도와주는 역할을 해야 한다.

2) 치료목표 및 치료기법

해결중심 모델에서는 목표를 설정하고 그 목표를 성취하기 위해 다양한 질문기법들을 전략적이고 계획적으로 사용하며, 내담자가 응답을 준비하는 과정에서 변화와 성장을 경험하도록 계획한다(송성자, 2002; 송성자 외, 2005). 이 접근법은 해결 지향적 질문기법을 사용하는 치료과정에서 내담자는 가족의 문제, 과거의 성공적 경험, 해결방안 등에 대한 인식과 의미를 변화시키면서 문제를 해결해 나간다고 믿는다(송성자 외, 2005).

(1) 기적질문

기적질문(miracle question)의 목적은 문제가 해결된 상태를 상상해 보고, 해결하기 원하는 것들을 구체화하고 명료화하며, 치료 목표를 현실적이고 구체적으로 설정하는 것이다. "오늘밤에 당신이 잠들었을 때 기적이 일어나서 이 문제가 해결되었다고 가정해 봅시다. 당신은 그것을 어떻게 알 수 있을까요? 무엇이 달라져 있을까요?"와 같은 질문을 통해 내담자가 변화의 가능성에 대해 자유롭게 생각할 수 있게 하고, 과거와 현재의 문제에서 벗어나 좀 더 만족스러운 삶을 살 수 있는 미래로 관심을 돌릴 수 있게 한다(de Jong & Berg, 1998). 결과적으로 문제 중심적 사고와 절망적인 감정에서 벗어나고 꿈과 희망을 갖도록 돕는다.

(2) 예외질문

예외질문(exception question)은 문제가 발생하지 않은 '예외' 상황을 탐색하고 이러한 '예외'의 경우를 늘리기 위해 가족으로 하여금 그 '예외' 상황을 발견하고 그런 상황을 발생시키기 위해 무엇을 할 수 있을지 단서를 찾을 수 있도록 돕는 기법이다(조흥식 외, 2006). 일반적으로 문제가 일어났어야 하는 상황이지만 문제가 발생하지 않았던 때를 생각해 내고, 그때 문제가 발생했던 때와 무엇이 달랐는지를 탐색해봄으로써 '예외' 상황이 있었다

는 점을 상기시키면서 그러한 '예외'의 경우를 확대해 갈 수 있도록 돕는 질
문을 말한다. 예를 들면, "최근 문제가 일어나지 않은 때는 언제입니까?"
"어떻게 하면 문제가 발생하지 않나요?"라는 질문들이다.

③ 척도질문

척도질문(scaling question)은 가족문제의 심각성 정도를 평가하거나 상담의
목표달성 정도를 평가하는 데 유용하게 사용되며, 해결방안 구축과 관련된
정보를 제공한다. 예를 들면, "0에서 10점까지 점수 중 현재 삶의 만족 정도
를 나타낸다면 몇 점쯤 될까요?"와 같은 질문이 내담자의 심리 상태, 불편 정
도 등을 묻는 데 유용하게 사용된다. 그리고 숫자를 사용하여 클라이언트가
현실적이며 구체적으로 생각을 정리하고, 자신의 구체적 기대와 목표, 성장
과 변화의 상태를 확인할 수 있도록 도와주는 목적이 있다(송성자 외, 2005).

④ 대처질문

대처질문(coping question)은 클라이언트가 어떻게 어려움과 위기를 극복
하고 생존해 왔는지 그리고 어떻게 희망을 버리지 않고 유지해 올 수 있었
는지에 관한 질문들을 통해 클라이언트의 생존능력을 인정하고 격려하는
방법이다(송성자 외, 2005). 내담자는 어려운 상황에서 가까스로 대처해 온
방법이나 어쩔 수 없이 해 온 행동에 대해 답하는 동안 자신의 능력을 발견
하게 되고 해결방안을 찾게 된다. 이렇듯 어려움을 극복해 온 내담자의 강
점을 인정하고 칭찬하는 것은 내담자의 능력을 강화하는 데 도움이 된다.

> 치료자는 내담자에게 "제가 어떻게 하면 당신을 도울 수 있을까요?"라는 질
> 문으로 상담을 시작한다. L은 매우 우울하고 스트레스를 받고 있으며, 누군가
> 와 이야기를 나누고 싶다고 언급하였다. 그리고 현재 만나지는 않으나 자신을
> 학대했던 남자친구와의 관계를 이야기하였다.

치료자는 L의 감정이나 어려움에 대해 이야기하지 않고, L이 어떻게 학대 관계를 끝낼 수 있었는지에 대해 질문하였다. L의 남자친구인 M은 L과 헤어지는 것을 원치 않았고 그래서 그녀를 볼 때마다 때렸으며 죽이겠다고 협박했기 때문에 그 관계를 끊는 것은 힘든 일이었다. 치료자는 "대부분 여자들이 마음이 약해져 남자친구를 다시 받아들이는데, **어떻게 당신은 그러지 않았죠?**"라고 질문하였다. L은 "저도 두려워서 몇 번은 그랬어요. 그런데 내가 그를 다시 받아들일수록 심해졌어요. 그리고는 결국 내 아들을 때리는 것으로 끝났지요." 그녀는 M이 자기 아들의 다리를 부러뜨린 것에 대해 계속 설명하였고, 그 이유 때문에 그녀는 자녀 양육권을 박탈당했다. 이때 그녀는 더 이상 M을 받아들이지 않기로 결심했다. 치료자는 L이 자신의 아이들을 보호하기 위해 보여준 능력을 부각해 강조하였다. "대부분 여자들은 …… 그런 남자를 무서워하거나, 아니면 그가 변할 것이라고 생각해서 받아들이죠. 와! 정말 놀랍군요! 당신은 **어떻게 그렇게 할 수 있었죠?**"

치료자는 L의 유능함에 감동받았음을 그녀가 알게 한 후 목표설정을 위한 질문들을 하였다. 그녀는 자신의 아이들을 되찾고 싶고 더 이상 M을 두려워하지 않기를 희망했다. 그녀는 또한 M에게 강하게 대응할 수 있는 방법을 알기 원했다. 치료자는 "그러나 당신은 이미 충분히 강한 것처럼 들리는데요."라고 말한다.

치료자는 L의 목표를 명확히 하기 위해 그녀에게 '**기적질문**'을 사용한다. 내일 아침 기적이 일어나 그녀의 문제가 해결되는 것—아이들을 되찾고, 강해지는 것—을 상상해 보도록 한다. L은 기적이 일어났음을 어떻게 알 수 있을까? L은 아이들이 집에 돌아와 있을 것이며 자신은 매우 흥분해 있을 것이라고 언급한다. 치료자는 기적상황에 대해 좀 더 자세히 설명하도록 하고, 그녀는 아이들과 함께 무엇을 하며 모두 어떻게 느낄지에 대해 말하면서 상담시간 대부분을 즐겁게 보낸다. 치료자는 L에게 간간이 "그처럼 훌륭하고 사랑스러운 어머니의 모습을 어디서 배웠죠?"라고 말한다.

치료자는 **척도질문**을 한다. "1에서부터 10까지의 척도가 있는데 10점은 당신이 드디어 아이들을 되찾았을 때이고, 1점은 당신이 아이들을 빼앗겼을 때

라고 한다면 …… 오늘은 몇 점이라고 할 수 있을까요?' L은 8점에서 9점 사이
라고 한다. 치료자는 어떻게 해서 그렇게 높은 점수로 높아질 수 있었는지에
대해 묻는다. L은 아이들이 곧 돌아올 것을 확신하기 때문이라고 한다. 좀 더
칭찬을 하고 잠시 휴식 시간을 가진 후 치료자는 돌아와서 그녀에게 피드백을
한다.

치료자는 L이 자신의 삶에서 잃어버린 것과 경험한 것들 때문에 우울한 것
을 이해하고, L이 배운 것을 얼마나 잘 사용하고 있는지에 대해 놀라움을 표한
다. "그것은 정말로 놀라운 일이에요. 당신처럼 젊은 사람이 …… 당신은 이미
굉장히 현명해요." 치료자는 L이 M과의 관계를 끊은 것에 대해서도 칭찬하며,
"이 시점에서 우리가 다시 만나는 것이 필요한지 잘 모르겠는데 …… 어떻게
생각하세요?"라고 말한다. L은 더 이상의 도움이 필요하지 않음에 동의하고
치료는 종결된다. L은 다음 상담을 약속하지 않았으며 L의 아이들은 그녀에게
돌아왔다.

출처: Nichols (2008), 김영애 외 역, (2009, 442-443)

5. 이야기치료

이야기치료(Narrative Therapy)는 1990년대 이후 널리 알려진 치료적 접근
중 하나이며 후기 구조주의, 사회구성주의, 페미니즘 등 인문사회학의 영향
을 받았다(정문자 외, 2012). 대표적 인물로는 화이트(White)와 엡스턴(Epston)
을 비롯하여 몽크(Monk), 프리드만(Freedman), 콤스(Combs) 등이 있다(정문
자 외, 2012). 초기 가족치료 이론가들은 가족을 하나의 유기체나 기계로 비
유하여 가족 내에서 개체들이 어떻게 영향을 주고받는지를 공간적 측면에서
이해했다면, 이야기치료 이론가들은 공간의 개념이 아닌 시간적 흐름 속에
서 개체들이 어떻게 변화하는지에 관심을 둔다(양유성, 2011).

실제로 가족의 이야기는 시간의 경과를 따라 특정한 주제나 구성들에 따라 전개되는데, 그러한 이야기는 가족 구성원에 의해서 구조화되고 배열된다. 그리고 가족은 바뀔 수 없는 고정된 존재가 아니고 살아가면서 변화될 수 있는 존재이며, 가족의 관계 또한 불변하고 고정된 방식으로 유지되는 것이 아니라 여러 가지로 표현될 수 있고 다양한 맥락 안에서 창의적인 이야기와 함께 새로운 것으로 구축될 수 있다고 이해한다(이현경, 2007). 즉, 이야기 치료자는 가족과 가족의 이야기는 변화 가능하다고 생각한다.

더욱이 후기구조주의에 해당하는 현대에는 사실보다는 가족 현실에 대한 해석을 다루며 한 가족 안에서 역기능과 순기능의 요소를 함께 다룬다(이현경, 2007). 그리고 한 가족의 역기능은 실제로 존재한다기보다는 그렇게 해석되는 것이고, 가족의 지배적인 이야기는 실제 지배적인 것이 아니라 지배적인 해석의 틀로 그려 나가는 것으로 이해된다(이현경, 2007). 여기서 중요한 것은 이야기들이 어떻게 가족에 대해 지배적인 이야기를 창출하고 의미가 부여되었는가 이며(Morgan, 2000; 고미영 역, 2003), 이때 치료자는 내담자와 함께 문제 이야기를 대안 이야기로 대체할 수 있도록 돕는다(정문자 외, 2012).

이야기치료의 기본 전제는 첫째, 인간은 이야기적 존재이며 사람들은 자신 이야기의 주체가 되고, 그 이야기는 주제가 있는 삶의 역사적 기록이다. 둘째, 사람들이 의지하며 살아가는 이야기는 대화를 통해서 사람들의 마음속에 새겨지게 된다. 셋째, 지배적인 이야기는 변화를 시도하는 내담자의 변화를 가로막을 수 있기 때문에 지배적인 이야기는 해체되는 것이 새로운 삶을 도전하는 데 도움이 된다. 넷째, 숨겨진 삶의 경험은 내담자에게 항상 내제되어 있으므로 치료자는 내담자가 자신에게 적절하고 만족할 수 있는 이야기를 구성할 수 있도록 도와야 한다(Winslade & Monk, 1999; 양유성, 2011 재인용). 즉, 이야기치료는 사람들이 자신의 경험을 이야기 형식으로 구성해 나가는 것을 치료에 적용한 것으로 치료자는 내담자의 이야기를 바꾸고 새롭게 만드는 일에 주력하면서 내담자 삶의 일부인 다른 측면의 이야기를 볼 수 있도록 돕는 것이다. 그리고 치료자는 내담자로 하여금 긍정적인 다른 삶을 찾아가도록 만드는 것이다. 이러한 과정을 통해 내담자는 자신의 삶 안에서 대안적인 이야기를 찾아내고 자신의 삶에 주도적인 역할을 하게 된다.

1) 주요 개념

이야기의 개념은 자신의 경험에서 어떤 것을 버리고 어떤 것을 선택하게 하며, 이야기의 해석과정에 의해 구성되고 만들어진다. 그리고 이야기에 의해서 경험들의 의미가 해석되며, 이야기는 경험을 어떻게 표현할 것인가를 결정한다. 이렇게 형성된 이야기들은 그들의 삶의 방식과 인간관계에도 영향을 준다. 이야기치료는 다음과 같은 치료적 개념들로 구성된다(이현경, 2007).

(1) 맥락의 평가

사회문화적인 맥락이 가족이나 내담자에게 어떠한 영향을 끼치는가 혹은 가족이 어떻게 영향을 받고 있는가에 대한 평가는 개인과 사회문화 간의 상호작용 경험에 대한 의미를 기대하는 것이다(이현경, 2007).

(2) 정체성 비계

치료자는 내담자가 상담을 시작한 첫 면담부터 끝을 향하여 안전하게 상담이 진전될 수 있도록 건축공사장의 임시로 설치된 가설물 같은 골격을 구축해 주는 대화를 한다. 골격을 마련하는 대화에서는 내담자의 개인적 능력, 강점 또는 긍정적인 속성이 무엇인지 고려해야 한다. 그리고 내담자 자신이 잘 알고 익숙한 것에서 시작해서 점점 멀어져 지금은 알지 못하지만 미래에는 알게 되고 행하게 될 가능성이 있는 방향으로 움직일 수 있도록 한다(White, 2007, 이선혜 외 역, 2013). 그리고 내담자를 공동저자로 끌어들이기 위해서 이야기하고 싶은 것을 선택하도록 하며, 이야기를 위한 질문을 사용하여 가족의 정체성 안에서 이야기를 풀어놓도록 하는 데 기여한다.

(3) 리포지셔닝

리포지셔닝(repositioning)은 고정된 입장이나 대화의 부족으로 문제가 진전을 보이지 않을 때 사용하는 기법이다. 흔히 파트너들은 대화의 청중으로서 교대로 행동을 취할 것을 요청 받아 서로 다른 입장에서 상대방의 이야기를 듣고 마음에 와 닿는 자신의 이야기를 서술하게 된다. 내담자나 가족 구성원이 사용한 특정한 기술이나 정의(definition) 과정에서 내담자의 삶에 대한 의미나 신념을 탐구하게 된다(이현경, 2007).

(4) 외부증인 반응

이야기치료자는 정체성이 사회적 지지집단에 의해 영향을 받는다는 신념을 바탕으로 내담자가 자신의 삶의 새로운 이야기를 외부증인 앞에서 인정받을 수 있는 기회를 제공함으로써 내담자의 새로운 정체성이 확고해지도록 돕는다(최규련, 2008). 외부증인(outsider witness)은 가족보다는 광범위한 친족 네트워크 또는 지역사회를 뜻하며, 과거에 상담을 받고 치료자를 도와 함께 작업에 참여했던 사람들 중에서 선별된다. 가족이 정체성 관점으로 들어가도록 외부증인은 순차적으로 리포지션을 취하며, 자신들이 들었던 것 가운데 가장 심금을 울리거나 가장 매력적인 특정한 부분을 이야기하여 상대방에게서 들었던 의미를 반영함으로써 내담자가 선호하는 이야기를 새롭게 만들고 강화해갈 수 있도록 도움을 준다(최규련, 2008).

2) 치료목표 및 치료기법

이야기치료의 단기적 목표는 내담자 가족이 호소하는 문제를 감소시키는 것이며, 궁극적으로는 내담자 가족이 자신들이 선호하는 방향으로 자기 가족의 이야기를 새롭게 구성해 나갈 수 있도록 돕는 것이다(최규련, 2008). 만약 가족 구성원의 목표가 서로 다르다 할지라도 그 목표들을 하나로 제한하려고 노력하지 않고 수용하는 것을 원칙으로 한다. 왜냐하면, 가족 구성원각각이 가지고 있는 문제에 대한 생각과 설명이 다를 수 있음과 어느 누구의 이야기도 절대적이지 않음을 인정하기 때문이다.

이야기치료 과정의 시작은 사람과 문제를 분리하고, 문제의 내용과 문제형성 과정에서 영향을 미쳤을 사회적 맥락을 탐색하는 것이다. 내담자가 문제를 해결하기 위해 사용했던 폭력이나 강압이 사회문화적 관습에 의한 것이었음을 깨닫게 하여 가족 내에서의 문제해결 방식과 사회문화적 관습의연관성을 볼 수 있게 해 주는 것이다. 다음으로는 지금까지 무관심하게 지내왔던 문제해결 방법과 그 이유를 알아가는 과정 중에 가족이 진정으로 지향하는 가치나 신념을 깨닫고 새로운 방식으로 자신들의 대안적 이야기와정체성을 구축하도록 돕는 단기 상담 과정이다.

이야기치료의 주요한 치료기법은 외재화(externalization)다. 외재화는 새롭게 말하는 방식인데, 이야기치료에서는 외재화를 기법이나 기술이라 생각하지 않고 오히려 대화에서의 태도이자 오리엔테이션이라고 주장한다(이원숙, 2007). 예를 들면, 치료자가 '당신은 우울증을 가진 사람이다.' 대신에 '우울증이 당신을 밖에 외출하기 어렵게 만들고 있다.'와 같이 이야기함으로써 우울증이라는 문제를 외재화하는 것이다(Morgan, 2013; Nichols & Schwartz, 2005).

이때 표출 대화를 사용하는데, 방법은 다음과 같다(Morgan, 2013). 첫째, 문제를 해체하여 문제에 대한 이름을 붙인다. 이를 위해 이름과 관련된 질문을 한다. 둘째, 문제의 영향력을 찾는다. 셋째, 영향력에 대한 평가를 한다. 넷째, 왜 그러한 평가를 했는지를 정당화한다. 이러한 과정을 통해 문제의 영향력과 문제의 영향 요인들을 찾아내어 내담자의 역할을 지배하고 있는 권력과 성, 문화적인 규정의 불평등에 대해 인식하고, 그것으로부터 내담자의 자아를 분리시킬 수 있도록 돕는다(이현경, 2007).

〈문제의 외재화〉

치료자: …… C의 '말썽'이 여러분의 삶에 어떠한 영향을 미치고 있나요?

아버지: C는 우리 가족을 망가뜨리고 있어요…….

치료자: (어머니에게) C의 '말썽'이 어머니 삶에 어떠한 영향을 주었나요? '말썽'에게 입이 있어 말을 한다면 뭐라고 했을까요?

어머니: 아마도 저에게 빵점짜리 엄마라고 했을 거예요.

치료자: 그것이 어머니 삶에 어떠한 영향을 주었나요?

어머니: 빵점짜리 엄마라고 생각하니까 너무 창피해서 다른 엄마들과 어울릴 수가 없었고…….

치료자: 그렇다면 이 문제가 어머니를 소외시키고 있나요? 문제가 어머니 삶에 또 어떠한 영향을 미치고 있나요?

어머니: 제가 C에게 엄마로서 해 주고 싶은 것을 할 수 없게 만들어요. C와 저 사이를 가로막고 있어요.

치료자: 그 점에 대해 어떻게 느끼세요? 지금 그 문제 때문에 빵점짜리 엄마라는 생각이 들고, 소외되어 있고, 하고 싶은 일을 하지 못하고 있는데, 그 점에 대해 어떤 느낌이 드세요?

어머니: 너무 슬퍼요. (어머니 운다.)

치료자: 이 사실이 왜 그렇게 슬픈가요?

C의 어머니는 친정어머니와 좋은 관계를 갖고 있었기 때문에 자신도 C와 그런 좋은 관계를 갖기를 희망했다. 자녀를 잘 양육하는 좋은 어머니가 되고 싶은 인생 목적이 있었던 것이다.

출처: White(2001); 정문자 외(2012: 372) 재인용

〈사 례〉

P는 7세 남자아이인데 최근 교장실에 불려가고 정학도 당했기 때문에 담임 선생님이 상담을 의뢰하였다. 담임선생님에 의하면, P는 수업을 자주 방해하며, 욕을 하고, 다른 학생들과 싸우고, 계속 남이 말하는 중간에 끼어든다고 한다. 부모는 집에서도 유사한 행동을 한다고 보고하였는데 벌을 주어도 소용이 없다고 언급하였다. 또 아들이 최근에 잃은 여동생의 죽음에 대한 상심을 극복하지 못한 것 같다고 설명하였다.

〈가족을 위한 이야기 치료 계획〉

초기 단계 목표는 ① **문제의 경청과 해체이며** ② **독특한 결과의 해체이며** ③ **대안적 이야기 구축**이다. 첫째, 치료자는 가족의 이야기를 하고, 언어화할 수 있는 개방적이고 지지적인 공간을 제공하고 치료자가 '공저자'로서의 역할을 하면서도 가족이 그들 이야기의 '저작권을 가진 저자'라는 생각을 유지할 수 있게 해야 한다. 또한 치료자는 P의 '문제를 일으키는 행동'과 별도로 P와 그 가족에 대해 이해하기 위한 질문을 한다. 그리고 치료자는 딸/여동생의 죽음에 관한 질문을 할 수 있도록 허락을 얻고 문제투성이 이야기 속에서 틈새와 독특한 성과를 찾기 위해 경청한다.

둘째, 독특한 결과의 해체를 위해서는 독특한 성과를 찾기 위해 경청하면서 여동생 사망 이전의 가족의 삶까지 포함하여 문제를 일으키는 행동과 관련된 이야기를 수집한다. 가족이 그들의 이야기를 어떻게 이해하는지를 잘 알기 위해 치료자는 탈구성주의적 입장에서 경청하고, 확실하게 이해하고 의미를 명료화하기 위해 이야기의 배후 내용을 반영한다. 이때 치료자의 발언과 관점이 상담을 지배하거나 방향을 결정하지 않도록 주의한다.

셋째, 목표인 대안적 이야기 구축을 위해서는 P와 나쁜 행동을 분리하기 위해 외재화 질문을 사용한다. 예를 들어, '무엇이 당신을 나쁜 행동에 취약하게 만들었고 나쁜 행동이 당신의 삶을 지배할 수 있도록 하였는가?' '어떤 맥락에서 나쁜 행동이 삶에 지배적이 되는가?' '어떤 유형의 일들이 일어나면 나쁜 행동들이 지배하게 되는가?' 등이 있다.

다음으로는 관련된 사람들에게 나쁜 행동이 미치는 영향을 알아봄으로써 나쁜 행동의 영향을 평가하고, P가 나쁜 행동을 피하거나 한 수 위에서 감당할 수 있을 때를 알아봄으로써 개인이 갖는 영향력을 평가해 볼 수 있도록 상대적 영향력 질문을 사용한다. 그다음 집과 학교에서 나쁜 행동의 효과를 알아보고, 나쁜 행동이 문제가 되지 않았던 시기와 독특한 성과를 알아본다. 그러한 것이 선호하는 경험인지를 확인하고 선호하는 이야기를 구상하기 시작한다. 새로 드러나는 대안적 설명을 기록하기 위해 이야기 편지를 사용할 수 있다.

중간 단계 목표는 P와 그의 가족이 새로운 관계를 만들도록 돕고 학교와 집에서 협력과 친근함을 강화하는 것이다. 어떻게 P, 아버지, 어머니가 나쁜 행동과 상호작용하고 반응하는지를 알아보기 위하여 나쁜 행동을 명사로 지칭하여 문제를 외재화한다. P와 그의 가족이 나쁜 행동에 압도되지 않고, P가 나쁜 행동에 '대항'할 수 있었던 때를 발견한다. 그리고 그들이 나쁜 행동과 어떤 형태의 관계를 선호하는지 찾아보고, 그러한 상태를 유지하기 위해서는 P가 무엇을 어떻게 다르게 해야 할지를 구체화한다. 또한 자신들이 선호하는 이야기를 실현하기 위해서 취할 행동이 무엇인지를 구체적으로 묘사하기 위해 그림을 그리고 매주 그들의 성과를 사정한다.

다음으로는 학교와 집에서 협력과 친근함을 강화하기 위해 독특한 성과를 찾고 그 성과들이 선호하는 경험인지를 확인하기 위해 탈구성주의적 경청과 질문을 사용한다. 선호하는 이야기에 기반하여 P와 그의 가족이 이 같은 현실을 지향하기 위해 취할 수 있는 구체적인 행동을 찾아본다. 그리고 대안적 관점을 만들어 내기 위해 반영 팀을 상담에 초대하고 새로이 만들어진 이야기를 기록하거나 이야기 편지를 쓴다.

후기 단계 목표는 대안적 정체성을 구축하는 것이다. 이를 위해 회원을 재구성하고 정의예식과 외부증인집단을 활용한다. 첫째, 여동생/딸의 죽음에 대한 이해/경험을 재조명함으로써 그녀의 기억이 P와 가족에게 자원이 될 수 있도록 한다. P와 가족이 애도와 상호작용하는 데 더 선호하는 방식을 발견하도록 한다. 이때 잃은 여동생/딸과의 관계를 규정하고 묘사할 다른 방법을 찾아보는 데 영성이나 문화적 전통을 활용할 수 있다(예, 천사로서 여전히 가족의 일부다).

부부로 하여금 상실을 이해하고 희망을 회복하도록 돕기 위해 죽음과 관련하여 개인과 부부의 이야기를 나누고, 죄의식, 수치심, 비난 등의 주제를 탐색한다. 개인의 특성(자녀를 잃은 부모)에 대해 규정된 양식의 새로운 근거와 해석을 살펴보고, 그러한 것들이 미래에 부부에게 어떤 영향을 미칠지를 알아본다. 선호하는 이야기가 요구하는 행동과 상응하는 의미를 파악하고, 선호하는 이야기를 실현하는 데 가장 도움이 되었고, 가장 도움이 되지 않았던 것이 무엇인지를 발견한다.

끝으로 대안적 정체성의 구축을 위해 정의예식과 외부증인집단을 활용한다. 이를 위해 새로운 정체성과 가족의 이야기를 확고하게 하고, 미래에 마주칠 도전에 대응하는 방법을 알아본다. 과거의 이야기와 독특한 성과를 현재와 연결시키는 질문을 던진다. 잠재적인 장애들까지도 포함하여 이야기를 미래로 확장시키는 질문을 한다. 가족의 성취와 새로운 이야기의 가능성을 반영해 줄 반영 팀을 초대하고 가족에게 적절하고 선호하는 이야기를 지원할 의식과 전통을 발견한다. 이때 치료적 문서를 활용할 수 있는데 새로운 이야기를 기록하는 편지나 상장을 가족에게 보낼 수 있다. 가족이 선별된 청중과 증인들로부터 지지적인 제안을 얻어낼 수 있도록 돕는다.

출처: Gehart & Tuttle (2003). 유채영 외 역 (2008: 312-314) 재정리

> ## 생각해 볼 문제
>
> 1. 보웬 가족치료 모델에서는 원가족과의 분화 정도를 중요한 요소로 보는데, 원가족과의 분화 정도가 현재의 가족관계에 미치는 영향에 대해 설명하시오.
> 2. 보웬 가족치료 모델의 주요 개념인 삼각관계와 가족투사 과정에 대해 설명하시오.
> 3. 구조적 가족치료에서 가족의 건강 정도를 설명한 밀착된 경계, 명확한 경계, 경직된 경계에 대해 논하시오.
> 4. 구조적 가족치료 모델을 비행청소년 가족에 적용하여 설명하시오.
> 5. 경험적 가족치료 모델 발달에 기여한 사티어는 의사소통 유형을 다섯 가지로 분류하였는데, 이 유형들의 특징을 설명하시오.
> 6. 경험적 가족치료 모델의 주요 개념인 대화체계에 대해 생각해 보고 역기능적인 대화의 예를 들어 그것이 가족에 미치는 영향에 대해 설명하시오.
> 7. 해결중심 단기가족치료 모델에서 제시하는 실천을 위한 기본 원칙에 대해 설명하시오.
> 8. 해결중심 단기가족치료 모델에서 사용하는 대처질문에 대해 설명하시오.
> 9. 이야기치료가 근대주의 가족치료 접근들과 다른 점에 대해 논하시오.
> 10. 이야기치료에서 사용되는 '리포지셔닝'에 대해 설명하시오.

참고문헌

강문희, 박경, 강혜련, 김혜련(2007). 가족상담 및 심리치료. 서울: 도서출판 신정.

김영화, 이진숙, 이옥희(2006). 성인지적 가족복지론. 경기: 양서원.

김유경(2013). 가족상담 및 치료. 강의 자료집.

김유숙(2007). 가족치료: 이론과 실제(개정판) (pp. 136-137). 서울: 학지사.

성정현, 여지영, 우국희, 최승희(2004). 가족복지론. 경기: 양서원.

송성자(2002). 가족과 가족치료(2판). 서울: 법문사.

송성자, 어주경, 양혜원, 서해정(2005). 가정폭력 피해자 치유 프로그램. 여성가족부.

양유성(2011). 이야기 치료. 서울: 학지사.

이영분, 신영화, 권진숙, 박태영, 최선령, 최현미(2011). 가족치료: 모델과 사례. 서울: 학지사.

이원숙(2007). 가족복지론(2판). 서울: 학지사.

이현경(2007). 이야기치료: 이론과 실제. 경기: 양서원.

정문자, 정혜정, 이선혜, 전영주(2012). 가족치료의 이해. 서울: 학지사.

정회성(2006). 하나님은 내 인생에 네비게이션. 서울: 조이선교회 출판부.

최규련(2008). 가족상담 및 치료. 경기: 공동체.

Nichols, M. P. (2008). 가족치료 개념과 방법 (김영애 외 역). 서울: 시그마프레스.

Becvar, D. S., & Becvar, J. (2001). 가족치료: 체계론적 통합 (정혜정, 이형실 공역). 서울: 하우 출판사. (원저 1988년 출간)

Berg, I. K., & Miller, S. (1992). 해결중심적 단기가족치료 (가족치료연구모임 역). 서울: 하나의학사.

De Jong, P., & Berg, I. K. (1998). *Interviewing for solutions*. Pacific Grove, CA: Brooks/Cole Publishing Company.

De shazer, S. D. (1985). *Keys to solution in brief therapy*. NY: Norton.

Gehart, D. R., & Tuttle, A. R. (2003). 가족치료이론과 실제: 가족치료사를 위한 이론기반 치료계획 수립. 유채영, 김연희, 윤혜미, 조성희, 최혜경 공역 (2008).

Goldenberg, I., & Goldenberg, H. (2000). *Family therapy: An overview* (5th. Ed.). Pacific Grove, CA: Books/Cole Publishing Company.

Morgan, A. (2013). 이야기치료란 무엇인가 (고미영 역). 서울: 청목출판사.

Nichols, M. P., & Schwartz, R. C. (2005). 가족치료: 개념과 방법. 김영애, 김정택, 송성자, 심혜숙, 정문자, 제석봉 역. (2008). 서울: 시그마프레스.

Satir, V. (1972). *Peoplemaking*. Palo Alto, CA: Science and Behavior Books.

Winslade, J., & Monk. G. (1999). *Narrative Counseling in Schools*. Thousand Oaks, CA: Corwin Press. 22-27.

White, M. (2001). 이야기치료. 한림대학교 사회복지대학원 제31회 워크숍 자료집.

White, M. (2007). 이야기치료의 지도. 이선혜, 정슬기, 허남순 공역 (2013). 서울: 학지사.

White, M., & Epston, D. (1990). *Narrative Means to Therapeutic Ends*. New York: W. W. Norton.

제10장

빈곤과 가족복지

　빈곤의 문제는 어느 사회에서나 존재하는 문제로 학문적 · 정책적 관심의 대상이 되고 있다. 절대적 빈곤에서 상대적 빈곤 그리고 더 나아가 사회적 배제 등으로 빈곤에 대한 접근은 변화하고 있지만, 빈곤의 문제로부터 자유로웠던 사회나 시대는 없었다. 우리나라는 경제위기 이후 빈곤의 문제가 쉽게 완화되지 않아 그 어느 때보다도 정부와 학계의 관심을 받고 있다. 최근 한국보건사회연구원의 실태조사에 의하면 우리 사회의 빈곤층 규모는 점차적으로 증가하여 약 760만 명에 이를 것으로 추정되며, 차상위층을 포함하면 취약계층의 규모는 약 930만 명에 이른다. 이 장에서는 빈곤가족을 중심으로 빈곤에 따른 문제와 빈곤가족에 대한 사회복지 정책적 · 실천적 개입에 관하여 살펴보고자 한다.

1. 빈곤에 따른 문제

1) 빈곤, 빈곤가족 및 빈곤 원인

(1) 빈곤의 개념

빈곤은 경제적인 특성뿐만 아니라 사회문화적 특성을 포함하는 복합적인 현상이다. 경제적 빈곤은 물질적 필요에 대하여 부족을 느끼는 것이며, 절대적 빈곤과 상대적 빈곤으로 나누어 볼 수 있다. 절대적 빈곤은 인간이 살아가는 데 절대적으로 필요한 최소한의 자원을 충족시키지 못하는 상태를 의미하는데, 국가의 정책적 빈곤선인 최저생계비를 기준으로 빈곤을 산출한 정도다. 이는 수치나 지수로 계량화하여 측정할 수 있다. 그 측정방법에는 최저생계비 방식(의식주의 기본적인 욕구를 해결하는 데 드는 비용을 계산하는 방법), 엥겔 방식(음식비가 소득에서 차지하는 일정한 비율을 산정하는 방법)이 있다. 우리나라는 1960년대 중반까지 국민의 대다수가 절대적 빈곤 상태에 있었으나, 1970년대 말에는 50% 수준으로, 1980년대 후반에는 20% 수준으로 감소하였고, 외환위기 직전인 1990년대 중반에는 5% 수준까지 감소하였다. 이는 우리나라가 단기간에 이룩한 경제성장으로 대량의 일자리 창출이 가능했기 때문인데, 정부의 특별한 복지정책을 위한 노력 없이도 상당한 빈곤 감소 효과를 거두었다. 하지만 1990년대 중반 이후 경제위기와 더불어 다양한 사회적 위협 요인들로 인해 빈곤율이 다시 증가하여, 1998년 절대빈곤율이 10% 수준으로 증가되었다가, 2000년 이후 다시 감소하여 2004년 약 7%, 2011년 약 6% 수준에 머물고 있다(〈표 10-1〉 참조).

상대적 빈곤은 전체 소득분포상의 일정 비율 이하를 기준으로 산출한 정도로, 다른 사람들과 비교해 상대적으로 적게 가지고 있는 상태를 의미한다. 개인의 상황을 사회의 평균소득 수준 또는 표준생활 수준과 비교함으로써 규정하는데, OECD 국가들은 중위가구 소득의 40~60%, EU 국가들은

표 10-1	빈곤율 추이(2인 이상 전가구 기준)								(단위: %)

구분	2003	2004	2005	2006	2007	2008	2009	2010	2011
절대적 빈곤율	6.9	6.9	7.9	7.7	7.7	7.8	8.1	6.3	6.3
상대적 빈곤율	11.1	11.8	12.4	12.1	12.6	12.6	12.2	12.1	12.3

출처: 한국보건사회연구원 『빈곤통계연보』, 통계청 『가계동향조사』 원자료
　　　농어가 가구는 제외, 1인 제외 전 가구, 경상소득 기준, 중위 50% 기준

평균가구 소득의 40~60% 미만을 상대적 빈곤으로 규정한다. 우리 사회의 분배구조를 보여 주는 상대적 빈곤율은 최근까지 빠른 속도로 감소한 절대빈곤율의 변화와는 달리 중위소득 50%를 빈곤선으로 살펴볼 때 1960년 중반 10%에 달했던 상대적 빈곤율은 일부 증감은 보이지만, 지난 50여 년간 거의 비슷한 수준을 유지하고 있다. 이러한 결과는 경제성장이 절대빈곤의 해결에는 상당한 효과가 있었지만 사회적 불평등을 반영하는 상대빈곤의 해결에는 큰 효과가 없었음을 보여 준다고 하겠다(김안나, 2007).

　한편, 빈곤은 문화적 측면에서도 정의될 수 있다. 이는 빈곤문화론으로 설명되기도 하는데, 빈곤문화론이란 빈곤층 사람들이 도시 저소득층 밀집지역에 모여 살면서 사회의 지배문화와는 질적으로 상이한 태도와 가치, 행동을 포함하는 빈곤문화를 형성하여 자신들 특유의 생활방식으로 사는 것을 의미한다. 빈곤문화론은 1959년 루이스(Lewis)에 의해 주장된 것으로, 최근 지속적인 경기침체로 빈곤의 대물림이 제기되면서 빈곤문화론이 재조명을 받고 있다. 빈곤문화의 특징을 살펴보면, 사회의 지배적 가치를 수용하지 못하는 사람들이 많으며, 모자ㆍ부자가정이 많고 합법적인 결혼 없이 동거하는 가정들이 많다. 또한 쉽게 체념하거나 동기가 약하고 충동적이며 현재 중심적인 생활을 하는 사람들을 만들어 내고, 결국 희망의 부재로 아동에 대한 교육투자가 감소하며, 이러한 낮은 학력은 직업 선택의 기회를 좁게 하여 빈곤이 악순환 된다는 것이다.

(2) 빈곤가족의 정의

빈곤가족은 가족 전체 또는 가족 구성원들이 인간으로서 생활하는 데 기본적으로 필요하다고 인정되는 자원이나 경제적 능력을 갖추지 못한 상태로, 심리적으로 손상되어 있으며 긴장 상태, 억압 상태, 박탈된 상태에 처해 있는 가족을 의미한다(이소희 외, 2003: 96 재인용). 노인철 등(1995)은 빈곤가족을 세 유형으로 나누어 설명하였다. 첫째는 노동능력이 없는 가난한 자(the deserving poor)로서 질병, 장애, 노령 등의 이유로 근로능력이 없고 부양능력자가 없는 거택 · 시설보호 대상가구, 둘째는 근로능력이 있는 가난한 자(the working poor)로서 자활보호 대상가구, 셋째는 잠재적으로 가난한 자(the potential poor)로서 불의의 사고나 사업 실패, 실직 등으로 빈곤에 떨어질 가능성이 있는 가구를 의미한다.

(3) 빈곤의 원인

개인이나 가족이 빈곤의 상황에 놓이게 되는 데는 여러 요인이 복합적으로 작용하며, 다양한 빈곤집단의 특성에 따라 상이한 요인들이 영향을 미친다. 빈곤의 원인을 크게 네 가지로 나누어 보면 성 · 연령 등의 인구학적 요인, 결혼 상태 및 가구 유형 등의 사회적 요인, 교육 및 건강 상태 등의 인적자본 요인 그리고 사회적 관계망으로 구성된 사회적 자본 요인으로 나누어 볼 수 있다.

비근로 빈곤가구의 경우 성이나 고령 등 인구학적 요인들에 의해 빈곤해질 가능성이 높다. 하지만 근로 빈곤가구의 경우는 근로를 하면서도 빈곤한 상태로, 외환위기 이후 가정 해체 등으로 갑작스럽게 여성 가구주가 된 경우나 이혼 등으로 모부자가구가 된 경우에 사회적 요인으로 인해 갑자기 빈곤에 처한 것으로 설명된다(박순일, 1994; 송호근, 2002; 신명호 외, 2004). 인적자본(human capital)은 개인이 취득한 교육적 기반이나 현재의 건강 상태 등을 말하는데, 이러한 인적자본도 빈곤의 원인이 된다(김태성, 손병돈, 2002). 한편, 개인이 소유한 관계망은 사회적 자본(social capital)으로 볼 수 있는데,

사회적 자본은 사회경제적 지위와 연계되어 새로운 직장을 얻거나 직장을 구하기 위한 정보 등을 획득하는 데 유용하다. 취약계층의 경우 사회적 관계망이 미약하여 빈곤에 처할 가능성이 더 높다고 볼 수 있다(Coleman, 1990). 김안나(2007)는 근로 빈곤가구와 비근로 빈곤가구를 비교하여 빈곤의 원인을 연구하였는데, 근로 빈곤가구에 처할 위험을 설명하는 요인들은 연령변수 등 인구학적 요인들보다는 결혼 상태 등 사회적 요인들과 교육을 포함한 인적자본 등이 강한 설명력을 가지는 것으로 보고하였다.

빈곤의 원인은 또한 책임 소재에 따라 크게 개인적 원인과 사회적 원인으로 나누어 설명되기도 한다. 개인적 원인으로는 개인의 동기 부족, 무절제, 게으름, 과다한 출산, 부적응과 같은 개인적 결함에 기초한 자발적 원인이 있고, 가구주의 사망, 질병, 불구, 노령, 낮은 교육 등 비자발적인 원인이 있다. 빈곤을 발생시키는 사회적 원인으로는 자원의 부족, 정부의 성격, 경제제도, 자본과 기술의 부족, 기후, 시장구조 등이 포함된다. 우리나라의 경우는 특히 산업구조 재편에 따른 고용 불안정과 노인 단독가구의 증가, 이혼율의 증가, 여성 가구주의 증가 등으로 인한 가구 내 비노동 인구의 증가를 들 수 있다(조흥식, 1996).

2) 빈곤가족의 실태와 문제점

경제위기 이후 두드러지는 빈곤문제는 여성가장 가구주의 비율과 1인 가구의 빈곤율이 증가하고 있어, 빈곤이 특정 성이나 인구집단과 연결되어 고착화되고 있다는 것이다(최경석 외, 2003). 여성가장 가구주의 빈곤화가 발생하는 이유는 유교적 전통에 기반한 가부장제 관행이 기혼여성의 노동시장 진입 단계뿐만 아니라 노동과정에서도 사회적 배제와 차별로 나타나기 때문이다. 여성가장 가구주 이외에 빈곤문제가 심각하게 대두되는 가족 유형에는 소년소녀가정 가족과 같이 저연령층으로 구성된 가족, 경제적 능력이 없는 저연령 아동과 고연령층으로 구성된 가족(조손가족), 65세 이상 노인

표 10-2   수급자 가구원 수별 현황(2012년)

(단위: 가구, %)

구분	계	1인가구	2인가구	3인가구	4인가구	5인가구	6인가구	7인가구
가구수	821,879	540,924	147,736	80,900	36,494	11,272	3,168	1,385
구성비	100	65.8	18.0	9.8	4.4	1.4	0.4	0.2

출처: 보건복지부(2012년 국민기초생활보장 수급자 현황)

표 10-3   수급자 가구 유형별 현황(2012년)

(단위: 가구, %)

구분	계	노인가구	소년소녀가장가구	모자가구	부자가구	장애인가구	일반가구	기타
가구수	821,879	236,617	8,105	78,333	18,820	174,112	259,866	46,026
구성비	100	28.8	1.0	9.5	2.3	21.2	31.6	5.6

출처: 보건복지부(2012년 국민기초생활보장 수급자 현황)

단독가구로 구성되는 가족이 포함된다(〈표 10-2〉와 〈표 10-3〉 참조).

다음으로 일반적으로 빈곤가족이 안고 있는 문제를 살펴보면 다음과 같다.

(1) 복합적인 가족문제

복합적인 문제를 가진 모든 가족들이 빈곤한 것도 아니고 모든 빈곤가족이 빈곤의 결과로 인해 복합적인 문제에 고착되어 있는 것도 아니지만, 가족의 빈곤은 그들의 가족체계 문제나 환경적인 문제와 같은 다양한 문제들과 연결되어 있다. 가족체계론적 접근(제1장 참조)에서 볼 때 가족은 가족 외부 체계와 다양한 방식으로 상호작용하는 조직적인 체계다. 다른 체계들에서 일어나는 사건들은 가족 내부의 관계에도 영향을 미치고, 가족 내부에서 일어나는 사건들 또한 외부 체계들에 영향을 미친다. 특히, 다양한 문제를 지닌 빈곤가족의 경우 외부체계의 행동은 가족의 내부 체계를 이해하는 데 매우 중요하다(Janzen et al., 2006). 빈곤가족은 불충분한 소득으로 인해 생활고에 시달리고, 맞벌이가족의 경우 취업과 가사, 자녀양육 등 역할의 과중으로 인해 육체적 · 정신적 피로가 누적된다. 또한 빈곤가족의 가구주는 불안정한 취업 속에서 생계 유지라는 현실적인 문제를 벗어나기 위해 알코올에 의존하거나 가정폭력으로 이어지기도 한다.

변화순 등(2002)의 연구에서는 저소득층의 많은 저학력 부부들이 부부관계에 대한 만족도가 낮고, 이혼을 많이 고려하였으며, 부부간의 불화는 자녀의 공격성, 정서불안, 우울증 등을 촉진하여 행동장애나 비행문제를 일으키기 쉬운 것으로 나타났다. 또한 저소득층 가족은 노인부양, 장애인 돌봄, 간병 등에 대한 대처능력과 자원이 부족하여 어려움을 겪고 있는 것으로 보고되었는데, 가족원의 질병이나 돌봄을 요하는 장애는 당사자뿐 아니라 전 가족에게 영향을 주어 가족의 생활을 파괴하기도 한다.

(2) 불안정한 직업

빈곤층 가구주의 교육 수준은 낮은 편인데, 이러한 낮은 교육 수준은 그들의 직종 및 소득과 밀접한 관계가 있다. 또한 우리나라 빈곤가구는 대부분 농촌 영세민 출신의 도시 이농자들이기 때문에 특별한 기술을 갖지 못한 미숙련 단순노동자들이 많다. 빈곤가족 가구주는 공사장을 찾아 막노동을 하거나 노점, 행상과 같은 영세 상업에 종사하고 있으며, 여성 가구주의 경우 영세한 하청공장 또는 가내수공업에 취업하거나 파출부 등의 직종에 종사하고 있다(〈표 10-4〉 참조). 이러한 임시 · 일용직의 취업 형태가 불안정하여 실업과 취업을 반복하면서 빈곤가족은 사회보장 혜택도 적절하게 받지 못하는 실정이다(최경석 외, 2003).

최근 연구에서는 비정규직 노동자로 일하는 성인 남성들은 고용불안, 저임금, 비정규직에 대한 차별, 실업 등으로 인해 직무 스트레스가 높으며, 정규직 근로자에 비해 신체질환과 우울증을 겪는 비율이 높고, 공장근로자들은 작업환경이 열악하여 산업재해와 직업병을 얻기 쉽다고 보고하였다(김수현, 2003; 2006 연중기획 함께 넘자 양극화, 2006).

| 표 10-4 | 수급자의 경제활동 유무 및 고용형태 현황 | | | | | | | | (단위: 명, %) |

구분	계	경제활동 인구							비경제활동 인구
		소계	상시 고용	임시 고용	일일 고용	자영업	농수축 산업	실직 및 미취업	
수급자 수(일반)	1,300,499	193,101	7,558	17,376	71,768	13,982	5,931	76,486	1,107,398
구성비	100	14.8	0.6	1.3	5.5	1.1	0.4	5.9	85.2

출처: 보건복지부(2012년 국민기초생활보장 수급자 현황)

(3) 만성적인 건강질환

빈곤이 사람에게 미치는 심각한 폐해 중의 하나는 건강에 대한 위협이다. 저소득층 가족은 경제적 궁핍으로 생활의 모든 면에서 어려움을 겪을 가능성이 높다. 우선 스트레스 해소나 건강 유지에 필요한 운동, 레크리에이션 등에 참여할 기회가 적고 가족이 함께 하는 여가활동이 부재하여, 신체적 건강뿐만 아니라 심리사회적 안녕감을 위협하는 환경에 처하기 쉬워 보건의료와 사회복지서비스에 대한 욕구가 일반적으로 높다(현경자, 유송자, 김정화, 2006; 변화순, 송다영, 김영란, 2002). 또한 저소득층의 경우 열악한 주변 환경과 불충분한 영양 섭취로 인하여 건강이 악화될 확률이 높은데, 이러한 건강의 악화는 경제적으로 자립할 수 있는 능력을 저해하여 빈곤에서 벗어나지 못하게 한다(신윤정, 2004). 특히, 빈곤층은 일반가구에 비해 만성적 질병률이 높게 나타나고, 도시보다는 농촌에서, 남성보다는 여성에게서 빈번히 나타난다(이소희 외, 2003).

또한 주거와 노동환경의 열악함으로 심리사회적 스트레스가 높고, 이러한 스트레스는 건강을 손상시키는 주요 원인이 된다. 구체적으로 흡연, 과음, 위험한 성생활 등 건강에 위협이 되는 행동을 유발시키고, 우울증, 불면증, 신경질환, 운동량 저하 등에 영향을 미쳐 면역기능을 약화시키는 것으로 보고되었다. 그리고 만성적 스트레스는 신경내분비와 육체적 기능을 변형해 질병이환이 쉽게 되는 결과를 초래한다(윤태호, 2003; Brunner, 1997).

한 연구에서 서울의 임대아파트 거주자들을 대상으로 조사한 결과, 저소득층은 스트레스에 더 많이 노출되어 있는 반면에 사회적 지지와 사회 참여도가 모두 낮게 나타났다. 이는 심리사회적 스트레스가 높은 대도시 저소득층 가족일수록 보건의료서비스에 대한 욕구가 높음을 보여 주는 결과라고 볼 수 있다(현경자, 유송자, 김정화, 2006).

저소득층의 의료서비스 수요를 분석한 결과에 의하면 기초수급, 차상위 가구의 절반 이상(각 55~67%)에 만성질환자가 있으며 이는 전체 평균 30.6%보다 두 배 가량 많다. 병원비 부담도 크게 나타났는데, 전체 가구 중 병원비가 부담된다는 가구는 33.1%였으나 차상위계층에 속하는 비수급빈곤층은 51.8%, 그 외 차상위는 54.7%가 병원비 부담을 호소했으며, 수급자는 45.5% 정도였다(〈표 10-5〉 참조). 특히 비수급빈곤층은 11.8%가 치료를 중도에 포기한 경험이 있었는데, 이들 중 90.9%가 치료비 부담 때문이라고 보고되었다(한국일보, 2012).

표 10-5 빈곤층의 주요 생활실태

(단위: 명, %)

구분		의료비가 부담된다	주거 빈곤가구*	난방이 가끔 · 자주 끊겼다
기초수급자		45.5	58.3	43.8
차상위계층	비수급빈곤층	51.8	86.4	51.8
	소득인정액 120% 미만	54.7	61.2	39.6

*최저 주거기준 미달 또는 주거비가 월소득의 20%를 초과하는 가구.
출처: 한국보건사회연구원

(4) 열악한 주거 공간

인간의 기본적인 욕구를 흔히 의식주로 본다. 따라서 주거는 인간의 기본적인 욕구이며 반드시 충족되어야 할 요소다. 선진국에 비해 공공임대주택 재고비율이 낮은 우리나라에서 저소득층의 주거 욕구 충족은 어려운 실정이며, 외환위기 이후 소득에 따라 주거 수준의 격차가 점점 증가하고 있다 (이태진, 2005). 또한 주거환경의 경우 빈곤가구가 주로 위치해 있는 지역은 화장실과 상수도 보급률이 떨어지고, 난방시설이 불충분하며, 비탈이 심하 거나 길이 좁아서 쓰레기 수거가 잘 안 되어 위생상의 문제가 발생하기도 한다. 게다가 소방도로의 미비로 화재 시 조기 진화가 어렵고, 일반주택의 지하셋방에 사는 빈곤가구의 경우 햇볕이 들지 않아 낮에도 전등을 켜야 하 고, 습기가 많아 건강에 나쁜 영향을 주어 질병의 원인이 되기도 한다.

3) 빈곤과 가족 구성원의 문제

(1) 아동과 빈곤문제

여러 관련 문헌들에 의하면 빈곤이 아동에게 미치는 영향은 전반적인 발 달 영역에 걸쳐 나타난다. 즉, 빈곤은 아동의 건강, 인지, 학업 성취 등의 영 역뿐 아니라 사회정서적 발달 영역에도 부정적인 영향을 미치며, 빈곤한 환 경에서 생활한 아동이 우울, 불안, 의존성과 같은 내재화 문제와 반사회적 행동, 과잉행동, 또래 갈등, 고집 센 행동과 같은 외현화 문제를 보인다고 보 고되었다(McLoyd, 1998; Duncan & Brooks-Gunn, 1999; McLeod & Shanahan, 1993; 박현선, 정익중, 구인회, 2006).

빈곤가족은 생계 유지에 초점이 모아지고 아동양육 지식과 시간적 여유 가 부족하기 때문에 '의도하지 않은 학대와 방임'이 발생하기도 한다. 또한 빈곤한 가정의 부모들은 사회적 지지를 위한 능력이나 동기부여가 저조하 여 아동들에게 충분한 지도감독이나 역할모델을 제공하지 못하는 경우가 많다. 이로 인해 발육부진과 같은 신체발달의 문제, 낮은 지능, 학업부진, 학교중퇴 등의 인지발달 문제, 우울과 불안 등과 같은 사회정서적 발달문제 들이 나타난다(이혜원, 2006).

또한 빈곤은 가족 내에서 아동을 위한 공부방 등 학습 공간의 부족 및 학 업에 필요한 물품이나 교육자료 등의 결핍을 초래하여 학업 성취를 저해한다. 더불어 빈곤지역의 학교는 교육청과 지역사회로부터 지원이 낮고, 교사들이 기피하는 경향이 있으며, 빈곤아동은 학업 성취가 낮을 것이라는 교사의 편견이 아동의 성취를 방해하기도 한다.

하지만 빈곤아동이라고 해서 바람직하지 못한 발달적 특성만을 갖는 것은 아니다. 연구에 의하면 중상류계층의 아동들이 부모의 과도한 성취 지향적 기대와 압박감으로 인해 심한 갈등과 스트레스를 받는 데 반해, 빈곤한 계층의 아동들은 가족 내에서 보다 친근하고 애정적인 유대관계를 가지며, 실제적인 사회적 적응기술을 빨리 터득하여 어려운 상황에 대처할 수 있는 능력을 소유하기도 한다.

빈곤이라는 취약한 환경 조건 아래에서도 부정적인 발달 산물의 가능성을 경감시키는 보호요인 중 가족과 관련된 요인들을 살펴보면 다음과 같다.

- 가족 중 한 사람과 밀접한 유대관계를 갖는다.
- 어린 시절부터 양육자와 기본적인 신뢰로 안정적인 애착관계를 형성한다.
- 서로 가족 내 역할에 협조적이며 부모와 자녀의 역할이 잘 규정되어 있다.
- 통제와 애정이 적절하게 균형 잡힌 민주적인 양육행동을 한다.
- 부모가 자녀의 미래에 대한 낙관적 견해를 가진다.

(2) 노인과 빈곤문제

대다수의 노인들은 제한된 교육기회, 취업기회의 불균등으로 인해 노동시장에서 배제되며, 노동시장에 참여할 수 있다 해도 불안정한 취업이 대부분이어서 빈곤화되기 쉽다. 생계 유지를 위해 자녀들의 경제적 부양에 의존하고 있으나, 노인 단독가구의 증가 및 자녀의 부양의식의 쇠퇴에 따라 자녀로부터 경제적 지원을 받지 못하는 노인들이 증가하고 있다.

노년기로 접어들면서 신체가 쇠약해져 상병률이 높으며, 만성질환의 발생 빈도가 높아진다. 뿐만 아니라 정신적인 질병으로 일상생활에 지장을 가져오는 치매가 나타나 의료비 지출이 상당한 부담이 되어 의료빈곤층을 형성하기도 한다. 노인의 만성질환은 병원이나 요양원에서 보호될 필요가 있으나, 우리나라의 경우 노인의 장기간호나 요양보호가 가능한 병원이나 요양시설이 부족하여 대부분 가정에서 해결하게 된다. 하지만 가족 수의 감소, 여성의 취업 및 사회활동 증가, 가족기능을 보호하기 위한 사회적 서비스의 부족으로 가족 내 노인의 건강보호에 어려움이 있으며, 이러한 어려움은 노인 유기 및 학대 그리고 노인의 빈곤화를 초래하기도 한다(원영희, 2005).

(3) 여성 가구주의 빈곤문제

1997년 이후 경제불황이 지속되고 이혼, 별거 등의 가족구조 불안정이 증가되면서 '빈곤의 여성화' 현상이 나타나고 있다. 더불어 남성 생계부양 모델에 기초한 사회구조로 인해 남편의 사망이나 이혼으로 결혼관계 해체를 경험한 여성들은 심각한 경제적 위협을 받고 있다. 이러한 한부모 여성 가구주 가족의 발생이 다른 사회적 위험보다 빈곤을 직접적으로 유발하는 요인으로 분석된다(송다영, 2006; 김정현, 2013). 대부분의 여성 가구주들은 학력이 낮고, 사회 경험이 부재하며, 자신감이 결여되어 있고, 대인관계 기술이 부족하다. 그래서 그들을 위한 사회복지사업이나 프로그램이 제 기능을 못하고 있는 것으로 평가되고 있다. 따라서 여성 가구주들이 지니고 있는 자기 비하, 열등감, 무력감 같은 심리정서적 문제를 해결할 수 있는 사회적 지원 프로그램이 요구된다(김수현, 2001). 또한 김정현(2013)의 연구결과 여성 한부모 가구주들의 노동시장 진입과 직업의 지속적 유지는 정부의 자녀 돌봄 지원, 부모휴가제도, 보육환경구축 여부에 따라 결정되는 것으로 나타나 한부모여성이 빈곤에서 벗어나 경제적 독립이 가능할 수 있도록 노동시장, 가족, 사회복지 영역의 통합적 정책 지원을 마련해야 한다고 보고하였다.

2. 빈곤가족에 대한 개입

1) 기초생활보장 지원서비스

우리나라의 국민기초생활보장법은 빈곤가족 중 특정 조건을 충족시키는 일부 가족만을 대상으로 한다. 과거 생활보호제도와 비교할 때 기초생활보장제도는 빈곤층에 대한 기초생활보장을 사회권으로 명문화하고 체계적인 급여체계를 마련하였다는 점에서 중요한 의미를 갖는다. 구체적으로 서비스 대상자를 수급권자로 법에 명시하여 요보호자라는 낙인에서 벗어나도록 하였고, 18세에서 60세 이하의 경제활동인구도 급여를 수급할 수 있도록 하였다. 또한 생활보호사업에서는 소득과 재산이 이원적 기준이었으나, 기초생활보장제도는 2003년부터 소득인정액이라는 단일 기준에 의해 최저생계비 이하인 계층을 모두 포함하고 있다. 기초생활보장 급여의 종류와 내용을 살펴보면 〈표 10-6〉과 같다.

표에서 알 수 있듯이, 기초생활보장제도에서 수급자로 선정된 사람들에게는 생계급여, 주거급여, 의료급여, 교육급여, 해산급여, 장제급여, 자활급여가 제공된다. 생활보호제도에서 없었던 주거급여가 추가되고, 다양한 방식으로 자활급여가 제공되며 중요하게 다루어진다는 점에서 차이가 있다. 기초생활보장제도는 빈곤완화에 기여하였으나 일정수준 이상 소득이 증가하면 모든 급여가 중단되어 일할 능력이 있는 수급자라도 근로 증가유인이 적은 문제점이 있어 새 정부에서는 기초생활보장 급여체계를 개별급여로 전환하여 근로능력자가 일할수록 유리하도록 제도의 기본틀을 전환하고, 부양의무자 기준 완화, 빈곤정책 대상자 확대 등을 통해 복지사각지대를 적극 줄여나가기로 하였다.

2013년 5월 정부는 '맞춤형 고용·복지'를 구현하기 위하여 사회보장위원회를 열고 우리나라의 복지패러다임이 '빈곤층에 대한 소득보장 중심'에

표 10-6 기초생활보장 급여의 종류와 내용

구분	급여 내용
생계급여	• 수급자에게 의복과 음식물, 연료비와 기타 일상생활에 기본적으로 필요한 금품 지급
주거급여	• 수급자에게 주거안정에 필요한 임차료, 유지수선비, 기타 대통령령이 정하는 수급품 지급
의료급여	• 의료보호법에 의한 의료서비스 제공
교육급여	• 수급자에게 입학금·학용품비, 기타 수급품 지원
해산급여	• 수급자에게 조산, 분만 전과 분만 후의 필요한 조치와 보호를 행하는 것
장제급여	• 수급자가 사망한 경우 사체의 검안·운반·화장 또는 매장 기타 장제조치 제공
자활급여	• 자활에 필요한 금품의 지급 또는 대여 • 자활에 필요한 기능습득의 지원 • 취업알선 등 정보의 제공 • 공공근로 등 자활을 위한 근로기회의 제공 • 자활에 필요한 시설과 장비의 대여 • 기타 대통령령이 정하는 자활조성을 위한 각종 지원

서 벗어나 '모든 국민을 대상으로 소득과 사회서비스가 균형적으로 보장'되는 미래 선진형으로 전환될 것임을 강조하고 기초생활보장제도의 통합급여 방식을 개인의 복지수요에 맞추는 개별급여 방식으로 개편하여 선정기준 및 급여수준을 별도로 설정하도록 하였다. 또한 빈곤 위험계층이 빈곤층으로 전락하지 않도록 차상위계층의 범주를 최저생계비 120%(340만 명)에서 중위소득 50%(430만 명 수준)으로 확대하기로 하였다. 엄격한 부양의무자 기준도 개선하여 보다 현실에 맞도록 부양의무자 기준을 완화하여 기초생활수급자가 2012년 말 기준 140만 명에서 220만 명으로 증가할 것으로 예상하고 있다.

(1) 자활지원 서비스

지역자활센터는 근로능력이 있는 저소득층에게 집중적이고 체계적인 자활지원 서비스를 제공하여 자활 의욕을 고취시키고 자립능력 향상을 지원하여 자활 촉진에 필요한 사업을 수행하는 민간 자활사업 실시기관으로 국민기초생활보장법에 근거하여 설치되었다. 1996년 시범사업 실시 이후 2000년까지 70개소를 지정하여 운영하였고, 2011년 12월 현재 전국에 247개소의 지역자활센터가 설치 · 운영되고 있다. 지역자활센터 주요사업은 자활의욕고취를 위한 교육, 자활을 위한 정보제공 · 상담 · 직업교육 및 취업알선, 생업(창업)을 위한 자금융자 알선, 자영창업 지원 및 기술 · 경영지도. 자활기업의 설립 · 운영지원, 사회서비스지원 사업(장애인, 산모 · 신생아, 노인돌보미 바우처사업 등 사회서비스 위탁 수행), 기타 자활을 위한 각종 사업(수급자 또는 차상위계층의 자녀교육 및 보육을 위한 자활지원프로그램 운영) 등이다.

자활근로사업은 저소득층에게 자활을 위한 근로의 기회를 제공하여 자활기반을 조성하는 사업으로 참여자의 자활능력과 사업유형에 따라 근로유지형, 사회서비스일자리형, 인턴형, 시장진입형으로 구분된다(〈표 10-7〉 참조).

표 10-7 자활근로 참여자 수

구분	총 참여자 수	소계	자활근로			
			시장진입형	사회서비스 일자리형	인턴형	근로유지형
2005	91,067	82,975	9,484	21,792	426	34,240
2006	86,796	82,542	9,583	9,583	431	36,244
2007	87,282	83,431	10,857	24,961	279	31,810
2008	71,094	68,246	10,647	23,900	145	23,292
2009	77,532	75,675	14,090	28,097	156	20,061
2010	77,639	75,199	13,294	27,178	83	19,607
2011	83,710	60,385	13,228	28,276	26	18,855

출처: 보건복지부(2012).

자활기업은 자활근로사업을 거쳐 자립하는 자활경로의 최종 단계로 저소
득층의 공동창업을 통한 탈빈곤을 지향하며 사회적 기업의 모태로서의 역
할을 수행하는 등 취약계층의 일자리 창출 및 사회서비스 제공에 중요한 역
할을 수행한다. 2013년 현재 자활기업 참여자 8,862명이 1,340개의 자활기
업에 종사하며, 전국 5대 표준화사업(간병, 집수리, 청소, 폐자원활용, 음식물재
활용) 및 외식·도시락, 산모도우미 등에 집중 분포되어 있다.

한편, 사회서비스란 국가·지방자치단체 및 민간 부분의 도움이 필요한
모든 국민에게 복지, 보건의료, 교육, 고용, 주거, 문화, 환경 등의 분야에서
인간다운 삶을 보장하고 상담, 재활, 돌봄, 정보의 제공, 관련 시설의 이용,
역량 개발, 사회참여 지원 등을 통해 국민의 삶의 질이 향상되도록 지원하
는 제도로서 종래 사회복지서비스를 사회서비스로 대체하는 것이다. 전통
적 사회복지서비스와의 차이점을 살펴보면 〈표 10-8〉과 같다.

이러한 사회서비스는 저출산·고령화 등 인구구조의 변화와 핵가족화 등
가족구조의 변화, 여성의 경제활동참여 증가, '고용 없는 성장' 추세 속에
사회서비스 분야가 일자리 창출의 블루오션으로 등장, 단순한 소득 보장을
넘어 인적자본 형성을 통한 예방적 복지 필요, 높아진 수요자의 요구에 부
응하고 복지재정의 효율적 활용을 위해 사회서비스 전달체계 개선의 필요
등의 정책 추진 배경을 가지고 있다. 특히 취약계층 아동에 대한 예방적 투

표 10-8 **사회복지서비스와 사회서비스의 차이점**

구분	사회복지서비스	사회서비스
대상	수급자 등 빈곤계층	서민·중산층까지 확대
서비스 내용	기본적 생활보장서비스	국민의 일상생활지원, 인적자본 확충을 위한 다양한 서비스까지 포괄
재정지원 방식	공급자(기관) 지원	수요자 지원방식 병행
비용부담	정부지원 중심	본인 일부 부담 도입
서비스 제공 방식	시설보호 중심	재가서비스까지 확대

자로 기회의 평등을 실현하고, 실업과 가난의 대물림 방지하고, 소비자의 선택권을 보장하고, 관리·운영비용의 효율성과 투명성을 높이기 위해 사회서비스 전자바우처 제공방식을 도입하였다.

2007년 사회서비스 전자바우처 사업 시행 이후 2011년 8월 '사회서비스 이용 및 이용권 관리에 관한 법률'을 공포하고 2012년 2월 시행되었다. 현재 추진 중인 6대 전자바우처 사업은 노인돌봄(종합), 장애인활동지원, 산모·신생아도우미, 가사·간병 방문도우미, 발달재활서비스, 지역사회서비스투자사업으로 이의 개요는 〈표 10-9〉와 같다.

정부는 사회서비스를 통하여 전자바우처 방식의 지불제도를 도입하여 행정관리비용을 감소하고, 재정운영의 효율성 및 투명성을 제고하고, 복지서비스 대상자가 소극적 복지수급자에서 능동적 서비스 구매자로 전환되면서 국민의 정책 체감도 및 만족도가 증가하고, 여성, 중고령자 등 고용취약계층에 적절한 고용기회를 제공하였다는 성과를 제시하고 있으나 아직까지 사회서비스에 대한 사회적 인식이 낮고, 신규 사회서비스 시장의 과잉형성

표 10-9 **사회서비스 전자바우처 사업 개요** (기준: 2012년 말, 단위: 억 원, 명, 개소)

구분	지원대상	예산	이용자수	일자리	제공기관
노인돌봄(종합)	전국가구 평균소득 150% 이하 노인장기요양 등급의 A, B	911	37,271	10,005	1,311
장애인활동지원	만 6~64세 1급 중증장애인	4,521	41,800	28,003	898
산모·신생아 도우미	전국가구 평균소득 50% 이하	375	57,744	2,514	256
가사·간병방문 도우미	기초수급자 및 차상위계층	197	10,353	3,098	471
발달재활서비스	전국가구 평균소득 100% 이하	717	44,703	4,647	1,376
지역사회서비스	전국가구 평균소득 100% 이하	1,921	450,554	20,218	2,170
계		8,642	642,425	68,485	6,482

으로 인한 서비스의 질 저하 등 여러 가지 문제점을 안고 있다.

기초생활보장제도가 빈곤층 중 근로능력자에 대한 소득보장의 길을 열었다면, 자활사업은 이를 토대로 근로빈곤층에 대한 탈빈곤 지원정책의 길을 열었음을 의미한다. 자활사업은 우리 사회에서 사회적 일자리 창출정책, 마이크로크레디트, 자산형성지원제도 등 다양한 근로빈곤층 지원정책을 통해 근로빈곤층 문제에 대한 정책적 관심을 제고하는 역할을 수행하였다. 그러나 사업 참여자의 소득 증대를 통해 빈곤에서 벗어나기 힘든 제도적 틀에 기반하고 있다는 지적을 받고 있다(노대명, 2005). 앞으로 자활사업은 미취업 빈곤층의 욕구에 부응하고, 탄력적인 급여체계와 근로인센티브 지원체계를 갖추며, 노동의 수요와 공급을 조화시킨 프로그램을 개발하고, 여러 부처가 협력하는 사업 추진체계를 갖추어야 할 과제를 안고 있다.

(2) 건강지원 서비스

2012년 보건복지부는 의료급여 수급자의 보장성을 확대하고, 자발적인 건강증진을 유도하기 위하여 희귀난치성질환 대상 추가, 의료급여의 보장성 확대, 건강관리 인센티브 지원 등을 포함한 의료급여 개선방안을 제시하였고, 2013년에는 의료비 때문에 집을 팔거나 빚을 지거나 가계가 파탄되는 이른바 '재난적 의료비'로 고통 받는 가구의 부담을 덜어주기 위하여 '중증질환 재난적 의료비 지원사업'을 시행한다고 밝혔다.

최근 가족 해체, 빈부격차의 심화, 열악한 근로 조건, 고용 불안정 등 저소득층 가족들이 신체 및 정신건강을 위협하는 다양한 스트레스 요인에 노출되어 있어 의료와 복지 욕구를 동시에 표출하는 경우가 많아, 저소득층 가족들의 복합적인 욕구에 효과적으로 대응할 수 있는 방안으로 보건의료와 복지의 통합적 접근이 논의되고 있다(이봉주, 2005; 정무성, 2005; Lesser, 2000). 실제로 지역사회에서 저소득층 가족을 위해 보건의료와 복지서비스의 통합을 실천하고 있는 국내 기관은 소수에 불과하지만, 연구 결과에 의하면 보건의료복지의 통합적 접근은 저소득층 가족의 다양하고 복합적인 욕구에 효과적인 방안이 될 수 있다(현경자, 유송자, 김정화, 2006). 빈곤가족을 대상으로 하는 사회복지 실천은 가족 구성원 개개인의 건강문제에 대한 직접적인 개입뿐만 아니라, 건강 관련 문제를 예방하고 조기에 발견하여 치료할 수 있는 체계를 지역사회 내에 마련하도록 하는 등의 환경적 개입이 동시에 이루어져야 한다(노혜련, 박선영, 2004).

(3) 주거지원 서비스

빈곤가족의 주택문제를 해결하기 위해서는 주택이 사회적으로 충분히 공급되어야 한다. 우리나라의 경우 주택정책에서 사회주택의 성격을 갖는 공공임대주택이 1989년 처음 시도되었다. 기초생활보장급여 중 주거급여는 수급자에게 주거 안정에 필요한 임차료나 유지수선비 등을 지원하고 있다.

그 외에도 우리나라는 빈곤가족의 주거환경을 개선하려는 자발적인 활동들이 이루어지고 있는데, 저소득층을 대상으로 이루어지고 있는 집수리활동의 경우 크게 공공부문 집수리활동, 비영리민간단체의 집수리활동, 민간기업 및 동호회 집수리활동으로 나누어 볼 수 있다(홍인옥, 2006). 공공부문의 집수리활동 현황을 살펴보면 지자체 중심의 집수리활동과 자활집수리사업으로 나누어 볼 수 있다. 지자체 중심의 집수리활동은 지자체에 따라 차이가 있으나, 대체로 프로그램 관리는 지자체에서 담당하고 집수리활동은 민간업체에 위탁 운영하고 있는데, 자력으로 집을 개·보수하기 어려운 가구의 노후·불량주택을 자원봉사자 및 건설업체 등에서 무료로 수리해 준다. 자활집수리사업은 국민기초생활보장제도의 자활사업 일환으로 추진되고 있는데, 현재 지역자활센터 주거복지사업단의 수는 139개이며, 주거복지공동체의 수는 199개다(한국주거복지협회, 2011).

지역자활센터 주거복지사업단과 공동체는 저소득층에게 일자리와 자활의 기회를 제공하는 역할과 주택개량사업을 통해 취약계층의 주거복지를 향상시키는 역할을 하고 있다. 이들의 주요 활동은 국민기초생활보장 수급가구의 주거현물급여 집수리사업, 저소득층 주택에너지 효율개선사업, 농어촌 장애인 주택개량사업, 석면지붕 철거사업, 지방자치단체별 지원 사업, 일반 유료시장사업 등이 포함되어 있으며, 주거복지와 관련된 상담이나 정보 제공 매입 임대주택 운영 등이 포함된다.

비영리 민간단체의 집수리활동은 열린사회시민연합의 해뜨는 집, 한국해비타트의 사랑의 집고치기 사업 등이 대표적이다. 해뜨는 집은 열린사회시민연합이 1999년부터 저소득층을 대상으로 전개하고 있는 무료 집수리사업으로, 국민기초생활보장제도의 수급권자와 차상위계층, 그룹홈 등을 주요 대상으로 한다. 최근에는 단순한 집수리 서비스만을 제공하는 것에서 한 단계 더 나아가 빈곤가족의 주거 안정과 전반적인 주거 여건 개선 등 새로운 활동 방향을 모색하고 있다. 한국해비타트는 2005년 도시 내 저소득가구를 대상으로 사랑의 집고치기 사업을 수급자 및 차상위계층 중 특히 소년소녀가정과 독거노인, 장애인, 한부모가정 등을 주요 대상으로 하여 실시하고 있다.

2) 한부모가족지원사업

한부모가족지원사업은 저소득 한부모가족 · 미혼가족 · 조손가족 등이 가족기능을 유지하고, 건강하고 문화적인 생활을 영위할 수 있도록 내실 있는 지원사업을 수행함으로써 한부모가족의 생활안정 및 자립기반 조성과 복지증진에 기여하기 위한 사업으로 이혼율 증가와 가족가치관의 변화 등으로 저소득 한부모가족이 지속적으로 증가함에 따라, 자립기반 조성을 위한 지원 필요성 증대되었다(〈표 10-10〉 참조).

한부모가족지원사업의 주요사업은 저소득 한부모가족 자녀 양육비 등 지원, 청소년 한부모 자립지원, 저소득 한부모가족 복지자금 대여, 영구임대주택입주, 권역별 미혼모 · 부자 지원기관 운영, 가족역량강화지원사업, 가족역량강화지원사업, 이혼위기가족회복지원사업이 포함되며 구체적인 내용은 〈표 10-11〉과 같다.

표 10-10   전체가구 및 한부모가족 수

(단위: 가구)

구분	2006년	2007년	2008년	2009년	2010년	2011년	2012년
전체가구*	16,289,194	16,542,700	16,791,160	17,052,164	17,339,422	17,687,001	17,950,675
한부모가족**	1,425,590	1,468,024	1,509,277	1,550,872	1,594,138	1,638,537	1,677,415
저소득 한부모 가족(한부모가족 지원법 대상)***	66,163	73,488	81,792	94,487	107,775	115,382	130,509

출처: *2005~2030년 장래가구추계(통계청), **2010년도 인구총조사(통계청)
　　　***2012년 행복e음 복지정보통계시스템 저소득한부모 가족현황 한부모가족 현황

표 10-11   한부모가족지원사업의 주요사업 내용

사업명	내용
저소득 한부모가족 자녀 양육비 등 지원	• 아동양육비: 만 12세 미만 아동, 월 7만 원 지원 • 추가 아동양육비: 조손가족 및 모 또는 부의 연령이 만 25세 이상인 미혼 한부모가족의 만 5세 이하 아동 1인당 월 5만 원 추가 지원 • 아동교육지원비(학용품비) 중학생 및 고등학생 자녀, 1인당 연 5만 원 지원 • 생활보조금: 한부모가족 복지시설에 입소한 가족, 가구당 월 5만 원 지원 • 국민기초생활보장법에 의한 기초수급자 등 다른 법령에서 유사한 성격의 지원을 받는 경우에는 중복하여 지원하지 않음.
청소년 한부모 자립지원	• 아동양육비: 소득인정액 기준 최저생계비 150% 이하(기초수급자 제외) 청소년 한부모가구의 아동 1인당 월 15만 원 지원 • 검정고시 학습비: 소득인정액 기준 최저생계비 150%이하(기초수급자 포함) 청소년 한부모가구의 부 또는 모가 검정고시 학습 시 연 154만 원 이내 지원 • 고교생 학비: 소득인정액 기준 최저생계비 150% 이하(기초수급자 제외) 청소년 한부모가구의 부 또는 모가 정규 고교 과정 이수시 입학금·수업료 실비 지원 • 자립지원촉진수당: 만 24개월 이하의 아동을 키우는 기초수급자인 청소년 한부모가구의 부 또는 모가 학업이나 취업 등 자립활동시 월 10만 원 지원

저소득 한부모가족 복지자금 대여	• 저소득 한부모가족으로 근로능력 및 자립자활 의지가 뚜렷하고 현실성 있는 사업계획(창업 또는 사업운영)을 제시하는 자 • 1인당 대여한도액: 무보증 1,200만 원, 보증 2,000만 원, 담보 5,000만 원 이내 • 대여이율: 연이율 2.85%의 고정금리 • 대여기간: 5년 거치 5년 분할 상환
영구임대주택입주	무주택 저소득 한부모가족에게 지방자치단체가 관리하는 영구임대주택(아파트) 중 지역실정을 감안하여 일정량을 저소득 한부모가족에게 우선 공급함.
권역별 미혼모·부자 지원기관 운영	서울 등 전국의 17개(2013년)소의 거점기관에서 미혼모 또는 미혼부가족의 자녀양육 및 경제자립을 위한 포괄적이고 종합적인 지원서비스를 제공 • 임신 초기부터 온-오프라인 상담 및 종합적인 정보 제공 • 자녀출산 및 양육과정에서 응급상황 발생 시 병원비, 생필품 등 지원 • 미혼모·부자를 위한 문화체험 및 교육 프로그램 운영 • 자조 모임 운영을 지원하여 미혼모·부간 자립경험 공유 및 네트워크 구축
가족역량강화 지원사업	• 한부모가족, 조손가족, 충격적 사건을 경험한 위기가족 등 취약가족에 대한 맞춤형 서비스 제공으로 가족기능 회복 및 자립 역량강화 도모 • 전국 31개소의 사업수행기관에서 취약한 부모가족 역량강화, 가족보듬, 조손가족 통합지원 등 다양한 서비스 제공
한부모가족 자녀양육비 이행확보 무료법률 구조지원	• 한부모가족 자녀양육비 청구소송 지원(법률상담, 소송서류 작성, 소송대리 등) • 미혼부 상대 자녀 인지청구 소송 지원(유전자 검사 및 소송지원 등) • 자녀양육비 이행확보 지원(강제집행, 이행명령, 감치처분 신청 등)
이혼위기가족 회복지원 사업	• 아동복리적 관점에서 이혼위기 가족을 대상으로 가족기능 강화를 위한 이혼상담, 교육, 문화서비스 등을 무료로 제공

출처: 여성가족부 홈페이지

3) 가족관계 향상 서비스

빈곤한 사람들은 누구나 개인문제 및 가족문제와 더불어 만성적인 사회문제와 경제문제에 의해 약화된 개인적, 가족적, 지역사회 공동체적 구조의 복합적인 문제들을 가지고 있다(Aponte, 1995). 빈곤한 사람들에게 효과적인 프로그램은 '아동은 가족의 부분으로, 가족은 이웃과 지역사회 공동체의 부분으로 보는 것이다'(Aponte, 1995: 28). 이소희 등(2003)은 빈곤가족이 지닌 복합적인 문제를 해결하기 위한 방법으로 치료적 서비스의 제공을 제안하였다. 이 치료적 서비스에는 빈곤가구주를 대상으로 하는 개별치료, 가족관계나 가족구조에서 오는 문제들을 해소하고 가족구성원 상호관계를 원만히 하여 가족 내 생활에서 응집력을 갖도록 해 주는 가족치료 그리고 빈곤가족을 둘러싸고 있는 생활환경 문제에 대한 환경치료가 포함된다. 치료적 서비스에서 중요한 것은 가족 구성원이 스스로 문제를 해결해 나갈 수 있도록 역량강화(empowerment) 기술과 의지를 배양하는 것인데, 이를 지역사회 단위에서 지원해 주어야 한다(최경석 외, 2003).

아폰테(Aponte, 1995)는 빈곤가족의 치료를 위하여 생태구조적(ecostructural) 관점에서 접근할 것을 제안하였다. 이 관점에서 빈곤가족을 사정할 때는 현재 문제와 더불어 클라이언트를 위한 문제의 생태체계적 맥락 및 단기적 목표와 장기적 목표를 모두 고려하게 된다. 생태구조적 접근으로 빈곤가족을 사정할 때 치료자가 고려해야 할 원칙은 다음과 같다(Aponte, 1995: 61).

- 치료자는 치료를 위해 초점이 되는 논제들과 협상함으로써 클라이언트 현재의 현실에 집중한다.
- 치료자는 사정의 범위 안에 클라이언트의 개인적인 것부터 사회적인 것까지 복잡한 생태체계를 포함시키고, 초점이 되는 논제에 모든 것을 고정시킨다.
- 치료자는 초점이 되는 논제, 치료 목적, 변화에 관련된 자기 결정에 의

한 선택을 위해 클라이언트의 잠재력에 기초한 치료에 대한 변화 증진적 접근(change-promoting approach)을 가지고 사정한다.

한편, 심각한 문제의 발생 가능성이 높은 가족들을 상담하는 사회복지사들은 재가중심 서비스가 전통적으로 사무실 안에서 제공하는 서비스에 반응하지 않는 가족에게 개입하는 데 더 효과적임을 발견하였다. 재가중심 서비스란 단순한 가정방문이 아니라 사회복지사가 클라이언트들의 자연스러운 환경에서 가족들과 일하기를 선택하는 철학이며 실제적인 모델을 의미한다. 특히, 재가중심 서비스는 내부 자원과 동기가 부족하여 심각한 문제의 발생 가능성이 높고 미조직화된 가족들에게 효과적이다(Aponte, 1995).

빈곤가족을 대상으로 한 프로그램을 몇 가지 살펴보면 다음과 같다. 정익중(2002)은 기존의 빈곤 한부모가족을 위한 개입 프로그램들이 아동중심 프로그램이거나 성인중심 프로그램이 주류였음을 지적하며, 빈곤 한부모가족을 위한 2세대 프로그램(two-generation program)을 제안하였다. 2세대 프로그램은 건강한 아동발달과 한부모의 경제적 자활을 동시에 증진시키기 위해 2세대 모두를 대상집단으로 하여 서비스를 통합·조정하여 제공하는 것이다. 2세대 프로그램의 궁극적인 목적은 한부모의 교육과 직업 준비 정도를 증진시키는 동시에, 아동의 건강한 발달을 장려하여 빈곤의 세대 간 전이를 막고 만성적 빈곤을 감소시키는 것이다. 이러한 2세대에 대한 동시적 접근은 시너지 효과를 내어 한부모의 경제적 자활능력과 더불어 육아능력, 가족자원의 증대를 가져와, 조기 아동기 발달서비스 프로그램에서 얻어진 효과를 지속시켜 아동이 건강한 성인으로 성장하도록 하는 데 기여한다.

옥선화 등(2003)도 빈곤 여성가장 가족의 모-자녀 관계 증진을 위한 프로그램을 개발하였다. 프로그램에 대한 요구 분석을 통하여 빈곤 여성가장의 모-자녀 관계 증진을 위해 건강 증진, 상호 정서적·인지적 이해, 대화 촉진, 사춘기 자녀에 대한 이해가 필요하다고 판단하고, 이를 토대로 크게 4단계로 나누어 프로그램을 설계하였다.

- 1단계: 상호 신뢰 및 건강 증진, 신체적 친밀감 형성
- 2단계: 상대방에 대한 정서적 지지, 욕구·소망·성격에 대한 이해 돕기
- 3단계: 상호관계의 질을 증진시킬 구체적이고 실제적인 대화기술 및 청소년 성교육 정보 습득
- 4단계: 프로그램 교육을 통하여 증진된 상호 이해를 바탕으로 교육이 끝난 후 일상생활에서 관계의 만족도를 증진시킬 새로운 계획 수립

빈곤 여성가장 가족의 모–자녀 관계 증진을 위해 활동 중심적이며 구체적인 정보를 제공한 이 프로그램은 전체적으로 상당히 효과적인 것으로 나타났다.

한편, 빈곤은 아동의 전반적인 발달 영역에 걸쳐 부정적인 영향을 미치지만, 이러한 영향을 감소시킬 수 있는 보호요인들에 대한 연구가 활발히 이루어지고 있다. 보호요인은 빈곤이라는 상황에서 나타나는 적응의 개인차를 설명하는 요인으로, 취약한 환경 조건 아래에서도 위험요인과 작용하여 부정적인 발달 산물의 가능성을 경감시키는 요인이다(Fraser, 1997). 예를 들어, 가족 중 한 사람과 밀접한 유대관계를 갖고, 어린 시절부터 양육자와 기본적인 신뢰를 통해 안정적인 애착관계를 형성했으며, 가족 내 역할에 협조적이고, 통제와 애정이 적절하게 균형 잡힌 견해를 가지고 있으며, 부모와 자녀의 역할이 잘 규정되어 있는 것이 보호요인이 된다. 더불어 학교 분위기가 학생의 욕구에 반응적이고, 뚜렷한 규범을 가지고 있으며, 믿고 따를 수 있는 교사가 존재하며, 교과과정 및 그 외의 활동에 적극적으로 참여하며, 또래집단과 지지적인 상호작용을 하며, 지역사회가 빈곤아동에 대하여 사회적지지 및 관심으로 영향을 미치는 것 또한 보호요인이 될 수 있다. 이러한 보호요인으로 빈곤아동은 탄력성이 발휘되고 심리사회적 발달에 긍정적인 영향을 받게 된다(Bogenschneider, 1996; 김성이, 조학래, 노충래, 2005). 사회복지사가 자녀가 있는 빈곤가족에 개입할 때 이러한 점들을 고려하면 더욱 효과적인 개입이 될 수 있을 것이다.

한편 2012년부터 정부는 전국 203개 시·군·구별로 희망복지지원단을 설치하여 복지·보건·고용 등 복합적 욕구를 가진 저소득 주민에게 필요한 서비스를 최대한 통합·연계 제공하고 있다. 희망복지지원단은 읍·면사무소 및 동주민센터의 충실한 상담을 거친 저소득 주민에게 공공과 민간이 보유한 각종 자원과 서비스를 맞춤형으로 연계 제공하고, 그 과정을 계속해서 모니터해 나가는 역할을 수행하고 있으며, 구체적으로 통합사례관리, 지역 공공·민간자원 관리, 긴급복지, 개별 사례관리 및 방문형 서비스 연계체계 구축, 읍면동 주민센터의 복지업무 지도감독 등의 기능을 한다. 시·군·구 희망복지지원단은 기초수급자 및 차상위계층의 탈빈곤·빈곤예방을 주요 목표로 한다.

생각해 볼 문제

1. 빈곤의 개념을 절대적 빈곤과 상대적 빈곤으로 나누어 설명하시오.
2. 빈곤가족의 세 가지 유형에 대해 설명하시오.
3. 빈곤의 원인을 네 가지로 나누어 제시하고 이를 설명하시오.
4. 일반적으로 빈곤가족이 지니고 있는 문제에 대해 설명하시오.
5. 빈곤가족 중 특정 조건을 충족시키는 일부 가족을 대상으로 하는 기초생활보장 급여의 종류와 내용을 제시하시오.
6. 지역자활센터의 설립목적과 주요사업을 설명하시오.
7. 사회복지서비스와 사회서비스의 차이점을 설명하시오.
8. 한부모가족지원사업의 주요사업을 제시하시오.
9. 생태구조적인 접근으로 빈곤가족을 사정할 때 고려해야 할 원칙을 제시하시오.
10. 빈곤가족을 위한 재가중심 서비스의 중요성에 대하여 논하시오.

참고문헌

구인회(2003). 가족배경이 청소년의 교육성취에 미치는 영향: 가족구조와 빈곤의 영향을 중심으로. 한국노동연구원 · 한국노동경제학회 제4회 한국노동패널 학술대회 논문집.

김성이, 조학래, 노충래(2005). 청소년복지학. 서울: 집문당.

김수현(2001). 서울시 저소득여성가구주를 위한 자활지원방안. 서울시정개발연구원.

김수현(2003). 빈곤을 어떻게 이해할 것인가. 빈곤과 건강. 서울: 한울 아카데미.

김안나(2007). 한국 근로빈곤층의 특성과 결정요인 분석. 사회복지정책, 29, 145-168.

김은정, 이재인(2006). 취약계층 가족에 대한 아동양육지원정책의 현황과 개선과제: 빈곤가족, 한부모가족, 장애인가족을 중심으로. 사회복지정책, 25, 253-278.

김정현(2013). 복지국가 유형별 저소득 여성한부모가족에 대한 노동권과 모성권 지원정책 비교연구. 한국가족복지학, 41, 115-142.

김태성, 손병돈(2002). 빈곤과 사회복지정책. 서울: 청목출판사.

노대명(2005). 국민기초생활보장제도와 자활급여. 보건복지포럼, 27-42.

노인철 외(1995). 저소득층 실태변화와 정책과정-자활지원을 중심으로. 한국보건사회연구원.

노혜련, 박선영(2004). 빈곤가족 건강의 설명요인에 대한 탐색적 연구. 한국가족복지학, 24, 147-175.

박순일(1994). 한국의 빈곤현실과 사회보장. 서울: 일신사.

박순일, 고철기, 고경환, 김성희(1994). 저소득층의 의료복지 연구. 의료서비스 수요 분석을 중심으로. 한국보건사회연구원.

박현선, 정익중, 구인회(2006). 빈곤과 아동의 사회정서적 발달 간의 관계: 성인역 부담의 역할을 중심으로. 한국사회복지학, 58(2), 303-330.

변화순, 송다영, 김영란(2002). 가족유형에 따른 생활실태와 복지욕구에 관한 연구. 한국여성개발원.

보건복지부(2012) 국민기초생활보장수급자현황.

보건복지부(2012) 보건복지통계연보

송다영(2006). 한부모여성가구주를 위한 심리정서적 프로그램 실태와 임파워먼트 대안. 한국가족복지학, 11(1), 131-154.

송호근(2002). 빈곤노동계층의 노동시장구조와 정책. 한국사회학, 36(1).

신명호 외(2004). 사회적 배제의 관점에서 본 빈곤층 실태연구. 국가인권위원회.

신윤정(2004). 예방과 건강증진을 위한 사회안전망 구축. 보건복지포럼, 63-74.

여유진(2005). 국민기초생활보장제도 선정 및 급여 현황과 문제점. 보건복지포럼, 67-79.

여성가족부(2014). www.mogef.go.kr

옥선화, 이경희, 이재림, 성미애(2003). 빈곤 여성가장 가족의 모-자녀관계 증진 프로그램-우리는 함께 크는 나무. 한국가정관리학회지, 21(2), 103-115.

원영희(2005). 노인빈곤 문제와 정책적 대응. 도시문제, 49-59.

윤태호(2003). 빈곤과 건강. 서울: 한울 아카데미.

이봉주(2005). 통합적 복지서비스 전달체계 구축 전략과 모델. 사회복지서비스 전달체계의 통합. 사회복지정책대토론회 자료집, 75-97.

이소희, 정민자, 김경희, 박인전, 손지미, 김영란, 홍계옥, 도미향, 김민정(2003). 현대가족복지론. 경기도: 양서원.

이태진(2005). 국민기초생활보장제도와 주거보장. 보건복지포럼, 55-64.

이혜원(2006). 아동권리와 아동복지. 서울: 집문당.

정무성(2005). 저소득층 지역에서의 의료와 복지의 통합모델. 가톨릭의 지역사회 의료복지 활동의 의미와 전망, 65-75.

정익중(2002). 빈곤 편모가족을 위한 이세대 프로그램. 사회과학연구, 8, 231-250.

조흥식(1996). 한국빈곤가족 문제의 현황과 대책. 빈곤가정 없는 21세기 한국. 복지공동체를 위한 정책토론회 자료집.

최경석, 김양희, 김성천, 김진희, 박정윤, 윤정향(2003). 한국 가족복지의 이해. 서울: 인간과 복지.

한겨레 인터넷 뉴스(2006). 2006 연중기획 함께 넘자 양극화.

한국자활후견기관협회(2004). 주거복지시장 현황과 집수리자활사업 발전방안.

한국주거복지협회.(2011). 자활 주거복지사업단 및 공동체의 현황과 발전방안. www.khwa.or.kr

현경자, 유송자, 김정화(2006). 보건의료복지 통합서비스를 이용하는 전진상 복지관/의원의 저소득층 가족 사례연구. 한국가족복지학, 11(3), 5-31.

홍인옥(2006). 저소득층 주거여건 개선을 위한 집수리활동. 도시와 빈곤, 79, 131-147.

Aponte, H. J. (1995). 빈곤가족을 위한 생태구조적 가족치료 모델: 빵과 영혼 (엄예선 외 공역). 서울: 하나의학사.

Bogenschneider, K. (1996). An ecological risk protective theory from building prevention programs, policies, and community capacity to support youth. *Family Relation, 45*(2), 127–138.

Brunner, E. (1997). Stress and the biology of inequality. *British Medical Journal, 314,* 1472–1475.

Coleman, J. (1990). *Foundation of Social Theory.* HUP.

Duncan, G. J., & Brooks–Gunn, J. (1999). *Consequences of growing up poor.* NY: Russell Sage Foundation.

Fraser, M. (1997). *Risk and Resilience in Childhood: An Ecological Perspective.* Washington, DC: NASW Press.

Janzen, C., Harris, O., Jordan, C., & Franklin, C. (2006). *Family Treatment: Evidence–based practice with populations at risk.* CA: Thomson Brooks/Cole.

Lesser, J. G. (2000). Clinical social work and family medicine. *Health and Social Work, 25*(2), 119–126.

McLeod, J. D., & Shanahan, M. J. (1993). Poverty, parenting and children's mental health. *American Sociological Review, 58*(3), 351–366.

McLoyd, V. C. (1998). Socioeconomic disadvantage and child development. *American Psychologist, 53*(2), 185–204.

제11장
이혼 및 재혼과 가족복지

　최근 우리나라의 이혼율은 급격히 늘어나고 있다. 2012년 총 이혼 건수는 11만 4천 건(쌍)으로 1990년 4만 5천 건에 비하여 40%, 1970년의 1만 2천 건에 비해 약 10배 증가하였다(국가통계포털, 2012; 〈표 11-1〉 참조). 이러한 이혼율 증가는 이혼이 사적, 개인적 불행이나 고통을 넘어 사회문제임을 의미한다. 특히, 평균 이혼연령의 증가도 주목할 만하다. 2012년 현재 남자의 평균 이혼연령은 45.9세, 여자의 평균 이혼연령은 42.0세로, 10년 전(2002년)보다 남자는 5.3세, 여자는 4.9세 늘어났다. 이는 초혼연령의 상승과 20년 이상 동거한 부부의 이혼 비중이 증가한 데 기인한 것으로 해석된다(통계청, 2013). 이혼율이 가장 높은 연령층은 남자 40~44세와 45~49세, 여자 40~44세와 35~39세 순이다. 이혼 당시 20세 미만 미성년 자녀를 두고 이혼한 부부의 구성비는 전체 이혼 중 52.8%이며, 20세 미만 미성년 자녀의 총수는 6만 317명으로 나타났다. 미성년 자녀 ‘1명 있음’은 전체 이혼의 26.2%로 ‘2명 있음’의 23.0%보다 3.2%(3,681건) 높게 조사되었다(통계청, 2012; 국가통계포털, 2012; 〈표 11-2〉 참조).

표 11-1	총 이혼율과 총 재혼율					(단위: 건, %)
연도	1990	1995	2000	2005	2010	2012
총 혼인 수	399,312 (100)	398,484 (100)	332,090 (100)	314,304 (100)	326,104 (100)	327,073 (100)
총 이혼 수	45,694 (11.4)	68,279 (17.1)	119,455 (36.0)	128,035 (40.7)	116,858 (35.8)	114,316 (35.0)
총 재혼 수	28,153 (7.1)	39,843 (10.0)	48,132 (14.5)	66,587 (21.2)	57,451 (17.6)	56,488 (17.3)

출처: 국가통계포털(2012). 행정구역(시도)별 초혼, 재혼 종류별 혼인. 통계청.
　　　국가통계포털(2013). 시도 및 동거기간별 이혼. 통계청.
　　　통계청(각 연도). 총 이혼율과 재혼율.

표 11-2	이혼 당시 20세 미만 자녀의 유무										(단위: %)
연도	2002	2003	2004	2005	2006	2007	2008	2009	2010	2011	2012
계	100.0	100.0	100.0	100.0	100.0	100.0	100.0	100.0	100.0	100.0	100.0
자녀 있음	69.5	68.5	65.6	63.4	60.8	58.7	54.0	55.2	53.8	52.6	52.8
1명	30.1	28.7	28.1	27.3	26.8	26.0	24.5	25.4	25.6	25.4	26.2
2명	35.0	35.0	32.8	31.4	29.6	28.3	25.5	25.7	24.2	23.3	23.0
3명 이상	4.7	4.8	4.7	4.7	4.4	4.4	4.0	4.1	4.0	3.9	3.6
자녀 없음*	30.2	31.5	34.4	36.6	39.2	41.3	46.0	44.8	46.2	47.4	47.2

*미상 포함.
출처: 국가통계포털(2012). 시도 및 이혼 당시 미성년 자녀 수별 이혼.

표 11-3	성별 전체 혼인 중 재혼 구성비					(단위: %)
연도	1990	1995	2000	2005	2010	2012
남자	38.83	40.39	42.05	44.10	46.11	46.62
여자	34.00	35.55	37.45	39.56	41.59	42.31

출처: 국가통계포털(2014). 인구동향조사: 시도별 평균 재혼 연령.

우리나라의 재혼가족 현황은 혼인 건수를 기준으로 파악되고 있다. 이혼율과 더불어 재혼율도 꾸준히 증가추세를 보이다가, 2005년을 정점으로 이혼율과 재혼율이 감소 경향을 보이고 있다(〈표 11-1〉 참조). 한편, 성별에 따른 재혼연령 현황은 남녀 모두 꾸준히 증가하고 있음을 보여 준다. 주목할 만한 변화는 여성의 재혼이 남성의 재혼보다 더 빠른 증가율을 보이고 있다(〈표 11-3〉 참조).

이혼은 조정하기 어려운 부부간의 갈등을 해결하고, 부부 개인이 합리적인 삶을 찾게 하는 하나의 선택이나, 부모와 자녀의 관계에도 결정적인 변화를 가져오기 때문에 부모와 자녀 사이에 새로운 관계의 정립이 요구된다(정현희, 2004). 이혼과 더불어 재혼의 경우도 자녀들의 문제가 고려되지 않을 경우 자녀들은 이혼과 재혼에서 희생물이 될 수 있다. 그럼에도 불구하고 실제적인 이혼 및 재혼 절차에서 자녀의 복지는 거의 고려되지 않고 있는 실정이다. 이 장에서는 이혼 및 재혼가족을 중심으로 이혼 및 재혼에 따른 문제와 이혼 및 재혼가족에 대한 사회복지 정책적·실천적 개입에 관하여 살펴보고자 한다.

1. 이혼 및 재혼에 따른 문제

이혼이란 법률상 유효하게 성립된 혼인을 결혼 당사자들이 모두 생존한 동안에 그 결합관계를 협의 또는 재판상의 절차를 거쳐 소멸시키는 것을 말한다(이상돈 외, 2003). 이혼은 인위적으로 혼인관계를 소멸시킨다는 점에서 부부 중 일방의 사망에 의한 혼인관계 해소와 다르며, 부부관계에서 일어나는 여러 문제를 해소시킬 방법을 법률상 인정하는 제도다.

이혼 및 재혼에 따른 문제도 다양하게 나타난다. 우선 이혼가족이 경험하는 심리사회적 문제와 빈곤에 대하여 살펴보고 이혼과 재혼이 부부 당사자에게 미치는 영향과 자녀에게 미치게 되는 영향에 대해 생각해 본다.

1) 이혼가족이 경험하는 심리사회적 문제와 빈곤

(1) 정서적 문제

이혼은 개인과 가족에게 부정적 영향을 미치는 심각한 위기사건이다. 개인적 차원에서 이혼자는 정서적 우울감과 분노감, 가족의 역할 상실감, 자녀에 대한 죄책감 그리고 전 배우자에 대한 애착을 경험한다. 이와 같은 이혼자의 심리정서적 어려움은 다른 가족에게도 부정적 영향을 미칠 수 있다. 특히, 자녀들은 유기의 두려움부터 학업 수행의 어려움, 경제적 빈곤 등 다양한 심리사회적 어려움을 경험하기도 한다.

(2) 역할 변화

이혼으로 인해 가족구조가 변하고 가족 구성원들 간의 관계와 역할 또한 변한다. 이혼 후 가족들이 경험하는 새로운 역할이나 그로 인한 스트레스에 어떻게 대응하는가는 이혼 후 적응에 영향을 미친다. 이혼한 부모는 주어진 역할을 효율적으로 수행하는 데 어려움을 겪게 되고, 자녀들은 부모와 가사를 분담하면서 새로운 역할에 어려움과 불만을 갖기도 한다. 이처럼 변화된 가족에서 새롭게 갖게 되는 역할과 지위에 적응하기 위해서는 상호 간의 이해가 요구된다.

(3) 경제적 빈곤

이혼으로 인한 여성의 노동시장 참여는 여성의 빈곤화 현상을 증가시킨다. 이혼 시 위자료와 재산분할 그리고 자녀 양육비를 제대로 받지 못한 여성은 가족의 생계를 책임지게 되는데, 이때 준비되지 않은 여성의 노동 참여는 주로 저임금의 비정규직에 참여할 가능성이 높고, 이는 여성빈곤의 원인이 되기도 한다. 또한 그들을 위한 정부의 지원도 미흡해서 이혼한 가정의 빈곤화를 방지하지 못하는 실정이다.

(4) 이혼에 대한 부정적 인식

이혼에 대한 인식과 태도가 과거에 비해 많이 수용적으로 바뀌었음에도 불구하고 아직 우리 사회에서 이혼은 부끄러운 일로 여겨진다. 부모나 형제들도 집안 내에 이혼한 자식이나 형제가 있는 것을 드러내려 하지 않으며, 친구들에게도 부담스러운 대상이 되기도 한다. 때로는 직장에서 환영받지 못하는 경우도 있다. 이혼자의 경우 인격적으로 문제가 있는 것은 아닌가 하는 의심을 받기도 하고, 직장 내에서 어떠한 문제를 야기시키는 것은 아닐까 하는 염려의 대상이 되기도 한다.

2) 이혼이 부부에게 미치는 영향

(1) 건강 상태

이혼은 남녀 모두에게 신체적·정신적으로 부정적인 영향을 미친다. 이혼자의 경우 흔히 정서적 불안, 분노, 우울 또는 충동적이고 반사회적인 행동을 나타내기도 한다. 이혼과정 동안의 긴장은 신체적 건강을 악화시키고 심리적 장애를 초래할 가능성이 많다. 이혼을 경험한 사람들은 정신과 치료를 받거나 입원하는 비율이 다른 인구집단보다 높고, 교통사고 사망률 및 기타 질병률에서도 가장 높게 나타났다(Guidubaldi, Cleminshaw, & Perry, 1985). 또한 결혼생활을 계속하는 사람들보다 높은 질병 감염률을 나타냈고, 알코올중독이나 안전사고의 발생률이 높으며 자살에 의한 사망률도 더 높게 나타났다(Barnard, 1981).

(2) 경제생활

이혼은 남녀 모두에게 경제적 손실을 동반한다. 그런데 이혼으로 인한 경제적 어려움은 남성보다는 여성에게서 더 심각하게 나타난다. 특히, 평소에 직업을 갖지 않고, 자녀 양육과 남편의 뒷바라지에 전념해 온 전업주부의 경우 그 충격은 더 심하게 나타난다. 노동현장에서의 경험이 없는 이들이 구할 수 있는 직업은 제한적일 뿐 아니라 저임금의 경우가 많아 생계의 어려움을 겪게 된다. 남성의 경우는 대부분 생계수단을 가지고 있었기 때문에 여성보다는 생계에 대한 어려움은 덜 겪지만 양육비 제공 및 재산분할 등의 경제적 부담을 갖게 된다.

(3) 대인관계

이혼 후 친족관계와 친구관계의 변화를 경험하게 된다. 전 배우자와 관련된 친인척관계와 결혼생활을 통해 알게 된 관계는 이혼과 함께 소원한 관계로 변하게 된다. 또한 초기에는 자신의 친족이나 친구들과의 관계에도 소극적으로 대응하기 때문에 가까운 가족이나 친구로부터의 지지를 얻지 못하는 경우 사회와 격리되고 심한 외로움을 겪을 수 있다. 반면 이혼한 여성의 경우 친정부모와 합가하여 자녀 양육과 경제적 어려움을 극복하는 경우도 종종 있다.

(4) 가족 내 역할 변화

이혼 및 재혼에 따라 가정 내에서는 역할에 변화가 온다. 이혼의 경우 두 사람이 감당하던 일을 한 사람이 모두 감당하게 되어 부담이 증가할 뿐 아니라, 아이들의 아버지가 남자로서 할 수 있는 역할을 여성인 엄마가 감당하기에는 한계를 갖는 부분들도 있어서 어려움을 겪기도 한다. 따라서 자녀의 필요를 제때 채워 주지 못하는 경우 자녀는 불만을 갖게 되고, 이로 인해 부모와 자녀 간 관계 악화를 불러오기도 한다.

3) 이혼이 자녀에게 미치는 영향

(1) 이혼 당시 자녀 연령에 따른 문제

자녀가 3세 미만인 경우 부모가 이혼한다는 뜻은 알 수 없지만, 자신에게 가장 잘해 주던 사람과 헤어지는 상황으로 심한 분리불안이 생기기 쉽다.

유아기의 경우에는 퇴행적인 행동과 발달지연이 나타날 수 있으며, 한쪽 부모가 없다는 사실을 알게 되고, 주변의 눈치를 살피는 등 부모의 스트레스와 감정 변화에 쉽게 불안해한다. 학령기의 자녀들은 부모들의 이혼과정을 완전히 이해하지 못하면서 부모의 이혼에 자신이 책임이 있는 것으로 느끼는 경향이 있다. 사춘기 초기의 자녀들은 부모의 이혼과정을 어느 정도 이해하지만, 다시 합칠 것이라는 상상을 자주 하게 되며, 비행문제가 나타나는 시점이 되기도 한다. 사춘기 후기의 자녀들은 부모의 이혼과 자신을 분리시킬 줄 알지만, 자신들을 고려하지 않는 부모의 이혼에 대해 화를 내고 분노, 적대감을 표현하며, 부모 중 한 사람의 편에서 행동함을 볼 수 있다.

〈아이들의 이혼에 대한 기본 이해〉

- 영아: 이해하지 못한다.
- 유아: 한쪽 부모가 더 이상 집에서 함께 살지 않는다는 것은 이해하지만 그 이유는 알지 못한다.
- 취학 전 아동: 부모들이 화가 났고 속상하고 떨어져 산다는 것은 이해하지만 그 이유는 이해하지 못한다.
- 초등학생: 이혼의 의미를 이해하기 시작한다(예를 들어, 부모들이 더 이상 서로 사랑하지 않고 함께 살지 않을 것이라는 것을 이해할 수 있다).
- 10대 초반과 청소년: 이혼의 의미는 이해하지만 그것을 받아들이지는 않을 수 있다.

출처: Long & Forehand (2002) 이재연 역 (2003: 43)

(2) 정서적 문제

부모의 이혼을 경험한 자녀들은 대부분 한쪽 부모에 대해 분노를 느끼는

데, 분노의 정도는 이혼의 과정에서 갈등을 경험한 자녀들일수록 더욱 심하게 나타난다. 이혼가정의 자녀들이 겪는 정서적 문제로는 낮은 자아존중감 및 생활만족도, 걱정, 우울, 죄의식 등이 있다(이원숙, 2007).

특히, 청소년기 자녀들의 이혼에 대한 반응은 분노를 표현하는 일부터 시작되고 슬픔, 부끄러움, 당혹감 등을 나타낸다. 또한 부모를 한 사람의 인간으로 인식하고, 부모 각자와의 관계에 대해 새롭게 평가하게 된다. 노혁(2004: 84-85)은 이혼과정에서 청소년의 심리와 정서의 변화를 다음과 같이 요약하였다.

- 충격: 부모가 이혼할 것이라 예측하든 그렇지 않든 이혼행위는 청소년에게는 당황스럽고 배신감을 느끼는 충격적인 일이다. 부모들이 그렇게 살 바엔 차라리 이혼하는 게 현명하다고 생각하는 청소년들에게도 이혼은 괴로운 일이다. 왜냐하면 이혼은 너무 많은 변수를 고려해야 하는 혼란을 가져오기 때문이다. 물론 이혼과정에서 청소년의 충격은 개인차가 있지만, 충격은 오랜 기간 지속되지는 않는다. 그래도 살아야 하기 때문이다.
- 당연: 청소년은 곰곰이 따져 본다. 어디서부터 잘못되었나? 마치 이혼한 부모들이 짚어가는 것처럼 청소년도 생각한다. 그러고는 어떤 방법으로든지 합리화한다. 부모들은 충분히 이혼할 만한 이유가 있었다고, 그 원인을 어떤 수를 사용해서라도 찾아낸다. 그래야 이혼을 받아들일 수 있기 때문이다.
- 허탈: 이제 이혼은 현실이 되었다. 다시 말해서, 친부모가 있는 가정에서 청소년의 역할인 자녀로서의 위치가 사라져 버렸다. 청소년은 이에 대한 회한보다는 허탈을 경험한다.
- 불신: 결혼생활의 유지라는 관점에서 보면 결국 부모는 실패한 것이다. 가정을 지키지 못했다. 청소년은 그런 부모 밑에서 태어났고 이때까지 성장했다. 허탈에서 벗어나와 현실에 다가서려는 청소년은 늘 조심스

럽다. 불신의 감정이 싹트는 것이다. 누구를 믿을 수 있을 것인가? 가장 가까운 부모조차도 신뢰하지 못하는 상황에서 그 불신은 자신에 대한 초조함과 불안감이기도 하다. 결국 청소년은 자신도 그런 상황에 빠지지 않을까 염려할 수밖에 없다. 이러한 불신은 일시적인 것이 아니라 청소년기 이후 생애 전반에 걸쳐서 잠재된 정서로 흐를 수도 있다.

(3) 행동적 문제

이혼은 자녀들에게 분노, 공격성, 죄의식 등을 일으키고, 부정적 자아개념을 형성하게 하여 반사회적이거나 비사회적인 문제를 유발시킨다. 이혼 후 첫 2년 동안 아동들은 많은 행동문제를 일으키고 사회적 역량이 감소하는 경향이 있다(이영숙, 박경란, 전귀연, 1993). 일부 아동들의 경우 발달지연 등의 극단적인 문제를 나타내며, 성인이 되어서는 알코올중독의 위험도 높게 나타난다. 어머니가 취업하는 경우 자녀를 돌볼 시간의 부족과 어머니의 역할 과중으로 인해 아동은 혼자 방치되는 시간이 많아지고, 잠자리에 드는 시간이나 식사시간 등이 불규칙해지고 학교에 지각하는 경우가 많아진다(Hetherington, 1989). 또한 부모의 이혼을 경험한 자녀의 이혼율은 정상 가정에서 자란 자녀의 이혼율보다 높게 나타났다(정진영, 1992). 그러나 심한 갈등 속에 있는 양친가족 자녀들이 이혼가족 자녀들보다 더 많은 문제행동을 하는 것으로 나타나, 자녀들에게는 가족 갈등이 이혼 경험보다 더 큰 문제라는 연구도 있다.

(4) 사회적 문제

이혼가정의 아동은 한쪽 부모의 상실, 가족체계의 혼란, 부모-자녀 관계의 변화 등으로 성역할 정체감, 역할 모방, 초자아의 발달에 문제를 겪게 된다(김성태, 1988). 이혼으로 인한 부모의 뒷받침 감소는 자녀의 자아존중감을 감소시키는 것으로 나타났다(주소희, 1991). 이는 부정적인 사회관계를 형성하게 하고 친구관계에도 영향을 미친다(Kelly, 1988). 이혼가정의 아동은 반사회적, 공격적 및 반항적 행동, 자기 통제의 결핍 등의 심각한 행동문제와 책임감 결핍, 인식 및 이해 능력의 결함 등 학교에서의 적응, 대인관계에서 많은 문제점이 있는 것으로 조사되었다(정진영, 1993).

〈전문가의 도움이 필요한 아이들의 문제 상황〉

• 당신이나 전 배우자와의 지속적인 마찰이나 갈등
• 지속적인 반항이나 대립적인 행동
• 반복적인 분노 폭발
• 심각한 슬픔이나 칩거
• 심각한 동료들과의 문제들
• 심각한 학교 문제들: 성적 또는 행동
• 다른 어른들(예 선생님, 코치, 친척들)과 심각한 관계상 문제들

출처: Long & Forehand(2002: 192)

---

4) 재혼이 부부에게 미치는 영향

재혼부부에게 전 배우자로 인해 야기되는 갈등은 흔히 생길 수 있는 일이다. 사별한 전 배우자의 제사를 지내 주는 것, 현재 배우자를 속이고 이전의 배우자를 만나는 것, 전 배우자와의 결혼생활이 현재 재혼생활의 비교기준이 되는 것, 이혼한 전 배우자가 현재의 재혼생활을 방해하는 것 등 다양한 형태의 갈등요인이 있다(이소희 외, 2002). 따라서 현재의 부부관계와 전 배우자와의 관계에 대해 재혼 전에 충분한 논의나 규칙을 설정할 필요가 있으며, 서로의 상황을 이해하려는 노력이 필요하다.

또한 재혼으로 인하여 동거하게 된 배우자의 친자녀는 여러 가지로 재혼

가족 내에 긴장과 갈등을 만드는 요소로 작용할 수 있다. 전혼자녀의 존재는 재혼부부에게 새로 결합한 부부의 관계보다 더 강력하고 친밀한 각각의 부모자녀의 관계가 형성되어 있기 때문에 부부관계를 새롭게 만들어 가야 하는 재혼부부에게는 언제나 위험요소가 될 수 있다. 특히, 훈육과 부모의 역할을 얼마나 지혜롭게 하는가는 재혼배우자와의 관계에도 중요한 변수가 될 것이다.

마지막으로 재혼부부에게 문제가 될 수 있는 부분은 의사소통이다. 예를 들면, 자신이 계모·계부라는 사실이 노출되는 것에 민감하게 반응하며, 스트레스를 받는 배우자의 경우 재혼배우자의 따뜻한 말이 큰 위로가 될 수 있을 것이다. 반대로 계모·계부인 배우자의 사정을 고려하지 않은 의사소통은 재혼배우자에게 마음의 상처를 만드는 갈등의 요인이 될 것이다.

5) 재혼이 자녀에게 미치는 영향

재혼가정의 아동들은 이미 부모의 이혼과정을 거치면서 가족의 내외적 변화를 경험하며 적응해야 했고, 재혼으로 새로운 가족의 유입에 따른 또 다른 가족 변화들을 경험함으로써 민감한 아동 발달기의 특성상 문제에 노출될 가능성이 크다(손병덕, 2004). 재혼가정의 아동들은 일반가정의 아동들에 비해 탈선과 비행행동의 수준이 높게 나타났고(Sohn, 2003), 비행 친구들에게 쉽게 동화되며, 자아정체감이 낮은 것으로 조사되었다(Papernow, 1993). 또한 재혼가정에서 자라난 아동들은 청소년기에 낮은 학업성취도를 보이고(Beller & Chung, 1992), 친구관계에 어려움을 경험하는 것으로 조사되었다(Walper, 2002). 국내의 조사에서도 비슷한 결과가 나타났다. 재혼가정 아동들이 비재혼가정 아동들에 비해 걱정/우울, 심리적·신체적 움츠림행동 그리고 공격적 행동 모두 높은 것으로 드러났으며, 그 정도가 심각한 수준인 것으로 조사되었다(손병덕, 2004).

특히, 장기적인 영향에 대해 조사한 논문들도 있는데, 영국의 연구에서는

6세 이전에 이혼(혹은 별거)과 재혼을 경험한 아이들이 그렇지 않은 아이들에 비하여 중장년기에 스트레스성 질환을 경험할 가능성이 높은 것으로 보고되었다(Sohn, 2002; 손병덕, 2004 재인용). 또한 이혼과 재혼으로 인해 부모와의 애착을 느끼기 어려운 경우 심리적 갈등을 높게 경험하고 음주와 흡연 행동을 보일 가능성이 높은 것으로 나타났다(Resnick et al., 1997).

2. 이혼 및 재혼가족에 대한 개입

1) 이혼 및 재혼가족에 대한 사회복지 실천

(1) 이혼 및 재혼 상담 및 치료

이혼 및 재혼의 경우 발생할 수 있는 심리사회적인 문제를 알려 주고 준비할 수 있도록 돕는 상담이 전문화될 필요가 있다. 이혼 상담자들은 이혼과 관련된 법적인 절차와 이혼자들이 경험하는 실제적인 영역들에 대한 지식을 제공해 주고, 정서적 지지의 역할과 함께 구체적이고 실제적인 법적, 경제적 이슈나 직업계획을 알려 주는 정보 제공자 혹은 교육자의 역할을 수행해야 한다. 그리하여 이혼에 대한 후회, 전 배우자에 대한 애착, 자녀에 대한 죄의식을 감소시키고 이혼 및 재혼에 쉽게 적응할 수 있도록 돕는 것이 필요하다. 롱과 포어핸드(Long & Forehand, 2003)는 문제해결 전략을 배우고 실행하면 이혼과 관련된 문제에 압도당하는 기분이 덜할 것이라고 제언하면서 문제해결 전략을 다음과 같은 단계로 소개하였다.

- 1단계: 긴장을 풀고 평정을 유지하도록 하라.
- 2단계: 문제를 명확하게 정의하라. 가능한 한 구체화하도록 하라.
- 3단계: 가능한 해결책의 목록을 작성하라. 이 단계에서 그 해결책을 평가해서는 안 된다. 단지 아이디어를 쏟아 내라.

- 4단계: 목록상의 해결책을 평가하라.
- 5단계: 최상의 해결책으로 생각되는 것을 선택하라.
- 6단계: 그 해결책을 적용하고 얼마나 효과적이었는지를 결정하라.

(2) 이혼 및 재혼을 위한 집단상담

이혼으로 인한 심리사회적 문제를 해결하고 적응할 수 있도록 원조하는 방법 중 집단을 이용한 접근방법은 매우 효과적이다. 집단은 사회적 고립과 외로움으로 고통받고 있는 개인들에게 소속감을 갖게 하고, 집단이 구성원들의 사회적 관계망의 일부가 될 수 있다는 장점 때문에 도움이 된다. 집단상담의 경우 교육집단과 치료집단으로 나누어 볼 수 있다. 교육집단의 경우 이혼자에게 법적인 내용, 미래의 직업과 관련된 계획, 경제의 관리, 자녀가 경험하는 문제, 양육방법 등과 같은 실제적인 정보를 제공함으로써 환경에 대한 통제력을 회복하고 자신감을 얻도록 원조하는 데 도움이 된다. 치료집단은 정서적 혼란을 다룸으로써 이혼으로 인한 슬픔이나 상실의 과정에 적응할 수 있도록 원조하고, 심리적 통찰을 촉진하며, 자존감을 회복할 수 있도록 돕는다.

부모의 이혼으로 아동들은 자신의 처지가 또래와 다르다고 느끼면서 위축되고 열등감을 갖게 되어 학교생활 적응에 어려움을 겪기도 한다. 이러한 아동들을 위한 집단 프로그램을 개발할 필요가 있는데, 미술이라는 사회적으로 수용되는 방법을 통해 자신의 내면에 있는 학교나 담임교사에 대한 감정들을 자유롭게 표출할 수 있다. 그리고 집단미술치료 프로그램은 집단원이 합동작품을 함께 하여 서로 간 상호작용을 하면서 자신과 타인에 대한 이해와 신뢰감, 공동체 의식을 향상시켜 대인관계 기술을 익힐 수 있는 장점이 있다. 〈표 11-4〉와 〈표 11-5〉는 집단미술치료 프로그램의 내용과 효과를 보여 준다.

표 11-4 집단미술치료 프로그램

단계	회기	프로그램	활동내용	목표
초기	1	나를 소개하기	- 프로그램 소개 및 약속표 읽고 서명 - 사진을 찍고 자신의 사진과 소개 글 예쁘게 꾸미기 - 이야기 나누기 및 정리	- 친밀감 형성 - 긴장이완 - 관계형성
	2	난화로 이야기 만들기	- 오늘의 기분 나누기 - 명상 - 난화와 꾸미기 - 이야기 나누기 및 정리	- 심신이완 - 긴장완화 - 내면표출 - 자기탐색
	3	신문지 퍼포먼스	- 오늘의 기분 나누기 - 명상 - 신문지를 찢고 날리고 비닐봉투에 담아 던져 보고 다 같이 조형물을 만들기 - 이야기 나누기 및 정리	- 긴장이완 - 자기탐색 - 관계형성 - 스트레스 분출
중기	4	경험 듣고 그리기-행복했던 어린 시절	- 오늘의 기분 나누기 - 명상 - 짝꿍에게 서로 행복했던 기억을 이야기하면서 상대방의 말을 그림으로 표현해 주기 - 이야기 나누기 및 정리	- 자기인식 - 자기정서 탐색 - 내적욕구 탐색
	5	나에게 소중한 것, 버리고 싶은 것	- 오늘의 기분을 나누기 - 명상 - 자신이 싫어하는 것, 좋아하는 것을 찰흙으로 표현해 보기 - 이야기 나누기 및 정리	- 내면분출 - 자기인식 - 자기이해 - 자기정서 탐색
	6	만화 이어 그리기-친구	- 오늘의 기분을 나누기 - 명상 - '친구'라는 주제를 가지고 도화지를 돌려가며 만화로 표현해 보기 - 이야기 나누기 및 정리	- 자기인식 및 타인인식 - 타인과의 상호작용 - 자기정서 탐색
	7	내 친구의 얼굴	- 오늘의 기분 나누기 - 명상 - OHP 필름지로 짝꿍과 서로 얼굴을 그려준 뒤 도화지에 붙이고 서로의 장점을 적어보기 - 이야기 나누기 및 정리	- 대상인식 - 타인과의 상호작용 - 자기통찰 - 자기정서 탐색

	8	상상여행	- 오늘의 기분 나누기 - 명상 - 검정색지에 자신이 가고 싶은 곳을 만들어 꾸미기 - 이야기 나누기 및 정리	- 자기표현 - 자기통찰 - 자기정서 탐색 - 자기변화
	9	사포 집단화	- 오늘의 기분 나누기 - 명상 - 밑그림을 그린 사포에 친구들과 나누어 색칠을 해 준 뒤 그림을 맞추어 완성하기 - 이야기 나누기 및 정리	- 자기변화 - 타인이해 - 타인과의 상호 작용
	10	만다라 모빌	- 오늘의 기분 나누기 - 명상 - 만다라 문양을 색칠 한 후 친구들과 함께 모빌을 만들어 장식하기 - 이야기 나누기 및 정리	- 자기탐색 및 발견 - 타인이해 - 타인과의 상호 작용
종 결 기	11	우리의 선물-1	- 오늘의 기분 나누기 - 명상 - 친구들과 상의해 만들 주제를 정한 후 하나의 작품을 완성하기 - 이야기 나누기 및 정리	- 타인과의 상호 작용 - 자기행동 촉진 - 자기탐색 - 자기발견
	12	우리의 선물-2	- 오늘의 기분 나누기 - 명상 - 저번 시간 만들어 놓은 작품을 가지고 에쁘게 꾸미기 - 이야기 나누기 및 정리	- 타인과의 상호 작용 - 자기성취 - 자기존중
	13	너는 특별하단다	- 오늘의 기분 나누기 - 명상 - 눈을 감고 돌아가면서 '너는 특별하단다' 책을 읽고 서로에게 서로 칭찬하면서 스티커 붙여주기 - 이야기 나누기 및 정리	- 자기성취 - 자기긍정을 향한 자기변화와 자기수용 - 자기표현
	14	우리의 소망나무	- 오늘의 기분 나누기 - 명상 - 나뭇가지에 자신들이 가지고 있는 소원을 적어 열매를 만들어 주기 - 이야기 나누기 및 정리	- 자기존중 - 자기성취 - 타인과의 상호 작용 - 자기긍정

| 15 | 앨범
만들기 | – 오늘의 기분 나누기
– 명상
– 그동안의 사진을 모아 하나의 앨범으로 만들어 꾸미고,
　돌아가면서 친구들에게 하고 싶은 말 적기
– 이야기 나누기 및 정리 | – 자기행동 촉진
– 새로운 시작
– 자기실현
– 대인관계 변화 |

출처: 김정임(2010) 재정리

표 11-5   사회성 변화

	사전	사후
A	• 수업 참여는 적극적임. • 수업 도중 친구들 사이에서 자신의 마음에 들지 않으면 활동을 하지 않고 마무리함. • 활동내용을 질문하면 "몰라요." "안 해요."라고 이야기하며 발표하지 않음. • 고집이 상당히 세고 감정을 잘 조절하지 못함. • 부정적인 자기표현을 보임.	• 서로 생각을 이야기하면서 규칙 내에서 활동을 마무리함. • 자주 친구들과 어울리는 모습을 보임. • 공격적인 모습이 사라짐. • 소리를 지르고 고집을 부리는 표현 방법이 아닌 친구들의 이야기를 먼저 들어주고 호응하며 자기를 표현함.
B	• 굉장히 소극적이고 많이 위축되어 있음. • 대답을 잘 하지 않고 "몰라요." "이렇게 하면 돼요?" "안 할래요."라는 말을 자주 사용함. • B와 C가 항상 같이 앉으며 C의 말에 수업진행이 달라짐. 수업하다가도 C가 하기 싫다고 하면 똑같이 따라 함. • 발표할 때, '그냥'이라는 단어를 자주 사용하고 작은 목소리로 말끝을 흐리며 마무리를 제대로 짓지 못함.	• 친구들과 의논하는 방법을 통해 자기의사를 조금씩 표현함. • 작품에 대한 애착을 보이며 지난 시간에 만들어 놓은 작품을 확인함. • 긍정적인 자기표현을 조금씩 함. • 자신의 감정을 집단원들에게 보이며 서로 같이 어울리려는 모습을 보임.
C	• 연구자가 있을 때에도 친구들에게 욕하고 싸우기도 하며 연구자의 말을 잘 들으려 하지 않음. • 수업시간에 하기 싫은 것이 있으면 친구들에게 "재미없다, 하지말자."라고 함. 그러면 집단원들은 대부분 따라가려고 함. • 집단원들과 잘 어울리지 못하고 공격 성향의 자기표현이 보임. • 자신이 가지고 다니는 재료로만 활동을 하고 친구들과 나눠 쓰는 모습은 보이지 않음.	• 친구들이 떠들면 "야! 조용히 해."라고 하면서 수업진행을 도와줌. • 친구들과 상의해서 분야를 나눠 만들기 함. • 마지막 회기 때 많이 서운해하면서 활동을 마무리함. • 긍정적인 자기표현으로 집단원 간 관계에도 많은 변화를 보임. • 재료를 나눠쓰고 이기적인 모습이 많이 사라지면서 대인관계에서 변화된 모습 보임.

D	• 연구자와 눈도 마주치지 않고 미술활동에 비협조적임. • 친구들에게 지시하거나 시키는 모습을 보임. • 연구자의 눈치를 보지 않고 자신이 하고 싶은 대로 하면서 친구들이 자신의 말에 따라주지 않으면 친구들에게 공격적인 모습을 보임.	• 친구들과 의논하면서 활동을 함. • 끝나면 정리정돈도 함. • 친구들의 의견에 동의하면서 자신의 생각도 친구들에게 이야기해 동의를 구함. • 긍정적인 자기표현과 관계형성이 나아지고 있음. • 수업시간에 집중하고 참여태도가 매우 진지해지고 열심히 하는 모습을 보임.
E	• 지각을 자주하고 집단원들과 잘 어울리지 못함. • 마찰이 있을 때는 소리지르며 싸움. • 재료 욕심이 많아 연구자가 나눠주는데 더 많이 가지려하며 친구들과 나눠쓰지도, 자기 물건을 빌려주지도 않음. • 항상 뒤에서 혼자 활동을 함. • 고집 세고 욕심 많지만 친구들과 많이 부딪치지는 않음. • 지각을 하면서도 끝까지 자신의 작품을 완성함.	• 지각이나 결석을 하지 않음. • 재료를 담당하며 친구들이 필요한 재료를 갖다 주고 다른 팀에게도 나눠줌. • 의견을 교환하면서 하나하나 완성하고 느낌을 나눌 때는 자신의 생각을 이야기하면서 친구들과 같이 재미있게 만들기를 함. • 자기의사표현과 집단원들과의 상호작용이 잘 이루어져 사회성이 좋아짐. • 처음보다는 자신의 감정을 잘 조절하는 모습을 보임.

출처: 김정임(2010), 〈표 13~22〉 재정리.

(3) 가족 사회복지 실천

이혼 후 전 배우자와의 갈등 여부나 이혼 후 변화된 가족구조 속에서 과거와 같은 가족기능을 유지하는 문제는 자녀의 적응을 결정하는 주요 요인이 될 수 있다. 이혼 후 부모 간에 상호 갈등이 있는 경우의 아동들은 불안수준이 높고 학업성취도가 낮은 편이다. 이러한 아동의 부적응문제는 대부분 부모의 부적응적인 관계에서 비롯되므로, 무엇보다 전 배우자와의 갈등을 해소하고 부모와 자녀 간의 관계를 개선하는 것이 필요하다.

또한 부모의 자녀 양육 및 훈육 방식에 대한 개입도 필요하다. 부모의 훈육은 아동의 행동문제에 직접적인 영향을 미치는데, 대부분 이혼 초기에는 기존의 자녀 양육 및 훈육 방식에 변화가 생기는 경향이 있다. 이는 이혼한 부모의 심리정서적 문제가 해결되지 않은 데서 비롯되는 것이지만, 결과적으로 자녀에게 중요한 요소로 작용하기 때문에 부모와 자녀 간의 관계에 개입해야 한다. 즉, 부모가 자녀의 반응을 이해하고 자녀를 효과적으로 관리할 수 있도록 자녀양육 방식을 개선하도록 원조하는 것이 필요하다.

〈전 배우자와 효과적인 의사소통 촉진을 위한 제언들〉

- 중립의 장소를 정하라. 어려운 문제를 논의하고자 할 때는 당신의 집이나 전 배우자의 집 대신 공공장소(커피숍, 공원)를 선택하여 만나라.
- 예의를 지켜라. 전 배우자를 무시하거나 깎아내리는 것을 피하라.
- 평정심을 유지하라. 화를 내거나 감정적이 되면 상황에 대한 통제력을 잃고 어떤 긍정적인 결과도 얻을 수 없다.
- 일반화, 비판, 비난, 협박, 빈정거림 등을 피하라.
- 논의 전에 목표를 정하고 주제를 유지하라. 과거사를 늘어놓기 시작하면 논의하고자 했던 문제를 해결할 수 없다.
- 한 번에 한 가지 문제만 다뤄라. 한 번에 너무 많은 문제를 해결하려고 하면 어떤 문제도 해결하지 못한다.
- 효과적인 경청자가 되라. 당신이 전 배우자보다 한 수 위에서 말하고자 한다면 이는 특히 어려운 일이다. 만약 당신이 효과적인 경청자가 아니라면 전 배우자가 좋은 경청자가 되기를 기대할 수 없다. 전 배우자의 경청하는 기술에 점령당하지 말라. 당신 자신의 기술에 유의하라.
- 가정은 하지 말라. 문제에 관해 전 배우자의 의견이나 생각을 물어라. 그것을 있는 그대로 받아들여라.
- 손가락질이나 심판적인 태도는 피하라. 사람을 공격하지 말고 문제를 공격하라. '너 메시지'보다는 '나 메시지'를 사용하라. 예를 들어, 당신이 전 배우자에게 "당신은 언제나 딸아이가 원하는 대로 늦게까지 재우지 않았어. 당신은 무책임한 사람이야."라고 말한다면 전 배우자는 방어적이 되고 공격을 받은 느낌이 들 것이다. '나 메시지'를 사용하면 상대방이 방어적으로 되는 것을 방지할 수 있다. 기본적으로 '나 메시지'는 당신의 감

정 또는 당신이 상황에 영향을 받게 되었는지와 관련된다. 예를 들면, "나는 딸아이가 충분한 수면을 취하지 못해서 학교에서 어려움을 겪을까봐 걱정이 돼요. 그 아이가 충분한 수면을 취할 수 있도록 우리 둘이 무엇을 할 수 있을까요?"

- 서로에게 피드백을 요구하고 번갈아 이야기하라. 당신이 전 배우자가 대화를 독점하길 원하지 않는 것처럼, 전 배우자도 당신이 대화를 독점하는 것을 원하지 않는다.
- 해결책을 얻는 데 중점을 두라. 문제의 해결책은 누구를 원망하느냐보다 훨씬 중요하다.
- 문제를 고민하고 정보를 얻는 데 더 많은 시간을 할애하라. 특정 문제를 어떻게 조정해야 할지 확신이 서지 않는다면 주저하지 말고 정보나 생각할 시간을 좀 더 요구하라.
- 합의점을 정하라. 일단 양쪽이 동의할 수 있는 무언가 중요한 것을(아니면 어떤 것이든) 찾으면 당신 모두 승리자가 된 기분이 들 것이다.
- '당신의 방식'을 고집하는 대신 협상을 준비하고 기꺼이 협상하라. 그것은 의사소통과 타협에 관한 모든 것이다. 당신의 자녀에게도 도움이 될 것이고 당신도 당신이 한 행동에 기쁠 것이다.
- 전 배우자가 당신과 대화하기를 원하는 방식으로 당신도 의사소통하라. 황금률을 기억하라. 상대방이 당신에게 하길 원하는 대로 당신도 상대방에게 하라(그러나 그것이 항상 되돌아오리라고는 기대하지 말라).

출처: Long & Forehand(2002: 56-58)

2) 이혼 및 재혼에 대한 인식 개선 및 법제도의 개선

(1) 이혼 및 재혼에 대한 인식 변화
이혼 및 재혼에 대한 사회적 인식의 변화가 필요한데, 이러한 변화를 위해서는 방송 및 언론의 적극적인 개입이 필요하다. 방송이나 언론에서는 사회 가치규범이나 생활양식은 어느 사회나 변화하여 왔고 변화된 새로운 문화에 대한 이해가 필요함을 강조하여야 한다. 또한 요즘 우리 사회가 직면하고 있는 다양한 가족 유형에 초점을 맞추고 긍정적인 면들을 부각시켜, 적어도 부모의 이혼으로 인해 자녀가 겪게 되는 정서적 위축감을 최소화할 수 있는 방향으로 사회의 인식이 변화되도록 노력해야 한다.

(2) 법제도의 개선

우리 민법에서는 '자녀가 아버지의 성(姓)과 본(本)을 따라야 한다.' 라고 규정하고 호주제를 두고 있었다. 그런데 이러한 민법 조항에 대해서 지난 2005년 헌법불합치 결정이 있었고, 대법원은 2007년 4월 호주제 폐지에 따른 호적법 대체법으로 '가족관계 등록 등에 관한 법률'을 제정, 2008년 1월 1일부터 기존의 호적을 대신할 가족관계등록부제도를 도입했다. 가족관계등록부제도는 그 작성기준을 호주에서 개인으로 바꿔 개인의 존엄성과 양성평등 등의 헌법 이념을 구체화한 것이다.

새로운 가족관계등록부는 기존 호적부와 달리 호적상의 호주와 가족을 개인별로 나눠 한 사람마다 하나의 등록부를 갖는 것이 특징이고, 목적에 따라 가족관계, 기본(신상정보), 혼인관계, 입양관계, 친양자입양관계의 다섯 가지로 증명서가 발급된다. 새 법에서는 호적의 편제기준인 본적 개념이 없어지고 부성(父性)주의 원칙이 수정되어 자녀의 성 선택이 가능해지는 등 가(家) 단위로 호적을 편제하던 방식이었으나, 개정된 제도에서는 개인별로 등록기준지에 따라 가족관계등록부로 편제하게 된다.

호적에는 호주와 그 가족들의 출생·혼인·입양 등 신분에 관한 모든 사항이 기재되어 있어 본인의 인적사항뿐 아니라 가족 모두의 인적사항이 나타나 개인 정보 노출이 문제되었지만, '가족관계등록 등에 관한 법률'이 시행되어 개인마다 하나의 등록부가 작성되면 불필요한 정보 노출이 없어진다.

2008년부터 '자녀는 아버지의 성을 따른다.' 라는 부성주의 원칙이 수정 되어 성 선택과 변경이 가능해지고 친양자제도가 도입되었다. 자녀의 성과 본은 아버지를 따르는 것을 원칙으로 하되, 혼인신고를 할 때 어머니의 성 과 본을 따르기로 협의한 경우 자녀가 어머니의 성과 본을 따를 수 있다. 혼 인신고를 할 때 자녀의 성과 본에 관하여 협의가 없었다면 자녀를 위해 필 요하다고 인정될 경우에 한해 법원의 성 변경 재판을 받아 어머니의 성을 따를 수도 있다. 재혼한 여성의 경우 가정법원에 청구하여 변경허가를 받으 면 자녀들의 성과 본을 새아버지의 성과 본으로 바꿀 수 있다.

3) 이혼절차에 관련된 법안들

이혼과 관련된 법안들로는 민법, 호적법 등이 있다. 이러한 법안들이 이 혼에 어떻게 관여하고 있는가를 이혼과 관련된 주제들을 중심으로 살펴본 다. 다음은 이상돈 등(2003)의 『여성과 법』의 이혼 부분을 정리한 것이다.

(1) 협의이혼과 재판상 이혼

우리 가족법은 당사자가 합의해서 혼인을 해소하는 협의이혼과 재판을 거쳐서 하는 재판상 이혼을 모두 인정하고 있다(이상돈 외, 2003). 또한 우리 민법은 당사자의 합의에 의한 협의이혼을 인정하고 있다(민법 제834조). 따 라서 당사자의 의사합의가 있으면 이혼을 할 수 있다. 그러나 과거에는 협 의이혼이 주로 남편이 일방적으로 처를 내쫓는 방법으로 사용되었기 때문 에 이런 점을 감안해서 우리 법은 또 하나의 안전장치를 두었다. 그것은 가 정법원의 확인절차로 판사가 진정한 이혼의사를 확인해 보는 절차다(호적법 제79조). 이혼도 혼인과 마찬가지로 신고를 해야 한다.

재판상 이혼은 법률상 정해진 이혼 원인에 입각하여 부부 중 일방이 청구 하는 이혼을 말한다(이상돈 외, 2003). 재판상 이혼의 사유로는 배우자의 부 정한 행위, 배우자의 악의적 유기, 배우자 또는 그 직계존속에 의한 심히 부당한 대우, 자기의 직계존속에 대한 배우자의 심히 부당한 대우, 배우자가 3년 이상 생사불명인 경우 및 기타 혼인을 계속하기 어려운 경우가 규정되어 있다(민법 제840조).

(2) 이혼과 손해배상

이혼이 일방의 책임에 의한 것이라면 그 상대에 대해서 손해배상을 청구할 수 있다. 이를 흔히 위자료 청구소송이라고 부른다. 위자료란 이혼을 원인으로 하여 상대에게 받는 금전 일체 또는 유책 배우자에게서 손해배상으로 받는 금전을 말한다. 민법은 제806조 1항의 손해배상과 2항의 정신적 고통에 대한 손해배상으로 구분되어 있다. 이혼의 경우 물질적 손해배상을 청구하는 경우는 거의 없고 일반적으로 정신상 고통으로 인한 손해배상만을 청구한다.

(3) 재산분할청구권

이혼을 한 당사자의 일방이 다른 일방에 대하여 재산분할을 청구하는 권리를 '이혼 시 재산분할청구권'이라 한다. 이러한 재산분할청구권은 1990년 민법 개정에서 신설되었다.

민법 제839조의 2는 "협의상 이혼한 자의 일방은 다른 일방에 대하여 재산분할을 청구할 수 있다. 협의가 되지 아니하는 경우 가정법원은 당사자의 청구에 의하여 당사자 쌍방의 협력으로 이룩한 재산의 액수 및 기타 사정을 참작하여 분할의 액수와 방법을 정한다. 이러한 재산분할청구권은 이혼한 날로부터 2년을 경과하면 소멸한다."라고 규정하고 있다(이상돈 외, 2003).

재산분할제도는 결혼생활 중 공동으로 취득한 재산에 대하여 여성이 자신의 지분을 확보하는 측면도 있고, 이혼 후 경제능력이 없는 처의 생활을 보장해 주기 위한 생활부조 측면도 있다. 그러나 남편이 최고경영자로서 스톡옵션을 행사해서 큰 재산을 모은 경우 이러한 남편의 수입에 대해서 단순히 내조를 했다는 이유로 청구를 할 수 있느냐 하는 점은 문제의 소지가 있다(이상돈 외, 2003). 따라서 재산분할은 당사자의 합의에 의하며, 타결되지 않으면 법원에 이를 청구할 수 있다.

(4) 양육권·면접교섭권

이혼에 따른 문제 중 가장 심각한 것은 자녀의 양육권 문제다. 민법 개정 전에는 부모가 협정하지 않은 경우 양육의 책임이 아버지에게 있는 것으로 규정되어 있었으나, 개정 후에는 협의가 되지 않는 경우에는 당사자의 청구에 의해 자식의 나이, 부모의 재산 상태 등을 고려하여 가정법원이 결정하도록 되어 있다.

이혼 후 자녀를 직접 양육하지 않는 부모 중 일방은 면접교섭권을 가진다 (민법 제837조의 2). 이는 보호와 양육을 하고 있지 않은 부모라도 자기의 미성년자인 자녀와 접촉하여 순조로운 성장을 지켜보고 싶어하는 심정은 부모로서 자연스러운 것임을 인식하고 1990년에 신설된 조항이다.

〈성공하는 가족들의 일곱 가지 습관〉

• 제1습관: 주도적이 되어라.

책임감과 주도권이 있는 사람들만이 긍정적인 습관을 키울 수 있다. 주도적이란 시작과 끝을 의지적으로 표현하는 것이며, 가족 구성원 간 정지 버튼을 피할 수 있도록 하고 각자의 취향 대로 신호를 정할 수 있게 된다.

• 제2습관: 목표를 정하고 행동하라.

가족 구성원 모두가 함께할 수 있는 비전을 공유하라. 비전이 분명하면 이탈했더라도 되돌아올 수 있다. 특히, 요즘처럼 사회가 가정을 소홀히 여기는 경우 가족의 비전은 더욱 중요하다. 가족의 목표는 가족 구성원 개인에게 인생의 나침반이 될 수 있다.

• 제3습관: 우선순위를 가족에게 두어라.

사람들에게 가장 소중한 것을 물었더니 75%의 응답자들이 가족이라고 대답했다. 일주일에 하루 저녁이나 단 한 시간도 가족과 함께 보내지 못한다면 가족에 우선순위를 두고 있다고 말할 수 없다. 자신의 인생에서 가족을 가장 소중하게 여긴다면 가족과의 약속을 소홀히 여겨서는 안 된다.

• 제4습관: 상호 이익을 추구하라.

지는 것을 좋아하는 사람은 없다. 이러한 특성은 가족관계에도 적용된다. 따라서 가족 구성원 간에도 번갈아 이기는 상호 윈윈(win-win) 전략이 필요하다.

• 제5습관: 먼저 경청하고 그 다음에 이해시켜라.

상대방의 말을 잘 들어주는 것은 가치 있는 일이다. 논쟁은 상대방의 의견을 경청하지 않고 나의 의견을 상대방에게 일방적으로 이해시키려 할 때 발생한다. 가족 구성원 간 경청과 상호 이해의 올바른 습관을 갖는 것은 바람직하다.

• 제6습관: 시너지를 활용하라.

시너지는 가족이 갖는 습관 가운데 가장 고귀한 열매다. 시너지는 하나 더하기 하나가 둘이 아닌 셋이 되거나 그보다 더 큰 효과를 발휘하는 것이다. 가족 구성원들이 힘을 모으면 훌륭한 결과를 만들 수 있다.

• 제7습관: 끊임없이 쇄신하라.

쇄신이라는 것은 지속적인 자기 계발을 뜻한다. 가족은 그 가족만의 전통을 만들고 추억을 만드는 것이 중요하며 이는 결국 가족의 쇄신 또는 발전을 의미한다. 또한 이는 가족의 상처를 치유하는 힘으로 활용되기도 한다.

출처: Covey(1999), 이소희 외(2002: 200-201) 재인용.

생각해 볼 문제

1. 최근 우리나라의 이혼율 변화에 대하여 생각해 보고 이러한 이혼율 변화가 초래할 사회의 변화에 대해 논하시오.
2. 이혼가족이 경험하는 심리사회적 문제와 빈곤에 대하여 설명하시오.
3. 이혼 당시 자녀의 연령에 따른 반응과 문제가 다르게 나타나는데, 이에 대해 설명하시오.
4. 이혼과정에서 청소년의 심리와 정서의 변화에 대하여 논하시오.
5. 협의이혼과 재판상의 이혼에 대하여 설명하시오.
6. 매년 혼인과 함께 이혼과 재혼의 비율이 변화하고 있는데, 이러한 변화에 대해 설명하고 대책방안에 대해 논하시오.
7. 이혼과 재혼을 경험한 자녀의 어려움에 대하여 논하시오.
8. 양육권과 면접교섭권에 대하여 설명하시오.
9. 재혼부부의 갈등 요인들에 대하여 논하시오.
10. 집단미술치료의 효과성에 대하여 논하시오.

참고문헌

국가통계포털(2013. 8. 17). 시도 및 동거기간별 이혼. http://www.kosis.kr/OLAP/A-nalysis/ stat_OLAP.jsp?vwcd=MT_ZTITLE&fromsrc=N…

국가통계포털(2013. 8. 17). 시도 및 이혼 당시 미성년 자녀 수별 이혼. http://www.kosis.kr/OLAP/Analysis/stat_OLAP.jsp?vwcd=MT_ZTITLE&fromsrc=N…

국가통계포털(2013. 8. 17). 행정구역(시도)별 초혼 · 재혼 종류별 혼인. 1990-2006. http://www.kosis.kr/OLAP/Analysis/stat_OLAP.jsp?vwcd=MT_ZTITLE&fromsrc=N…

국가통계포털(2014.2. 12). 인구동향조사: 시도별 평균 재혼연령. 1990-2012. http://

kosis.kr/wnsearch/total Search.jsp

김정임(2010). 집단미술치료가 이혼가정아동의 자기표현과 사회성향상에 미치는 효과: 지역아동센터 아동을 중심으로. 한국예술치료학회지, 2, 51-79.

김영화, 이진수, 이옥희(2006). 성인지적 가족복지론. 경기: 양서원.

김성태(1988). 발달심리학. 서울: 범우사.

김승권(1998). 한국 가정폭력의 개념정립과 실태에 관한 연구. 연구보고서 98-04. 한국보건사회연구원.

노혁(2004). 이혼가정에서 청소년의 삶과 권리. 한국아동권리학회 2004년도 춘계학술대회: 저출산 고이혼사회에서 아동의 삶과 권리(pp. 84-85).

손병덕(2004). 재혼가정에서 아동의 삶과 권리. 한국아동권리학회 2004년도 춘계학술대회: 저출산 고이혼사회에서 아동의 삶과 권리(pp. 97-131).

이상돈, 이은주, 강달천, 박상진(2003). 여성과 법. 서울: 이진출판사.

이소희, 도미향, 김민정, 서우경(2002). 그것은 아동학대예요(pp. 200-201). 서울: 동문사.

이영숙, 박경란, 전귀연(1993). 가족문제론. 서울: 학지사.

이원숙(2007). 가족복지론(2판). 서울: 학지사.

정진영(1993). 한국의 이혼 실태와 이혼가정 자녀들의 문제에 관한 연구. 한국아동복지학, 1(1), 81-108.

정현희(2004). 이혼가정에서 아동의 권리. 한국아동권리학회 2004년도 춘계학술대회: 저출산 고이혼사회에서 아동의 삶과 권리(pp. 51-71).

주소희(1991). 이혼가정 자녀의 정신건강에 관한 연구. 석사학위논문. 이화여자대학교.

통계청(각 연도). 총 이혼율과 총 재혼율.

Barnard, C. P. (1981). *Families, Acoholism, and Therapy*. Charles C. Thomas Publisher.

Beller, A., & Chung, S. (1992). Family structure and educational attainment of children: Effects of remarriage. *Journal of Population Economics, 5*(1), 39-59.

Covey, S. R. (1999). 성공하는 가족들의 7가지 습관 (김경섭 역). 서울: 김영사.

Guidubaldi, J., Cleminshaw, H., & Perry, J. (1985). *The relationship of parental divorce to Health status of parents and children*. In J. E. Zins, D. I. Wagner, & C. A. Maher (Eds.), Health Promotion in the Schools: Innovative Approaches to Facilitating Physical and Emotional Well-being. New York: The Haworth

Press, 73-87.

Hetherington, E. M. (1989). Coping with family transitions winners, losers and survivors. *Child Development, 60*, 1-14.

Kelly, J. (1988). Long-term adjustment in children in divorce. *Journal of Family Psychology, 2*, 119-140.

Long, N., & Forehand, R. (2002). *Making divorce easier on your child: 50 effective ways to help children adjust.* New York: McGraw-Hill books.

Long, N., & Forehand, R. (2003). 이혼한 부모를 위한 50가지 자녀 양육법 (이재연 역). 서울: 한나번역출판.

Papernow, P. (1993). *Becoming a stepfamily: Patterns of development in remarried families.* San Francisco: Jossy-Bass.

Resnick, M. D., Bearman, P. S., Blum, R. W., Bauman K. E., Harris, K. M., Jones, J., Tabor, J., Beuhring, T., Sieving, R. E., Shew, M., Ireland, M., bearinger, L. H., & Udry, J. R. (1997). Protecting adolescents from harm. Findings from the National Longitudinal study on Adolescent Health. *JAMA: Journal of the American Medical Association, 278*(10), 823-832.

Sohn, B. (2002). The Long-term Effects of Parental Divorce or Separation in Childhood on Adolescent and Adult Psychosocial Health in UK. *Unpublished paper presented in the Ox-Bridge Graduate Student Conference.* Oxford University.

Sohn, B. (2003). Are young people in correctional institutions different from community students who have never been convicted?: differences in internalizing and externalizing behaviors. *British Journal of Social Work, 33*, 739-952.

Walper, S. (2002). Effects of Parental Separation and New Partnership: A Comparison of Boys and Girls in East and West Germany. *Zeitschrift fur Soziologie der Erziehung and Socilisation, 22*(1), 25-46.

제12장

가정폭력 및 학대와 가족복지

  가정폭력은 '가족 구성원 중의 한 사람이 다른 사람에게 의도적으로 물리적인 힘을 사용하거나 정신적인 학대를 통하여 고통을 주는 행위'를 말한다(Gelles & Straus, 1979; 김혜경 외, 2006 재인용). 가정폭력에는 심각한 신체적·정신적 손상뿐만 아니라 자아존중감을 해치는 언어폭력, 성적 학대, 경제적 학대, 방임과 유기가 포함된다. 가정폭력의 피해는 어떠한 충격적 사건보다도 신체적·정신적 증상과 장애가 매우 크며, 폭력 대상자가 주로 아내, 자녀, 노인 등 사회경제적 약자이므로 그 피해 상황은 심각하다.

  가정폭력의 법적 정의는 '가정 구성원 사이의 신체적, 정신적, 재산상의 피해를 수반하는 행위'를 말하며(가정폭력범죄의 처벌 등에 관한 특례법 제2조의 1), 가족 구성원 사이의 모든 폭력을 포함한다. 즉, 남편의 아내에 대한 폭력, 자녀의 부모에 대한 폭력, 형제간의 폭력, 아내의 남편에 대한 폭력 등 가족 간의 모든 폭력을 포괄한다(이상돈 외, 2003). 또한 가정폭력의 범주에는 직접적인 폭행, 상해, 상습범, 유기, 명예훼손, 협박, 감금, 체포, 학대, 아동혹사 등과 아울러 심한 욕설과 같은 언어적 폭력(폭언) 및 의심과 같은 정신적 폭력도 포함된다.

가정폭력의 특징으로는 ① 가정폭력이 장기적이고 반복적이라는 점, ② 시간이 갈수록 폭력의 유형이 다양해지고 그 정도가 심화된다는 점, ③ 아내에 대한 폭력은 자녀 혹은 친정식구에 대한 폭력으로 이어진다는 점을 들 수 있다. 그 밖에도 ④ 지속적인 가정폭력으로 신체적 손상뿐 아니라 '외상후 스트레스 장애' 등 정신질환에 시달리게 되며, 폭력에 대한 공포와 학습된 무력감에 젖어 가정폭력으로부터 탈출하는 것이 불가능하다고 믿게 된다는 점, ⑤ 자기의 존엄성이 약해지기 때문에 독립할 정신적 능력이 결여되고 폭력적인 가정에 안주하게 된다는 점, ⑥ 가정폭력의 피해자는 폭력으로 받는 정신적 스트레스를 해소하지 못하여 다른 범죄로써 문제를 해결하려 하는 경향을 보인다는 점 등을 포함한다(Kashani, 2005).

그동안 우리나라에서는 가사불개입(家事不介入)의 원칙[1]에 따라 경찰과 사회는 개개의 가정에서 발생하는 가정폭력의 문제에 소극적으로 대응하여 왔다. 그러나 1980년대 이후 가정폭력을 더 이상 가정 내부의 문제로 보지 않고 사회적 문제로 보는 시각이 대두되면서 1997년 12월 가정폭력범죄의 처벌 등에 관한 특례법(이하 '가정폭력특례법'이라 한다)과 가정폭력방지 및 피해자보호 등에 관한 법률(이하 '가정폭력방지법'이라 한다)이 제정되었다(김자영, 2011). 이러한 관련법이 제정되면서 가정폭력은 더 이상 '사생활의 이름으로' 국가가 방관자적 위치에 머무르는 것이 아니라 국가가 개입해야 하는 영역으로 패러다임이 바뀌었다(성홍재, 2011). 그러나 1997년 가정폭력에 대한 특별법이 제정된 이후 15년이 지났으나 우리 사회에서 가정폭력은 계속해서 많이 발생하고 있으며 해결해야 하는 사회적 과제로 남아있다.

2010년 여성가족부에서 실시한 조사[2]에 의하면 가정폭력은 여전히 위험한 수위에 이르고 있음을 알 수 있다. 여성가족부 조사 결과, 〈표 12-1〉을

---

1) '법은 가정에 개입하지 않는다'는 원칙을 지칭함(성홍재, 2011).
2) 여성가족부는 2010년 8월 12일부터 10월 31일 사이에 전국 200개 조사구의 3,800가구를 대상으로 가정폭력실태조사를 실시하였다. 이 조사에는 일반가구뿐 아니라 장애인가족, 이주여성가족, 탈북가족 등을 포함하고 있다(여성가족부 2010; 김자영, 2011 재인용).

| 표 12-1 | 연도별 가정폭력 실태조사의 지난 1년간 부부폭력 발생률 비교 (단위: %, 명) |

구분	부부 폭력률	신체적 폭력			정서적 폭력	경제적 폭력	성학대	방임	분석 대상 수 (명)
		경한 폭력	중한 폭력	(경+중한) 폭력					
2010	53.8	16.3	3.3	16.7	42.8	10.1	10.4	30.5	2,423
2007	40.3	11.1	4.8	11.6	33.1	4.1	10.5	19.6	6,561
2004	44.6	15.2	4.8	15.7	42.1	–	7.1	–	5,916

출처: 김자영(2011)

살펴보면, 부부폭력의 유형별 폭력률은 신체 폭력 16.7%, 정서적 폭력 42.8%, 경제적 폭력 10.1%, 성적 폭력 10.4%, 방임 30.5%로 부부폭력률이 53.8%에 달하는 것으로 나타났다(여성가족부, 2010; 김자영, 2011 재인용). 부부폭력의 발생률 추이를 보면, 2004년도 44.6%, 2007년도 40.3%, 2010년도 53.8%로 나타났고, 2004년 조사에서 경제적 폭력과 방임을 조사하지 않은 점을 고려하면 2004년 조사와 비교하기는 어려우나, 부부폭력이 2007년 조사에 비해 2010년 조사에서 13.5% 증가한 것으로 이해할 수 있다(김자영, 2011).

그 외에도 18세 미만 자녀 가정 1,523개 가구를 조사한 결과, 자녀학대 발생률이 59.1%, 유형별로는 정서적 폭력 52.1%, 신체적 폭력 29.2%, 방임 17%로 나타났으며, 65세 이상 노인부부간의 폭력도 31.8%로 조사되었다(김자영, 2011). 이러한 조사결과에서 알 수 있듯이 가정폭력특례법과 가정폭력방지법이 제정·시행되고 있음에도 불구하고 가정폭력은 항목에 따라서는 다소 차이가 있지만, 감소하지 않고 오히려 증가하고 있음을 알 수 있다.

1. 폭력 및 학대에 따른 문제

상습적인 가정폭력과 학대에 노출된 피해자들의 고통을 수치로 환산할 수는 없을 것이다. 고도의 두려움, 우울, 무기력감, 불안, 스트레스, 때로는 외상 후 스트레스 장애를 일으키기도 하는데 이는 재해, 테러, 전쟁, 심한 교통사고 등과 같은 견뎌내기 어려운 심한 외상성 경험과 비견되기도 한다(장희숙, 2010). 일반적으로 가정폭력 피해자들의 수동적인 대응을 '학습된 무기력 이론'으로 설명하기도 하고 능동적인 대응을 '생존자 이론'으로 이해하기도 한다. 즉 장기간의 폭력 속에서 피해자들이 가장 빈번하게 대처하는 방식은 폭력의 고통과 모멸감으로 비롯된 울음, 고함, 욕설 등의 소극적인 대응이며 보다 효과적인 대응에 대한 무기력한 반응이다. 이를 '학습된 무기력'으로 이해한다. 한편, '생존자 이론'은 피해자의 대응이나 행동이 주어진 삶 속에서 '살아남기 위한 최선의 선택'이라는 설명이다. 비록 비효율적이고 납득하지 어려운 대처방식을 사용한다고 하더라도 이는 가정폭력 피해자들에게는 직면한 상황 속에서 자기를 방어하기 위한 최선의 방법이라고 받아들이는 것이다. 따라서 가정폭력과 학대에 대한 환경과 상황을 보다 정밀하게 이해하는 것은 중요한 과제다.

1) 가정폭력 피해여성

(1) 가정폭력 피해여성의 일반적인 증상과 문제(송성자 외, 2005)

- 신체적 상처: 가정폭력 피해자의 신체적 상처는 타박상, 골절상, 고막 터짐, 사지통증, 신경통, 만성두통, 만성피로, 소화불량 또는 위장애, 악성빈혈, 심장질환, 불면증, 섭식장애 등이 있다.
- 심리정서적 증상: 가정폭력 피해자의 심리정서적 증상으로는 불안감, 수치심과 부끄러움, 공포심, 죄의식, 우울함, 자살시도 경험, 자신감 없

음, 탈진, 허무감, 분하고 억울함, 복수하고 싶은 증오심과 적개심, 혼자
있고 싶음, 무력감과 열등감, 불면증, 집중력 저하 등이 있다.

• 사회적응장애: 가정폭력 피해자의 사회적응장애로는 가출, 친밀감 형
성 곤란, 사회적 고립, 결혼생활 부적응, 직장생활의 어려움, 직업 상실,
사회적 고립 등이 있다.

• 가족기능장애: 가정폭력 피해자의 가족기능장애로는 결혼생활에 대한
불안감, 가족 내 역할 수행의 어려움, 가사일과 자녀교육의 어려움, 성
적 갈등 및 부부 갈등의 심화, 자녀에 대한 집착 또는 과잉염려와 과잉
보호, 가족관계 유지의 어려움 등이 있다.

(2) 가정폭력 피해여성의 심리사회적 특성(송성자 외, 2005)

• 고립감: 많은 경우 매 맞는 아내들은 사회적으로 고립되어 있다. 그것
은 여성 비하적인 사회 분위기로 인해 아내들에게 폭력의 책임을 물어
왔기 때문이다. 그리하여 매 맞는 아내들은 자신이 구타당한 것을 부끄
럽게 여기며 스스로를 고립시킨다. 또는 남편들이 매 맞는 아내가 완전
히 자신의 통제 하에 있다는 것을 느끼게 하기 위해 친정, 친구, 이웃과
교류하지 못하게 하기도 한다. 이렇듯 사회와 고립된 매 맞는 아내들은
자신을 객관적으로 보지 못하게 되며, 폭력의 순환고리에서 빠져나올
수 있는 가능성을 완전히 잃어버리게 되어 사회적 지원체계를 전혀 이
용할 수 없게 된다.

• 낮은 자존감: 매 맞는 아내들은 오랜 기간 남편의 구타로 인해 자존감
에 커다란 손상을 입었기 때문에 자신은 아무것도 할 수 없다고 생각하
고 자신의 능력을 과소평가하는 신념을 갖게 된다. 매 맞는 아내들은
자신에게 발생하는 폭력의 본질을 통찰하지 않고 구타상황에 머물러
있는 자신을 비난하게 되므로, 자신감을 상실하게 되고 어떠한 이유로
든 계속되는 구타로 인해 판단력을 잃는다.

• 자기 비난, 죄책감, 창피함: 폭력의 후유증 때문에 현재의 책임 수행을

할 수 없을 때 자기 비난, 죄책감, 창피함 등의 증상들이 발생한다. 자기
비난은 고민의 원인이 되고 도움을 요청하는 데 장애 요인이 된다.

• 학습된 무기력: 계속되는 폭력의 직접적인 희생자인 매 맞는 아내는 무
  력감이나 덫에 걸린 느낌뿐만 아니라 존엄성, 통제력, 안정의 상실을
  경험한다. 매 맞는 아내에게 적절히 개입하기 위해서는 그들의 심리사
  회적 경험을 사전에 평가하여야 한다.

2) 학대 및 폭력의 피해아동

(1) 아동학대 및 폭력의 문제

아동학대는 '보호자를 포함한 성인에 의하여 아동의 건강 · 복지를 해치
거나 정상적 발달을 저해할 수 있는 신체적 · 정신적 · 성적 폭력 또는 가혹
행위 및 아동의 보호자에 의하여 이루어지는 유기와 방임'을 말한다(아동복
지법 제2조). 이는 적극적인 가해행위뿐만 아니라 소극적 의미의 방임행위까
지를 포함한다(중앙아동학대예방센터, 2007). 또한 신체적 학대뿐만 아니라
정서적 학대나 방임, 아동의 발달을 저해하는 행위나 환경, 더 나아가 아동
의 권리보호에 이르는 매우 포괄적인 개념이다(중앙아동학대예방센터, 2007).
아동학대를 유형별로 살펴보면 다음과 같다(이소희 외, 2004).

• 신체적 학대: 가장 눈에 두드러지는 손상을 가져오며 발견하기도 쉽다.
  보통 체벌이란 이름으로 가해지는 신체적 손상행위를 일컬어 신체적
  학대라고 한다. 이는 심한 구타나 발길질뿐 아니라 불로 지지거나, 가
  위 따위의 흉기로 찌르거나, 높은 곳에서 밀어 떨어뜨리는 행위도 포함
  한다.
• 정서적 학대: 부정적인 태도로 아동을 대하며, 아동의 정서적 발달이나
  사회성 발달에 심각한 손상을 입힐 정도로 언어적으로 또는 정서적으
  로 공격하는 것을 말한다. 아동이 공포를 느낄 정도로 고립시키거나 아

이가 감당할 수 없는 모욕을 주는 것도 해당하는데, 정서적 학대는 그 결과가 눈에 보이거나 당장 드러나지 않는 특성 때문에 간과할 수 있는 위험이 있다.

- 성적 학대: 미성숙한 아동과 청소년을 그들이 이해하지도 동의하지도 못하는 성적 활동에 개입시키는 것이다. 성적 학대는 주로 가족 구성원에 의해 일어나며, 양육자나 교사에 의해 행해지기도 한다. 성적 학대는 성에 대한 언급을 금기시하는 사회 분위기와 피해아동과 가족이 그 사실을 숨기려 하는 경향 때문에 조기 발견과 해결이 어렵다.

- 방임: 음식을 먹지 못하거나 위험하고 불결한 주거환경에 아동이 그대로 방치된 신체적 방임, 아동이 아픔을 호소해도 적절한 조치를 받지 못하는 의료적 방임, 아동에게 말을 걸지 않거나 쓰다듬고 안아 주지 않아 정서적·신체적 접촉이 결핍된 정서적 방임, 아동의 교육에 필요한 교육적·물질적 자원이 제대로 제공되지 못하는 교육적 방임 등이 있다.

아동에 대한 학대 및 폭력의 결과는 가벼운 타박상과 찰과상부터 영구적 장애나 사망에 이르기까지 다양한 신체적 증상을 보인다. 이러한 신체적 증상보다는 정신적 증상이 더 많은데, 불안, 우울, 신경쇠약 증세 등이 많고 자아상실, 무력감 및 삶의 의욕상실을 나타낸다. 때로는 자살을 시도하거나 대인기피증, 자주 놀라거나 공포심을 갖는 등의 정신적 증상을 보이기도 한다(김승권, 조애저, 1998).

(2) 가정폭력 노출아동의 문제

- 내재화 문제: 가정폭력 노출아동은 심각한 내재화 문제를 보이는 것으로 나타났다. 특히, 우울·불안, 위축 척도 등을 이용한 연구의 결과 가정폭력 노출아동은 일반아동에 비해 심각한 수준의 문제를 보이는 것으로 나타났다(양혜원, 전명희, 2001). 미국과 홍콩에서도 유사한 연구

결과가 보고되었다(O'Keefe, 1994; Hughes, 1988; Tang, 1997).

- 외현화 문제: 공격성, 반사회적 행동, 비행 등의 외현화 문제는 가정폭력 노출아동이 보이는 문제로 가장 빈번하다(장희숙, 2003; 장희숙, 2010 재인용). 학자들은 사회학습이론에 기초하여 가정폭력에 노출된 아동들이 공격행동을 모방하고 학습할 것이며, 이러한 폭력성은 세대를 통하여 전수될 것을 예측하였다(송성자 외, 2005; 장희숙, 2010). 국내의 연구들로는 가정폭력에 노출된 아동은 부모로부터 공격성을 학습하며, 공격행동 및 비행을 저지를 가능성이 높은 것으로 나타났다(조미숙, 1999; 김재엽, 1998; 김경희, 1995). 알레시와 헌(Alessi & Hearn, 1998)은 쉼터아동의 주된 문제해결 방법은 폭력이며, 서로에게뿐 아니라 성인이나 동물들 그리고 장난감에게도 공격성을 보인다고 보고하였다. 또한 재프, 울프 및 윌슨(Jaffe, Wolfe, & Wilson, 1990)의 연구에서는 가정폭력 가정의 아동이 사춘기에 이르면 공격적인 행동이 더욱 증가하여 어머니에게 폭력을 행사한다고 보고하였다.

- 사회성 문제: 가정폭력 노출아동은 일반아동에 비해 대인관계나 사회적 문제해결 능력 등 다양한 사회적 기능에서 상대적으로 열등하다고 보고되었다. 1967~1987년에 미국에서 발표된 23개의 논문들을 고찰한 결과, 가정폭력 노출아동이 일반아동에 비해 현저히 빈약한 문제해결 능력이나 낮은 수준의 공감능력을 보여 사회적 능력이 떨어지는 것으로 보았다. 로젠버그(Rosenberg, 1987)의 연구에 따르면 가정폭력을 목격한 경험이 있는 아동은 그렇지 않은 아동에 비해 공격적이거나 수동적인 방법을 선택하는 경우가 많고, 주장적인(assertive) 방법을 적게 사용하는 것으로 나타났다.

- 자아존중감: 가정폭력 노출아동은 자아존중감에도 부정적인 영향을 받는 것으로 조사되었다. 김연옥과 박인아(2000)는 가정폭력 노출 초등학생의 경우 일반아동에 비해 자아존중감이 낮다고 보고하였다. 또한 자아존중감을 중재요인으로 보고한 연구도 있는데, 유사한 수준의 가정

폭력에 노출된 경우라 하더라도 자아존중감이 높은 아동의 경우 적응 문제가 상대적으로 경미한 것으로 나타났다(조미숙, 1999).

- 가정폭력에 대한 인식 및 대처행동: 가정폭력 노출아동이 가정폭력에 관련된 인식 및 대처행동에 특유한 문제를 보인다고 지적되었다(Jaffe, Wolfe, & Wilson, 1990, 송성자 외, 2005 재인용).

  첫째, 가정폭력 노출아동은 가정폭력을 비롯한 폭력 전반에 대해 보다 허용적인 태도를 보이며, 폭력을 대인 간의 갈등 해결을 위한 정당한 방법으로 수용하는 경향이 있다.

  둘째, 가정폭력 노출아동은 가정폭력의 원인이나 책임 소재를 왜곡되게 인식하는 경향이 있다. 예를 들면, 어린 아동들은 그 발달단계의 자기중심적 특성상 자신의 잘못으로 폭력이 발생했다고 믿는다. 아동이 성장하면서는 폭력의 원인을 어머니에게 돌리는 경우도 있다. 이는 아동 자신에게도 폭력을 행사할 위험이 있는 아버지에 비해 어머니를 비난하는 것이 상대적으로 안전하다는 아동의 인식에서 기인하는 것이다.

  셋째, 가정폭력 노출아동은 위급한 가정폭력 상황에 적절히 대처하지 못하는 경우가 많다. 즉, 자신의 안전을 지키기 위하여 피신하거나 경찰, 이웃 등 적절한 대상에게 도움을 청하는 등의 바람직한 행동을 취하지 못한다는 것이다. 이는 적절한 대처행동을 위한 지식이나 기술이 부족하기 때문이기도 하고, 가정폭력을 가정사로 여기는 사회 분위기나 가정폭력을 비밀로 하도록 강요하는 가해자의 요구가 작용하기 때문이다.

- 쉼터 적응문제: 쉼터는 가정폭력 노출아동에게 보호와 지지를 제공하지만 스트레스를 유발하는 환경이기도 하다(Peled & Edlson, 1995). 쉼터에 입소한 아동들은 이미 가정에서 가정폭력을 경험한 상황에 있다. 게다가 친구와 아버지 등 익숙한 환경으로부터 갑작스럽게 분리되어 혼란을 겪기도 한다. 더욱이 쉼터 내의 새로운 사람들과 학교 등 낯선 환경에 적응해야 하는 부담이 있으며, 쉼터의 열악한 생활환경이 스트레스의

원인이 될 수도 있다. 심지어 이 모든 어려움을 정서적으로 도와주어야 할 아동의 어머니가 자신의 정서적 혼란이나 쉼터에서의 퇴소 이후 생활에 대한 부담으로 인해 아동을 보살필 수 없는 경우도 있다. 이러한 여러 요인들은 아동의 쉼터 적응을 어렵게 만드는 장애요인이 된다.

2. 폭력 및 학대가족에 대한 개입

1) 가정폭력 피해여성에 대한 대책방안

가정폭력 피해여성은 긴급한 구호가 요청되고 지속적인 지원이 필요하다. 대책 마련의 기본 원리를 살펴보면, 첫째, 가정폭력은 사회문제라는 점을 인식해야 한다. 그것도 성차별적인 사회문제의 하나라는 것이다. 따라서 가족과 사회가 이에 대처해야 하며, 사회에 만연한 선택적인 무관심을 시정해 나가야 할 것이다. 둘째, 대책은 피해자 중심이 아닌 피해자와 가해자를 위한 근본적인 마련이 있어야 한다. 따라서 가해자를 가족에게서 차단하는 방안(예: 금지명령)을 적극 고려해야 할 것이다. 셋째, 피해여성은 어머니, 아내로서의 역할보다는 개별적인 인격체로서 다루어야 한다. 넷째, 가정폭력 대책의 궁극적인 목표는 제도를 보완하는 것이 아닌, 사회를 개조하는 방향으로 나아가야 한다.

폭력 및 학대가족을 위한 대표적인 서비스 프로그램으로는 가정폭력상담소, 가정폭력피해자보호시설, 가정폭력피해자치료보호 등을 들 수 있으며, 그 외에도 여성 및 사회단체를 통한 계몽과 지역사회복지관을 통한 치료 프로그램 등을 생각해 볼 수 있다.

(1) 가정폭력상담소
가정폭력상담소는 가정폭력을 예방하고 가정폭력의 피해자를 보호함으로써 건전한 가정 유지 및 해체를 방지하기 위해 설립되었다(조흥식 외, 2006). 상담소는 ㉠ 가정폭력을 신고받거나 그에 관한 상담에 응하는 일, ㉡ 가정폭력으로 인하여 정상적인 가정생활 및 사회생활이 어렵거나 기타 긴급하게 보호가 필요한 피해자에 대한 임시보호나 의료기관 또는 가정폭력 피해자보호시설로의 인도, ㉢ 행위자에 대한 고발 등 법률적 사항에 관한 자문을 얻기 위한 대한변호사협회나 지방변호사회 또는 대한법률구조공단 등에 필요한 협조와 지원의 요청, ㉣ 경찰관서 등으로부터 인도받은 피해자의 임시보호, ㉤ 가정폭력의 예방 및 방지에 관한 홍보, ㉥ 기타 가정폭력 및 피해에 관한 조사연구, ㉦ 지역사회에 대하여 캠페인, 지역신문, 생활정보지, CATV, 반상회보 등을 활용한 홍보활동의 실시 등의 업무를 갖고 있다(조흥식 외, 2006).

(2) 가정폭력피해자보호시설

가정폭력 피해자보호시설은 가정폭력 피해자를 일정 기간 동안 보호하여 신체적·정신적 회복 및 사회 복귀를 지원하기 위한 시설이다(조흥식 외, 2006). 가정폭력방지법 제8조 시행령 제3조와 가정폭력방지법 제6조 상담소 업무(보호 중인 가정폭력 피해자 위주)와 보호시설의 업무에서는 가정폭력 피해자보호시설은 ㉠ 피해자를 일시 보호하는 일, ㉡ 피해자의 신체적·정신적 안정 및 가정 복귀를 돕는 일, ㉢ 다른 법률에 의하여 보호시설에 위탁한 사항, ㉣ 가정폭력의 예방을 위한 교육, ㉤ 기타 피해자의 보호를 위하여 필요한 업무들을 하도록 명시되어 있다. 그 보호 내용(가정폭력방지법 제8조)은 다음과 같다.

- 숙식 무료제공(기초생활보장수급시설로서 생계급여 지원)
- 법률상담, 심리상담
- 퇴소 후 자립을 위하여 시설 외 근로를 희망하는 경우 적극 지원
- 입소 사실에 대한 비밀보장과 특별보호

- 배우자의 면회 요청 시 입소자의 의견을 존중하여 면회 여부 결정
- 면회실, 경비실 등을 설치하여 외부인의 위협으로부터 보호 조치
- 방과 후 아동 지도
- 학령아동이 인근 학교에 출석을 원하는 경우에는 관련 교육기관과 협의, 수업에 참가하도록 조치
- 기타 국가 또는 지방자치단체가 정하는 경비 지원

보호기간은 임시보호의 경우에는 시행령 제2조에 의거하여 3일 이내이지만, 필요하다고 인정하는 경우 7일 이내로 연장 가능하다. 일시보호의 경우에는 시행령 제3조에 의거하여 6월 이내로 되어 있으며, 보호시설의 장이 특히 필요하다고 인정하는 경우는 1회에 한하여 3월의 범위 내에서 연장 가능하다. 가정폭력보호시설은 2014년 1월 현재 전국에 67개가 운영 중이며, 비공개시설이므로 '여성긴급전화 1366'이나 가정폭력상담소 또는 지역 경찰을 통해서 연계받을 수 있다(여성가족부, 2014. 1. 20.).

(3) 가정폭력 피해자 치료보호

가정폭력 피해자 치료보호는 가정폭력 피해자 중 정신적·신체적 피해로 치료보호가 필요한 자에 대해 치료비를 지원한다. 지원 대상은 가정폭력 피해로 인해 신체적·정신적 치료가 필요한 가정폭력 피해자다. 치료보호 범위는 ㉠ 보건에 관한 상담 및 지도, ㉡ 신체적·정신적 피해에 대한 치료, ㉢ 임산부의 심리적 안정을 위한 각종 치료 프로그램의 실시 등 정신치료, ㉣ 임산부 및 태아보호를 위한 검사 및 치료, ㉤ 가정폭력 피해자 가정의 신생아에 관한 의료다.

(4) 여성 및 사회단체를 통한 계몽

가정폭력은 인권을 유린하고 인간을 파괴하는 행위라는 사회적인 인식과 계몽이 필요하며, 구타 원인이 매 맞는 아내에게 있는 것이 아니라 가부장

문화, 폭력문화에 있음을 인지시키는 것이 중요하다. 또한 학대 대상자가 피신하고자 할 때 갈 장소가 있어야 하며, 당사자의 현 상황을 파악하고 미래를 생각할 수 있도록 강화가 필요한데, 이를 위해 전문 상담기관의 활성화도 중요하다.

(5) 지역사회복지관

지역에 있는 사회복지관의 여러 프로그램을 통해 가정폭력의 피해자들이 건강한 지역사회의 구성원으로 회복될 수 있도록 관심과 사랑을 표현할 필요가 있다. 우선 가정이 정상적인 모습을 갖추도록 집안일을 도울 수 있는 도우미를 지원받을 수 있어야 하고, 지역사회에서 아내가 소속되어 소속감을 느끼며 자기개발을 할 수 있는 프로그램도 도움이 될 것이다. 궁극적으로는 매 맞는 아내와 남편이 함께 할 수 있는 치료 프로그램이 개발되고 실행되어야 할 것이다. 이를 통해 왜 폭행과 부부학대가 일어나는지, 그러한 충동을 느낄 때 어떻게 대처할 것인지 등을 토의하며 수정해 나갈 수 있도록 강화할 필요가 있다.

〈가정폭력 피해여성 원조가능 기관 목록〉

가정폭력의 경우 가장 많이 이용되는 기관들의 목록이다. 다음 목록의 연락처들을 확인해 두었다가 즉각적인 도움을 제공할 수 있도록 준비한다.

- 아동 보호 기관
- 위기 개입(24시간 전화 상담)
- 경찰 개입
- 의료적 조치(응급 치료와 계속적 치료)
- 학대당하고 있는 배우자와 자녀들을 위한 응급 피신처
- 아동 보호(응급 보호, 계속적 또는 일시적 보호)

- 양쪽 배우자 보호를 위한 법적 봉사 기관
- 기독교적인 회유와 조정 기관
- 법정 기관
- 음주 약물 치료(입원 환자와 외래 환자)
- 재정적인 원조(예, 어린 자녀를 가진 가정 원조)
- 희생자 보상 프로그램
- 고용 기관(직업 상담, 직업 훈련 및 배치)
- 지지적 상담
- 정신건강 기관
- 영구 주택
- 가족 계획
- 자원봉사자의 방문
- 교통

출처: Martin(1996) 김연 역(2002: 70)

한국단기가족치료연구소에서는 여성가족부의 지원을 받아 가정폭력 피해여성을 위한 치유 프로그램을 개발하였는데(송성자 외, 2005), 이를 소개하고자 한다. [그림 12-1]은 이 프로그램에서 사용한 개입모형이다.

- 대상: 보호시설 성인 입소자 5~10명
- 횟수: 10회 (준비 모임과 추후평가 모임을 프로그램의 10회기에 포함시킴)
- 시간: 2시간 20분 ~ 3시간
- 간격: 1주 2회 또는 1주 1회
- 지도자: 집단상담 전문가 1명, 집단상담 보조자 1명

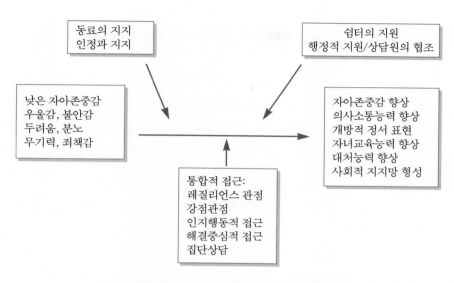

[그림 12-1] 프로그램의 통합적 접근모형

출처: 송성자 외(2005: 87)

표 12-2 가정폭력 피해여성 치유 프로그램 회기별 내용

단계	회기	주제
1단계: 준비 및 참여	1회	프로그램 준비과정에 참여
2단계: 관계형성	2회	지지적 관계형성과 후유증 인식
	3회	감정 표현과 성장 및 변화의 목표 설정
3단계: 성장과 변화	4회	폭력에 대한 올바른 인식과 대처방법
	5회	남편과 자신의 원가족과의 의사소통 유형 이해
	6회	기능적 의사소통 기술 훈련
	7회	건강한 가족, 폭력이 자녀에게 미치는 영향
4단계: 종결과 평가	8회	독립된 인격체로서 자립하기, 자원의 확인과 강화
	9회	자신의 성장과 변화에 대한 인식과 평가
5단계: 변화 확인과 강화	10회	추후평가: 변화 확인과 강화

출처: 송성자 외(2005: 89)

2) 가정폭력 및 학대 피해아동에 대한 대책방안

우리나라는 유교문화의 영향으로 부모에 대한 순종과 교사에 대한 존경이 강조되었고, 이러한 관습을 통해 학대와 훈육이 혼돈되어 수용되었다. 따라서 가정 내에서 일어나는 폭력이나 학대에 대해 무지했던 사회를 일깨우기 위한 대중교육이 절실히 필요하다. 특히, 아동학대의 경우 심한 학대를 받은 아동이 일차적으로 찾아가는 곳이 병원임을 감안하여 아동을 직접 다루는 의사들에 대한 교육도 필요하며, 의무신고제도의 활성화도 추진되어야 할 것이다.

(1) 대중사회교육의 확대

예방적 차원에서는 이미 부모가 된 사람들과 위험성이 높은 부모들뿐 아니라 결혼 전 남녀, 자녀 낳기 전의 부모들에게 시행하는 것이 필요하고, 학부모 모임이나 대중매체를 이용한 사회교육도 효과적이다. 우선은 가정폭력이나 학대가 어떤 것인지, 어떤 유형들이 있으며 아동들에게 미치는 심각성에 대한 홍보가 있어야 할 것이다. 더 나아가서는 왜 이렇듯 가정폭력과 학대가 늘어가고 있는지에 대한 소개도 유용하다.

(2) (의무)신고제도의 활성화

선진국에서처럼 이웃의 자녀라 하더라도 가정에서 학대받거나 폭행을 당하고 있는 어린이를 발견하였을 때에는 보호자의 유무와 관계없이 신고하는 것을 생활화하는 태도가 필요하다. 이를 위해서는 홍보도 중요하고 신고를 의무화하거나 포상을 주어 적극적인 신고를 유도해야 한다.

(3) 지역사회의 지원서비스

가정폭력이나 학대로 인해 방치된 아동들을 위한 방과 후 프로그램을 제공하거나 자원봉사자들을 연계한 일대일 멘토(가정방문 교사) 프로그램을 피

해아동에게 제공하는 것이다. 이러한 프로그램을 통해서 폭력이나 학대가
정 내에서는 소홀할 수 있는 부분들을 보충하고 충전할 수 있는 서비스가
필요하다. 가정폭력이나 학대는 멀리 있는 친척이 알 수 있는 부분이 아니
고 항상 가까이 있으면서 매일의 삶을 함께 살아가는 이웃이 더 잘 알 수 있
으므로 지역사회의 관심과 배려가 필요하다.

(4) 가정폭력의 치료

　가정폭력을 치료하는 것은 쉬운 일이 아니다. 많은 경우 가정폭력은 원가
족으로부터 답습된 이미 오랫동안 몸에 굳어진 경우거나, 때로는 순간적으
로 순발력을 발휘하듯 폭행과 폭언이 튀어나오는 경우다. 그러므로 가정폭
력과 학대를 치료하는 데는 그만큼의 시간과 노력이 필요하다. 그래도 노력
을 게을리해서는 안 될 것이다. 개인상담이나 집단토의를 통해서 가정폭력
과 학대의 원인을 찾아내고 그러한 원인들이 어떻게 작동하는지, 언제 작동
하는지 등을 파악하여 가정폭력이나 학대가 반복되는 것을 막을 수 있도록
도와야 한다.

(5) 교육 및 보호시설

　가정폭력과 학대의 피해아동들을 보호하며 올바른 교육을 감당할 수 있
는 보호시설이 필요하다. 가정폭력과 학대가 만연한 가정에서 아동을 위한
바람직한 양육을 기대하기는 어려우므로 아동이 마음놓고 공부하며 뛰어놀
수 있는 보호시설로 인도하는 것 또한 중요하다. 이때 한 가지 유의해야 할
점은 가능하면 그 아동이 평소에 익숙한 지역에 있는 보호시설로 가도록 하
는 것이 적응을 용이하게 하는 데 도움이 된다는 것이다.

표 12-3　가정폭력 노출아동을 위한 집단 프로그램

프로그램	주요 목적	주요 내용	평가
Children's Aid Society of London and Middlesex (1986, 1989, 1990, 1995)	• 폭력에 대한 태도 변화 • 스트레스 대처기술 함양	• 감정 다루기 • 자기보호 기술 • 사회적 지지 • 가정폭력 이해	• 자기보호 기술 습득 • 부모에 대해 긍정적 태도를 갖게 됨. • 88%의 어머니가 아동의 긍정적 행동변화를 보고함. • CBCI(Child Behavior Checklist)상 변화 없음. • 실험연구에서 실험집단은 통제집단에 비해 분노에 대한 태도 및 반응, 폭력 및 부모에 대한 책임 영역에서 유의미한 향상을 나타냄.
Domestic Abuse Project of Minneapolis (1988, 1995)	• 비밀 노출 • 자기보호 기술 습득 • 집단을 통한 긍정적이고 안전한 분위기 경험 • 자존감 향상	• 폭력에 대한 이해 • 감정 다루기 • 성 역할 • 자기보호 계획 • 문제 해결 • 자아존중감	• 질적 평가 • 폭력에 대한 이해 증진 • 정서적 노출 • 다른 아동들과의 경험 공유
Domestic Abuse Children's Program(Wilder Foundation, 1990)	• 궁극적 목적: 폭력의 세대 간 전수 예방 • 단기적 목표 • 가정폭력에 대한 정보 습득 • 자기보호 계획 확립 • 비폭력적 문제해결 능력 함양 • 긍정적 집단 경험	• 가정폭력 이해 • 자기보호 계획 • 사회적 지지망 • 감정 다루기 • 자아존중감 • 알코올 및 약물중독 • 애도, 상실 • 별거, 이혼 • 개인의 힘과 선택 • 비폭력적 문제 해결	• 프로그램이 제시한 네 가지 단기목표가 달성된 것으로 평가됨. • 아동의 태도 변화뿐 아니라 행동 변화도 나타남.

가정폭력 노출아동의 적응 향상을 위한 집단 프로그램 (양혜원, 2002; 김재엽, 조학래, 양혜원, 2003)	• 감정에 대한 이해 및 표출 • 공격성 감소 • 자아존중감 • 가정폭력에 대한 이해 및 대처	• 감정 다루기 • 가정폭력에 대한 이해 • 가정폭력에 대한 대처 • 분노 조절 • 자기 주장	• 비교집단 설계 • 솔로몬 4집단 설계 • 개별사례분석 • 정서문제, 공격성, 사회기술, 가정폭력 인식 및 대처에 긍정적 효과 모임
가정폭력 노출아동의 공격행동 감소 프로그램(박형원, 2004)	• 공격행동의 감소 • 부적절한 분노 표현의 감소 • 가정폭력에 대한 인지적 평가의 변화	• 분노 이해 • 가정폭력 • 공격행동과 폭력 • 공격행동에 대한 비합리적 사고 • 공격행동의 대안	• 비교집단 설계 • 집단과정 분석 • 공격성, 분노 인지, 각성, 행동, 부부갈등에 대한 대처 효율성에 유의함.
성폭력피해아동에 대한 인지행동치료 적용 사례 (강민아 외, 2008)	• 감정 다루기 • 생각 바꾸기 • 감정 및 인지 재처리 • 성폭력 재발 예방 교육	• 감정파악훈련 • 생각, 감정, 행동의 관계이해 • 성폭력 사건에 대한 감정표현 • 성폭력 사건에 대한 잘못된 생각 수정 • 재발방지를 위한 교육	• 아동·청소년 행동평가 척도 • 소아우울 척도

출처: 송성자 외(2005: 166), 강민아 외(2008)

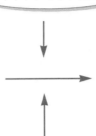

[그림 12-2] 가정폭력 노출아동을 위한 집단 프로그램 모형

표 12-4   가정폭력 노출아동 치유 프로그램의 회기별 내용

단계		회기	주제
1단계: 도입 단계		1회	• 사전조사 • 참여자 및 진행자 관계 형성하기 • 프로그램 이해하기
		2회	• 쉼터생활 적응 향상시키기
		3회	• 감정의 특성 및 역할 이해하기
2단계: 변화 및 성장 단계	가정폭력 이해 및 대처	4회	• 다양한 형태의 가족 인식하기 • 아버지에 대한 양가감정 수용하기
		5회	• 가정폭력의 경험 나누기 • 가정폭력의 원인과 책임 이해하기
		6회	• 가정폭력 상황에서의 자기보호 기술 • 가정폭력의 부정적 영향을 감소시키는 대안적 활동 찾기
	행동 조절	7회	• 분노 이해하기 • 적절한 분노표출 및 부적절한 분노표출 방법 구분하기
		8회	• 위축된 행동, 공격적 행동과 자기주장적 행동 구분하기 • 자기주장적 행동 익히기

| 3단계:
종결 단계 | 9회 | • 미래 지향적 관점 도입하기
• 프로그램을 통한 성취 점검하기
• 프로그램 평가하기 |
| 4단계:
변화유지 단계 | 10회 | • 변화 확인 및 강화
• 추후평가 |

출처: 송성자 외(2005: 74)

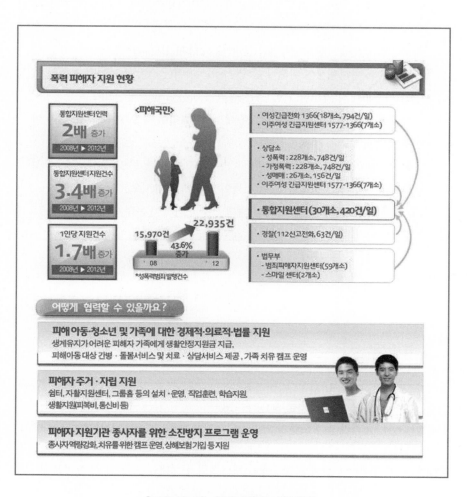

[그림 12-3] 폭력피해자 지원 현황

출처: 여성가족부 홈페이지

생각해 볼 문제

1. 가정폭력의 특징에 대하여 논하시오.
2. 가정폭력 피해여성의 증상과 문제에 대하여 논하시오.
3. 아동학대의 네 가지 유형에 대해 설명하시오.
4. 가정폭력 노출아동에게서 나타날 수 있는 가정폭력과 관련된 인식과 대처행동 문제에 대하여 논하시오.
5. 가정폭력 노출아동의 '외현화 문제'에 대하여 설명하시오.
6. 가정폭력 피해여성이 취해야 할 행동에는 어떠한 것들이 있는지 논하시오.
7. 아내학대 대책 마련을 위한 기본 원리에 대하여 설명하시오.
8. 우리나라에서 가정폭력 피해가족에 대한 개입이 주로 어디서 어떻게 이루어지고 있는지 설명하시오.
9. 학대 피해아동을 보호하기 위한 '의무신고제도'란 무엇이며, 이를 활성화하기 위한 방법들에는 어떤 것들이 있는지 논하시오.
10. 가정폭력 예방을 위한 사회적 대책방안에 대하여 논하시오.

참고문헌

강민아, 김혜정, 이승재, 정운선, 정성훈(2008). 성폭력피해아동에 대한 인지행동치료 적용. 사례인지행동치료, 8(1), 15-28.

김경희(1995). 폭력가정 청소년의 가족폭력경험에 관한 연구. 박사학위논문. 중앙대학교.

김승권, 조애저(1998). 한국 가정폭력의 개념정립과 실태에 관한 연구. 한국보건사회연구원.

김연옥, 박인아(2000). 가정폭력이 유형별 관련성과 아동의 정신건강에 관한 연구. 한국가족복지학, 5, 103-127.

김자영(2011). 가정폭력방지를 위한 효율적 방안에 대한 고찰: 수강명령제도, 배상명령제도 및 친권제한을 중심으로. 보호관찰, 11(2), 149-176.

김재엽(1998). 한국가정폭력실태와 사회계층과의 관계연구. 한국사회복지학, 35, 133-155.

김혜경, 도미향, 문혜숙, 박충선, 손홍숙, 오정옥, 홍달아기(2006). 가족복지론. 경기: 공동체.

성홍재(2011). 가정폭력 피해자 보호의 실효성 확보방안에 관한 연구: 개정된 「가정폭력범죄의 처벌 등에 관한 특례법」상 경찰의 김급임시조치와 법원의 피해자 보호명령제도를 중심으로. 한독사회과학논총, 21(3), 177-206.

송성자(2000). 수원시 여성의 쉼터가 가정폭력 피해여성을 위한 집단치료 사례연구. 수원시 여성의 쉼터 자문위원회 자료집.

송성자, 어주경, 양혜원, 서해정(2005). 가정폭력 피해자 치유 프로그램. 여성가족부.

양혜원, 전명희(2001). 아내폭력 노출이 자녀의 행동 문제에 미치는 영향. 연세사회복지연구, 6 · 7 통합본, 127-152.

여성가족부(2010). 2010년 가정폭력실태조사.

여성가족부(2014. 1. 20). 가정폭력 보호시설. http://www.mogef.go.kr/korea/view/support/support01_01_04_02.jsp

여성가족부(2014. 1. 20.). 여성이 안전한 사회, 폭력피해자 지원현황. http://www.mogef.go.kr/korea/view/support/support04_04_01_02.jsp?view=siteview6

이상돈, 이은주, 강달천, 박상진(2003). 여성과 법. 서울: 이진출판사.

이소희, 도미향, 김민정, 서우경(2002). 그것은 아동학대예요. 서울: 동문사.

이소희, 최덕경, 강기정, 김훈(2004). 가족문제와 가족복지. 서울: 대왕사.

이재연(2000). 한국의 아동학대 실태 및 후유증 연구. 보건복지부.

장희숙(2003). 아내폭력가정 자녀의 적응에 영향을 미치는 요인들. 한국사회복지학, 55, 255-281.

장희숙(2010). 가정폭력이 개인과 사회에 미치는 영향. 교정담론, 4(2), 85-113.

조미숙(1999). 아내구타가정 아동의 심리 · 사회적 적응 관련변인 탐색을 위한 사회사업적 접근에 관한 연구. 서울여자대학교 박사학위논문.

조홍식, 김인숙, 김혜란, 김혜련, 신은주(2006). 가족복지학. 서울: 학지사.

중앙아동학대예방센터(2007. 9. 26). 아동학대의 정의. http://korea1391.org/sub2_03.htm

Alessi, J. J., & Hearn, K. (1998). Group treatment of children in shelters for battered women. In A. R. Roberts (Ed.), *Battered Women and Their Families* (2nd ed.) (pp. 159–173). New York: Springer.

Gelles, R. J., & Straus, M. A. (1979). Violence in the American family. *Journal of Social Issues, 35*(2), 15–39.

Hughes, H. M. (1988). Psychological & behavioral correlates of family violence in child witness & victims. *American Journal of Orthopsychiatry*, 18, 77–90.

Jaffe, P. G., Wolfe, D. A., & Wilson, S. K. (1990). Children at multiple risk: treatment and prevention. In R. T. Potter-Efron & P. S. Potter-Efron (Eds.), *Aggression, Family Violence and Chemical Dependency* (pp. 145–163). New York: Haworth.

Kashani, J. H. (2005). 가정폭력이 아동 및 청소년에게 미치는 영향(3D 세상에서 가장 쉬운) (조미숙, 역). 서울: 21세기사.

Martin, G. (2002). 가정폭력과 학대(김연 역). 서울: 두란노.

O' Keefe, M. (1994). Racial/ethnic differences among battered women and their children. *Journal of Child and Family Studies, 9*, 63–78.

Peled, E., & Edleson, J. L. (1995). Process and outcome in small groups for children of battered women. In E. Peled, P. Jaffe, & J. L. Edleson (Eds.), *Ending the Cycle of Violence: Community Responses to Children of Battered Women* (pp. 121–144). Newbury Park, CA: Sage.

Rosenberg, M. (1987). Children of battered women: the effects of witnessing violence on their social problem-solving abilities. *Behavior Therapist, 4*, 85–89.

Tang, S. C. (1997). Psychological impact of wife abuse: experiences of chinese women and their children. *Journal of Interpersonal Violence, 12*(3), 466–478.

제13장

사회적 소수집단: 다문화가족, 이주노동자가족, 북한이탈주민가족

우리나라의 경제적 위상이 높아지고 국제화와 한류문화의 파급이 가속화되면서 국내에 거주하는 외국인 노동자와 국제결혼에 의한 이주여성 등의 유입이 크게 증가되고 있다. 이에 따라 그동안 단일민족임을 자부하던 우리나라는 최근 다양한 문화와 인종이 함께 사는 다문화사회로 변화되어 가고 있으며, 사회적 소수집단의 의사소통 문제, 교육문제, 인권문제 등 새로운 문제에 직면하고 있다.

2013년 현재 국내 체류 외국인의 수는 약 144만 5,000여 명으로 집계되는데, 이는 광주광역시의 주민 수에 육박한다([그림 13-1] 참조). 여기에는 외국인 노동자가 약 52만 906명, 취학 대상 연령의 외국인 자녀가 19만 1,328명, 외국국적 동포가 18만 7,616명, 특히 국제결혼이 늘어나면서 외국인과 한국인 혹은 외국인 사이에서 태어난 자녀 수는 5년 전(5만 8007명)과 비교했을 때 3배 이상 급증했다(안전행정부, 2013).

이 장에서는 이렇게 최근 사회적 이슈가 되고 있는 다문화가족, 이주노동자가족, 북한이탈주민가족 등 사회적 소수가족의 현황과 그들이 안고 있는 문제 그리고 이를 해결할 수 있는 사회복지 정책적·실천적 개입 방안에 대

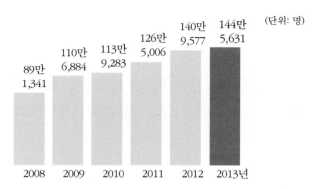

[그림 13-1] 국내 거주 외국인 주민 수

출처: 안전행정부

하여 다루고자 한다.

1. 다문화가족의 개념

다문화사회의 핵심은 서로 다른 삶의 양식을 가진 사람들이 서로의 문화를 존중하면서 문화 차이로 생기는 갈등을 극복해 가는 것이다(보건복지부, 2007). 서로 다른 문화 간의 충돌은 우리나라뿐만 아니라 세계 여러 나라에서 이미 심각한 수준으로 나타나고 있다. 미국, 프랑스, 호주 등에서도 소수 인종이 사회경제적 지위와 관련되는 문화 간의 충돌을 경험하고 있으며, 이를 해결하기 위하여 언어적 소통, 교육, 편견의 배제 등에 초점을 맞추고 있다.

넓은 의미에서 세계의 모든 가정은 다문화가족일 수 있고, 우리 사회도 지금까지 지역 간, 세대 간, 계층 간의 다문화를 경험해 왔다고 하겠다. 그래서 다문화가족이라는 용어가 정확한 것인지에 대한 문제 제기도 가능하긴 하지만, 최근 다문화가족이라는 용어는 일반화되고 있는 추세라고 볼 수 있다(서혁, 2007). 다문화가족은 외국인 노동자의 유입, 탈북자 출신의 북한이

탈주민 증가, 국제결혼으로 인한 이주여성의 증가 등 한국 사회 내에 대한
민국(남한)이 아닌 다른 문화권으로 이루어진 가정을 의미한다. 서혁(2007)
은 이러한 다문화가족과 그 자녀의 유형을 크게 세 집단으로 범주화하였다
(〈표 13-1〉 참조).

　이러한 다문화가족의 구성원들은 성장한 문화적 배경에 따라 1세대와 2세
대로 나뉠 수 있다. 1세대는 한국 내 거주 이전 단계에서 유아기와 성년기를
보내면서 자국의 문화적 배경을 가진 세대를 의미하고, 2세대는 한국 내에
서 출생하고 성장한 경우를 의미한다. 그 중간 단계인 1.5세대를 들 수 있는
데, 이들은 한국 외에서 출생하여 유아기를 보내고 한국 내에서 초·중등학
교의 학령기를 보내고 있는 구성원을 의미한다.

　하지만 최근 그동안의 다문화가족이라는 명칭과 정책 대상규정에 있어
한국인과의 결혼(가족)과 출산(혈통)을 지나치게 강조하고 있으며 이는 전
세계적인 추세와도 어긋난다는 문제점을 제시하며 다문화가족을 결혼이민
자뿐 아니라 외국인·이민자와 그 가족을 포함하는 것으로 확대해야 한다
고 지적하고 있다(설동훈, 2013).

표 13-1　다문화가정 및 그 자녀의 유형

외국인 근로자 가정	• 외국인 근로자인 남성과 여성이 한국에서 결혼하여 이루어진 가정 및 그 자녀 • 외국인 남성과 여성이 그들의 자국에서 결혼 후 한국에 이주한 가정 및 그 자녀 • 외근인 근로자로서 결혼하지 않고 단독으로 또는 동료와 함께 생활하는 가정
국제결혼 가정	• 한국인 남성과 외국인 여성의 결혼으로 이루어진 가정 및 그 자녀 • 한국인 여성과 외국인 남성의 결혼으로 이루어진 가정 및 그 자녀
북한이탈 주민 가정	• 탈북자 출신의 남성과 여성의 결합으로 이루어진 가정 및 그 자녀가 한국에 　입국한 경우 • 탈북자 출신의 남성 또는 여성이 한국에 입국 후 한국의 여성 또는 남성과 결 　합하여 이룬 가정 및 자녀 • 탈북자 출신으로서 결혼하지 않고 단독으로 또는 동료와 함께 생활하는 가정

출처: 서혁(2007: 3).

2. 다문화가족

1) 현 황

1990년 이후 국제결혼은 24만 건을 넘어섰으며, 최근 더욱 급증하는 추세다(〈표 13-2〉 참조). 국제결혼 이주여성은 매년 증가하여 2010년 161,999명, 2011년 188,580명, 2012년 1월 현재 196,789명이며, 출신국가는 중국, 베트남, 필리핀 순으로 조사되었다(〈표 13-3〉 참조).

표 13-2   국제결혼 건수

(단위: 건수, %)

연도	총 결혼 건수	국제결혼		외국인 남편		외국인 아내	
		건수	구성비	건수	구성비	건수	구성비
2000	332,090	11,605	100.0	4,660	40.2	6,945	59.8
2001	318,407	14,523	100.0	4,839	33.3	9,684	66.7
2002	304,877	15,202	100.0	4,504	29.6	10,698	70.4
2003	302,503	24,775	100.0	6,025	24.3	18,750	75.7
2004	308,598	34,640	100.0	9,535	27.5	25,105	72.5
2005	314,304	42,356	100.0	11,637	27.5	30,719	72.5
2006	330,634	38,759	100.0	9,094	23.5	29,665	76.5
2007	343,559	37,560	100.0	8,980	23.9	28,580	76.1
2008	327,715	36,204	100.0	8,041	22.2	28,163	77.8
2009	309,759	33,300	100.0	8,158	24.5	25,142	75.5
2010	326,104	34,235	100.0	7,961	23.3	26,274	76.7
2011	329,087	29,762	100.0	7,497	25.2	22,265	74.8

출처: 통계청(2012).

표 13-3 국제결혼 이주여성 출신국가

(단위: 명)

계	중국 (조선족)	중국	베트남	필리핀	일본	캄보 디아	몽골	태국	러시아	기타
196,789	56,602	49,797	47,187	13,148	10,335	5,281	2,832	2,815	1,401	7,391

출처: 안전행정부(2012년 8월), 외국인주민현황조사

다문화가족 자녀 수도 증가하고 있으며 2013년 191,328명으로 집계되었으며, 약 61%가 만 6세 이하로 나타났다(〈표 13-4〉 참조).

표 13-4 다문화가족 자녀 연령별 현황

(단위: 명)

연도	연령별 현황				
	계	만 6세 이하	만 7~12세	만 13~15세	만 16~18세
2013	191,328	116,696	45,156	18,395	11,081
2012	168,583	104,694	40,235	15,038	8,616
2011	151,154	93,537	37,590	12,392	7,635
2010	121,935	75,776	30,587	8,688	6,884
2009*	107,689	64,040	28,922	8,082	6,645
2008	58,007	33,140	18,691	3,672	2,504
2007	44,258	26,445	14,392	2,080	1,341

* 2009년 자녀 수의 큰 폭의 증가는 2009년도부터 결혼이민자의 배우자 정보를 활용하여 조사한 것이 원인임.
출처: 안전행정부(2013년), 외국인주민현황조사

2) 문제점

결혼이민자가 경험하는 어려움은 주로 언어소통의 어려움에 따른 대화의 부족, 가사 분담에 대한 문화적 차이 등의 부부문제, 의사소통 곤란, 가치관, 생활방식 차이에 의한 부모·친척 간의 문제, 배우자 국가와 배우자에 대한 존중과 이해 부족으로 인한 차별과 편견 등을 들 수 있다.

(1) 의사소통의 어려움과 문화의 이질성

다문화가족이든, 이주노동자가족이든, 북한이탈주민가족이든 사회적으로 소수가족들이 가장 먼저 부딪히는 어려움은 언어를 통한 의사소통 문제와 생활 전반에서 오는 문화적 차이를 극복하는 것이다. 특히, 다문화가족은 함께 생활하는 가족뿐 아니라 정서적으로 상호작용을 하여야 하는 배우자와도 원활한 언어소통이 어렵기 때문에, 사소한 일로도 오해할 뿐 아니라 간단히 해결될 일도 큰 부부문제로 이어질 수 있는 가능성을 갖고 있다. 심지어 언어의 단절이 가족 간의 정서적 단절로 이어지기도 한다.

국제결혼을 통해 한국에 이주해 온 여성들과 이주노동자가족 또는 북한이탈주민들 조차도 한국문화는 낯설고 어려운 것이다. 특히, 한국의 확대가족 또는 친인척들과의 관계나, 직장에서 상사나 선배를 대하는 위계질서 등은 유교문화에 익숙지 않은 사람들에게는 어려운 부분들이 아닐 수 없다. 또한 한국의 자녀양육 방법이나 교육제도 등에도 이질감을 갖기 쉽다. 이러한 문화적 차이는 생활습관이나 가치관의 차이로 인한 가족 간 또는 지역주민 간 공동생활에 혼란과 어려움을 초래할 수 있다.

(2) 부부 갈등

관련 연구들에 의하면 결혼이민 여성은 사고방식과 습관, 성격의 차이 등에서 부부 갈등을 많이 느끼고 있는 것으로 나타났으며, 한국 여성에 비하여 부부 갈등 정도가 더 높게 나타났다(김오남, 2006). 또한 결혼이민 여성의 부부 갈등은 남편과의 관계만이 아닌 시어머니와의 관계와 경제적 문제 영역에서 높게 나타났으며, 결혼 후 인간관계로부터 고립되어 기피증과 우울증에 시달리는 경우도 있는 것으로 보고되고 있다(윤형숙, 2004). 2012년 여성가족부의 전국 다문화가족 실태조사 결과에 따르면 다문화가족 부부의 다툼의 이유는 결혼이민자나 배우자 모두 성격차이, 생활비 등 경제문제, 언어소통상의 어려움, 문화 · 종교 · 가치관 차이, 자녀교육 또는 행동문제 순으로 나타났다(〈표 13-4〉 참조)

구분	성격차이	문화·종교·가치관차이	언어소통상의어려움	자녀교육또는행동문제	생활비등경제문제	음주문제	배우자가족과의갈등	본인가족과의갈등	외도문제	폭언욕설신체적폭력문제	심한의심외출제한문제	기타
결혼이민자	36.4	13.7	19.0	13.5	21.2	9.3	7.7	3.0	0.5	1.7	0.7	1.0
배우자	57.1	21.8	28.5	18.4	30.1	10.2	8.5	8.1	0.5	1.2	1.1	1.2

표 13-5   다문화가족 부부의 다툼 이유(복수응답)

(단위: %)

출처: 여성가족부, 2012년 전국 다문화가족 실태조사 연구(p. 31)

행복한 다문화가족을 만들기 위해 필요한 것은 남편과 아내가 서로의 문화를 존중하고 이해하려는 노력이다. 한국의 문화를 일방적으로 따르게 하기보다는 배우자 국가의 문화도 존중하여야 하며, 서로 다른 문화와 언어를 습득하는 데 부부가 적극적으로 노력하여야 한다. 부부간 의사소통이 힘들더라도 서로 귀 기울이고 대화하려는 노력이 필요하다. 또한 가사와 자녀 양육에 부부가 동참하려는 자세와, 배우자의 인격과 개인 생활을 존중하고 배우자의 가족에 대한 따뜻한 관심이 필요하다.

(3) 폭력과 학대

외국인 노동자들, 특히 신분이 보장되지 않은 노동자들의 경우 임금을 제대로 지급하지 않거나, 근로환경이 열악하거나, 학대하는 등의 부당한 행위를 하는 고용주들의 이야기를 쉽게 접하게 된다. 결혼이민 여성의 경우도 사기결혼, 폭력, 학대 등이 사회문제로 대두되기도 한다. 문화적 갈등, 언어적 문제 등으로 인한 가정폭력이 증가하고, 심각한 경우 사망, 살해사건까지 발생하는 등 이주여성에 대한 폭력문제가 사회문제로 대두되고 있다. 여성가족부의 2010년 가정폭력 실태조사에 따르면 지난 1년간 국제결혼 이주

여성의 부부폭력 발생률은 69.1%(부부폭력 피해율 58.6%)이고, 신체적 폭력발
생률은 경한 폭력과 중한 폭력을 포함하여 17.3%(신체적 폭력피해율 13.4%)로
나타났다. 이러한 조사결과로 볼 때 결혼이민 여성의 안전이나 정서적 지원
이 필요함을 알 수 있다. 결혼이민 여성의 경우 한국 국적 취득을 위해 한국
인 배우자와 2년 이상 동거하며 혼인 상태를 유지해야 하기 때문에 가정폭
력이나 학대의 상황에서도 신고하지 못하고 참고 지내는 경우가 있다.

3) 다문화가족에 대한 개입

앞에서 살펴보았듯이 여성 결혼이민자들은 대규모 속성 국제결혼 중계시
스템으로 인한 인권침해 문제뿐만 아니라 경제적 어려움, 양육문제 등으로
고통을 겪는 경우가 많다. 이에 2008년 다문화가족 구성원이 안정적인 가족
생활을 영위할 수 있도록 함으로써 이들의 삶의 질 향상과 사회통합에 이바
지함을 목적으로 다문화가족지원법이 제정되었다. 다문화가족지원법에 의
거 전국에 다문화가족지원센터를 설치·운영할 수 있도록 하였으며, 이 센
터는 다문화가족의 안정적인 정착과 가족생활을 지원하기 위해 한국어·문
화교육, 가족교육·상담, 자녀지원, 직업교육 및 다문화인식개선 등 다양한
프로그램을 통합적으로 제공 및 연계하는 원스톱 서비스 기관으로 2013년
현재 전국에 211개의 다문화가족지원센터가 운영되고 있다. 다문화가족지
원센터의 프로그램은 〈표 13-6〉과 같다.

여성가족부는 다문화가족을 위한 가족교육·상담·문화 프로그램 등 서
비스 제공을 통해 결혼이민자의 한국사회 조기적응 및 다문화가족의 안정
적인 가족생활을 지원하기 위하여 생애주기별 맞춤형 서비스를 제공하고
있다(〈표 13-7〉 참조).

또한 결혼이민자 등의 이주여성이 가정폭력이나 성폭력, 성희롱, 성매매
등의 상황에 처했을 때나 가족 갈등, 부부 갈등, 이혼문제로 도움이 필요할
때 상담받을 수 있는 이주여성 핫라인 1577-1366이 설치되었다. 이주여성

표 13-6   다문화가족지원센터 프로그램

종류	사업명	사업내용 (목적, 대상, 내용 등)
기 본 사 업	한국어 교육	- 체계적인 한국어교육을 실시하여 결혼이민자들의 한국사회 적응을 돕고 안 정적 조기정착 지원 - 결혼이민자 대상 수준별 반편성을 통한 단계별 한국어교육 실시 (5단계 과정: 초급1 · 2, 중급1 · 2, 고급) (집합교육, 방문교육, 온라인교육, 방송교육 병행)
	다문화사회 이해 교육	- 결혼이민자들이 가정, 지역사회 및 한국생활 전반에 대해 쉽게 적응할 수 있 도록 지원 - 결혼이민자 대상 우리나라의 법률 및 인권, 결혼과 가족의 이해, 다문화가족 생활교육 등을 강의 · 체험 방식 등을 병행하여 진행
	가족교육	- 의사소통 미숙 및 부재로 인한 가족 간 갈등을 예방하고 가족구성원 교육을 통해 가족 내 역할 및 가족문화에 대한 이해력 향상 - 다문화가족 대상 가족전체 통합교육, 시부모교육, (예비)배우자교육, 자녀 지원 프로그램 운영 등 다양한 교육 프로그램 진행
	가족개인상담	- 결혼이민자와 그 가족의 문제를 파악하고, 심리 · 정서적 지원 - 부부 · 부모 · 자녀 · 성 · 경제문제 등 결혼이민자와 그 가족들의 문제를 파 악하고, 심리 · 정서적 지원 및 정보제공
	취업연계 및 교 육지원	- 다문화가족의 경제활동 참여를 위해 지역특성 및 결혼이민자의 수요 등을 고려하여 취업연계 준비 프로그램 운영
종 류	자조모임	- 서비스 수요분석에 기반하여 센터 내 기존 프로그램 및 외부기관과의 연계 를 통해 멘토 양성 · 활동 - 센터와 지자체 협력을 통해 법률지원, 가사도우미 등 서비스 영역별로 지역 사회 인적자원을 활용하여 다문화가족 자원봉사단 구성 · 운영
	멘토링, 자원봉 사단 등 지역사 회민간자원 활용 프로그램	- 건강하게 정착한 다문화가족이 봉사자로 활동하여 다문화가족의 자긍심 향 상 및 지역사회 인적자원 활용
	다문화 인식개선 사업	- 결혼이민자들과 지역사회 구성원들이 다양한 문화를 체험하는 기회를 통해 서로에 대한 이해를 높이고 공동체의식 함양
	지역사회 협력 네트워크 강화	- 지역사회 내 다문화가족지원사업이 통합적, 체계적, 효율적으로 추진될 수 있도록 서비스 전달체계 구축 및 서비스 제공기관 연계

| 표 13-7 | 다문화가족 생애주기별 맞춤형 서비스 |

단계	서비스
1단계: 입국 전 결혼준비기	국제결혼 과정의 인권보호와 교육 프로그램
2단계: 입국 초 가족관계 형성기	결혼이민자의 조기적응 및 안정적 생활지원 다양한 매체를 통한 한국어 교육 위기개입 및 가족통합교육 실시
3단계: 자녀양육 및 정착기	다문화가족 자녀의 양육 · 교육 지원
4단계: 역량강화기	다문화가족의 경제 · 사회적 자립 지원
전단계: 다문화역량강화	대국민 인식 개선 및 홍보 다문화가족 실태조사 실시(다문화가족지원법 제4조)

긴급지원센터 1577-1366 전화상담 서비스는 전문상담기관, 보호시설, 의료기관, 법률기관, 검찰, 경찰 등과 연계해 운영하여 상담-의료-수사-법률까지 원스톱 서비스를 제공하고 있으며, 베트남어, 중국어, 타갈로그어, 캄보디아어, 우즈벡어, 몽골어, 러시아어, 태국어, 일본어, 영어가 가능한 전문상담원을 통해 자국어로 상담을 할 수 있도록 하였다([그림 13-2] 참조).

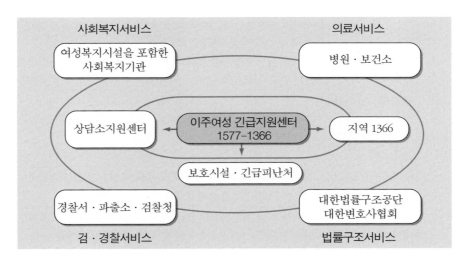

[그림 13-2] 이주여성긴급지원센터

출처: 여성가족부(2014)

3. 이주노동자가족

1) 현황

1988년 서울올림픽 이후 경제 발전과 성장이 국제적으로 알려져 빈곤에서 벗어나려는 외국인 노동자들이 유입되기 시작하였다. 또한 낮은 출산율과 인구의 고령화로 노동력의 감소현상이 나타나기 시작하였고, 특히 3D 업종 종사를 기피하여 단순 기능인력이 부족하게 됨에 따라 1991년 법무부 훈령(외국인 산업기술연수사증발급 등에 관한 업무처리지침) 이후 외국인 노동자의 국내 진출이 현저하게 증가하였다(강휘원, 2006).

1990년대 초 5만여 명에 불과했던 외국인 노동자의 규모는 지속적으로 증대하고 있다(〈표 13-7 참조〉). 특히 2007년 방문취업제 실시 이후 중국 조선족 등 해외동포 인력은 2010년에는 51만 명을 기록하였다. 이 중 정부의 취업비자를 받지 않은 불법체류 외국인과 경제활동에 참여하고 있는 결혼

표 13-8 해외이주노동자의 국내 체류 현황 추이

(단위: 명)

연도	총계	합법체류자							초과체류자
		소계	취업비자				연수비자		
			전문기술인력 (E-7)	비전문취업 (E-9)	방문취업 (H-2)	연수취업 (E-8)	산업연수 (D-3)	해외투자연수 (D-8)	
2008	673,571	473,082	7,869	156,429	298,003	734	2,305	7,742	200,489
2009	655,785	477,830	8,172	158,198	303,005	51	1,170	7,234	177,955
2010	647,270	478,755	9,787	177,546	282,662		1,861	6,899	168,515
2011	678,325	510,545	13,149	189,190	299,710		1,733	6,763	167,780
2012	611,045	433,191	15,537	176,277	233,340		1,528	6,509	177,854

출처: 출입국 · 외국인정책본부(2012년 출입국 통계연보)

이민자들까지 고려하면, 한국에서 이주노동인력은 약 70여만 명으로 국내 총 취업자 수의 약 3.2%를 점유하고 있는 것으로 추산되고 있다(최석현, 2012).

2) 문제점

이주노동자들은 열악한 근로 조건의 중소기업체에서 한국인 노동자에 비하여 낮은 임금으로 일하고 있는 경우가 많다. 노동자로서의 권리를 보호받지 못한 채 임금이 체불되거나 산업연수생의 송출업체에서 예치금을 환불받지 못하고 강제 출국당하는 등 많은 인권문제에 노출되어 있다. 또한 그들의 범죄행위도 사회문제화되고 있는 실정이다(강휘원, 2006). 윤선오 등(2005)은 이주노동자들이 직면하고 있는 문제점을 지적하였는데, 여기에는 출입국 경로에 관한 문제, 주거환경 및 경제생활에 관한 문제, 직장 내 문화적 갈등에 관한 문제, 사회 내 차별에 관한 문제, 여성 이주노동자들의 유흥업소 유입 등의 사회문제가 포함된다. 이 중 몇 가지를 살펴보면 다음과 같다.

(1) 사회의 편견과 차별

가부장적 혈연 중심의 사회 가치관과 인종 및 저개발국가에 대한 편견은 이주노동자가족이나 외국인 배우자에 대해서도 차별을 하는 경우가 종종 있다. 특히, 이주노동자나 외국인 배우자의 국적에 대한 편견은 당사자들뿐 아니라 그들의 자녀에게도 차별적으로 나타나는데, 후진국이나 개발도상국인에 대해서는 우월의식을 갖고 냉대하거나 차별하는 경향이 있다. 이러한 사회 분위기 속에서 소수인들은 이웃이나 직장 등 지역사회에서 따돌림을 당하거나 소외감과 같은 정신적 스트레스를 받게 되고, 사회적 긴장감은 가족 형성 및 사회적응 과정을 어렵게 만들기도 한다.

(2) 자녀 양육과 교육의 어려움

사회적 차별은 외국인 노동자의 자녀들에게도 부정적인 영향을 미친다. 즉, 또래집단으로부터 소외의 대상이 되거나 교육의 기회를 제대로 갖지 못하는 경우도 있다. 특히, 신분이 보장되지 않은 경우 자녀들에게 교육의 기회가 제공되지 못하는 경우도 있다. 약 52만 명의 이주노동자가 산업현장에서 근무하고 있는데, 대부분은 결혼적령기의 청년들이다. 그들 중 소수는 한국에 거주하는 이주여성들과 결혼을 하거나 사실혼 관계를 형성하지만 그들에게 자녀의 출생은 큰 부담이 된다.

2010년 기준, 초·중·고등학교에 재학 중인 이주노동자 자녀는 1,748명(외국인학교 등 재학자는 미포함)으로, 전년 대비 37.6%가 증가하였다. 학교급별로는 초등학교의 비율이 가장 높고(초 62.9%, 중 25.5%, 고 11.6%), 부모의 출신국적별로는 몽골(20.8%), 중국(19.0%), 일본(13.3%) 등의 순으로 나타났다(국가인권위원회, 2013). 그러나 위와 같은 통계는 미등록 이주아동의 현황을 반영하지 못하고 있으며, 현재의 상황에서는 이에 대한 공식적인 통계가 존재하지 않는다(정정훈, 2010).

(3) 사회제도의 미흡

단일민족임을 자랑으로 생각해 왔을 정도로 외국인에 대해 배타적인 우리나라의 사회적 분위기 속에서 한국 국적을 취득하지 못했거나 불법체류 상태인 외국인은 사회문화적 환경뿐 아니라 제도적으로도 보호를 받지 못하는 상황이다. 국민연금 및 건강보험은 물론이고 국민기초생활보장법의 보호도 받을 수 없는 것이 현실이다. 현행 국민기초생활보장법은 외국인 가족에 대해서는 수급권이 제공되지 않고 있다. 다행히 최근 정부는 '결혼이민자가족의 사회통합 지원대책'과 '혼혈인 및 이주자의 사회통합 기본방향'을 발표하는 등 사회의 소수가족에 대한 지원책들을 마련하고 있는 중이다.

3) 이주노동자가족에 대한 개입

(1) 이주노동자

보편적 가치로서의 인권 및 기본권 보장은 국적과 인종, 피부색 등에 의해 제약받아서는 안 되지만, 한국 현실에서 이주노동자에 대한 사회보장은 매우 취약한 상태다. 우리나라의 사회보장제도는 보험 원리에 기반을 둔 4대 보험과 보험 가입에 상관없이 빈곤층을 대상으로 제공되는 국민기초생활보장제도 및 여타 복지제도를 운용하고 있다. 그러나 이러한 제도들은 대부분 그 수혜 대상을 '국민'으로 한정하고 있어 원칙적으로 국내에 거주하는 이주노동자를 배제하고 있으며, 상호주의 원리에 입각하여 일정 조건을 갖춘 경우에 한해 사회보장 대상자로 규정하고 있다. 사회보장의 문제는 단순히 생계보장의 문제뿐만 아니라 이주노동자들의 사회통합과 연관된 문제다. 이주노동자의 사회보장제도로의 편입은 매우 복잡하고 어려운 일이지만, 빈곤과 실업, 질병 등 당장 현실에서 시급하게 부딪히고 있는 기초적인 사회보장 문제들에서는 이주노동자와 그들의 자녀들이 제도에 편입될 수 있도록 해야 한다(홍원표, 2006).

(2) 이주노동자의 자녀

정부는 1991년에 비준한 'UN 아동권리협약'상의 학습권을 보장한다는 취지에서 2001년 '불법체류 외국인 노동자 자녀의 교육권 보장'을 위한 교육인적자원부 행정지침을 마련하였고, 2003년 '초·중등교육법 시행령'을 개정하여 학교장의 재량에 따라 체류자격과 상관없이 이주노동자의 자녀가 입학할 수 있도록 하였다. 또한 법무부는 같은 취지에서 초등학교에 재학 중인 자녀와 그 부모에 한해 2008년 2월까지 한시적으로 체류를 보장하는 특별체류허용 조치를 발표하였다. 하지만 이러한 조치들은 한시적이며 교육권에 한정된 조치들로서 이주아동의 기본적 인권을 보장하기에 역부족이다. 이주아동의 권리를 보장하기 위한 가장 기본적인 조치는 안정적 체류에 대한 보장이며, 이주노동자 자녀에 대한 초·중등교육 의무교육과 더불어 그들에 대하여 내국인 아동의 보육 및 의료 지원 등에서 균등대우 원칙을 지킬 수 있도록 제도 개선이 필요하다(홍원표, 2006).

(3) 외국인 노동자 지원단체의 현황과 활동

최근 다양한 외국인 노동자 관련 사회문제가 가시화되고 있으나 이를 위한 정부의 정책은 매우 미흡하며, 복지정책에서도 외국인 노동자를 위한 정책이 전무하다(송종호, 2006). 이러한 상황에서 사회운동단체, 노동, 학술단체 등 여러 유형의 민간단체들이 외국인 노동자의 권익을 보호하기 위한 활동을 하고 있다. 특히 인적, 시설적, 재정적, 조직적 자원을 가장 많이 가지고 있는 종교단체의 활동이 두드러진다.

기독교에서는 1992년 한국교회 외국인노동자선교위원회를 조직해 활동을 시작하였고, 1993년 한국교회 외국인노동자선교협의회 조직활동을 확대해 나갔다. 외국인 노동자를 위한 종교단체들의 활동 영역은 종교활동 영역, 생활 및 복지 지원 영역, 인권보호 및 법적·제도적 개선을 통한 지위향상 활동, 자국공동체 조직 및 노동조합결성 지원활동 등으로 나타난다. 외국인 노동자 지원단체의 상담활동의 구체적인 내용을 살펴보면 임금체불, 의료, 산업재해, 미등록 노동자의 경우 출국 시 물어야 하는 범칙금, 쉼터와 숙식 등의 문제를 주로 다룬다.

4. 북한이탈주민가족

1) 현 황

남한에 사는 북한 사람들은 여러 호칭을 거쳐 지금은 '북한이탈주민'으로 불린다. 북한이탈주민은 한국전쟁 이후 매년 10명 내외로 발생하였으나,

김일성의 사망과 북한의 경제난으로 1990년대 중반 이후 그 규모가 급격히 증가하였다. 1999년에는 처음으로 100명을 넘어 148명이 입국했으며, 2000년 312명, 2003년 1,281명, 2006년 2,022명, 2009년 2,929명, 2012년 1,509명이 입국하는 등 점점 감소하는 추세이나, 여전히 많은 수가 넘어오고 있다. 2012년 10월 통일부가 파악하고 있는 국내 입국 탈북자 수는 총 24,201명이다(〈표 13-9〉 참조).

북한이탈주민의 70% 정도는 여성이며, 가족 단위의 입국이 늘어나면서 갓난아이부터 노인까지 연령층이 다양하지만, 북한이탈주민 중 매년 가장 많은 부분을 차지하는 연령대는 20대부터 30대 청장년층으로, 남한에서 결혼하여 자녀를 처음 양육하거나 자녀가 영유아기에 탈북한 경우가 많다(〈표 13-10〉 참조).

표 13-9 북한이탈주민 현황[입국현황(~2013년 5월 입국자기준)]   (단위: 명)

구분	~2001	2002	2003	2004	2005	2006	2007	2008	2009	2010	2011	2012	2013.5(잠정)	합계
남	565	511	472	624	423	512	571	608	671	589	797	402	142	7,718
여	479	632	810	1,272	959	1,510	1,977	2,196	2,258	1,813	1,909	1,107	454	17,492
합계	1,044	1,143	1,282	1,896	1,382	2,022	2,548	2,804	2,929	2,402	2,706	1,509	596	25,210
여성비율	46%	55%	63%	67%	69%	75%	78%	78%	77%	75%	70%	72%	70%	69%

출처: 통일부(2013. 5.)

표 13-10 북한이탈주민 연령별 유형(~2012년 10월 입국자기준)   (단위: 명)

구분	0~9세	10~19세	20~29세	30~39세	4~49세	50~59세	60세이상	계
누계	999	2,835	6,621	7,421	3,983	1,237	1,105	24,201
비율	4%	12%	27%	31%	16%	5%	5%	100%

출처: 통일부(2013. 5.)

2) 북한이탈의 원인

북한 이탈주민을 보다 잘 이해하기 위해 탈북의 원인을 살펴보면 다음과 같다(김성윤, 2006: 253).

- 북한의 마이너스 경제성장과 식량난: 1990년대 이후 계속된 북한의 마이너스 경제성장과 1995년부터 1997년 사이에 일어난 수해와 가뭄으로 인한 식량난의 가중은 주민들의 탈출을 증가시키는 요인이 되었다. 북한의 중앙배급체계가 기능하지 못하면서 주민들은 식량 및 생필품 배급과 의료혜택을 제대로 받지 못하게 되었고, 이러한 문제점을 국가가 아닌 개인의 능력에 따라 해결할 수밖에 없는 상황에 처하게 되었다.
- 가족 단위의 탈북 증가: 과거에는 주로 남성과 개인 단위의 탈북이 중심이었으나, 최근 국내외 연고가족 등의 도움으로 가족 단위로 입국하는 사례가 증가되면서 전체 입국자의 증가 요인이 되고 있다.
- 북한 주민들의 외부 정보 접촉: 경제난·식량난의 악화 속에서 다양한 경로를 통한 북한 주민들의 외부 정보 접촉은 북한 이탈을 촉진시켰으며, 국내 입국경로가 여러 국가로 다변화되고 입국방법도 다양화되고 있다.
- 북한 내 사회기강 해이 및 사회일탈 현상 증가: 경제난이 악화되면서 '돈이면 최고'라는 물질만능주의적 가치관이 북한 사회에 급속도로 확산되었고, 이와 더불어 사회일탈 현상이 증가하여 북한 이탈이 증가되고 있다.
- 해외 체류자 및 근로자들의 가치관 변화: 북한 당국은 해외 체류자 중 문제를 일으킬 소지가 있는 자를 대상으로 소환 및 재교육을 실시하여 왔으나, 경제난을 타개하기 위해 파견된 해외 근무자들의 가치관 변화를 통제하기 어려운 실정이다.
- 남한 이주의 동기 변화: 단순한 생존을 위한 과거의 동기와는 다르게

점차 삶의 질을 높이고 안전하게 살기 위해 북한을 이탈하는 경우가 증가하고 있으며, 그중에서도 자녀에게 더 나은 교육기회를 제공하고자 하는 동기가 주요한 탈북 요인으로 제시되고 있다(조천현, 2002).

3) 문제점

우리 사회에서 하나의 중요한 소수집단이 되어 가고 있는 북한이탈주민들은 북한과 상이한 남한의 사회, 경제, 문화 속에서 적응의 어려움을 호소하고 있다(길은배, 2003; 이금순, 2003). 브론펜브레너(Bronfenbrenner, 1986)의 관점에서 보면 탈북은 생존기반 자체의 변화를 의미한다. 따라서 북한이탈주민은 미시체계뿐 아니라 거시체계인 국가의 이념 및 문화적, 법적, 제도적 환경의 모든 변화를 경험하고 있는 것으로, 그들을 둘러싼 총체적인 체계가 변화된 것이기 때문에 적응의 어려움이 수반될 수 있다(김미정, 정계숙, 2007).

북한이탈주민들은 제대로 먹지도 교육받지도 못하고 중국이나 제3국을 수년간 유랑한 이후 한국 땅을 밟지만, 정착 이후 여러 난관에 봉착하게 된다.특히, 극심한 경쟁체제의 축소판인 남한의 학교에 적응하지 못해 아이들이 좌절하고, 부모는 남한으로 온 것이 바른 선택이었는지 반문하게 되기도 하며, 목숨을 걸고 버텼던 탈북과정보다 더 많이 상처받고 방황하기도 한다(이향규, 2006).

새로운 정착지에서의 급격한 변화로 인하여 난민이주자가족이 일반가족에 비하여 더 많은 가족 갈등의 문제와 정신건강에서의 취약성을 드러낸다. 또한 난민가족의 자녀들 또한 신체적·심리적 문제를 일반아동들보다 더 많이 가지게 되는 것으로 나타났다. 많은 난민들이 가족과 함께 이주한 이후 가족역동의 변화가 일어나고, 이러한 변화는 사회심리적 적응에 매우 중요한 부분으로 작용한다(Bemak, Chung, & Pederson, 2002). 이는 북한이탈주민의 경우에도 나타나는 현상으로, 남한 사회에 편입되기까지의 과정에서 극도의 불안감을 경험하며, 인적·물적 자원이 부족하고 모든 면에서 다시 시작해야 하는 북한이탈주민가족들은 심리사회적인 스트레스를 유발하게 된다. 이는 가출, 폭력, 약물중독, 도벽, 학업중단, 성매매 등 범죄에 노출될 가능성과 정신건강의 어려움을 높일 가능성이 크다(김형태, 2004).

4) 북한이탈주민가족에 대한 개입

북한이탈주민을 위한 지원제도를 살펴보면 정착금, 주거, 취업, 사회복지, 교육으로 구분하여 볼 수 있으며 이들을 지원할 수 있는 정착도우미와 보호담당관을 두고 있다. 구체적인 지원 내용은 〈표 13-11〉과 같다.

표 13-11　북한이탈주민지원제도

구분	항목	내용
정착금	기본금	1인 세대 기준 700만 원 지급
	장려금	직업훈련, 자격증 취득, 취업장려금 등 최대 2,440만 원
	가산금	노령, 장애, 장기치료 등 최대 1,540만 원
주거	주택알선	임대 아파트 알선
	주거지원금	1인 세대 기준 1,300만 원
취업	직업훈련	훈련기간 중 훈련수당 월 10~20만 원 지급(노동부)
	고용지원금 (채용기업주에 지급)	급여의 1/2(70만 원 한도)을 최대 3년간 지원
	취업보호담당관	전국 55개 고용지원센터에 지정, 취업상담·알선
	기타	취업보호(우선구매), 영농정착지원, 특별임용 등
사회복지	생계급여	국민기초생활보장 수급권자(1인 세대 월 약 42만 원)
	의료보호	의료급여 1종 수급권자로서 본인 부담 없이 의료 혜택
	연금특례	보호결정 당시 50세 이상~60세 미만은 국민연금 가입 특례
교육	특례 편·입학	대학진학 희망자의 경우 특례로 대학 입학
	학비 지원	중·고등학교 및 국립대 등록금 면제, 사립대 50% 보조

| 정착
도우미 | - | 1세대당 1~2명의 정착도우미를 지정,
초기 정착지원(전국 1,300여 명) |
| 보호
담당관 | - | 거주지보호담당관(200여명), 취업보호담당관(55명),
신변보호담당관(800여 명) |

출처: 통일부(2013). 정착지원제도

　　김성윤(2006)은 북한이탈주민이 한국 사회에 정착하는 과정에서 강점요
인과 약점요인, 새로운 사회에 정착하는 데 주어지는 기회요인과 위협요인
을 추출하여 강점요인을 중심으로 기회요인을 확대하여 북한이탈주민이 겪
고 있는 문제점을 극복하는 방안을 제시하였다(〈표 13-12〉 참조). 사회복지
사가 북한이탈주민에게 개입 시 그들의 이러한 강점, 약점, 기회, 위협 등을
고려하면 더욱 효과적인 실천이 될 수 있을 것이다.

　　또한 최대헌 등(2007)은 북한이탈주민을 위한 부모교육 프로그램을 개발
하였다. 이 프로그램은 북한이탈주민의 특성인 적응에 대한 두려움과 불안
감 또는 과도한 자신감을 고려하여 구체적이고 사실적인 정보를 전하는 데

표 13-12   북한이탈주민의 SWOT 분석: 내외부 역량강화 전략

내부 역량 외부 환경	강점(S) - 고난극복 - 새로운 아이디어 구현 - 자립, 자활의지	약점(W) - 의식구조의 차이 - 사회적 편견 - 문화지체
기회(O) - 교육기회 - 적성과 개성의 실현 - 신앙생활	강점 · 기회(SO)전략 - 교육기회(면학+직업교육) - 적성과 개성실현 - 자영업개발	약점 · 기회(WO)전략 - 시장경제에 걸맞는 가치관 - 지식 및 관리시스템 구축 - 취업능력보유
위협(T) - 정서 · 심리적 불안 - 가족해체 - 새로운 환경과 이질감	강점 · 위협(ST) 전략 - 자립자활의지 고양 - 남한사회에 대한 우수성	약점 · 위협(WT) 전략 - 사회적 편견 불식 - 의식구조 변화

출처: 김성윤(2006: 261).

초점을 맞추었다. 총 6회기(1회기 100분)로 구성되어 있으며, 프로그램의 구체적인 목표는 ① 자녀 양육에 대한 정보 및 교육을 통한 불안감 경감, ② 부모자녀 간 적응 속도 차이에 대한 격차 경감, ③ 남한 사회 적응력 향상을 위한 가족 지지체계 강화, ④ 부적응 상황(집단따돌림, 학습장애, 학교폭력, 가출 등)에 대한 대처능력 강화다.

5. 사회적 소수가족을 위한 대책

마지막으로 다문화가족, 이주노동자가족, 북한이탈주민가족 등 사회적 소수가족에게 공통적으로 적용할 수 있는 대책방안을 살펴보고자 한다.

1) 상담 및 교육

한국으로 이주해 온 외국인 노동자와 북한이탈주민 또는 국제결혼을 하여 한국에 온 경우 가족이나 친구 또는 친인척에게 받을 수 있는 사회적 지원망이 본국에 있다. 따라서 한국에서 발생한 여러 갈등이나 어려움에 대해서는 정서적으로나 실질적인 도움을 받을 만한 비공식적 지원망이 약하다. 이러한 상황은 우리가 다른 나라로 이주해 갔을 때와 같을 것이다. 한국말은 서툴고 고향을 떠나온 그리움과 함께 새로운 문화나 환경에 적응해야 하는 과제를 안고 있다. 게다가 가정 내에 폭력이나 학대가 있는 경우는 더욱더 상담이나 사회복지적 지원이 필요하게 된다. 일반적인 소수가족을 위한 프로그램으로는 가족관계 강화교육이나 한국말과 문화를 배울 수 있는 교육 프로그램 등이 바람직하다.

2) 사회적 인식의 변화

현대의 우리 사회는 단일민족으로서의 우월감이나 소수가족에 대한 편견을 버리고 다양한 유형의 가족이 함께 생활하고 있음을 수용하는 자세가 필요하다. 보다 나은 직장을 위해 이주해 온 외국인 노동자, 빈곤에서 벗어나서 자유를 찾아 천신만고 끝에 남한으로 온 북한이탈주민, 행복한 미래를 꿈꾸며 국제결혼을 한 가정들을 비정상적인 가정으로 낙인 찍는 시각에서 벗어나, 다양성을 존중하고 인정하는 개방적이고 긍정적인 시각을 가질 수 있도록 사회 인식을 바꿀 수 있는 사업을 전개해야 한다. 이를 위해 사회교육과 홍보 등이 이용될 수 있으며, 다양한 방법으로 가치관과 의식 개선을 위한 정책들이 개발되고 실행되어야 한다(권진숙 외, 2006).

3) 정확한 통계 및 연구

해마다 늘어가고 있는 다문화가족, 이주노동자, 북한이탈주민 등 소수가족에 대한 정확한 통계와 연구가 필요하다. 지금까지는 소수가족의 수가 많지 않았기 때문에 사회적으로 관심의 대상이 되지 못했다. 그러나 최근 들어 급격히 늘어가는 그들에 대한 이해와 정보는 우리 사회가 소수가족에 대해 바르게 이해하고 꼭 필요한 도움을 지원함으로써 그들이 우리 사회의 건강한 구성원으로 자리매김할 수 있게 하는 기초자료가 될 것이다. 세계는 더 이상 우리의 힘으로만 살아가기에는 부족한 더불어 살아가는 세상이 되어 가고 있고, 우리나라도 소수가족의 도움을 받으며 경제가 성장하고 있음을 직시하고, 이에 대한 정확한 정보를 구축하는 연구를 진행하여야 할 것이다.

4) 제도적 지원의 확대

한국으로 이주해 온 외국인 노동자나, 국제결혼을 하여 한국에 들어왔지만 한국 국적을 취득하지 못했거나 불법체류자인 경우, 국민연금 및 건강보험 등 사회보장제도의 대상에서 제외된다. 또한 그들의 자녀를 위한 교육은 우리나라의 미래를 위한 중요한 투자이기도 하다. 우리나라에 온 목적과 방법은 다를지 몰라도 소수가족들이 우리나라에 뿌리를 내리고 생활하면서 건강한 사회인으로 자리매김할 수 있도록 하기 위해서는 신분을 양성화할 수 있는 보완과 함께 건강을 돌볼 수 있는 제도적 지원과 자녀들을 정상적으로 교육시킬 수 있는 교육제도의 융통성이 발휘되어야 할 것이다. 2006년부터 본격적으로 추진된 한국의 다문화정책은 이제 초기단계를 지나 중기단계를 향하고 있으나 지금까지 한국의 다문화정책에 있어 결혼이민자 및 그 가족에 대한 정책에 비해 다른 이민자 집단에 대한 정책적 고려가 미진하므로 이에 대한 성찰과 더불어 앞으로의 우리나라의 장기적인 다문화정책의 방향에 대한 심도 있는 고민이 필요한 시점이다(설동훈, 이병하, 2013).

생각해 볼 문제

1. 다문화가족의 개념에 대하여 논하시오.
2. 다문화가족의 현황에 대하여 설명하시오.
3. 국제결혼 이민자가 경험하는 문제를 제시하고 이를 설명하시오.
4. 다문화가족지원센터의 서비스 내용에 대하여 설명하고 이에 대한 자신의 의견을 제시하시오.
5. 이주노동자들의 문제점을 제시하고 이를 설명하시오.
6. 이주노동자들을 지원하기 위한 단체들의 활동 영역에는 어떠한 것들이

있는지 살펴보고, 이를 이주노동자들의 욕구와 연계하여 앞으로 그들을 위한 정책적·실천적 개입에의 시사점은 무엇인지 논하시오.

7. 북한이탈주민가족이 안고 있는 문제점을 제시하고 이를 설명하시오.

8. 북한이탈주민이 한국 사회에 정착하는 과정에서 나타나는 강점요인, 약점요인, 기회요인, 위협요인을 제시하고 이를 설명하시오.

9. 다문화가족, 이주노동자가족, 북한이탈주민가족 등 사회적 소수가족을 위한 대책방안에 대하여 논하시오.

10. 자신의 주변에서 사회적 소수가족을 접할 기회가 있었는지를 생각해 보고, 그들이 한국 사회에서 보다 안정적이고 행복한 삶을 유지하기 위하여 필요한 것은 무엇일지 의견을 제시하시오.

참고문헌

강휘원(2006). 한국 다문화사회의 형성 요인과 통합 정책. 국가정책연구, 20(2), 5-34.

교육인적자원부(2006). 다문화가정 자녀 교육지원 대책. 서울: 교육인적자원부.

국가인권위원회(2013). 가족형태의 변화에 따른 이주아동의 인권상황 실태조사.

권진숙, 신혜령, 김정진, 김성경, 박지영(2006). 가족복지론. 경기도: 공동체.

길은배(2003). 북한이탈 청소년의 남한사회 적응 실태 및 지원 방안 연구. 서울: 한국 청소년개발원.

김미정, 정계숙(2007). 유아기 자녀를 둔 북한이탈주민 부모의 양육 이야기. 아동학회지, 28(1), 71-94.

김성윤(2006). 북한이탈주민 정착의 실태와 문제점 및 개선방안. 한국동북아논총, 38, 249-269.

김오남(2006). 여성 결혼이민자의 부부갈등 및 학대에 관한 연구-사회문화적 요인을 중심으로. 한국가족복지학, 18, 33-76.

김형태(2004). 북한이탈청소년의 남한사회적응 유형에 관한 통합적 비교연구. 숭실

대학교 박사학위논문.

박인상(2006). 외국인 노동자의 사회통합을 위한 과제-외국의 노동자 정책 현황과 교육 과제를 중심으로. 국내 이주민 대상 한국어교육 정책 수립을 위한 심포지엄 자료집. 한국어세계화재단.

법무부(2005). 법무연감. 서울: 법무부.

보건복지부(2006). 행복한 한국생활 도우미. 보건복지부.

보건복지부(2007). 행복한 국제결혼을 위하여. 보건복지부.

서혁(2007). 다문화가족 현황 및 한국어 교육 지원 방안. 인간연구, 12, 1-24.

설동훈(2006). 이주민의 한국어교육을 둘러싸고 선결해야 할 조건. 국내 이주민 대상 한국어 교육 정책 수립을 위한 심포지엄 자료집. 한국어세계화재단.

설동훈(2013). 가족과 다문화. 월간복지동향, 175, 28-32.

설동훈, 김윤태, 김현미, 윤홍식, 이혜경, 임경택, 정기선, 주영수, 한진수(2005). 국제결혼 이주여성 실태조사 및 보건·복지 지원 정책방안. 보건복지부 연구보고서.

설동훈, 이병하(2013). 다문화주의에서 시민통합으로. 한국정치외교사논총, 35(1), 207-238.

세계일보(2006). http://www.segye.com/service5/shellview.asp.

송종호(2006). 외국인노동자 지원단체의 현황과 활동. 민족연구, 29-54.

안전행정부(2013). 외국인주민현황조사.

여성가족부(2014). 정책안내.

여성가족부(2013). 2012년 전국 다문화 가족 실태조사 연구.

윤선오, 박명호, 권장수(2005). 이주노동자 현황 및 개선방안. 복지행정논집, 15(2), 221-259.

윤형숙(2004). 국제결혼 배우자의 갈등과 적응. 최협, 김성국, 정근식, 유형기 (편). 한국의 소수자, 실패와 전망 (pp. 321-349). 서울: 한울.

이금순(2003). 북한이탈주민 적응실태 연구. 서울: 통일연구원.

이향규(2006). 북한이탈주민청소년 학교적응 실태와 과제. 교육비평, 21, 193-207.

정정훈(2010). 외국인 인권 기초 연구.

조정아(2006). 북한이탈주민 취업과 직장생활 갈등에 관한 질적 연구. 경제인문사회연구회 학술세미나 발표논문집, 163-192.

조천현(2002). 탈북경로의 유형의 실태와 현황-생계형 탈북에서 삶의 질 향상을 위한 형태로 급증. 북한, 10, 65.

최대헌, 이인수, 김현아(2007). 북한이탈주민 아동·청소년의 적응력 향상을 위한 부모교육 프로그램 개발. 아동교육, 16(2), 277-291.

최석현(2012). 이주노동자의 실태와 고용정책. 미래전략연구원

출입국·외국인정책본부. 2012년 출입국 통계연보, www.immigration.go.kr

통계청(2012). 2011 인구동태통계연보.

통일부(2007). 통일백서. 서울: 통일부.

통일부(2013). 정착지원제도.

통일부(2013. 5. 기준 자료) 북한이탈주민정책, www.unikorea.go.kr

홍원표(2006). 한국의 외국인노동자 정책변화와 과제. 민족연구, 87-127.

Bemak, F., Chung, R. C., & Pedersen, P. B. (2002). *Counseling refugees: A psychosocial approach to innovative multicultural interventions*. Greenwood Press.

Bronfenbrenner, U. (1986). Ecology of the family as a context for human development: Research perspectives. *Developmental Psychology, 22*, 723-742.

제14장

알코올문제와 가족복지

알코올중독은 현대사회에서 매우 흔히 나타나는 문제이며, 높은 발생률과 재발률을 보이는 정신건강 문제다(Erblich, Earleywine, & Erblich, 2001; Fichter & Frick, 1993). 알코올중독자 가족(alcoholic family)이란 가족 중 한 사람이 알코올중독자인 경우를 말하며, 대개 아버지나 어머니 두 사람 중 한 사람이 알코올중독자다. 알코올중독은 개인의 신체적, 정신적 건강에 영향을 줄 뿐 아니라 사회적, 경제적, 직업적, 법적, 영적 기능에 심각한 영향을 미친다. 또한 알코올중독은 그들이 속해 있는 가정과 사회에 역기능적 손상을 가져오는 대표적인 정신건강 문제이며(Cermak, 1986; 장수미, 2001), 빈곤, 가정폭력, 아동학대 등과 같은 가족적·사회적 문제를 증가시키는 심각한 사회문제다(김희국, 현진희, 2007). 특히, 관대하고 수용적인 음주문화가 만연한 우리나라에서는 더욱 관심을 두어야 할 부문이다. 이 장에서는 가족 내에 알코올중독자가 포함된 경우 이에 따른 문제를 살펴보고 알코올중독자 가족에의 개입방법에 대하여 살펴보고자 한다.

1. 알코올중독에 따른 문제

먼저 우리나라의 음주문화의 특징을 살펴보면, 정상 범위에 속하는 음주행태가 매우 넓으며, 끝까지 가고 급성중독 시의 정도를 벗어난 행동에 대해 관대하다. 심지어 술을 마시고 그런 행동을 한 번 할 수 있는 것이 남자다운 것으로 여겨지기도 하며, 다른 사람에게 술을 권하는 것 또한 우리나라 음주문화의 특징이다. 또 다른 특징은 술을 구하기 쉽다는 것인데, 청소년이 술을 구매하지 못하도록 하는 정책을 실행하고 있으나 철저하지 못하며, 술을 마시다가 떨어지면 언제든지 쉽게 구할 수 있다(강응구, 2007).

알코올중독자 가족은 한 구성원이 알코올중독이라는 질환을 가지게 됨으로써 전 가족이 지속적인 항상성 유지를 위해 역기능적인 역할에 적응하고 이를 수용해야 하므로 가족의 부담과 어려움이 매우 크다(정선영, 2005). 알코올중독이 개인뿐만 아니라 가족 전체에 영향을 미치는 가족질환이라는 인식이 높아져, 알코올중독자 관리가 알코올중독자 개인에 초점을 두기보다는 알코올중독자와 가족체계를 함께 고려하려는 경향이 증가되고 있다(김희국, 현진희, 2007).

알코올중독자 가족은 가족 간의 상호작용이 드물고, 부부 갈등이 높고, 부정적인 의사소통을 하고, 부모 역할도 잘 수행하지 못한다고 보고되었으며, 자녀의 발달과업을 방해한다고 보고되었다(Robinson & Rhoden, 1998). 또한 가족 구성원들은 주변 사람들이 가족 내에 알코올중독자가 있다는 것을 아는 것을 바라지 않기 때문에 스스로를 고립시켜 폐쇄적인 체계를 가지게 되며, 따라서 사회적 지지망이 좁아지고 우울, 불안 등의 정서문제를 가지게 된다(김혜련, 최윤정, 2004).

1) 알코올중독자 가족의 일반적인 특성

알코올중독자 가족은 가족 중의 한 사람이 알코올중독자인 경우를 말하는데, 가족문제와 알코올중독을 원인-결과론적으로 보지 않고 상호 영향을 주고받는 연결된 관계망으로 본다(장수미, 2001). 즉, 알코올중독자는 가족 구성원에게 영향을 미치고 가족은 항상성 유지를 위해 역기능적으로 발전하는 양상이 알코올중독자 가족에게 나타난다(Steinglass, 1994). 알코올중독자 가족의 가족기능에 관한 선행연구 결과에 의하면 알코올중독자 가족은 정상 가족에 비하여 가족 응집력과 생활만족도 그리고 가족기능 정도가 낮으며, 역기능적인 의사소통 유형이 두드러지게 나타나며, 경직된 규칙과 역할을 나타낸다(O' Farrell, 1986; 김미혜 외, 1995). 구체적으로 알코올중독자 가족은 혼돈, 불일치, 불명확한 역할, 비예측성, 반복적이고 비논리적인 말다툼, 폭력과 강간이 나타나며, 음주로 인하여 부부 갈등, 가정폭력, 자녀와의 갈등 등 가족문제가 심각한 것으로 보고되었다.

알코올중독자 가족의 역기능적 특성을 설명하는 대표적인 개념은 공동의존(co-dependence)이다. 공동의존이란 역기능적 체계 또는 사람과의 밀접한 관계를 유지해 온 결과 대인관계적, 심리적, 정서적, 행동적 영역 등 광범위한 영역에서 표현되는 불건전한 삶의 방식으로, 만성적이며 악성적인 진행과정을 말한다(정선영, 2005). 알코올중독자 가족의 공동의존적 특성은 알코올중독자의 단주와 재발에 영향을 미치는 주요 표적체계가 가족임을 강조하게 되었고, 알코올중독 전문가들은 공동의존 개념을 알코올중독자 가족의 역기능을 평가하고 치료할 수 있는 구성 틀로 사용하고 있다(윤명숙, 1997). 알코올중독자 가족의 일반적인 특성을 정리해 보면 다음과 같다.

• 알코올중독자는 직장, 지역사회 등에서 주변 사람들의 활동 영역에 사회적인 문제를 초래하며, 가족 구성원에 대해서는 정서적·경제적 문제, 질병 등을 유발한다.

- 가족들은 알코올중독자의 알코올중독 사실을 부인하지만 주변의 조소와 비난을 받는다.
- 알코올중독자는 아내의 불평이나 비난과 자녀에 대한 자신의 불만을 음주의 이유로 합리화시킨다.
- 알코올중독자는 변화로부터 자신을 방어하기 위해 가족체계를 엄격하게 유지하고 그 상태를 어떤 희생을 치르더라도 지키려고 한다.
- 가족들은 알코올중독자에 대해 과보호적 행동을 함으로써 알코올중독 행동을 되풀이하게 한다. 예를 들면, 친구들에게 용서를 빌고, 남편의 직장상사에게 술에 취한 남편 혹은 아버지가 심한 감기와 위경련 등으로 출근할 수 없다고 알린다.
- 가족들은 재산손실로 인해 파산하고, 긴장은 증가한다. 알코올중독자는 아버지 혹은 남편의 기능을 잃고 버림받은 아이의 상태로 지위가 하락한다.
- 가족관계의 비참한 결과로 볼 수 있는 성적인 혼란을 가져온다. 따라서 성생활 불능에 따른 자기 의심이 심화되고, 성적인 욕구불만의 항변으로 음주를 하게 된다.
- 알코올중독자가 있는 가정의 자녀들은 삶의 어려움을 극복하는 데 상당한 어려움을 호소한다. 그것은 어머니에 의해 무용지물로 낙인찍힌 아버지를 보게 되고, 아버지가 어머니를 학대하는 현장, 자신에게 가해지는 폭력, 만취된 아버지의 범죄적 행위 등을 목격하면서 왜곡된 성장과정을 거치기 때문이다.
- 부모의 일관성 없는 태도, 약속 불이행 그리고 실망을 경험하게 되므로 가족 간에 불신이 일어난다.
- 자녀들은 희생양으로 사용되며, 부모들이 자녀를 방임하여 부모로부터 버림받았다고 느낀다.
- 알코올중독자 남편을 둔 아내는 여자로서의 책임뿐 아니라 남자의 역할까지 떠맡는다.

가족체계는 한 성원이 알코올중독과 같은 역기능적인 요소를 가지게 된다 할지라도 그 안정성을 유지하려는 속성이 있으며, 알코올중독자 가족체계는 가족의 항상성을 유지하는 데 도움이 되는 규범과 역할을 만들어 낸다(이상균, 2003). 여기서는 알코올중독자 가족에서 전형적으로 나타나는 역기능적인 가족규범을 크게 네 가지로 나누어 살펴보고자 한다(박현선, 이상균, 2001; Hussong & Chassin, 1997).

(1) 경직성의 규범

경직성의 규범은 알코올중독자 가족이 쉽게 변화에 적응하지 못하며, 가족 구성원의 변화를 허용하지 않음을 의미한다. 알코올중독자는 예측할 수 없는 행동을 하게 되며, 중독이 심해질수록 그러한 행동이 더욱 심각해진다. 알코올중독자 가족은 알코올중독자의 예측 불가능한 행동에 적응하고, 가족체계의 안정성을 유지하기 위하여 엄격한 행동규칙을 가족 구성원에게 부과한다. 이러한 가족규범의 경직성은 성장하는 아동들에게 지나치게 제한된 역할행동을 요구하여 발달에 부정적 영향을 미칠 수 있다. 자신의 삶을 실험해 보고 다양한 행동방식을 시도해 볼 안전한 공간이 필요한 아동들에게 과도한 경직성의 규범이 부과되는데, 이를 따르는 알코올중독자 자녀들은 일반적으로 매우 진지하고, 과도한 책임감을 느끼며, 놀이와 재미를 즐기는 것에 익숙하지 못하다.

(2) 침묵의 규범

침묵의 규범은 가족 구성원의 알코올문제를 외부로 노출하지 않고 비밀로 하기 위해 생성되며, 가족체계를 안정화시키는 데 필요하다. 침묵의 규범은 가족의 행동에 관해 말하는 것과 감정에 대해 말하는 것을 금지하여 알코올중독자 자녀들이 보고 들은 것뿐만 아니라 그들의 느낌과 감정에도 적용된다. 가족체계 내의 개방적이고 자유로운 의사소통은 체계 내 구성원들의 변화를 유발하기 때문에 이를 차단하기 위하여 침묵의 규범이 유지된다. 알코올중독자 자녀들은 분노, 공포, 슬픔과 같은 강력한 감정에 대해 자신의 가족체계가 대처할 수 없음을 알기 때문에 이러한 감정을 억압하는 대처방식을 습득하게 된다.

(3) 부정의 규범

부정의 규범은 가족체계 내에 알코올과 관련된 문제가 존재한다는 것 자체를 부인하는 것으로, 가족 구성원들의 행동이 점차 역기능적이 될수록 부정의 규범은 점차 강력해진다. 가족체계의 역기능 자체를 부정하기 때문에 변화를 기대할 수 없으며, 배우자와 자녀들의 이러한 부정은 알코올중독자 자신에게도 영향을 미쳐 자신의 문제와 가족의 문제를 부정하게 만든다. 알코올중독자의 자녀들은 가족 내의 알코올문제를 부정하면 그것이 사라질 것이라는 비현실적인 희망을 가지게 된다. 이렇게 배우자와 자녀가 가족체계 내의 알코올문제를 감추고 부정함으로써 가족체계가 변화되기보다는 현상을 유지하게 된다.

(4) 고립의 규범

고립의 규범은 알코올중독자 가족체계가 폐쇄화되어 감에 따라 가족 구성원들은 가족체계 밖의 그 누구도 자신들을 이해하지 못할 것이고 가족체계 밖의 그 무엇도 신뢰할 수 없다는 잘못된 믿음을 생성한다. 결국 알코올중독자 가족은 지역사회로부터 고립되어 가고 가족 구성원들 간에도 고립되어 다른 사람과의 친밀한 관계 형성에 부정적인 영향을 미친다.

알코올중독자 가족체계의 유지를 위해 형성된 이러한 네 가지 역기능적 가족규범에 기반해 이루어지는 왜곡된 의사소통 과정은 알코올중독자 자녀들이 가족체계 내에서 역할을 수행하고 정체감을 형성하는 데 큰 영향을 미치게 된다.

2) 알코올중독자의 배우자

　알코올중독자 부인의 공동의존에 관한 연구에 의하면 알코올중독자 부인은 중중도 이상의 공동의존 성향이 있고, 이는 그들의 건강 상태와도 부분적으로 관계가 있다고 보고된다. 그들은 신체적 건강문제보다 정신적 건강문제가 더 심각한 것으로 나타났다. 정신적 건강문제로는 불안, 우울, 신경과민 및 분노가 나타나고, 신체적 건강문제로는 관절염, 신경통, 현기증, 위염, 십이지장궤양, 히스테리성 경련발작, 치통, 요통, 고혈압, 당뇨병 및 화병이 나타난다고 보고되었다(Rho, 1998; Lee, 2002).

　알코올중독자 가족 중 특히 부인은 남편이 알코올중독이 되면서 정서적으로 불안하게 되고, 신경질적이 되며, 알코올중독으로 인한 남편의 직업 상실에서 오는 경제적 책임을 전적으로 떠맡아야 되는 부담감을 갖게 된다(정선영, 2005). 또한 배우자는 가족 내에서 알코올중독자의 치료와 보호의 책임을 가장 많이 맡는 것으로 나타났다.

　하지만 지금까지 알코올중독자 부인은 알코올중독자의 단주에 부정적인 영향을 주는 주요 원인으로 인식되어 왔다. 그러나 최근 알코올중독자 배우자가 경험하는 스트레스를 이해하고 감소시키는 것이 알코올중독자 부인을 병인적 요인을 가진 대상으로 보는 것보다 효과적이라는 연구 결과가 보고되고 있다(김희국, 현진희, 2007).

3) 알코올중독자의 자녀

　1980년대 이후 알코올중독이 자녀에게 미치는 영향에 관한 연구가 활발히 진행되었으며, 연구의 결과 대부분 부모의 알코올중독이 자녀에게 부정적인 영향을 미친다고 보고하였다. 즉, 부모의 알코올문제는 자녀들에게 심각한 스트레스로 작용하여 알코올중독자의 자녀는 부모의 알코올 문제로 인하여 다양한 정서적, 행동적 문제를 유발하기도 한다. 선행연구들에 의하면 알코올중독자의 자녀는 일반가정의 자녀보다 행동장애, 충동성, 우울, 불안, 낮은 자존감, 정신신체증, 대인관계 문제, 학교문제 등을 더 많이 가지고 있는 것으로 나타났다(이상균, 2003; Cristensen & Bilenberg, 2000).

또한 부모의 알코올문제는 무단결석, 가족관계의 어려움, 사회적 관계의 고립, 정서적 불안정성, 현실에 대한 지나친 순응, 낮은 자아개념, 비행행위, 공격성 등 알코올중독자 자녀의 발달에 부정적 영향을 미치는 것으로 보고되었다(Winton, 2003). 특히, 부모가 알코올중독과 같은 만성적이며 공동의존적인 병리를 가지고 있는 경우에는 가족 구성원들에 대한 역할 규정이 정상적으로 이루어지기 어려워 알코올중독자 자녀들의 왜곡된 가족규범, 가치, 역기능적인 역할 수행을 유발한다(이상균, 2003). 부모의 알코올중독이 자녀에게 미치는 영향을 크게 유전적인 측면과 환경적인 측면으로 나누어 살펴보면 다음과 같다.

먼저 부모의 알코올중독으로 인한 유전적 측면의 영향으로 태아 알코올증후군(Fetal Alcohol Syndrome: FAS)을 들 수 있는데, 이는 임신기간 중 어머니의 알코올중독이 자녀의 학습장애, 발달지체 및 과잉행동과 관련이 있다는 것이다(McGrath et al., 1999). 환경적 측면에서 부모의 알코올중독이 자녀에게 미치는 영향을 살펴보면 다음과 같다(장수미, 2001: 57 재인용).

- 혼란스러운 부모 역할의 변화로 인하여 적절한 역할모델의 상실을 경험한다.
- 알코올중독자 부모와의 비예측적이고 일관성 없는 관계와 훈육으로 아동의 안전과 애정의 욕구가 좌절된다.
- 알코올중독이 아닌 배우자는 자신의 혼란 때문에 아동의 욕구를 충족시키지 못한다.
- 가족의 사회적 위축과 고립으로 또래관계가 줄어들고 지지자원이 손상되며 결여된다.

종합적으로 부모의 알코올중독은 자녀에게 만성적인 스트레스가 되며, 역기능적·학대적 가족환경을 통하여 자녀의 정신병리를 발달시킬 수 있으며, 더 나아가 알코올중독이 세대 간에 전이될 수 있음을 알 수 있다.

4) 알코올중독자 가족의 스트레스

가족 구성원의 알코올중독은 다른 가족 구성원들에게 충격적인 역할 변화와 스트레스를 경험하게 한다. 스트레스는 인간에게 생리적, 사회적, 심리적으로 장애를 줄 정도로 지나친 부담을 요구하는 상태를 의미하며, 생활의 요구에 대한 무력감의 지각을 의미한다(Mechainc & Levin, 1970). 알코올중독자가 치료시설에서 벗어나 궁극적으로 돌아가는 곳은 가족이며, 알코올중독자로 인해 가장 많은 고통을 경험하는 것도 가족이다(윤명숙, 2002). 알코올중독자 가족은 알코올중독자의 빈번한 재발, 재입원, 실직으로 인한 경제적 어려움, 사회적 편견으로 인한 사회적 위축과 고립 등으로 심각한 스트레스와 무력감을 경험한다(김희국, 현진희, 2007).

알코올중독자 가족은 적절한 도움이나 정보를 얻지 못하여 효율적인 대처를 하지 못하는 경우 심각한 스트레스 상황에 놓일 수 있다. 이들은 일반 가족보다 높은 스트레스를 지각하고 있으나, 현재 우리나라에서는 이에 따른 적절한 사회적 지지가 제공되지 못하고 있는 실정이다(윤명숙, 1997). 정선영(2005)의 연구 결과에 의하면 알코올중독자 가족은 정상 대조군은 물론, 정신분열병 가족보다 더 많은 스트레스를 지각하고 있는 것으로 나타났다. 특히, 정서적 스트레스가 가장 높았고, 사회적 스트레스, 신체적 스트레스, 경제적 스트레스 순으로 나타났다. 따라서 알코올중독자 가족을 위한 스트레스 관리는 정서적, 사회적 스트레스에 초점을 두어야 한다. 또한 가족관계에 대한 만족이 높을수록, 환자 간호의 책임 정도가 낮을수록 스트레스를 낮게 지각하므로 가족원들이 서로 지지하고 협조하도록 돕고, 한 사람에게 가중되어 있는 환자 간호를 분담할 수 있는 환경을 조성할 때 가족들의 스트레스를 경감시킬 수 있다.

우리나라에서는 알코올중독자와 가족을 위한 치료 프로그램이 매우 부족하고, 퇴원 후 지역사회에서의 적응을 도울 수 있는 재활 프로그램도 부족하여 가족의 스트레스를 가중시키고 있다(윤명숙, 2002).

2. 알코올중독자 가족에 대한 개입

알코올중독자 가족에게 개입하기 위한 관련 이론들과 구체적인 가족복지 대책을 살펴보고자 한다.

1) 알코올중독자 가족에 대한 접근

현재 우리나라에서는 알코올중독자 가족을 위한 프로그램이 많이 활성화되어 있지 못한 실정이다. 특히, 병원 세팅이 아닌 지역사회에서 이루어지는 경우는 드물다고 볼 수 있다(김혜련, 최윤정, 2004). 그동안 지역사회에서 알코올중독자 가족을 위한 프로그램을 실시한 경우 의료모델의 시각을 가지고 공동의존이나 가족병을 강조하는 경향이 많았다. 여기에서는 알코올중독자 가족에 대한 기존의 이론적 관점인 질병모델 관점, 생태체계 관점, 여성주의 관점, 행동주의 관점에 관하여 살펴본 다음, 최근 관심을 받고 있는 가족 적응유연성 접근에 관하여 살펴보고자 한다.

(1) 질병모델 관점

질병모델 관점은 가족병 접근이라고도 불리며, 가장 잘 알려져 있고 광범위하게 사용되는 접근방법이다. 이는 알코올중독을 질병으로 보고, 알코올중독자 가족 구성원 역시 '공동의존'이라는 질병으로 고통받고 있다고 보는 입장이다(Cermark, 1986). 공동의존자는 자신의 정체성을 다른 사람에게서 찾고, 자존감이 낮고, 자신을 가치롭게 생각하지 않고, 자신의 감정에는 별로 개의치 않고, 대부분의 시간을 다른 이들이 자신에게 무엇을 원하는지를 알려고 하고, 자신이 그들에게 해 줄 수 있는 것이 무엇인가를 찾는 데에 많은 시간과 노력을 투자한다(Schaef, 1986; 김혜련, 최윤정, 2004 재인용).

가족병 접근에 따른 서비스는 알코올중독자 가족 구성원을 개별적인 클라이언트로 보고 개별적으로 접근한다. 또한 이 접근에서는 가족이 중독자의 음주 변화를 위해 적극적으로 개입한다기보다는 자신의 정서적 고통을 줄이고 대처능력을 높이기 위해 스스로에게 초점을 맞춘다. 이 접근에 의한 구체적인 서비스로는 알코올중독과 공동의존의 질병 개념에 대한 교육, 알라넌(Al-Anon), 알라틴(Al-Ateen) 등 자조집단 의뢰, 다양한 심리적 이슈를 다루기 위한 개인 및 집단치료 등이 있다.

이 관점은 중독을 도덕적으로 보지 않고 질병으로 인식하게 함으로써 치료의 장애가 되었던 낙인이나 죄의식을 감소시키려는 의도가 있으나, 중독을 질병으로 볼 수 있는가 하는 타당성에 대한 논의가 계속되고 있다(Lyon & Greenberg, 1991). 또한 알코올중독 분야에서 공동의존이나 가족병과 같은 진단적인 용어가 많이 사용되는 이유는 알코올중독 분야가 의료 분야에서 먼저 시작되었기 때문으로 보고 있으나, 이는 사회복지 실천에서 강조하는 역량강화와 라벨링을 최소화하는 가치와는 반대되는 접근이라고 볼 수 있다(김혜련, 최윤정, 2004). 현재 사회복지 문헌들에서는 공동의존이나 가족병과 같은 개념들에 대한 비판적인 시각이 두드러지면서도 여전히 질병모델 접근이 지배적인 위치를 차지하고 있다.

(2) 생태체계적 관점

환경 속의 개인에 초점을 두고 있는 생태체계적 접근은 개인의 생존을 위해 이들의 환경과의 효과적인 상호작용이 필수적임을 지적하며, 사회복지 실천에서도 인간과 다양한 체계들 사이의 상호작용을 개선시키는 데 노력을 기울인다. 따라서 알코올중독자 가족에 대한 개입도 개인과 환경이라는 이

중초점에 중점을 둔다. 바버(Barber, 1994)는 브론펜브레너(Bronfenbrenner, 1979)의 틀을 알코올중독과 관련지어 설명하였다. 미시체계에서는 이웃, 가족 성원, 직장동료의 네트워크를, 중간체계에서는 클라이언트의 가정, 직장 혹은 가정과 친구 관계망 같은 미시체계들 간의 관계성을, 외부체계에서는 알코올의 공급이나 그 사회 고유의 문화적인 행사 등과 같은 클라이언트의 문제에 영향을 미치는 사회정책적 이슈들을, 마지막으로 거시체계에서는 알코올을 마시는 의식이나 규범, 그 사회의 음주문화를 분석하여야 한다고 주장하였다. 즉, 생태체계적 접근으로 알코올중독자 가족에게 개입할 때는 미시체계와 중간체계를 바탕으로 하는 개인적 차원과 적절한 사회정책의 부재와 같은 외부체계 그리고 음주문화를 강요하거나 그에 너그러운 문화를 포함하는 거시체계와 같은 환경 차원 모두에 초점을 두어야 한다. 하지만 기존의 프로그램들은 대부분 개인 차원에만 집중적인 개입을 하는 경향이 있어서, 환경에 영향을 미치지 못하여 개입의 효과가 제한적이다. 따라서 알코올중독자 가족을 위한 개입에서 개인 차원과 환경 차원을 같이 개입하여 그 효과성을 증가시켜야 한다. 구체적으로 개인 차원에서 다루어지는 내용은 알코올중독에 대한 올바른 이해, 과도한 책임감, 조성행위, 부모 역할, 자기주장 등이고, 환경 차원에서는 지역사회의 자원을 연결하고 정신병원에 입원시키는 것에 대한 긍정적인 인식을 높일 수 있다(김혜련, 최윤정, 2004: 48-49).

한편, 스타인글래스(Steinglass, 1994)는 모든 가족들이 조직, 항상성, 사건의 순환적 원인성, 피드백과 같은 체계의 일반적 법칙을 따른다고 주장하였다. 가족체계론적 입장에서 보면 알코올중독자의 증상은 가족의 항상성을 유지하는 기능을 하며, 알코올중독자 가족이 단주, 음주, 전환 단계 사이에서 순환적 유형을 나타낸다고 주장하였다. 가족체계론 접근에 따른 치료는 그 초점을 개인 수준보다는 상호작용적인 것에 두며, 가족 내의 규칙을 재정의하고 의사소통 유형을 변화시킨다. 또한 가족체계 모델은 가족의 재구성화 과정을 통하여 일상생활의 새로운 패턴을 만들고, 가족의 전형적인 조절행동을 조정하고, 가족발달의 진행과정에 초점을 맞춘다(윤명숙, 2003: 128).

(3) 행동주의적 관점

사회학습이론을 기반으로 하는 행동주의 모델의 주된 관심은 상호작용을 포함한 행동이 정적 강화와 부적 강화를 통해서 학습되고 유지되는가 하는 것이다. 알코올중독 부부의 상호작용은 한 배우자의 행동이 상대 배우자의 행동에 대한 단서나 강화제로써 상호작용하는 것으로 본다. 즉, 행동적 접근은 알코올중독자 가족 중 의사소통이 더 원활한 가족의 알코올중독자가 재발의 위험이 낮다고 본다(장수미, 2001). 행동적 가족치료에서는 중독자와 가족원이 함께 단주를 위한 지지체계를 세우고, 관계의 응집력을 증진시키며, 의사소통 기술을 증진시킨다(O'farrell & Feehan, 1999). 또한 행동주의 접근방법들은 음주 및 단주와 관련된 새로운 행동을 배우자에게 훈련시키는 데 중점을 두며, 알코올중독자의 음주 및 단주에 대처하는 새로운 사고와 행동들을 배우자에게 가르치기도 하고 배우자를 강화제로 활용하기도 한다.

(4) 여성주의 관점

여성주의 접근에서는 남성에게는 공동의존 현상이 거의 나타나지 않는 것을 지적하면서, 알코올중독자 가족이 보이는 공동의존 현상은 개인적인 문제가 아니라 여성에 대한 문화적 태도와 성역할에 의해 나타난다고 보았다. 공동의존의 개념을 병리적으로 보기보다는 '과도하게 책임감이 있는 것' 또는 '내면화된 억압'으로 재구성하였다. 이렇게 여성주의 접근은 공동의존에 대한 다른 해석을 통해 알코올중독자 가족들이 가지고 있는 책임감을 존중하고, 지금까지의 노력을 인정해 줌으로써 자신에 대한 비난으로 나타났던 우울이나 불안이 감소될 것으로 기대한다(김혜련, 최윤정, 2004).

여성주의 실천의 궁극적인 목적은 여성의 집합적 자기실현을 지지하는 것이다. 그리고 개인 혹은 집단의 고통과 문제는 항상 문화적·정치적 차원을 가지고 있다고 전제하며, 개인의 자기실현은 집합적인 노력을 통해서 가능하다는 것을 강조한다. 따라서 지지집단을 활용하고, 집단행동을 격려하며, 자기 옹호, 직면을 포함하는 상호작용 기술, 합리적 의사소통 기술을 교육하고 여성의 강점과 문화를 강조한다(Bricker-Jenkins & Lockett, 1995; 김혜련, 최윤정, 2004: 48 재인용).

(5) 가족 적응유연성 접근

적응유연성이란 위기와 역경을 견디고 회복하는 능력을 말한다. 최근 많은 관심을 받고 있는 가족 적응유연성(family resilience)은 가족이 스트레스에 적응하고 역경으로부터 회복하는 능력이라고 볼 수 있다. 월시(Walsh, 1998)는 가족 적응유연성을 기본적으로 가족의 잠재적인 회복과 성장을 확신하며 가족이 혼란스러운 도전을 견디고 원위치로 돌아갈 수 있게 하는 상호작용적인 과정이라고 보았다(장수미, 2001: 66 재인용). 월시는 가족 적응유연성 접근의 핵심과정을 신념체계(belief system, 역경에 대한 의미부여, 긍정적인 전망, 초월과 영성), 조직 유형(organizational pattern, 유연성, 연결성, 사회·경제적 자원) 그리고 의사소통 과정(communication process, 명확성, 개방적 정서 표현, 협력적 문제 해결)의 세 영역의 개념적 틀로 구성하고, 이 세 가지 핵심과정이 상호작용하면서 시너지 효과를 갖는다고 보았다.

장수미(2001)는 한 가족 성원의 알코올중독으로 인해 역경과 고통을 겪는 알코올중독자 가족이 역경에 잘 대처하도록 하는 가족 적응유연성 과정에 관심을 갖고 가족의 보호요인을 제시하였다. 그 보호요인으로는 가족 간의 강한 유대감 및 결속력, 교회와 기초생활보장 연결 등 사회적 지지, 미래에 대한 긍정적인 태도 및 유머의 사용, 가족 구성원 간의 개방적 정서 표현 및 공유, 가족 구성원 개인의 적응유연성, 어머니의 독립성 및 희생정신 등이 포함된다.

2) 알코올중독자 가족을 위한 가족복지 대책

우리나라에서 알코올중독자와 가족에 대한 개입은 주로 의료기관, 알코올상담센터, 정신건강증진센터, 사회복지관 등의 기관에서 이루어지고 있으며, 자조모임, 알코올교육, 가족교육 등의 프로그램을 중심으로 알코올중독자와 가족에 대한 개입이 이루어지고 있다(김규수, 2006).

알코올상담센터는 전국에 45개소가 있으며, 지역사회 내 알코올의존자, 문제음주자 및 그 가족 등 지역주민을 대상으로 지역사회 내 알코올 남용 및 의존자를 조기에 발견하여 상담, 치료, 재활 및 사회복귀를 지원한다. 또한 지역주민을 대상으로 음주 폐해 예방 및 건전 음주 교육과 홍보를 담당하고 있다. 구체적인 서비스 내용은 〈표 14-1〉과 같다.

표 14-1 알코올상담센터의 서비스 내용

영역	서비스내용
알코올중독자 관리사업	- 신규발견 및 이용체계 구축 - 사례관리 서비스 - 위기관리 서비스 - 재활 프로그램 - 직업재활 서비스
알코올중독자 가족지원사업	- 신규 가족발견 및 이용체계 구축 - 사례관리 서비스 - 가족교육 및 프로그램 - 위기관리 서비스 - 가족모임 지원 서비스
음주폐해 예방 및 교육사업	- 고위험군* 조기발견 및 개입서비스 - 아동·청소년 예방교육사업 - 직장인 음주폐해예방지원사업 - 지역주민 예방교육사업 - 인식개선 및 홍보사업

지역사회 사회안전망 조성사업	– 보건복지 네트워크 구축 – 지역 법무 연계 · 협력체계 구축 – 자원봉사 관리 · 운영체계 구축 – 경찰 및 응급지원 네트워크 구축 – 지역 인프라 구축
지역진단 및 기획	– 지역사회 진단 및 연구 – 서비스 기획 – 자원조정 및 중재

* 고위험군이라 함은, 음주운전자, 보호관찰소 수강명령대상자, 가정폭력행위자, 아동학대행위자, 노인학대행위자, 기타 음주폐해 취약계층 등을 말함.

다음은 알코올상담센터에서 운영하고 있는 가족지원 프로그램의 한 예다. 우리나라에서 알코올중독자 부인과 자녀를 대상으로 이루어지고 있는 서비스는 부인들로 구성된 가족친목, 알코올중독자의 십대 자녀들로 구성된 알라틴 자조집단, 지역사회복지관에서 이루어지고 있는 알코올중독자 부인

표 14-2 ○○ 알코올상담센터 가족지원 프로그램

프로그램 명	내용
가족치유모임	– 가족의 알코올문제로 고통 받는 가족을 위한 치유상담프로그램 – 가족치유모임은 가족의 고통을 서로 나누고 알코올 의존에 대한 올바른 이해와 대처방법을 가질 수 있도록 도움
가족교육	센터에 처음 방문하거나 도움을 받기 시작한 가족의 알코올의존(일반적 영향, 공동의존으로 인한 가족병적 특성, 자녀에 관한 이해)에 대한 이해도를 증진시켜 건강한 가족체계로 회복하게 하는 준비과정
용서치료	남편의 술 문제 해결의 여부와 무관하게 알코올 의존자 부인의 고통을 경감시키고, 남편과의 관계에서 갈등과 상처를 해결할 수 있는 전략으로 용서를 선택하도록 도움
알코올의존자 가족 자조모임(Al-anon)	알코올 의존자들의 가족과 친척, 친구들이 그들의 공동 문제를 해결하기 위하여 서로 간에 경험과 힘과 희망을 함께 나누는 자조모임으로, 가족병인 알코올중독으로 인해 함께 병든 자신을 돌아보고 자기 자신의 힘을 증진시키고자 함.

교육집단 정도다(조흥식 외, 2006). 국내의 알코올 관련 접근방법은 우선적으로 각 알코올중독자의 단주에 초점을 맞추고 있고, 가족들에 대한 개입은 상대적으로 취약한 실정이며, 기존의 알코올 가족 관련 프로그램들도 입원 환자 가족 중심의 단기 또는 부정기적 교육 프로그램이 대부분을 차지하고 있다(윤명숙, 2003).

(1) 알코올중독자 가족을 위한 개입 프로그램

김혜련과 최윤정(2004)은 알코올중독자 가족을 위하여 사회복지사들이 지역사회의 실천현장에서 유용하게 사용할 수 있는 체계적인 프로그램 매뉴얼을 제시하였는데, 그 집단 프로그램의 내용을 제시하면 〈표 14-3〉과 같다.

지역사회를 중심으로 알코올중독자 가족을 대상으로 프로그램을 진행하는 특성상 대부분의 알코올중독자는 자신이 알코올중독자임을 인지하지 않고 있고, 가족들도 확신을 가지고 있지 못하는 특성이 있음을 주지하여야 한다. 또한 우리나라 지역사회복지관에서 알코올중독자 가족을 위한 프로그램을 시행할 경우 서구와는 다른 가족의 개념과 자신의 정신건강보다는 알코올중독자의 안녕에 더 많은 관심을 보이는 가족정서를 고려해야 한다(김혜련, 최윤정, 2004). 또한 의료모델의 영향으로 인한 병리적인 모습의 가족관이 극복되어야 할 것이다.

(2) 가족친목

현재 우리나라에서는 알코올중독을 치료하는 병원에서 가족친목 모임을 지원하고 있다. 가족친목은 전문가가 관여하지 않는 자조집단(self-help group)이다. 가족친목의 기본적인 요소는 집단 성원들 간의 사회적 지지의 제공이다. 참석자들은 이 모임에서 친목 도모, 생활상의 어려움 교환, 기타 자료 교환 등을 하고 있다. 가족친목은 크게 두 부분으로 나누어진다. 전반부에는 한 시간 정도의 규격화된 모임을 진행하고, 후반부에는 비공식적인 모임 후 세션을 가지며, 주로 현재 집단에서 일어나는 일들이나 위기에 관

표 14-3   알코올중독자 가족을 위한 프로그램 매뉴얼

모임	주제	목표	내용
1	알코올중독에 대한 이해	알코올중독에 대한 바른 이해를 돕는다.	재발에 대한 바른 이해를 돕는다.
2	과도한 책임감에 대한 이해	공동의존 개념을 분석하고 가족의 노력을 존중해 준다.	기존의 인성관점에서 벗어나 여성주의 관점에서 제시하는 '과도한 책임감'으로 재개념화하여 가족의 노력과 책임감을 인정해 준다.
3	조성행위 감소시키기	조성행위를 확인하고 대안을 모색한다.	비효과적인 '조성행위'를 확인해 보고 그러한 행위를 멈추고 효과적인 방법에 대해 생각한다.
4	부모 역할에 대한 고찰	부모 역할을 점검하고 효과적인 부모 역할을 생각해 본다.	자신의 성장과정을 돌아보면서 효과적인 부모 역할에 대해 생각해 본다.
5	자기주장훈련	자기주장훈련을 통해 자존감을 향상시킨다.	자기주장 정도를 파악해 보고 역할연습을 통해 자기주장훈련을 실시하고 가정에서 실시할 수 있도록 과제를 제시한다.
6	정신병원에 입원시키는 것에 대한 인식	정신병원에 대한 인식을 변화시키고 치료의 필요성을 인식하도록 돕는다.	병원에 근무하는 정신과 의사가 직접 참가하여 알코올중독자가 치료를 받아야 하는 이유와 병원에서 어떠한 치료를 받는지에 대한 구체적인 정보를 제공해 준다. 이를 통해 가족들이 알코올중독자를 정신병원에 입원시키는 것에 대한 인식을 높여 준다.
7	지역사회자원 연결	지역사회 자원 관련하여 개별화된 욕구를 사정하고 충족시키는 기회를 가진다.	종결에 앞서 다루어지지 않은 욕구가 있는지 확인한다. 필요한 경우에는 알코올중독자의 입원계획과 퇴원계획을 세워 주고, 가족들이 개별적으로 필요로 하는 자원을 사회복지사가 연결해 준다.
8	사후검사와 지지집단 계획	프로그램의 효과를 유지할 수 있도록 지지집단을 형성할 것을 격려한다.	가족 성원의 알코올중독 문제는 장기적일 수 있다. 단기간 모임을 통해 집단 경험의 효과를 유지하기 쉽지 않으므로 지지집단을 형성하여 계속적인 모임을 진행할 수 있는 여건을 마련해 준다. 협의를 통해 1달에 1회 모임을 결정한다.

출처: 김혜련, 최윤정(2004: 56).

한 의견을 나누는 방식으로 진행한다(조흥식 외, 2006).

전국 단위의 알코올중독 환자들의 사후모임인 단주친목 모임이 있고, 가족친목 모임인 알라넌이 있으나, 홍보가 잘 안 되는 실정이다. 빈곤층의 의료보호 가족들은 평일에 생계와 관련된 일로 시간을 내기 어려워 모임을 지속하기가 어렵다. 따라서 주말을 이용한 가족친목 모임이 각 지역사회에서 열릴 수 있도록 가족뿐만 아니라 지역사회 내의 홍보와 계몽이 필요하다(최경석 외, 2003).

(3) 가족치료

알코올과 건강에 관한 미국 의회보고서(1974)에서 가족치료를 알코올중독 분야에서 가장 효과적인 방법이라고 제시할 만큼 알코올중독 부부 및 가족치료는 알코올중독 회복에 긍정적이며 비용 효과도 높다고 평가받고 있다(Holder et al., 1991).

가족치료의 이론적인 근거인 가족체계이론은 가족이 자신들의 항성성과 균형을 유지하는 방식에 관심을 갖는다. 따라서 가족치료의 목표는 단지 알코올중독자 부모가 단주를 하거나 음주량을 줄이는 데 그치지 않고 전체 가족체계의 기능 향상에 관심을 둔다. 그렇기 때문에 회복 중인 알코올중독자 가족에게 반드시 필요한 접근이다(조흥식 외, 2006).

대부분의 가족치료자들은 가족을 하나의 사회체계로 보는 데에는 일치하지만, 치료자 개인이 선호하는 이론과 치료기술에 따라 조금씩 다르게 접근하는 경향이 있다. 가족치료자들이 많이 활용하는 패러다임으로는 정신역동적, 의사소통, 구조적, 행동적 가족치료가 있다.

(4) 알코올중독 예방서비스

부모의 알코올중독이 세대 간에 전이되는 현상이 보고되면서 알코올중독의 세대 간 전이를 차단하기 위해 가족에 대한 예방적 개입이 매우 중요함이 부각되었다. 이정숙 등(2004)은 KODCAR & BACCHUS(2002)에서 제안한 알코올문제 예방 프로그램(청소년 또래 지도자 양성, 청소년을 위한 음주예방, 고등학생을 위한 음주예방, 청소년 음주예방을 위한 부모교육)을 기초로 알코올중독자의 자녀에 대한 중학생 음주예방 프로그램을 구성하였다. 이 프로그램은 총 8회기로 이루어졌으며, 회기당 45분으로 주 1회씩 진행된다. 각 회기의 내용을 살펴보면 〈표 14-4〉와 같다.

그들의 연구에서는 중학생 음주예방 프로그램이 알코올중독자 자녀의 자아존중감, 스트레스 대처방법, 정서·행동 문제에 효과가 있었으며, 비용 면에서도 효과적이었다고 보고하였다.

알코올중독은 신체·심리·사회적인 측면 모두에 걸쳐 영향을 미치는 다중적인 문제다. 따라서 회복을 돕기 위하여 다학문적인 팀에 의한 포괄적인 접근이 이루어져야 한다. 또한 알코올중독의 특성상 재발이 잦으므로 단순한 치료에 그치는 것이 아니라 재활을 위한 노력에까지 관심을 기울일 때 그 효과는 높아질 수 있다(권구영, 2002).

표 14-4   알코올문제 예방 프로그램

회기	주제	목표	내용
1	음주가 청소년의 건강에 미치는 영향에 대해 이해하기	• 프로그램에 대한 올바른 이해를 한다. • 음주가 청소년의 건강(신체적·정신적·학교생활)에 미치는 영향에 대해 이해한다.	• 설문지 작성 • 프로그램 소개 • 음주에 대한 평소 나의 생각 기록과 토론 • 비디오를 통한 강의와 토론 • 핵심문제 풀어보기
2	계속적인 음주의 결과를 체험해 보기	• 계속해서 술을 마시게 됨으로 초래되는 결과를 가슴 속 깊이 감정적으로 체험해 본다.	• 지난 시간 정리 및 이번 시간의 내용소개 • 알코올중독에 대한 강의 • 청소년 음주에 관한 비디오 시청 • 강의와 비디오 시청 후 느낀 점 토론
3	Fetal vision 경험하기	• 음주상황을 가상경험을 통해 자신에게 일어나는 변화를 확인한다.	• 지난 시간 정리 및 이번 시간의 내용 소개 • 게임을 통한 음주가상 상황 체험 • fetal vision 착용 후 느낌 토의

4	금붕어 실험하기	• 금붕어 실험을 통해 술이 인체에 미치는 영향을 직접 확인한다.	• 지난 시간 정리 및 이번 시간의 내용 소개 • 금붕어 실험하기 • 청소년 음주의 문제점 파악하기 • 실험 후 느낀 점 토의
5	슬기로운 판단하기	• 음주기대가 형성되는 과정에 대해 살펴본다. • 음주에 대한 비합리적인 기대의 조절과 음주 행위 변화를 위한 동기를 높인다. • 음주유혹 상황 파악과 대응전략을 찾는다.	• 음주기대감 발표와 음주기대가 형성되는 과정에 대한 토론 • 음주 대 금주의 효과에 대한 매트릭스 작성과 토론 • 음주에 대해 새롭게 알게 된 사실 기록
6	O/X 문제 도전 골든벨을 울려라!	• 술에 관한 인지적 접근을 통해 지금까지 배운 내용을 정리한다.	• 지난 시간 정리 및 이번 시간의 내용 소개 • 알코올에 대한 O/X 문제풀이 • 게임을 통한 음주문제 상식 정리 • 강의와 비디오 시청 후 느낀점 토의
7	대응책 찾기(1) -분노의 감정조절과 스트레스 조절	• 불쾌한 감정을 조절하기 위해 알코올을 사용한다는 것을 인식한다. • 연습을 통해 분노의 감정에 대응하는 능력을 키운다. • 음주행위를 유발하는 불안상황을 연습을 통해 대응하는 능력을 키운다.	• 금주 목표 지킨 학생 칭찬 • 금주 목표 성취에 있어서의 어려움 탐색과 대응전략 토론 • 자신의 감정인식과 토론 • 분노 감정 다루는 연습 • 근육이완 법 연습
8	대응책 찾기(2) -자기주장 -나는 소중해요	• 주장행동과 비주장행동을 구별한다. • 주장행동과 비주장행동이 대인관계와 음주행위에 미치는 영향을 파악한다. • 연습을 통해 주장행동 능력을 키운다.	• 분노 감정에 적절히 대처한 학생 칭찬 • 분노 감정 조절에 있어서의 어려움 탐색과 대응전략 토론 • 나를 표현하는 세 가지 방법에 대한 강의와 자기주장 연습 • 너-전달법을 나-전달법 형태로 바꿔 연습
9	음주예방 표어/포스터 만들기	• 지금까지 배운 내용을 정리하여 자신만의 음주예방 표어/포스터를 만든다. • 음주에 대한 자신의 생각을 표현할 수 있다.	• 지난 시간 정리 및 이번 시간의 내용 소개 • 음주예방 표어/포스터 만들기 • 각 조별로 시상식 • 프로그램 정리

출처: 이정숙 외(2004: 203).

> ## 생각해 볼 문제
>
> 1. 우리나라 음주문화의 특성에 대하여 논하시오.
> 2. 알코올중독자 가족의 역기능적 특성을 설명하고, 대표적인 개념인 '공동 의존'이란 무엇이며 공동의존의 특성은 어떠한지 설명하시오.
> 3. 알코올중독자 가족에서 전형적으로 나타나는 역기능적인 가족규범 네 가지를 설명하시오.
> 4. 알코올중독이 자녀에게 미치는 영향에 대하여 설명하시오.
> 5. 생태체계적인 접근으로 알코올중독자 가족에게 개입할 때 초점을 두어 야 하는 것이 무엇인지 설명하시오.
> 6. 알코올중독자 가족이 역경에 잘 대처하도록 돕는 가족의 보호요인에는 어떠한 것이 있는지 제시하시오.
> 7. 공동의존에 대한 여성주의 접근의 해석은 어떠한지 설명하시오.
> 8. 우리나라에서 알코올중독자 가족에 대한 개입은 주로 어디서 어떻게 이 루어지고 있는지 설명하시오.
> 9. 알코올중독자 가족을 위한 가족복지 대책 중 '가족친목'이란 무엇이며, 그 기본적 요소와 내용은 무엇인지 설명하시오.
> 10. 알코올중독 예방 서비스의 중요성에 대하여 논하시오.

참고문헌

강응구(2007). 알코올중독의 현황과 대책. 대한간학회, 19-24.

권구영(2002). 우리나라 알코올중독 치료 현황의 이해를 위한 기술적 연구. 사회복지 리뷰, 7, 77-110.

김규수(2006). 부모의 문제음주가 자녀의 심리적 특성과 부적응행동에 미치는 영향. 사회복지개발연구, 12(2), 101-125.

김미혜, 엄예선, 이은주, 윤명숙(1995). 한국 알코올가족의 특성 및 부부문제에 관한 연구. 알코올중독자의 회복을 위한 부부집단 개입프로그램 개발 연구. 사회복지, 124, 72-93.

김혜련, 최윤정(2004). 알코올중독자 가족을 위한 집단 프로그램 효과성 연구: 개입 연구방법 중 제5단계 평가를 중심으로. 사회복지연구, 23, 43-75.

김희국, 현진희(2007). 알코올중독자 가족이 경험하는 스트레스가 가족의 거부적 태도에 미치는 영향. 한국가족복지학, 19, 97-119.

박현선, 이상균(2001). 알코올중독자 가정 청소년 자녀의 성인아이 성향과 심리사회적 문제. 한국사회복지학, 46, 118-144.

윤명숙(1997). 알코올중독 남편의 단주가 부부관계에 미치는 영향에 관한 연구. 박사학위논문. 이화여자대학교.

윤명숙(2002). 한국의 알코올중독의 현황과 정신보건사회사업의 대응방안. 한국정신보건사회사업학회 춘계학술대회 자료집, 15-41.

윤명숙(2003). 회복 중인 알코올중독자의 부부관계 증진을 위한 집단치료 프로그램 효과성 연구. 정신보건과 사회사업, 16, 119-155.

이상균(2003). 알코올중독자 가정 자녀의 역할유형과 심리사회적 문제. 한국아동복지학, 16, 195-224.

이정숙, 김수진, 권영란, 최봉실, 정순복(2004). 알코올중독 자녀에 대한 중학생 음주예방 프로그램의 효과. 정신간호학회지, 13(2), 200-212.

장수미(2001). 알코올중독자 가족의 가족 적응유연성 증진을 위한 개입모형 개발. 정신보건과 사회사업, 11, 53-77.

정선영(2005). 알코올중독자 가족의 스트레스, 사회적 지지, 공동의존 및 건강상태. 정신간호학회지, 14(4), 400-416.

조흥식, 김인숙, 김혜란, 김혜련, 신은주(2006). 가족복지학(3판). 서울: 학지사.

최경석, 김양희, 김성천, 김진희, 박정윤, 윤정향(2003). 한국 가족복지의 이해. 서울: 인간과 복지.

Barber, J. G. (1994). *Social Work with Addictions*. NY: New York Univ. Press.

Bricker-Jenkins, M., & Lockett, P. (1995). Women: Diet Practice, In R. Edwards (Ed.), *Encyclopedia of social work, 3*. Washington, DC: NASW.

Cermak, T. L. (1986). *Diagnosing and Treating Co-dependence*. Johnson Institute Books.

Cristensen, H. B., & Bilenberg, N. (2000). Behavioral and emotional problems in children of alcoholic mothers and fathers. *European Child and Adolescent Psychiatry, 9*, 219-226.

Erblich, T., Earleywine, M., & Erblich, B. (2001). Positive and negative associations with alcohol and familial risk for alcoholism. *Psychology of Addictive Behaviors, 15*(3), 204-209.

Fichter, M. M., & Frick, U. (1993). The key relatives's impact on treatment and course of alcoholism. *European Archives of Psychiatry and Clinical Neuroscience, 243*, 87-94.

Holder. H., Longabaugh, R., Miler, W., R. & Rubonis, A. V. (1991). The cost effectiveness of treatment for alcoholism: A first approximation. *Journal of studies on Alcohol, 52*, 517-540.

Hussong, A. M., & Chassin, L. (1997). Substance use initiation among adolescent children of alcoholics: testing protective factors. *Journal of Studies on Alcohol, 58*(3), 272-279.

Lee, K. W. (2002). A study of the degree of codependency, self-esteem, and the health conditions of the wives of alcoholic husbands. Hyejeon, 189-224.

Lyon, D., & Greenberg, J. (1991). Evidence of codependency in women with an alcoholic parent: helping out Mr. wrong. *Journal of Personality and Social Psychology, 61*(3), 435-439.

McGrath, C. E., Watson, A. L., & Chassin, L. (1999). Academic achievement in adolescent children of alcoholics. *J. Stud. Alcohol, 60*, 18-26.

Mechainc, D., & Levin, S. (1970). Model of social stress. Chicago: Aldin Pub Co.

O'Farrell, T. J. (1986). *Marital and Family Therapy for Alcohol Problems*. In WM Cox (Eds.), Treatment and Prevention of Alcohol Problems: A Resource Manual, 205-274.

O'Farrell, T. J., & Feehan, M. (1999). Alcoholism treatment and the family: Do family and individual treatment for Alcholic adults have preventive effects for children, *J. Stud. Alcohol Supplement, 13*, 125-129.

Rho, I. S. (1998). A study of the degree of codependence and health conditions of wives of alcoholic patients. Department of Health Care Administration. Kyunghee University, Seoul.

Robinson, E. B., & Rhoden, J. L. (1998). *Working with Children of Alcoholics*. SAGE Publications.

Schaef, A. W. (1986). *Co-dependence misunderstood-mistreated*. A Division of Harper Collins Publishers.

Steinglass, P. (1994). *Family Therapy*. In Galanter & Kleber (Eds.), Textbook of Sunstance Abuse Treatment Model (pp. 315-330). American Psychiatric Press.

Walsh, F. (1998). *Strengthening Family Resilience*. NY: The Guildford Press.

Winton, C. A. (2003). *Children as caregivers: Parental & Parentifical children*. MA: Person Education, Inc.

부 록[1]

1. 〈서식1〉 초기상담지
2. 〈서식2〉 개인정보 활용 동의서
3. 〈서식3〉 욕구조사표
4. 〈서식4〉 위기도 조사지
5. 〈서식5〉 사례회의록
6. 〈서식6〉 서비스 제공계획 및 점검표
7. 〈서식7〉 서비스 의뢰서
8. 〈서식8〉 사례관리 종결심사서
9. 〈서식9〉 모니터 상담지
10. 〈서식10〉 만족도 설문지

1) 보건복지부(2013), 희망복지지원단 업무안내: 52-111

1. 〈서식1〉 초기상담지

초 기 상 담 지

① 상담번호			② 상담일자			③ (차)상담
④ 상 담 자			소 속			
			연락처			
⑤ 접수경로	☐ 대상자 요청 (방법 :　　　　) ☐ 기관 내 의뢰 (　　　　　　) ☐ 통장 및 이웃주민 등 (　　　　) ☐ 사례관리자의 발굴		☐ 타 기관 의뢰 (　　　　　　　) ☐ 129콜센터 이관 (　　　　　) ☐ 좋은이웃들 (　　　　　　) ☐ 기타 (　　　　　　　)			
⑥ 상담장소	☐ 지역사회기관 방문　☐ 가정방문　☐ 내방　☐ 전화					

⑦ 대상자명			성 별	☐ 남　　☐ 여		
주민등록 번 호			전화번호	(집) (H. P)		
등본주소						
실거주주소						

⑧ 가족사항	관계	성 명	연령	결혼	동거	학력	직업	건강상태	장애 및 질병

⑨ 가구유형	☐ 소년소녀가구　☐ 한부모가구　　　☐ 독거노인가구　☐ 장애인가구 ☐ 노인부부가구　☐ 조손가구　　　　☐ 부부중심가구　☐ 다문화가구 ☐ 청장년1인가구　☐ 미혼부·모가구　☐ 기타(　　)
⑩ 상담내용	
⑪ 주요문제	☐ 안전(학대, 방임, 기타 안전)의 문제　☐ 신체 및 정신건강 문제 ☐ 일상생활유지 문제 ☐ 가족생활 문제　☐ 사회적 관계(친인척·이웃관계) 문제 ☐ 경제적 문제　　☐ 교육 및 학습의 문제　☐ 취(창)업 및 직무수행상의 문제 ☐ 생활 환경 및 권익보장의 문제　　☐ 기타
⑫ 상담결과 판정의견	☐ 기초생활보장 ☐ 영유아　☐ 아동　☐ 청소년특별지원 ☐ 한부모 가족 ☐ 장애인 복지 ☐ 노인복지 ☐ 사회복지서비스(바우처) ☐ 긴급복지 ☐ 기타 ☐ 서비스연계·사례관리 대상 (☐ 사례관리 ☐ 서비스연계) ☐ 추가상담 후 판단
⑬ 상담자 종합의견	

(1) 작성 방법 - 초기상담지

항목	작성방법
① 상담번호	○ 기관번호 – 날짜(형식: YYYYMMDD) – 당일 접수 순서에 따른 일련번호 부여
② 상담일자	○ 처음 대면이나 전화로 초기상담을 실시한 날을 기준으로 작성
③ (　차)상담	○ 상담 차수 기록
④ 상담자 명, 소속, 연락처	○ 접수 상담을 개시한 상담자의 성명, 소속기관 및 부서명, 연락 가능한 전화번호를 기록
⑤ 접수경로	○ 초기상담에 이르게 된 경로를 선택 ○ (대상자 요청) 대상자가 자발적으로 서비스를 요청한 경우로 전화, 이메일, 편지, 내방 등 상담 및 서비스 요청 방법 기록 ○ (타 기관 의뢰) 의뢰기관 및 의뢰자(성명, 직책), 연락처, 의뢰 목적 등을 상세히 기록 ○ (기관 내 의뢰) 의뢰부서 및 의뢰사유를 상세히 기록 ○ (129콜센터 이관) 보건복지부 129콜센터를 통해 시·군·구로 접수된 경우 선택 ○ (통장 및 이웃주민 등) 의뢰인의 인적사항 및 의뢰사유 및 상황 등을 구체적으로 확인하여 기록 ○ (좋은이웃들 의뢰) 의뢰인의 인적사항, 의뢰사유, 상황 등을 구체적으로 확인하여 기록 ○ (사례관리자의 발굴) 사례관리자가 주민상담과정 혹은 가정·지역 방문 중 서비스대상자로 잠정 평가하여 직접 초기상담을 한 경우에 선택 ○ (기타) 항목에 없는 기타 접수경로를 기록
⑥ 상담 장소	○ 초기상담이 이루어진 장소 또는 방법에 대한 기록으로, 대상자의 집 혹은 대상자가 입소·이용하고 있는 시설 혹은 제3의 장소 등 지역사회방문을 통해 이루어진 경우와 대상자가 본 기관을 방문하여 상담이 이루어진 경우를 구분하여 기록 ○ 대면상담이 아니라 콜센터 혹은 상담자가 소속한 기관의 민원상담전화를 통해 이루어진 상담의 경우는 전화를 선택
⑦ 대상자 명, 성별, 주민등록번호, 전화번호, 주소	○ 초기상담을 한 대상자 이름 및 기타 인적사항(성별, 주민등록번호, 전화번호, 현주소지)을 기록 ○ 대상자는 반드시 세대주를 의미하지 않으며, 가구 구성원 중 가장 보호가 필요한 자 또는 가구 구성원을 대표하는 자를 기록, 향후 이 대상자를 중심으로 사례관리 서비스가 제공되며, 가족 구성원들이 가지고 있는 욕구 및 문제의 해결과 변화를 위한 계획수립과 서비스 제공이 이루어지게 됨.
⑧ 가족사항	○ 초기상담을 한 대상자 가구의 가족 구성원들의 기본 인적 정보와 동거여부, 건강상태, 질병 여부 등을 기록

⑨ 가구유형	○ 현 거주 상황에 대한 정보를 통해 가구유형을 선택 　- (소년소녀가구) 부모나 친인척이 없이 형제남매만 살고 있거나, 소년소녀 1인만 살고 있거나, 부양능력 없는 친인척과 형제남매가 함께 살고 있는 가구 　- (한부모가구) 편부·편모와 자녀 등 한부모와 자녀로 구성된 가구 　- (독거노인가구) 65세 이상 노인 1인이 홀로 사는 가구 　- (노인부부가구) 부부 중 1인이 65세가 넘는 노인인 가구 　- (조손가구) 부모세대 없이 조부모와 손자녀로 구성된 가구 　- (부부중심가구): 부부를 중심으로 부모 또는 자녀 등으로 구성된 가구 및 부부로만 구성된 가구 　- (청장년1인가구): 65세 미만 성인 단독 가구 　- (미혼부·모가구): 65세 미만 성인 단독 가구 　- (장애인가구) 가구 구성원 중에 장애인이 있는 경우, 타 가구 분류와 중복 체크 가능 　- (다문화가구) 국제결혼 등을 통하여 외국인 가구 구성원이 있는 가구유형으로써 기본가구 유형과 별도로 기록함. 　- (기타) 위 분류 이외의 가구유형인 경우 구체적인 가구 형태를 기록
⑩ 상담내용	○ 대상자 및 가족이 제시하고 있는 주요 문제 및 걱정의 내용을 기록 ○ 대상자·가족이 원하는 도움 또는 지원 내용은 상담 중 피면담자가 하는 말을 중심으로 기록 ○ 대상자·가족의 주요 문제는 잠재된 욕구로 면담자가 파악한 문제점을 기록
⑪ 주요문제	대상자와의 초기상담을 통해 파악한 욕구의 주요 유형별 구분을 실시함 ○ 안전 문제(가족 내·외부로부터의 학대, 방임, 기타 안전 문제) 　- 생명의 위협을 받거나 받을 가능성이 있는 경우 　- 가족 내 폭력 및 학대, 방임이 있는 경우 　- 기타 가족 내외로부터의 안전의 위협이 있는 경우 ○ 신체 및 정신건강 문제 　- 심각한 건강문제가 진행 중이거나 진행될 가능성이 있는 경우 　- 심각한 정신적 문제가 있는 경우 　- 정신건강, 자살 등의 문제가 있는 경우 　- 술 혹은 약물 관련 문제가 있는 경우 ○ 일상생활 유지 문제 　- 가사일(요리, 세탁, 청소, 쇼핑 등) 활동에 어려움이 있는 경우 　- 신변관리나 일상생활 유지 기능의 어려움이 있는 경우 　- 이동, 교통수단 활용상의 어려움이 있는 경우 　- 취미 및 여가 활동의 부족 및 활동 시 어려움이 있는 경우

	○ 가족생활 문제(가족관계, 보육, 간병 등) 　- 부부 · 부모-자녀 간 소통의 문제가 있거나 갈등이 있는 경우 　- 자녀양육 및 보육 관련 문제가 있는 경우 　- 가족 구성원의 돌봄 및 간병 관련 보호부담의 문제가 있는 경우 ○ 사회적 관계 문제(친인척, 이웃, 동료 관계 등) 　- 친척, 친구, 이웃과의 소통에 문제가 있거나 갈등이 있는 경우 　- 비공식적 지지망이나 지역사회 지지체계 활용에 문제가 있는 경우 ○ 경제적 문제 　- 기초적 욕구(의식주)의 충족에 필요한 자원 부족의 문제가 있는 경우 　- 자산취득 및 관리(저축, 부채 등) 등의 문제가 있는 경우 　- 직업활동에 있어서 불안정, 비정규직성과 관련된 문제 등이 있는 경우 ○ 교육 및 학습의 문제: 교육 및 학습 관련 어려움이 있는 경우 ○ 취(창)업 및 직무수행상의 문제 　- 직업훈련 등에 어려움이 있는 경우 　- 구직 및 직업 활동의 불안정, 비정규성 등의 관련 문제가 있는 경우 ○ 생활환경 및 권익보장의 문제 　- 주거 및 주거환경의 문제가 있는 경우 　- 교통시설 접근성 및 편리성에 문제가 있는 경우 　- 법, 옹호, 인권 등과 관련하여 권리보장에 어려움이 있는 경우
⑫ 상담결과 판정의견	○ 사례에 대한 잠정적인 서비스 진행계획에 대한 의사결정을 진행 ○ 긴급지원대상자는 주요 문제별 서비스 수행방법 중에서 긴급지원이 선택된 영역이 있는 경우 ○ 주요 문제별 서비스 수행방법 중에서 공공 서비스 제공이 가능한 경우 서비스 유형에 따라 기초생활보장, 영유아, 아동, 청소년, 한부모 가족, 장애인 복지, 노인복지, 사회복지서비스(바우처), 긴급복지, 기타로 구분하여 표기 ○ 서비스연계 · 사례관리 대상자는 주요 문제별 서비스 수행방법 중에서 민간서비스 제공이 하나라도 있는 경우 ○ 단순 정보제공으로 문제 및 욕구해결이 가능한 경우 또는 서비스 거절, 상담 거부 등으로 초기 상담이 어려운 경우 서비스 제외 대상자로 기록
⑬ 상담자 종합의견	○ 일차적으로 대상자 유형 분류의 사유를 기술하고, 향후 사례관리 또는 공공서비스 제공을 위해 필요하다고 생각되는 정보를 상담자의 의견을 중심으로 기술

(2) 작성 예시 – 초기상담지

초 기 상 담 지

① 상담번호	G00000000686328				② 상담일자		201*년 *월 *일	③ (차)상담	
④ 상담자	이○○				소 속		**동		
					연락처		02-3153-****		
⑤ 접수경로	□ 대상자 요청(방법 :　　　　) □ 기관 내 의뢰 (　　　) □ 통장 및 이웃주민 등(　　　) ■ 사례관리자의 발굴				□ 타 기관 의뢰 (　　　　) □ 129콜센터 이관 (　　　　) □ 좋은이웃들 (　　　　) □ 기타 (　　　　)				
⑥ 상담장소	□ 지역사회기관방문		■ 가정방문		□ 내방		□ 전화		
⑦ 대상자명	김○○				성별		■ 남 　　 여		
주민등록 번 호	71****-1******				연락처		집(직장)		
							휴대전화		
등본주소	서울특별시 **구 **동								
실거주주소	서울특별시 **구 **동								

⑧ 가족사항	관계	성명	연령	결혼	동거	학력	직업	건강 상태	장애 및 질병	비고
	가구주	김○○	39	이혼	동거	–	서비 스직	불량	정신질환(알코올의 존증, 우울증, 기타 내과질환)	
	자	김○범	15	미혼	동거	고교 재학	학생	양호		

⑨ 상담내용	– 김○○(남, 39세)는 전처와 노점을 운영하며 영세한 생활을 해왔으며, 부인의 부채 관련 문제로 이혼하고 자녀(남, 15세) 한 명을 양육하고 있는 부자세대임. 이혼 후 자녀는 인척에게 맡기고 홀로 노숙과 쉼터 생활을 해 오다 지인의 도움으로 보증금 없이 월 25만원의 임대료를 지불하는 집을 얻어 다시 자녀와 함께 생활하고 있음. 지속적인 음주 및 자살기도로 2009년 7월 전문사례관리대상으로 선정하여 정신보건센터, 알코올상담센터, 아동보호전문기관, 서강지구대 등과 사례관리 진행하여 응급상황 해소되었으나 문제와 욕구 재확인을 거쳐 잠재된 위험 및 위기상황에 대한 개입이 필요함. – 가족, 자녀: 김○○는 어린시절부터 백모에 의해 양육되었으며, 부양의무자인 부는 주민등록말소 상태로, 행방에 대해 알고 있지 못함. 이혼한 전처는 재가한 상태임. 부자의 애착관계는 양호하며 자녀가 부의 문제를 잘 이해하고 가사 등 일상 활동을 수행하고 있음. 가구주의 경우 '애정'과 '인정받고자 함'의 욕구가 큼. – 주거: 지인의 배려로 보증금 없이 월 25만 원에 거주하며 주거 상태 전반적으로 양호함. 자녀가 강서구 화곡동에 있는 학교에 진학하면서 인근 임대주택 입주를 희망함. – 경제: 비정기적인 일로 가구 내 경제적 어려움이 클 것으로 판단되나 경제적 지원의 욕구는 표면적으로 없음.

⑩상담내용	－ 고용, 직업: 지난해 사례관리 선정 당시, 퀵서비스로 월 100만 원의 소득이 있다 신고하 였으나 이후 재상담 시 실제 소득이 그에 훨씬 미치지 못한다 하였음. 최근 날씨가 풀리 면서 경쟁이 심해 일거리를 구하기가 더 어렵다 함. 자활사업 참여 등은 희망하지 않음. － 의료, 정신건강: 만성 알코올중독 및 이로 인한 타 신체적 질병, 자살기도 등으로 정신과 병원 응급입원 후 퇴원함. 이후 표면적인 어려움 없으며 상담 시 음주하지 않는다 하나 실제 상태 확인 및 이에 대한 지속적인 관리 필요할 것으로 판단됨. － 일상생활: 비음주 시 큰 어려움은 없음. 자녀가 가사활동 수행함.
⑪주요문제	☐ 안전(학대, 방임, 기타 안전)의 문제　■ 신체 및 정신건강 문제 ☐ 일상생활 유지 문제　　☐ 가족생활 문제 ☐ 사회적 관계(친인척, 이웃, 동료관계 등) 문제 ■ 경제적 문제　　☐ 교육 및 학습의 문제　　■ 취(창)업 및 직무수행상의 문제 ☐ 생활환경 및 권익보장의 문제　　☐ 기타
⑫상담결과 판정의견	☐ 기초생활보장　　☐ 영유아　　☐ 아동　　☐ 청소년특별지원 ☐ 한부모 가족　　☐ 장애인 복지　　☐ 노인복지 ☐ 사회복지서비스(바우처)　　☐ 긴급복지　　■ 기타사회복지서비스(알코올상담 등) ■ 서비스연계/사례관리대상 (■ 사례관리 ☐ 서비스연계) ☐ 추가상담 후 판단
⑬ 상담자 종합의견	통합사례관리대상으로 재추천하여 개입하고자 함.

2. 〈서식2〉 개인정보활용 동의서(※ 시스템 미구현 서식)

※ 동 서식은 동의서 샘플양식으로 각 시·군·구에서 상황에 맞게 변경하여 활용 가능

개인정보 활용 동의서

　본인 ○○○은(는) 통합사례관리사업 추진에 있어서 필요한 개인이력, 생활상의 문제점, 가족구 성원과의 관계 등의 개인정보를 해당 범위에 따라 사례관리 담당자와 사례회의 참석기관 및 서비스 제공기관에게 제공함에 동의합니다.

년　　　월　　　일

성　　　명:　　　　　　(인)

주민등록번호:　　　　-

○○○ 시군구 단체장 귀하

3. <서식3> 욕구조사표

욕 구 조 사 표

① 대상자명		주민등록번호		② □ 신규 □ 제조사( )차		
주 소			연락처	집 : 휴대전화 :	직장 :	

③ 주거 사항	주거 형태	□ 단독주택 □ 다세대 주택·연립 □ 아파트 □ 기타( )	주거 구분	□ 자가 □ 전세(보증금 만 원) □ 월세(보증금 만 원, 월세 만 원) □ 영구임대 □ 무상임대	난방 방법	□ 가스 □ 기름 □ 연탄 □ 기타	화장실	□ 공용 □ 단독 □ 수세식

④ 가족 사항	가구주와의 관계	성명	연령	동거	학력	직업	장애유형	질병	비 고
				O X		O X			

⑤ 가구 유형	□ 소년소녀가구 □ 독거노인가구 □ 조손가구 □ 한부모가구 □ 장애인가구 □ 노인부부가구 □ 청장년1인가구 □ 부부중심가구 □ 미혼모·부가구 □ 다문화가구

⑥ 서비스 이력	수혜자	개시일~종료일	급여·서비스명	서비스유형	제공유형	제공주기	제공기관	서비스상태

욕구 영역	주요 현상	대상자	주요 원인 및 원인 제공자						주요 원인	우선 순위
			제공자1	원인1	제공자2	원인2	제공자3	원인3		
⑦욕구 영역별 현상 및 원인 ①안전 □가족 내 안전유지	A. 폭력								1. 정신질환	
	B. 성폭력	시스템은 동거 가족구성원 포함을 포함한 가 함 원인 제공자 인을 포함 제공 리스트 제공 즉 리스트 제공							2. 습관성 음주	
	C. 유기								3. 약물 오남용	
	D. 방임								4. 폭력적 성향	
	E. 학대								5. 왜곡된 성의식	
	F. 실종								6. 치매	
									7. 무기력감	
									8. 성격차이	
									9. 무관심	
									10. 보호역할 가구원 부재	
									11. 가족 내 차별	
									12. 가족 간 갈등	
									13. 가정해체	
									14. 경제적 빈곤	
									15. 시간 부족	

		1. 자기보호능력 미약	2. 친인척간 불화	3. 이웃간 불화	4. 원한관계	5. 금전거래				

A.폭력　　B.성폭력　　C.협박·위협　　D.학대　　E.착취

□ 가족 외 부로부터의 보호

욕구 영역	주요 현상	대상자	주요 원인 및 원인 제공자						주요 원인	우선 순위
			제공자1	원인1	제공자2	원인2	제공자3	원인3		
② 건강적 건강 유지　□ 신체	A. 신체적 장애								1. 유전적원인　20. 심장질환	
									2. 사고　21. 신장질환	
									3. 자해　22. 노환	
									4. 방임　23. 기타 만성질환	
	B. 일시적 질병 및 상해								5. 유기　24. 스트레스	
									6. 학대　25. 잘못된 식습관	
	C. 만성·퇴행성·난치성 질환								7. 고(저)혈압　26. 운동·부족	
									8. 당뇨　27. 질병에 노출된 환경	
									9. 관절염　28. 경제적 빈곤	
									10. 암　29. 적절한 치료 부재	
									11. 전지　30. 정보 부족	
	D. 비만								12. 결핵	
									13. 전염병	
									14. 만성간질환	
									15. 간질(발작)	
									16. 치매	
	E. 영양결핍								17. 뇌졸중(중풍)	
									18. AIDS	
									19. 백혈병	

욕구별 영역별 현상 및 원인

	1. 습관성 음주	2. 약물 오남용	3. 스트레스	4. 정신분열증·우울증	5. 기타 정신질환 의심	6. 가족부양 부담	7. 이성문제	8. 경제적 빈곤	9. 가족 및 사회적 관계 형성 미흡	10. 적절한 치료 부재
A. 정신질환										
B. 약물 오남용										
C. 습관성 음주										
□ 정신적 건강 유지 / D. 자해(자살) 행위										
E. 불안감										
F. 폭력적 성향										
G. 대인기피										

욕구 영역	주요 현상	대상자	제공자1	원인1	제공자2	원인2	제공자3	원인3	주요 원인	우선 순위
③ 일상 생활유지 □ 이식 관련 주거생활 유지 일상생활 유지	A. 스스로 식사 곤란									
	B. 스스로 용변 곤란								1. 신체장애 2. 정신질환 3. 지적장애 4. 신체허약 5. 무기력감 6. 교육·학습 부족 7. 노환 8. 약복용 거부 9. 일시적 질병·상해	
	C. 스스로 의복착용 곤란									
	D. 스스로 외출 곤란									
	E. 스스로 약물복용 불가능									
	F. 스스로 가사활동 불가능									
	G. 긴급상황 대처 불가능									
□ 여가 생활 활용	A. 여가활동 부족								1. 시간부족 6. 가족의 무관심 2. 정보부족 7. 주변의 따임 3. 경제적 빈곤 4. 가족의 통제 및 교육 미흡 5. 적절한 치료 부재	
	B. 부적절한 여가활동(게임, 도박 등)									

주요원인 및 원인 제공자

욕구 영역별 현상 및 원인

욕구 영역별 현상 및 원인	욕구 영역	주요 현상	대상자	제공자1	원인1	제공자2	원인2	제공자3	원인3	주요 원인	우선순위
④ 가족관계	□ 관계 형성	A. 부부갈등								1. 실병 12. 가족 내 차별	
		B. 부(모)자갈등								2. 폭력 13. 학업 성적 부진	
		C. 고부갈등								3. 탄신 및 가출 14. 자녀 이성 문제	
		D. 형제(자매) 갈등								4. 성격차이 15. 교우 관계	
		E. 가족의 무관심								5. 배우자외도 16. 재산 상속 갈등	
										6. 자녀양육 갈등 17. 금전거래	
										7. 종교 갈등 18. 경제적 빈곤	
										8. 가족부양 부담	
										9. 다문화 가구	
										10. 시간 부족	
										11. 보호 역할 가구원 부재	
	□ 가족 돌봄	A. 장애인 돌봄 곤란								1. 보호 역할 가구원 부재	
		B. 노인 돌봄 곤란								2. 시간 부족	
		C. 아동돌봄(보육) 곤란								3. 무기력감	
		D. 만성(심각한) 질환자 돌봄 곤란								4. 경제적 빈곤	
										5. 정보 부족	

주요원인 및 원인 제공자

욕구 영역	주요 현상	대상자 (제공자1)	원인1	제공자2	원인2	제공자3	원인3	주요 원인	우선순위
⑤ 사회적 관계 — □ 친인적 및 이웃 간 관계 형성	A. 친인척 갈등							1. 가족부양 부담 2. 대인기피 3. 소란·위협 4. 금전거래 5. 위험물 방치 6. 쓰레기 방치	
	B. 이웃 간 갈등								
	C. 친인적·이웃 간 관계 소원								
□ 소속된 집단 및 사회생활	A. 직장생활 어려움							1. 정신질환 2. 지적장애 3. 폭력적 성향 4. 대인기피 5. 과도한 활동 6. 적응력 부족 7. 지원거부 8. 따돌림 9. 폭력 10. 성폭력 11. 성추행 12. 학교생활지도 미흡 13. 학업수행 부진 14. 담선 및 기술 15. 경제적 빈곤 16. 정보 부족 17. 사회적 지지체계 부족	
	B. 학교생활 어려움								
	C. 종교생활 문제								
	D. 기타 사회생활의 어려움								
	E. 상습범죄								

욕구별 영역별 현상 및 원인

욕구 영역	주요 현상	대상자	주요 원인 및 원인 제공자						주요 원인	우선순위
			제공자1	원인1	제공자2	원인2	제공자3	원인3		
⑥ 경제 ☐ 기초생활해결	A. 결식								1. 실직 2. 휴폐업 3. 파산 4. 신용불량 5. 주소득원의 사망·가출·실종 6. 사고 7. 일시적 질병 및 상해 8. 만성·회귀·난치성 질환 9. 건강보험 미가입 10. 임차료 부담 11. 정보 부족	
	B. 주거비 부족									
	C. 의복비 부족									
	D. 난방비 부족									
	E. 공과금 체납									
	F. 통신비 부족									
	G. 의료비 과다									
☐ 자산관리	A. 자산관리 능력부재								1. 지적장애 9. 휴폐업 2. 치매 10. 파산 3. 정신질환 11. 신용불량 4. 습관성 음주 12. 사고 5. 습관성 도박 13. 의료비 과다 6. 소년소녀가장 7. 주소득원의 사망·가출·실종 8. 실직	
	B. 부채									
	C. 과태료·벌금									
	D. 과소비·낭비									

욕구 영역별 현상 및 원인

욕구 영역		주요 현상	대상자	주요 원인 및 원인 제공자						주요 원인	우선순위
				제공자1	원인1	제공자2	원인2	제공자3	원인3		
⑦ 교육	□ 기초지식습득 및 향상	A. 읽기·쓰기·말하기 문제								1. 다문화가구	
		B. 수리계산능력 부족								2. 신체적·정신적 장애	
										3. 경제적 빈곤	
										4. 학습능력 부족	
										5. 성취감 부족	
	□ 교육 개선	A. 수업료·급식비 등 부족								1. 경제적 빈곤	
		B. 특수교육 문제								2. 보호역할 가구원 부재	
		C. 사교육 문제								3. 가족부양 부담	
		D. 상급학교 진학의 어려움								4. 장애인가구	
		E. 무단결석								5. 부(모)자 갈등	
		F. 학업성적 부진								6. 이성 문제	
										7. 교우 관계	
										8. 탈선 및 가출	
										9. 정보 부족	

욕구 영역별 현상 및 원인

⑧ 직업 취(창)업 □	1. 건강 문제	2. 부채	3. 가족간병 부담	4. 자녀양육 부담	5. 조직생활 부적응	6. 따돌림	7. 경험 및 경력 부족	8. 기술 부족	9. 직업훈련 부재	10. 저학력	11. 교통 문제	12. 자금 부족	13. 정보 부족
A. 실업·실직													
B. 열악한 근로환경													
C. 저임금													
D. 비정규직													
E. 구직의 어려움													
F. 창업의 어려움													

욕구 영역	주요 현상	대상자	제공자1	원인1	제공자2	원인2	제공자3	원인3	주요 원인	우선 순위
⑩ 생활 환경 및 권익보장	A. 화장실 열악								1. 시설 부족 2. 시설 낡음 3. 시설 위험 4. 시설 부재(장애인 편의시설 등) 5. 위험물 방치 6. 쓰레기 방치	
□ 주거 내부환경 개선	B. 주방시설 열악									
	C. 위생환경 열악									
	D. 도배·장판 열악									
	E. 냉난방 열악									
	F. 전기시설 열악									
	G. 가스시설 열악									
	E. 상하·도 시설 열악									
	F. 주택 내 이동곤란									

주요 원인 및 원인 제공자

욕구별 영역 현상 및 원인

		원인( )	원인 제공자( )	기타( )
		1. 도서산간지역		
		2. 유흥업소밀집지역		
		3. 공장밀집지역		
		4. 자연재해 다발지역		
		5. 우범지역		
		6. 화재·폭발 위험물에 노출		
		7. 위험물 방치		
		8. 쓰레기 방치		
		9. 편의시설 부족		
		10. 시설 낙후		
		11. 시설 부재		
		12. 정보 부족		
		1. 한부모가구 5. 장애인		
		2. 조손가구 6. 독거노인		
		3. 소년소녀가구 7. 법률(소송) 문제		
		4. 다문화가구 8. 정보 부족		

□ 주거	G. 사생활 공간 부족
	A. 학습환경 열악
	B. 교통 접근성 열악
□ 외부환경 개선	C. 주변 위험물
	D. 상습침수
	E. 철거 등 공공수용
□ 권익 보장	F. 차별대우
	G. 권리침해

⑧ 사회적 지지자원				

대상가구 일반 현황

⑨ 가족력	결혼전기	
	신혼기	
	자녀아동기	
	자녀청년기	
	노년기	

⑩ 개인력	관계	성명	연령		특이사항
			영유아기	아동기	
			청소년기	성인기	
			영유아기	아동기	
			청소년기	성인기	
			영유아기	아동기	
			청소년기	성인기	
			영유아기	아동기	
			청소년기	성인기	

⑪ 요청 서비스내역	대상가구가 요청한 서비스 내용 기술

⑫ 검토 의견	주요욕구	욕구명	욕하원칙에 의거 상황을 구체적으로 기술
		욕구명	
		욕구명	
		욕구명	
	종합의견		

⑬ 접수번호		작성일자	욕구조사 실시 결과에 따른 종합의견 기술
담당자	소 속	자동생성 되도록	
	연 락 처		

(1) 작성 방법 - 욕구조사표

항목	작성방법
① 대상자 명, 주민번호, 연락처, 주소	○ 욕구조사 대상자의 대상자 명, 주민번호, 연락처, 주소를 기재
② 신규, 기존	○ 대상가구에 대해 욕구조사표를 신규로 작성하는 경우 '신규'로 체크를 하고, 재조사인 경우 '재조사'를 체크한 후 해당 차수를 숫자로 기입함.
③ 주거사항	○ 대상자의 주거 형태와 소유 여부 등을 기록하고, 난방 방법 및 화장실 상태 등 주거 상황을 기록함.
④ 가족사항	○ 욕구조사 대상자를 포함한 가구원의 정보(가구주와의 관계, 성명, 연령, 동거, 학력, 직업, 장애유형, 질병 등)를 기록함.
⑤ 가구 유형	○ 시스템 내에서 자동으로 연계되는 정보가 없을 시, 현 거주 상황에 대한 정보를 통해 가구유형을 구분하여 기입함. - (소년소녀가구) 부모나 친인척이 없이 형제남매만 살고 있거나, 소년소녀 1인만 살고 있거나, 부양능력 없는 친인척과 형제남매가 함께 살고 있는 가구 - (독거노인가구) 65세 이상 노인 단독 가구 - (조손가구) 18세 미만의 아동이 부모와 떨어져 조부나 조모와 같이 사는 가구 - (한부모가구) 별거, 이혼, 사망 등의 원인으로 부모 중 한쪽이 부재하며 홀로 자녀를 양육하고 있는 가구 - (노인부부가구) 부부 중 1인이 65세가 넘는 노인 가구 - (청장년 1인가구) 65세 미만 성인 단독 가구 - (부부중심가구) 부부를 중심으로 부모 또는 자녀 등으로 구성된 가구 및 부부로만 구성된 가구 - (미혼모·부가구) 정식 결혼 절차 없이 자녀를 낳아 혼자 양육하고 있는 미혼 여성 또는 미혼 남성의 가구 - (장애인가구) 신체적, 정신적으로 장애를 경험하는 가구 구성원이 있는 가구 유형으로써 기본 가구 유형과 별도로 기록함. - (다문화가구) 국제결혼 등을 통하여 외국인 가구 구성원이 있는 가구 유형으로써 기본가구 유형과 별도로 기록함.
⑥ 서비스 이력	○ 대상가구가 조사시점 현재 제공받은 서비스 내역을 사례관리 시스템에서 조회, 참조하여 세부적인 욕구 조사를 실시함(※ 시스템 내에서 해당 정보 자동 연계 출력 가능)
	○ 사례관리 후보자에게 9대 욕구 영역 세부 18개 욕구 항목을 순차적으로 질문하여 사례관리 후보자 및 가족 구성원이 보유한 문제 영역에 누락이 없도록 조사하여 기입함. - 세부욕구 영역별의 각 주요현상에 해당하는 대상가구원을 파악하여 욕구조사표의 '대상자 칸'에 기입(※ 시스템에서는 기 입력한 가구 구성원이 대상자 리스트로 조회) - 대상자가 노출되어 있는 각 주요 현상별 원인을 파악하여 중요도에 따라 최대 3개까지 '주요원인'의 해당 항목 번호를 '원인1, 원인2, 원인3'에 기입함.

⑦ 욕구 영역별 현상 및 원인	- 각각의 원인을 야기시키는 원인 제공자를 파악하여 최대 세 개까지 '원인 제공자1 ○○○/원인 제공자2 ○○○/원인 제공자3 ○○○'를 기입함(※ 시스템 입력 시에는 원인 제공자 리스트 중에서 해당 항목을 체크). ※ 현상에 따라 원인 제공자 및 원인이 없거나 불분명할 시, 별도로 기입하지 않아도 무방 - 9대 욕구영역에 포함시키기 어렵거나 별도의 구분을 함으로써 문제 상황이 보다 분명해지는 요인은 기타 영역을 활용하여 기입함. - 욕구조사 후, 욕구별 우선순위를 가장 시급한 문제 순으로 1부터 5까지 파악하여 기입함.

대상자	가구 구성원(본인, 처, 남편, 아들, 딸, 부, 모, 조모, 조부, 장인, 장모), 사실혼 관계의 배우자와 그 자녀 및 기타 동거인(삼촌, 고모, 시동생, 시누이 등 친인척 및 기타 동거인), 가구 구성원 전체(가구 구성원 모두가 대상자일 경우)
원인 제공자	가구 구성원 및 기타 동거인, 친인척, 이웃, 학교 친구, 학교 선후배, 친구, 직장 동료·상사, 내연남(녀), 교사(교직원), 보육시설(유치원) 종사자, 학원·학습지 교사, 종교 관계인, 채권자, 채무자, 임대주·임차인, 폭력배, 복지기관 종사자, 공공기관, 불특정인, 해당 없음(기타)

⑧ 사회적 지지 자원	○ 야기되고 있는 주요 문제를 완화하거나 욕구를 해결하는 데 도움이 될 수 있으며, 잠재적 활용가치가 있는 개인의 내적, 가족이나 지역사회 유형 혹은 무형의 자원을 파악하여 기록함.
⑨ 가족력	○ 가구 구성원 및 주변인으로부터의 정보 등을 통하여 연대기 순으로 대상가구의 생활주기를 부모를 중심으로 결혼전기, 신혼기, 자녀아동기, 자녀청년기, 노년기로 나누어 기술. 각 단계별로 가족 내 구성원 간의 관계와 가족 구성원 간 미친 영향 그리고 해당 시기에 가구원에게 가장 큰 영향을 준 사건 등을 기록하여 각 발달 단계별 가족사와 위기를 일목요연하게 볼 수 있도록 구성함.
⑩ 개인력	○ 대상 가구원 중 욕구 정도가 높은 주요 관리 가구원에 대하여 개인력을 조사. 생애 주기를 영유아기, 아동기, 청소년기, 성인기로 구별하여 각 주기의 중요한 문제의 전개를 기술. 대상자에 대한 상세 이력 조사를 통하여 대상자가 겪고 있는 문제점 또는 보유하고 욕구의 발생원인 및 시점 등을 파악할 수 있음.
⑪ 요청 서비스 내역	○ 사례관리 대상자가 상담을 통해 직접적으로 요청한 서비스 내역을 구체적으로 기술
⑫ 검토 의견	○ '주요 욕구'는 '욕구 영역별 현상 및 원인'에서 우선순위로 정해진 아홉 개의 욕구 항목의 현상과 원인에 대해 육하원칙하에 구체적으로 기술함. - '종합의견'은 사례관리자의 전문적 판단을 기반으로 대상자의 표현된 욕구와 표현되지 않은 욕구를 종합하여 기술하고, 그에 따른 해결방법에 대하여 작성함. ※ 욕구 영역별 위기도 점수를 욕구 영역별 점수와 총점을 기록함.
⑬ 접수번호, 작성일자, 담당자 명 등	○ 접수번호와 상담자의 성명, 소속기관 및 부서명, 연락 가능한 전화번호를 기록

(2) 작성 예시 – 욕구조사표

| ① 대상자 명 | 김○○ | 주민등록번호 | 71****-1******* | 연락처 | 집 : | 직장 : | ② ■ 신규 □ 재조사 (   )차 |

주 소: 서울특별시 △△구 **동   휴대전화 : 010-****-****

③ 주거사항

주거형태	□단독주택 ■다세대주택·연립 □아파트 □기타( )
주거구분	□자가 □전세(보증금 만 원) ■월세(월세 25만 원) □영구임대 □무상임대( )
난방방법	■가스 □기름 □연탄 □기타( )
화장실	□공용 ■단독 ■수세식 □재래식

비고

④ 가족사항

가구주와의 관계	성명	연령	동거	학력	직업	장애유형	질병
가구주	김○○	39	동거	-			정신질환(알코올의존증, 우울증, 기타 내과질환)
자	김○법	15	동거	고등학교 재학	서비스직		

⑤ 가구유형

□소년소녀가구 □청소년인가구 □독거노인가구 ■한부모가구 □장애인가구
□부부중심가구 □노인부가구 □조손가구 □미혼모가구 □다문화가구

⑥ 서비스 이력

수혜자	개시일~종료일	급여·서비스명	서비스 유형	제공기관	제공주기	서비스 상태
김○○	2010-04-14~	알코올중독회복프로그램		민간		지원 중
김○법	2010-04-23~2010-04-29	의료급여 본인부담면제	현물서비스	중앙부처		중지
김○법	2010-04-14~	아동시설보호		민간		지원 중
김○법	2010-04-14~	개별상담 및 관리		민간		지원 중
김○법	2010-02-17~	부자가정차상위하비	현금급여	중앙부처		지원 중
김○법	2009-08-25~	한시생계급여	현금급여	중앙부처	월	지원 중

⑦ 욕구 영역별 현상 및 원인

욕구 영역		대상자	주요 현상	주요 원인 및 원인 제공자						우선순위
				제공자1	원인1	제공자2	원인2	제공자3	원인3	
건강	정신적 건강유지	김○○	정신질환	해당없음 (기타)	습관성 음주	가구 구성원 (김○○)	정신질환 우울증	전부인		1
사회적 관계	소속된 집단 및 사회생활	김○○	직장생활 어려움		정신질환					4
정체	자산관리	김○○	부채	전부인	신용불량	가구 구성원 (김○○)	습관성 음주			2
교육	기초지식 습득 및 향상	김○범	수리계산능력 부족	해당없음 (기타)	학습능력 부족	해당없음 (기타)	성취감 부족			3
기타										

⑧ 사회적 지지 자원

한부모 가족지원에 의한 교육비지급

⑨ 가족력

결혼전기	열심히 살아보려고 노점상 및 영세 자영업으로 노력하며 생활함.
신혼기	영세자영업의 힘든 과정을 가지고 실패를 거듭함.
자녀아동기	부인의 보험영업으로 인한 빚은 부채를 안게 되었으며, 이혼 및 전부인의 재혼
자녀청년기	
노년기	

⑩ 개인력

관계	성명	연령		특이사항
가구주	김○○	39	영유아기	
			아동기	친인척에 의한 학대로 인하여 집을 가출함.
			청소년기	스스로의 생활을 위해 편의점 일을 배워 생활을 영위함.
			성인기	영세자영업 및 택시서비스를 통해 소득활동을 함. 전처와 이혼,
자	김○범	15	영유아기	가정형편은 어렵지 않았지만 양친모두 존재함.
			아동기	부모의 이혼 등 심리갈등 있음
			청소년기	반복되는 아빠지의 음주와 자살기도에 의한 외부와의 의사소통 거부하는 경향 있음.
			성인기	

⑪ 요청 서비스 내역

주요 욕구		
	재무해결방법	
	정신적 건강유지	습관성 음주를 절제할 수 있어야 하는데 잘 되지 않음.
	자산관리	전부인의 부채를 연대보증으로 떠인음. 이에 대한 해결방법
	기초지식 습득 및 향상	자녀 중학교 학교 수업일수 부족으로 인한 근거리 고등학교가 아닌 곳으로 진학함. / 학습에 대한 흥미가 부족하고 성적은 좋지 않은 편임.
	소속된 집단 및 사회생활	직장·생활이 어려움 있음. 직업의 변화를 원하지 않음.
	기 타	

⑫ 검토의견

| 종합의견 | 위 사례는 통합사례관리대상으로 추천됨. 습관성 알코올 이존이 있어서 술을 마시면 2~3일간 아무것도 할 수 없는 상태가 종종 발생하는 상태임. 자녀에 대한 애착이나 책임감을 가지고 있으나 사회적 관계형성의 문제로 직장에 들어가는 것을 꺼려하는 상태임. 전부인의 연대보증으로 갖게 된 빛에 대한 해결방법에 대한 욕구 외에는 본인이 스스로 열심히 할 것이라는 의사를 표명하심. 부채 해결을 위한 방법 모색, 부 김○○의 만성 알코올의존 문제에 대한 개임이 필요할 것으로 사료됨. 통합사례관리대상으로 적절한 개임과 관리가 필요하다고 판단됨.

[욕구 영역별 위기도 접수 위기도 총점: 36점
안전 3 / 건강 9 / 일상생활유지 1 / 가족관계 5 / 사회적 관계 5 / 정제 4 / 교육 2 / 직업 4 / 생활환경 및 권익보장 3 |

⑬ 접수번호

접수번호	G00000000686328	작성일자	2011-3-29
담당자	한_**	소 속	서울특별시 △△구 주민생활국 주민생활지원과
		연 락 처	

4. 〈서식4〉 위기도 조사지 (※ 시스템 미구현 서식)

위기도 조사지 (Risk Assessment)		① 접수번호	
		사정일시	
		사례관리 담당자	
		③ 정보제공자 명(관계)	
② 대상 자명		대상자 연락처	
정보제공자 연락처			

문제유형		④ 대상자가 인식한 심각도 (매우 낮음)← →(매우 높음)					⑤ 욕구 영 역별 위기 도 평가	⑥ 사정자의 종합의견
		1	2	3	4	5		
안전	1) 가족 내 안전							
	2) 가족 외부 성원 으로부터 보호							
	3) 공통							
건강	1) 공통							
	2) 신체적 건강							
	3) 정신적 건강							
일상생활 유지								
가족 관계	1) 관계형성							
	2) 가족 돌봄							
사회적 관계	1) 친인척, 이웃 관계							
	2) 소속집단 및 사회생활							
경제	1) 의식주							
	2) 자산관리							
	3) 공통							
교육	1) 기초학습능력							
	2) 자녀교육							
직업								
생활환경 및 권익보장	1) 생활환경							
	2) 권익보장							

욕구 영역별 위기도 평가 기준

안전 │ 가족 구성원 또는 외부인과의 관계에서 야기되는 기초적 신변보호 등의 안전

	사정질문	전혀 문제가 없다	약간 문제를 느낀다	상당히 문제를 느낀다	심각한 수준이다
1) 가족 내 안전	함께 거주하고 있는 가족 구성원이 당신에게 폭력을 행하고 있어 모멸감을 느끼거나 두렵습니까? *신체적 · 언어적 · 정신적 폭력 모두 포함	0	1	2	3
	① 함께 거주하고 있는 가족 구성원이 성폭행을 행하고 있어(혹은 과거에 당한 경험으로 인해) 현재 지내는 곳이 안전하지 않다고 느끼십니까? ② 함께 거주하고 있는 가족 구성원이 성폭행을 할 것 같은 두려움에 현재 지내는 곳이 안전하지 않다고 느끼십니까? *욕구조사표에서 사전 스크리닝한 상태에 따라 질문 언어 선택 필요(욕구조사표에서 성폭행 경험 대상자일 경우 ①번 질문, 그 외는 ②번 질문)	0	1	2	3
	함께 거주하고 있는 가족 구성원으로부터 돌봄이나 존중을 받지 못하고 방치되어 있다는 느낌을 받으십니까?	0	1	2	3
	보호자가 밥을 주지 않아서 굶거나 밥이 부족한 경우가 자주 발생하는 등 문제가 나타나고 있습니까? *아동(초등학교 6학년 이하까지만 해당) 대상 질문, 중학생 이상의 경우 전혀 문제가 없다 '0'에 체크	0	1	2	3

2) 가족 외부 성원 으로부터 보호	친척, 친구, 이웃 등이 당신에게 폭력을 행하고 있어 수치심을 느끼거나 두렵습니까? *신체적·언어적·정신적 폭력 모두 포함	0	1	2	3
	친척, 친구, 이웃 등으로부터 성폭행을 당하여(혹은 성폭행을 당할 수 있을 것 같은 생각이 들어) 현재 안전하지 않다고 느끼십니까?	0	1	2	3
	친척, 친구, 이웃 등으로부터 학대, 현금 및 물품 갈취 등을 당하거나 협박을 받고 있습니까?	0	1	2	3
3) 집에서 생활하거나 학교, 직장 등에 가는 것을 무섭다고 느끼십니까?		0	1	2	3

건강 　가족 구성원의 신체적·정신적 건강 문제로 인하여 치료가 필요하거나 일상생활의 어려움

	사정질문	아니요		예	
1) 공통	병원 등 의료기관에서 진단받았거나 등록된 분명한 장애가 있습니까? *신체장애, 정신장애·질환 모두 해당	0		1	
	지난 1년간 의사와 상의 없이 혹은 병원에서 처방받은 방식과 달리 약물을 복용하였습니까?	0		1	

	사정질문	전혀 문제가 없다	약간 문제를 느낀다	상당히 문제를 느낀다	심각한 수준 이다
2) 신체적 건강	일시적 질병이나 상해로 인하여 일상생활의 불편함이 있습니까?	0	1	2	3
	지속적인 관리를 요하는 만성질환으로 일상생활의 불편함이 있습니까? *심장병, 당뇨, 암, 간질, 아토피, 천식 등	0	1	2	3
	건강을 위해 비만관리가 필요하다고 느끼십니까?	0	1	2	3
	규칙적인 식사와 영양식을 섭취하는 데 어려움이 있습니까?	0	1	2	3

3) 정신적 건강	집에 항상 술을 준비해 두어 습관적(주 3회 이상)으로 술을 마십니까? 혹은 술로 잠을 청하는 경우가 있습니까?	0	1	2	3
	정신적 질병이나 장애로 인한 고통(생각)때문에 죽음을 생각하거나 시도한 적이 있습니까?	0	1	2	3
	정서적으로 불안하다고 느끼십니까? *우울하거나 슬픈 기분이 지속된다/ 자주 화가 나거나 짜증이 난다/ 걱정과 불안이 지속된다	0	1	2	3
	지난 1년간 가족 구성원이나 친구, 이웃, 모르는 사람 등에게 해를 입히거나 때리고 싶다는 충동이 들 때가 있었습니까?	0	1	2	3
	정신질환, 과도한 음주, 인터넷 사용, 게임이나 도박, 기타 정신적 문제로 다른 생활에 문제가 생기고 있습니까? *직장·학교 결석/ 대인기피/ 육아 및 가사 기피/ 외출 자제/ 친구 만나지 않기 등	0	1	2	3

일상생활 유지 | 의식주와 관련된 기본적인 행위

사정질문	전혀 문제가 없다	약간 문제를 느낀다	상당히 문제를 느낀다	심각한 수준 이다
일상 생활 유지	스스로 의식주 관련 일상생활을 하는 데 전혀 문제가 없습니까? *의식주 관련 일상생활 ① 식사 ② 대소변 등 용변처리 ③ 옷 입기 ④ 세수, 목욕 등 본인 몸 씻기 *점수 체크방법 • 각 항목을 스스로 모두 수행 가능할 경우 ☞ '0' 체크 • 1개를 스스로 하지 못하거나 도움이 필요할 경우 ☞ '1' 체크 • 2개를 스스로 하지 못하거나 도움이 필요할 경우 ☞ '2' 체크 • 3개 이상을 스스로 하지 못하거나 도움이 필요할 경우 ☞ '3' 체크	0	1	2	3
	스스로 어떤 교통수단이든지 이용 가능하며, 혼자서 외출이 가능합니까?	0	1	2	3

가족관계 가족 구성원의 갈등 완화 및 긍정적 관계 형성 욕구와 보육, 간병 등의 가족보호

	사정질문	전혀 문제가 없다	약간 문제를 느낀다	상당히 문제를 느낀다	심각한 수준 이다
1) 관계 형성	가족 구성원들은 대체로 원만한 관계를 유지하고 있습니까? *배우자 간, 형제자매 간, 부모-자녀 간, 조부모-자녀 간, 시부모·장인 간	0	1	2	3
	가족 구성원들의 무관심으로 인해 외롭다고 느끼거나 심리적 고통을 경험하고 있습니까?	0	1	2	3
	가족 구성원 간의 단절된 관계로 인하여 일상생활 및 사회생활에 문제가 되고 있습니까?	0	1	2	3
	가족 내 갈등으로 인하여 도움을 요청하거나 상담을 할 수 있는 지인, 기관 등이 있습니까?	아니요		예	
		1		0	
2) 가족 돌봄	보호자가 아동·노인·장애인 등을 책임지고 돌볼 수 있는 능력이나 의지가 있다고 생각합니까? *보호자가 정신지체나 정신질환이 있는 경우(능력 부재) *보호자 역할에 대한 교육 부재 등의 문제(의지 부족) *돌볼 가구원이 없을 경우 '0'에 체크	전혀 문제가 없다	약간 문제를 느낀다	상당히 문제를 느낀다	심각한 수준 이다
		0	1	2	3
	아동·노인·장애인에 대한 돌봄 부담으로 고달프고 여유가 없다고 느끼십니까?	전혀 문제가 없다	약간 그렇다	상당히 그렇다	심각한 수준 이다
		0	1	2	3
	지난 1년간 아동·노인·장애인 등에 대한 돌봄 부담으로 인하여 가족원을 포기하거나 죽고 싶다는 생각을 하였습니까?	0	1	2	3

사회적 관계　가족 구성원을 제외한 주변인물 및 사회적 집단 내에서의 관계 형성과 유지

사정질문		전혀 문제가 없다	약간 문제를 느낀다	상당히 문제를 느낀다	심각한 수준 이다
1) 친인척, 이웃 관계	이웃, 친인척 등과의 친교모임에 참석하는 데 어려움을 느끼거나 부담감을 갖고 있습니까?	0	1	2	3
	이웃, 친인척 등 다른 사람들과의 갈등으로 인한 스트레스 때문에 생활상의 어려움이 있습니까?	0	1	2	3
2) 소속된 집단 및 사회 생활	종교모임, 친교모임 등 사교모임에 참여하는 데 불편함이 있습니까?	0	1	2	3
	이웃, 직장동료, 친구 등 다른 사람들과의 갈등으로 인한 스트레스 때문에 심리적 부담을 느끼고 있습니까?	0	1	2	3
	여러 사람 앞에 나서거나 모르는 사람과 친해지는 데에 두려움을 느끼고 있습니까?	0	1	2	3
	귀하나 가족 구성원이 상습범죄를 일으켜 사회생활하는 데 문제가 되고 있습니까?	0	1	2	3

경제　기본적인 생활에 필요한 경제적 문제해결 및 기본적 자산관리

사정질문		아니요	예
1) 의식주 관련 일상 생활	지난 1년 동안 돈이 없어서 식료품을 구입하지 못한 적이 있습니까?	0	1
	지난 1년 동안 돈이 없어서 두 달 이상 집세가 밀렸거나 집세를 낼 수 없어서 집을 옮긴 적이 있습니까?	0	1
	지난 1년 동안 돈이 없어서 공과금(사회보험료와 전기세, 전화세, 수도세 등)을 기한 내 납부하지 못한 적이 있습니까?	0	1
	지난 1년 동안 돈이 없어서 전기세, 전화세, 수도세 중 하나 이상을 내지 못해 전기, 전화, 수도 등이 끊긴 적이 있습니까?	0	1
	지난 1년 동안 돈이 없어서 자녀(대학생 포함)의 공교육비를 한 달 이상 주지 못한 적이 있습니까?	0	1
	지난 1년 동안 돈이 없어서 추운 겨울에 난방을 하지 못한 적이 있습니까?	0	1

	지난 1년 동안 돈이 없어서 의복, 신발 등이 필요한데도 불구하고 사지 못한 적이 있습니까?	0	1
	지난 1년 동안 돈이 없어서 본인이나 가족이 병원에 갈 수 없었던 적이 있습니까?	0	1
2) 자산 관리	가구의 자산을 관리하고 싶은 생각이 있으나 능력이 부재하여 자산관리의 어려움이 있습니까? *관리할 자산이 없을 경우 아니요 '0'에 체크	0	1
	우리 가정에 금융기관, 카드빚, 사채, 이웃에게 빌린 돈 등 갚아야 할 빚이 있습니까?	0	1
3) 지난 1년간 경제적 어려움으로 인해 심각한 우울을 경험하거나 자살을 생각해 본 경험이 있습니까?		0	3

교육 일상생활 유지에 필요한 기초적 지식습득에 관한 문제가 대상자 및 가족 구성원의 학습

	사정질문	전혀 문제가 없다	약간 문제를 느낀다	상당히 문제를 느낀다	심각한 수준 이다
1) 기초 학습 능력	본인 혼자서 기초학습 능력을 수행하는 데 문제가 있습니까? *기초학습 능력 ① 읽기 ② 쓰기 ③ 말하기 ④ 다른 사람의 말, 신문, 글 등 이해하기 ⑤ 수리셈 및 간단한 계산하기 *점수 체크방법 • 각 항목을 스스로 모두 수행 가능할 경우 ☞ '0' 체크 • 1개를 스스로 하지 못하거나 도움이 필요할 경우 ☞ '1' 체크 • 2개를 스스로 하지 못하거나 도움이 필요할 경우 ☞ '2' 체크 • 3개 이상을 스스로 하지 못하거나 도움이 필요할 경우 ☞ '3' 체크	0	1	2	3
2) 자녀 교육	자녀의 학업성적 부진으로 인하여 걱정 및 심리적 부담이 되고 있습니까? *자녀가 없을 경우 전혀 그렇지 않다 '0'에 체크	0	1	2	3
	자녀가 학교 혹은 교육기관으로부터 규율위반이나 태도불량 등으로 퇴학 또는 자퇴경고를 받았습니까? * 자녀가 없을 경우 전혀 그렇지 않다 '0'에 체크	아니요 0		예 1	

사정질문		전혀 문제가 없다	약간 문제를 느낀다	상당히 문제를 느낀다	심각한 수준 이다
자녀가 학교에 가려하지 않거나 무단으로 결석하는 등의 행위를 하고 있습니까? *자녀가 없을 경우 전혀 그렇지 않다 '0'에 체크		0		1	

직업 취업 · 창업에서의 어려움 또는 직업기능수행상의 문제

사정질문		전혀 문제가 없다	약간 문제를 느낀다	상당히 문제를 느낀다	심각한 수준 이다
1) 가장 및 가구원의 오랜 실업으로 인하여 심리적 부담 등 실제 생계에 문제가 되고 있습니까?		0	1	2	3
2-1) 근로자	비정규직 혹은 괜찮은 일자리가 아니라서 언제든지 해고, 정리 당할 수 있을 것이라는 심리적 부담 등 문제를 느끼고 있습니까?	0	1	2	3
	가정생활을 유지하기 어려울 정도로 임금수준이 낮아 문제가 되고 있습니까?	0	1	2	3
	열악한 근로환경에서 근무하거나 근무하는 가족 구성원이 있어 심리적 부담을 느끼는 등 스트레스가 되고 있습니까?	0	1	2	3
2-2) 비 근로자	과거 또는 현재 일자리(직장)를 구하는 과정에서 기술, 경력, 능력 부족 등으로 인해 어려움을 느끼고 있습니까? *구직, 창업 준비자만 해당, 나머지는 전혀 문제가 없다 '0'에 체크	0	1	2	3

사정질문		아니요	예
2-2) 비 근로자	국가에서 직업훈련, 취업알선 및 상담, 창업상담 등의 프로그램을 무료 혹은 할인된 금액으로 제공한다면 참여할 생각이 있으십니까?	1	0
	일을 하지 않거나 할 수 없는 주된 이유(건강, 자녀양육, 가사 및 돌봄 등)가 해결된다면 적극적으로 일자리를 구하여 일을 하시겠습니까?	1	0

생활환경 및 권익보장 │ 대상자가 살고 있는 거주지의 내·외부적 환경 문제와 가족
구성원의 권익보장

사정질문		전혀 문제가 없다	약간 문제를 느낀다	상당히 문제를 느낀다	심각한 수준 이다
1) 생활 환경	현재 거주하는 곳의 생활환경이 열악하여 안락한 생활 유지가 불가능합니까? *화장실, 주방시설, 도배·장판, 전기시설, 가스시설, 상·하수도 시설 등	0	1	2	3
	현재 거주하는 곳에 지난 1년간 누수 및 가스 누출, 전기선 노출 등 안전상의 문제가 발생했습니까?	0	1	2	3
	거주지의 위생상태가 대상자와 가족의 건강, 생활에 지장이 있을 정도로 영향을 미치고 있습니까?	0	1	2	3
	거주하는 공간이 매우 협소하여 주택 내에서 이동상의 문제가 있거나 생활을 하는 데 어려움이 있습니까?	0	1	2	3
	방이 부족하여 성(性)이 다른 가족원이 한 방을 써야하는 상황이거나 사생활에 침해를 받고 있습니까?	0	1	2	3
	현재 거주하는 곳이 거주, 생활, 교육 등에 있어 유해하다고 생각됩니까?	0	1	2	3
	거주하는 곳의 주변환경이 상습 침수, 위험물 존재, 철거대상 혹은 철거대상 근처에 위치해 있어 문제가 되고 있습니까?	0	1	2	3
	혹시 지난 1년간 집 주변에 쓰레기 혹은 고물 등을 쌓아두어 이웃들로부터 항의를 듣거나 민원제기를 받은 경험이 있습니까?	아니요 0		예 1	
2) 권익 보장	가난, 장애, 다문화가구, 부모가 없거나 한쪽 부모만 있어 차별 대우를 받거나 불이익을 당하고 있습니까?	전혀 문제가 없다 0	약간 문제를 느낀다 1	상당히 문제를 느낀다 2	심각한 수준 이다 3
	현재 가족 구성원 중 법적 문제로 인해 고통을 받는 일이 있습니까? *범죄연루/ 파산·신용회복/ 이혼 등 법적소송	0	1	2	3
	사고에 대한 보상처리가 원활하지 못하여 생활에 영향을 줄 정도로 스트레스를 받고 있습니까? *교통사고/ 의료사고/ 산재사고	0	1	2	3
	가족 내에 부당하게 형사 또는 민사사건으로 피소되거나 기소, 처벌, 벌금부과 등으로 현재 어려움을 겪고 있습니까?	0	1	2	3

(1) 작성 방법 - 위기도 조사지

항목	작성방법
① 접수번호, 사정일시, 사정자(사례관리 담당자)	○ 위기사정 접수번호, 위기사정일시, 사정자(사례관리 담당자) 기록
② 대상자 명, 대상자 연락처	○ 위기사정 대상자 명, 대상자 연락처 등 기록
③ 정보제공자 명(관계), 정보제공자 연락처	○ 정보제공자 명(대상자와의 관계), 정보제공자 연락처를 기록
④ 대상자가 인식한 심각도	○ 대상자에게 사정된 욕구의 심각도에 대해 질문하고 대상자가 주관적으로 평가한 점수를 기록 – (질문 예) 선생님께서는 이 욕구가 어느 정도 심각하다고 느끼시나요? '거의 심각하지 않다'를 1점으로 하고 '매우 심각하다'를 5점으로 한다면 몇 점만큼 심각하다고 느끼시나요?
⑤ 욕구 영역별 위기도 평가	○ '욕구 영역별 위기도 평가 기준' 을 활용하여 사례관리담당자가 질문을 한 후 대상자가 응답한 점수를 기록
⑥ 사정자의 종합의견	○ 욕구 영역별 위기도에 대한 대상자의 주관적 측정과, 사정자의 객관적 측정 결과를 포괄하여 해당 욕구의 위기도를 종합평가하여 기록(각 영역별 문항의 수가 동일하지 않고, 문항별 위기의 정도가 영역별로 동일하다고 가정할 수 없으므로 우선순위 결정에 반영하는 데에는 한계가 있으므로, 욕구 영역별 위기도를 중심으로 모니터링하는게 타당)

○ 욕구 영역별 위기도 평가 기준은 출력하여 상담 및 가정방문 시 지참하여 현장에서 사용

○ 사례관리자는 대상자와의 상담과정에서 수집한 정보와 관찰된 내용을 토대로 각 욕구항목에 해당하는 내용을 질문하며 점수 측정

○ 욕구 영역별 위기도 평가 기준은 욕구조사표에 의거한 아홉 가지 욕구 범주에 기본하고 있으며, 위기도는 0점에서 3점까지 평가하도록 되어 있음. 3점에 해당될수록 위기도가 높은 것으로 평가되나 문항의 신뢰성을 유지하기 위한 역질문 내용이 포함되어 있음.

※ 역질문 항목은 음영 표시

평점	문제수준	설명
0	전혀 문제가 없다	해당 문제가 전혀 발생되지 않는 경우
1	약간 문제를 느낀다	간헐적으로 문제가 발생되나, 일상생활 유지에는 영향이 없는 경우
2	상당히 문제를 느낀다	주기적으로 문제가 발생되나 일상생활 유지에는 영향이 없는 경우
3	심각한 수준이다	지속적으로 문제가 발행되어 일상생활 유지가 곤란한 경우

○ 사례관리담당자는 위기도 조사 시 욕구 영역별 번호 순서를 따라 질문할 필요는 없으며, 대상자의 반응을 고려하여 사례관리 담당자 임의로 욕구범주의 질문 순서 설정 가능

○ 평가 기준에 제시된 질문 문항을 그대로 읽을 필요는 없으며, 사례관리자는 질문의 의도를 이해하고 대상자와의 인터뷰를 통해 조사지 작성

○ 욕구 영역별 위기도 평가결과를 토대로 작성한 '⑥ 사정자의 종합의견'은 '욕구조사표 종합의견' 란에 반드시 기록 및 입력, 또한 종결심사 시에도 위기도를 재조사하여 종결심사서의 '종결심사서 종합심사의견'에 기재하여(초기 및 종결 시의 위기도 점수 변화도 측정) 총괄적인 검토 실시

  - 위기도 평가지는 욕구조사표, 종결심사서와 함께 대상자관리대상으로 보관, 관리 필요

○ 욕구 영역별 위기도를 조사한 후 각 욕구 영역별 위기도 점수를 '위기사정지'의 '욕구 영역별 위기도 평가'에 기입하여 대상자가 생각하는 위기인식과 비교·검토하여 종합적인 사정 실시

(2) 작성 예시 – 위기도 조사지

	① 접수번호	
위기도 조사지 **(Risk Assessment)**	사정일시	
	사례관리담당자	
	③ 정보제공자 명(관계)	

② 대상자명		대상자 연락처		정보제공자 연락처	

문제유형		④ 대상자가 인식한 심각도 (매우 낮음)← →(매우 높음)					⑤ 욕구 영역별 위기도 평가	⑥ 사정자의 종합의견
		1	2	3	4	5		
안전	1) 가족 내 안전				✓			남편이 술을 마신 뒤 폭언, 폭력을 일삼고 있어 가족 내 안전이 담보되지 못한 상태임.
	2) 가족 외부성원으로부터 보호	✓						
	3) 공통		✓					
건강	1) 공통	✓						
	2) 신체적 건강			✓				당뇨병을 앓고 있어 지속적 관리가 요구됨.
	3) 정신적 건강				✓			당뇨병이 있음에도 불구하고 대상자 또한 건강관리를 제대로 하지 못하고 술을 지속적으로 마시고 있으며 자기통제력이 약한 상태임.
일상생활유지			✓					
가족 관계	1) 관계형성			✓				남편의 폭력으로 인하여 가족 간 원만한 유대관계를 형성하지 못하고 있음.
	2) 가족 돌봄	✓						어머니로서의 역할에 충실하고 있으며 자녀를 양육하는 데 열의를 갖고 임하고 있음.
사회적 관계	1) 친인척, 이웃 관계		✓					
	2) 소속집단 및 사회생활			✓				경제적 어려움으로 인하여 타인과 유대 관계 형성, 친목 도모에 부담감을 느낀다며 어려움을 토로하였음.
경제	1) 의식주			✓				경제적 어려움으로 공과금을 납부하지 못한 일들이 발생하고 있음.
	2) 자산관리	✓						
	3) 공통	✓						

			✓				
교육	1) 기초학습능력		✓				
	2) 자녀교육		✓				자녀교육을 훌륭히 시키고 싶으나 대상자가 현재 처한 상황, 경제적 어려움 등으로 인하여 자녀교육 및 양육에 어려움이 있으며 이로 인한 스트레스를 받고 있음.
	직업			✓			비정규직, 열악한 근로환경 등으로 일자리에 대한 부담감이 존재함.
생활환경 및 권익보장	1) 생활환경			✓			집이 지어진 지 오래된 건물이라 전기선이 노출된 곳이 발견되는 등 전반적으로 낡은 상태임.
	2) 권익보장	✓					

욕구 영역별 위기도 평가 기준

안전 | 가족 구성원 또는 외부인과의 관계에서 야기되는 기초적 신변보호 등의 안전

사정질문		전혀 문제가 없다	약간 문제를 느낀다	상당히 문제를 느낀다	심각한 수준 이다
1) 가족 내 안전	함께 거주하고 있는 가족 구성원이 당신에게 폭력을 행하고 있어 모멸감을 느끼거나 두렵습니까? *신체적 · 언어적 · 정신적 폭력 모두 포함.	0	✓	2	3
	① 함께 거주하고 있는 가족 구성원이 성폭행을 행하고 있어(혹은 과거에 당한 경험으로 인해) 현재 지내는 곳이 안전하지 않다고 느끼십니까? ② 함께 거주하고 있는 가족 구성원이 성폭행을 할 것 같은 두려움에 현재 지내는 곳이 안전하지 않다고 느끼십니까? *욕구조사표에서 사전 스크리닝한 상태에 따라 질문언어 선택 필요(욕구조사표에서 성폭행 경험 대상자일 경우 ①번 질문, 그 외는 ②번 질문)	✓	1	2	3
	함께 거주하고 있는 가족 구성원으로부터 돌봄이나 존중을 받지 못하고 방치되어 있다는 느낌을 받으십니까?	0	✓	2	3
	보호자가 밥을 주지 않아서 굶거나 밥이 부족한 경우가 자주 발생하는 등 문제가 나타나고 있습니까? *아동(초등학교 6학년 이하까지만 해당) 대상 질문, 중학생 이상의 경우 전혀 문제가 없다 '0'에 체크	✓	1	2	3

	사정질문				
2) 가족 외부 성원으 로부터 보호	친척, 친구, 이웃 등이 당신에게 폭력을 행하고 있어 수치심을 느끼거나 두렵습니까? *신체적·언어적·정신적 폭력 모두 포함	✓	1	2	3
	친척, 친구, 이웃 등으로부터 성폭행을 당하여(혹은 성폭행을 당할 수 있을 것 같은 생각이 들어) 현재 안전하지 않다고 느끼십니까?	✓	1	2	3
	친척, 친구, 이웃 등으로부터 학대, 현금 및 물품 갈취 등을 당하거나 협박을 받고 있습니까?	✓	1	2	3
3) 집에서 생활하거나 학교, 직장 등에 가는 것을 무섭다고 느끼십니까?		0	✓	2	3

건강 가족 구성원의 신체적·정신적 건강 문제로 인하여 치료가 필요하거나 일상생활의 어려움

	사정질문	전혀 문제가 없다	약간 문제를 느낀다	상당히 문제를 느낀다	심각한 수준 이다
1) 공통	병원 등 의료기관에서 진단받았거나 등록된 분명한 장애가 있습니까? *신체장애, 정신장애·질환 모두 해당	✓	1	2	3
	지난 1년간 의사와 상의 없이 혹은 병원에서 처방받은 방식과 달리 약물을 복용하였습니까?	✓	1	2	3
2) 신체적 건강	일시적 질병이나 상해로 인하여 일상생활의 불편함이 있습니까?	✓	1	2	3
	지속적인 관리를 요하는 만성질환으로 일상생활의 불편함이 있습니까? *심장병, 당뇨, 암, 간질, 아토피, 천식 등	0	1	✓	3
	건강을 위해 비만관리가 필요하다고 느끼십니까?	✓	1	2	3
	규칙적인 식사와 영양식을 섭취하는 데 어려움이 있습니까?	0	✓	2	3
3) 정신적 건강	집에 항상 술을 준비해 두어 습관적(주 3회 이상)으로 술을 마십니까? 혹은 술로 잠을 청하는 경우가 있습니까?	0	1	2	✓
	정신적 질병이나 장애로 인한 고통(생각)때문에 죽음을 생각하거나 시도한 적이 있습니까?	✓	1	2	3
	정서적으로 불안하다고 느끼십니까? *우울하거나 슬픈 기분이 지속된다/ 자주 화가 나거나 짜증이 난다/ 걱정과 불안이 지속된다	0	1	✓	3

	사정질문				
	지난 1년간 가족 구성원이나 친구, 이웃, 모르는 사람 등에게 해를 입히거나 때리고 싶다는 충동이 들 때가 있었습니까?	0	✓	2	3
	정신질환, 과도한 음주, 인터넷 사용, 게임이나 도박, 기타 정신적 문제로 다른 생활에 문제가 생기고 있습니까? *직장·학교 결석/ 대인기피/ 육아 및 가사 기피/ 외출 자제/ 친구 만나지 않기 등	✓	1	2	3

일상생활 유지   의식주와 관련된 기본적인 행위

	사정질문	전혀 문제가 없다	약간 문제를 느낀다	상당히 문제를 느낀다	심각한 수준이다
일상생활 유지	스스로 의식주 관련 일상생활을 하는 데 전혀 문제가 없습니까? *의식주 관련 일상생활 ① 식사 ② 대소변 등 용변처리 ③ 옷 입기 ④ 세수, 목욕 등 본인 몸 씻기 *점수 체크방법 • 각 항목을 스스로 모두 수행 가능할 경우 ☞ '0' 체크 • 1개를 스스로 하지 못하거나 도움이 필요할 경우 ☞ '1' 체크 • 2개를 스스로 하지 못하거나 도움이 필요할 경우 ☞ '2' 체크 • 3개 이상을 스스로 하지 못하거나 도움이 필요할 경우 ☞ '3' 체크	✓	1	2	3
	스스로 어떤 교통수단이든지 이용 가능하며, 혼자서 외출이 가능합니까?	0	✓	2	3

가족관계 　가족 구성원의 갈등완화 및 긍정적 관계 형성 욕구와 보육, 간병 등의 가족
보호

	사정질문	전혀 문제가 없다	약간 문제를 느낀다	상당히 문제를 느낀다	심각한 수준 이다
1) 관계 형성	가족 구성원들은 대체로 원만한 관계를 유지하고 있습니까? *배우자 간, 형제자매 간, 부모–자녀 간, 조부모–자녀 간, 시부모 · 장인 간	0	1	2	3✓
	가족 구성원들의 무관심으로 인해 외롭다고 느끼거나 심리적 고통을 경험하고 있습니까?	0	1✓	2	3
	가족 구성원 간의 단절된 관계로 인하여 일상생활 및 사회생활에 문제가 되고 있습니까?	0✓	1	2	3
	가족 내 갈등으로 인하여 도움을 요청하거나 상담을 할 수 있는 지인, 기관 등이 있습니까?	아니요		예	
		✓		0	
2) 가족 돌봄	보호자가 아동 · 노인 · 장애인 등을 책임지고 돌볼 수 있는 능력이나 의지가 있다고 생각합니까? *보호자가 정신지체나 정신질환이 있는 경우(능력 부재) *보호자 역할에 대한 교육 부재 등의 문제(의지 부족) *돌볼 가구원이 없을 경우 '0'에 체크	전혀 문제가 없다	약간 문제를 느낀다	상당히 문제를 느낀다	심각한 수준 이다
		0✓	1	2	3
	아동 · 노인 · 장애인에 대한 돌봄 부담으로 고달프고 여유가 없다고 느끼십니까?	전혀 그렇지 않다	약간 그렇다	상당히 그렇다	매우 그렇다
		0✓	1	2	3
	지난 1년간 아동 · 노인 · 장애인 등에 대한 돌봄 부담으로 인하여 가족원을 포기하거나 죽고 싶다는 생각을 하였습니까?	0✓	1	2	3

사회적 관계 　가족 구성원을 제외한 주변인물 및 사회적 집단 내에서의 관계 형성과
유지

	사정질문	전혀 문제가 없다	약간 문제를 느낀다	상당히 문제를 느낀다	심각한 수준 이다
1) 친인척, 이웃 관계	이웃, 친인척 등과의 친교모임에 참석하는 데 어려움을 느끼거나 부담감을 갖고 있습니까?	0	✓	2	3
	이웃, 친인척 등 다른 사람들과의 갈등으로 인한 스트레스 때문에 생활상의 어려움이 있습니까?	✓	1	2	3
2) 소속된 집단 및 사회 생활	종교모임, 친교모임 등 사교모임에 참여하는 데 불편함이 있습니까?	0	1	✓	3
	이웃, 직장동료, 친구 등 다른 사람들과의 갈등으로 인한 스트레스 때문에 심리적 부담을 느끼고 있습니까?	✓	1	2	3
	여러 사람 앞에 나서거나 모르는 사람과 친해지는 데에 두려움을 느끼고 있습니까?	0	1	✓	3
	귀하나 가족 구성원이 상습범죄를 일으켜 사회생활하는 데 문제가 되고 있습니까?	✓	1	2	3

경제 　기본적인 생활에 필요한 경제적 문제해결 및 기본적 자산관리

	사정질문	아니요	예
1) 의식주	지난 1년 동안 돈이 없어서 식료품을 구입하지 못한 적이 있습니까?	✓	1
	지난 1년 동안 돈이 없어서 두 달 이상 집세가 밀렸거나 집세를 낼 수 없어서 집을 옮긴 적이 있습니까?	✓	1
	지난 1년 동안 돈이 없어서 공과금(사회보험료와 전기세, 전화세, 수도세 등)을 기한 내 납부하지 못한 적이 있습니까?	0	✓
	지난 1년 동안 돈이 없어서 전기세, 전화세, 수도세 중 하나 이상을 내지 못해 전기, 전화, 수도 등이 끊긴 적이 있습니까?	✓	1
	지난 1년 동안 돈이 없어서 자녀(대학생 포함)의 공교육비를 한 달 이상 주지 못한 적이 있습니까?	✓	1
	지난 1년 동안 돈이 없어서 추운 겨울에 난방을 하지 못한 적이 있습니까?	0	✓

	지난 1년 동안 돈이 없어서 의복, 신발 등이 필요한데도 불구하고 사지 못한 적이 있습니까?	0	✔
	지난 1년 동안 돈이 없어서 본인이나 가족이 병원에 갈 수 없었던 적이 있습니까?	✔	1
2) 자산 관리	가구의 자산을 관리하고 싶은 생각이 있으나 능력이 부재하여 자산관리의 어려움이 있습니까? *관리할 자산이 없을 경우 아니오 '0'에 체크	✔	1
	우리 가정에 금융기관, 카드빚, 사채, 이웃에게 빌린 돈 등 갚아야 할 빚이 있습니까?	0	✔
3) 지난 1년간 경제적 어려움으로 인해 심각한 우울을 경험하거나 자살을 생각해 본 경험이 있습니까?		✔	3

교육 일상생활 유지에 필요한 기초적 지식습득에 관한 문제가 대상자 및 가족 구성원의 학습

사정질문		전혀 문제가 없다	약간 문제를 느낀다	상당히 문제를 느낀다	심각한 수준이다
1) 기초 학습 능력	본인 혼자서 기초학습 능력을 수행하는 데 문제가 있습니까? *기초학습 능력 ① 읽기 ② 쓰기 ③ 말하기 ④ 다른 사람의 말, 신문, 글 등 이해하기 ⑤ 수리셈 및 간단한 계산하기 *점수 체크방법 • 각 항목을 스스로 모두 수행 가능할 경우 ☞ '0' 체크 • 1개를 스스로 하지 못하거나 도움이 필요할 경우 ☞ '1' 체크 • 2개를 스스로 하지 못하거나 도움이 필요할 경우 ☞ '2' 체크 • 3개 이상을 스스로 하지 못하거나 도움이 필요할 경우 ☞ '3' 체크	0	✔	2	3
2) 자녀 교육	자녀의 학업성적 부진으로 인하여 걱정 및 심리적 부담이 되고 있습니까? *자녀가 없을 경우 전혀 그렇지 않다 '0'에 체크	0	✔	2	3

		아니요	예
	자녀가 학교 혹은 교육기관으로부터 규율위반이나 태도불량 등으로 퇴학 또는 자퇴경고를 받았습니까? *자녀가 없을 경우 전혀 그렇지 않다 '0'에 체크	✓	1
	자녀가 학교에 가려하지 않거나 무단으로 결석하는 등의 행위를 하고 있습니까? *자녀가 없을 경우 전혀 그렇지 않다 '0'에 체크	✓	1

직업　취업·창업에서의 어려움 또는 직업기능수행상의 문제

사정질문		전혀 문제가 없다	약간 문제를 느낀다	상당히 문제를 느낀다	심각한 수준 이다
1) 가장 및 가구원의 오랜 실업으로 인하여 심리적 부담 등 실제 생계에 문제가 되고 있습니까?		✓	1	2	3
2-1) 근로자	비정규직 혹은 괜찮은 일자리가 아니라서 언제든지 해고, 정리당할 수 있을 것이라는 심리적 부담 등 문제를 느끼고 있습니까?	0	1	✓	3
	가정생활을 유지하기 어려울 정도로 임금수준이 낮아 문제가 되고 있습니까?	0	1	✓	3
	열악한 근로환경에서 근무하거나 근무하는 가족 구성원이 있어 심리적 부담을 느끼는 등 스트레스가 되고 있습니까?	✓	1	2	3
2-2) 비 근로자	과거 또는 현재 일자리(직장)를 구하는 과정에서 기술, 경력, 능력 부족 등으로 인해 어려움을 느끼고 있습니까? *구직, 창업 준비자만 해당, 나머지는 전혀 문제가 없다 '0'에 체크	0	1	2	3
사정질문		**아니요**		**예**	
2-2) 비 근로자	국가에서 직업훈련, 취업알선 및 상담, 창업상담 등의 프로그램을 무료 혹은 할인된 금액으로 제공한다면 참여할 생각이 있으십니까?	1		0	
	일을 하지 않거나 할 수 없는 주된 이유(건강, 자녀양육, 가사 및 돌봄 등)가 해결된다면 적극적으로 일자리를 구하여 일을 하시겠습니까?	1		0	

생활환경 및 권익보장	대상자가 살고 있는 거주지의 내·외부적 환경 문제와 가족 구성원의 권익보장

	사정질문	전혀 문제가 없다	약간 문제를 느낀다	상당히 문제를 느낀다	심각한 수준 이다
1) 생활 환경	현재 거주하는 곳의 생활환경이 열악하여 안락한 생활 유지가 불가능합니까? *화장실, 주방시설, 도배·장판, 전기시설, 가스시설, 상·하수도 시설 등	0	✔	2	3
	현재 거주하는 곳에 지난 1년간 누수 및 가스 누출, 전기선 노출 등 안전상의 문제가 발생했습니까?	0	✔	2	3
	거주지의 위생상태가 대상자와 가족의 건강, 생활에 지장이 있을 정도로 영향을 미치고 있습니까?	✔	1	2	3
	거주하는 공간이 매우 협소하여 주택 내에서 이동상의 문제가 있거나 생활을 하는 데 어려움이 있습니까?	✔	1	2	3
	방이 부족하여 성(性)이 다른 가족원이 한 방을 써야하는 상황이거나 사생활에 침해를 받고 있습니까?	✔	1	2	3
	현재 거주하는 곳이 거주, 생활, 교육 등에 있어 유해하다고 생각됩니까?	✔	1	2	3
	거주하는 곳의 주변환경이 상습 침수, 위험물 존재, 철거대상 혹은 철거대상 근처에 위치해 있어 문제가 되고 있습니까?	✔	1	2	3
	혹시 지난 1년간 집 주변에 쓰레기 혹은 고물 등을 쌓아두어 이웃들로부터 항의를 듣거나 민원제기를 받은 경험이 있습니까?	아니요		예	
		✔		1	
2) 권익 보장	가난, 장애, 다문화가구, 부모가 없거나 한쪽 부모만 있어 차별대우를 받거나 불이익을 당하고 있습니까?	전혀 문제가 없다	약간 문제를 느낀다	상당히 문제를 느낀다	심각한 수준 이다
		0	✔	2	3
	현재 가족 구성원 중 법적 문제로 인해 고통을 받는 일이 있습니까? *범죄연루/ 파산·신용회복/ 이혼 등 법적소송	✔	1	2	3
	사고에 대한 보상처리가 원활하지 못하여 생활에 영향을 줄 정도로 스트레스를 받고 있습니까? *교통사고/ 의료사고/ 산재사고	✔	1	2	3
	가족 내에 부당하게 형사 또는 민사사건으로 피소되거나 기소, 처벌, 벌금부과 등으로 현재 어려움을 겪고 있습니까?	✔	1	2	3

〈서식5〉 사례관리 회의록

사례관리 회의록

① 사례관리 번호		대상자 명	
회의 차수		회의 일시	
② 작 성 자		소속 기관	
③ 참 여 자			
④ 회의 제목			
⑤ 회의 내용			
⑥ 회의결과			
⑦ 차기 회의 예정 일시	(　)차 :		

(1) 작성 방법 – 사례관리 회의록

항목	작성방법

① 사례관리 번호
   대상자 명
   회의 차수
   회의 일시
	○ 사례회의 대상의 사례관리 번호, 대상자 명, 회의차 수, 회의 일시 기록

② 작성자, 소속기관	○ 작성자 명, 소속기관을 기록
③ 참여자	○ 사례회의에 참석한 내·외부 담당자를 기록(소속기관, 담당자 명 기재)
④ 회의제목	○ 사례회의의 주요 안건을 요약하여 작성
⑤ 회의내용	○ 사례회의 주요 내용을 작성, 세부 작성방법은 정해져 있지 않으며, 사례별, 회의내용별 정리
⑥ 회의결과	○ 회의 내용 중 결정사항, 협조사항, 향후 추진사항 등을 중심으로 간략하게 요약
⑦ 차기 회의 예정 일시	○ 차기 사례회의가 필요할 시, 차기 회의의 일정을 협의하여 기록

(2) 작성 예시 - 통합사례회의

① 사례관리 번호	A00000000113025	대상자 명	홍○○
회의 차수	☐ (1)차 회의	회의 일시	2011.11.13.
② 작성자	△△△	소속 기관	☐☐구 희망복지지원단
③ 참여자			
④ 회의제목	홍○○ 가구 사례관리 방안 논의		
⑤ 회의내용			
⑥ 회의결과			
⑦ 차기 회의 예정 일시			

③ 참여자:
- ☐☐구 ○○종합사회복지관 사례관리자 △△△
- ☐☐구 ○○아동복지관 사례관리자 △△△
- ☐☐구 희망복지지원단 △△△
- ☐☐동 사회복지담당자 △△△

⑤ 회의내용:

[대상 사례 현황]
- (가족사항) 홍○○(54세, 본인, 뇌병변 2급), 김○○(51세, 처, 일용직)
- 홍○○은 복지관 재가대상자로 5년 전 기관 자체후원으로 뇌수술을 받았음
- 홍○○은 와상 장애인으로 환자용 영양식을 먹고 기저귀를 착용하고 있고, 기능유지를 위해 언어치료와 물리치료를 받고 있음. 의료급여를 통하여 병원비에 대한 부담은 어느 정도 해소되고 있으나 병원이동 교통비, 환자용 영양식과 기저귀 비용이 부담스럽다고 함.
- 처가 비정기적인 소득활동을 한다는 이유로 이전보다 감소한 49만 원의 생계비(4인 가구)를 받고 있음.

[주요 욕구와 문제]
- 와상장애인 세대로 지속적인 재가보호가 필요한 상황이며 환자용 영양식, 기저귀 비용 등 기타 의료 관련 지출로 경제적 어려움이 있음.
- 처가 간병과 소득활동 병행으로 신체적·정서적 소진현상을 보이며, 특히 환자의 치료를 위한 병원 방문에 대한 스트레스가 매우 큼.
- 처의 지속적인 스트레스에 대한 지속적인 확인 및 심리치료가 필요함.

[서비스 지원계획 등]
- 주요 필요사항인 기저귀 등의 기타 의료비 지출비용의 지원을 위하여 민간기관 자원연계
- 환자의 병원이동을 지원하기 위해 장애인이동서비스를 연계할 예정(복지관 서비스연계)

⑥ 회의결과:
- 와상환자인 홍○○의 환자용 영양식, 기저귀 비용을 지원을 위해 공동모금회 긴급지원 신청
- ○○종합사회복지관의 장애인 병원이동 서비스를 통하여 정기적인 병원방문시 교통비 부담을 해소할 수 있을 것으로 예상

⑦ 차기 회의 예정 일시:
(2)차: 2010년 11월 20일 10시
☐☐구 희망복지지원단 회의실에서 2차 회의 실시

(3) 작성 예시 – 내부사례회의

① 사례관리번호	A00000000113026	대상자 명	윤○○
회의 차수	□ (1)차 회의	회의 일시	2011.11.03.
② 작성자	△△△	소속 기관	□□구 희망복지지원단
③ 참여자	희망복지지원단 팀장 △△△ 희망복지지원단 사례관리자 △△△ 사회복지통합서비스전문요원 △△△		
④ 회의 제목	윤○○ 정신보건서비스 제공연계 방안 논의 및 자원 정보 공유		
⑤ 회의 내용	[대상 사례 현황] - (대상자) 윤○○(41세, 여, 정신 3급) - 윤○○은 20대 초반에 사산과 이혼의 충격으로 우울증과 경미한 정신분열 증세를 보이기 시작해 반복적인 정신병원 입퇴원을 반복함. - 현재 임대아파트에 혼자 거주하고 있으며, 인근에 사는 오빠가 가끔 방문해 입·퇴원과 일상생활을 점검해 줌. - 입원치료나 약물치료를 받으면 일시적으로 호전되었다가, 약 복용을 하지 않을 경우, 다시 악화되기를 반복함. - 밤에 괴성을 지르거나, 물건을 창밖으로 던지는 등의 정서불안 행동을 보여, 이웃들의 불만과 항의가 지속됨. [주요 욕구와 문제] - 정신 3급 장애인으로 지속적인 병원치료와 약물치료가 필요한 상태이나 보호체계의 부재로 어려움을 겪고 있음. - 이상행동에 대한 주민들의 피해가 우려되므로 대상자의 상태가 악화되지 않도록 지속적인 확인과 적절한 치료 필요. [서비스 지원계획 등] - 지속적인 대상자의 확인 필요 - 정신보건센터 의뢰, 정기적인 상담지원 - '좋은 이웃들' 봉사자의 지속적인 방문확인, 약복용, 말벗 서비스 등을 제공		
⑥ 회의 결과	- 윤○○의 정신질환 정도에 대한 희망복지지원단 내 정보 공유 - 윤○○ 정신질환 치료를 위한 기관 선정 및 연계 방안 결정		
⑦ 차기 회의 예정 일시	(2)차: 2010년 11월 10일 10시 □□구 희망복지지원단 회의실		

6. 〈서식6〉 서비스 제공계획 및 점검표

서비스 제공계획 및 점검표

① 관리번호	② 대상자 명	③ 담당 사례관리자	소속기관
번호	1		

욕구영역	④ 단기목표					⑨ 서비스 시작일자	서비스 종료일자	횟수	장기목표			
	⑤ 개입목표	⑥ 서비스명	대상자 ⑦ 우선순위	⑧ 개입시기					⑩ 제공기관 담당자	⑪ 점검방법	⑫ 이행여부	⑬ 변경내역 ⑭ 변경사유
안 전												
건 강												
일상생활												
가족생활												
사회적 관계												
경 제												
교 육												
직 업												
생활환경 및 권익보장												
기 타												
⑮ 대상자 상태 점검 결과												

⑯ 본인은 　 년 　 월 　 일부터 상기와 같은 서비스 이용에 동의하며, 적극적으로 변화 노력에 동참할 것을 약속합니다. 또한 더 나은 생활 지원을 위해 협력하는 기관들과 본인 및 가족이 기초정보 및 서비스 진행 과정에 대한 정보를 공유하는 것에 대해 동의합니다.

성　　명:　　　　　　 (인)　날　짜:

사례관리자:　　　　　 (인)　날　짜:

(1) 작성 방법 – 서비스 제공 계획 및 점검표

항목	작성방법
① 관리번호	○ 접수 시 생성된 해당 사례의 관리번호를 참조하여 기입
② 대상자	○ 직접적으로 서비스를 수혜 받을 가구원의 이름으로, 서비스 수혜 주체가 가구 단위인 경우나 파악이 어려운 경우에는 세대주의 이름을 기록함.
③ 담당 사례 관리자 및 소속기관	○ 사례관리 대상자를 담당하고 있는 사례관리자의 성명과 소속기관을 기록함.
④ 성과목표	○ 다양한 서비스 제공을 통해 궁극적으로 변화를 가져오기 위한 영역 및 각 영역별 변화의 양과 질에 대한 기대치를 기록함. - (단기목표) 사례관리 시작 이후 적어도 3개월 이내에 달성 가능한, 성취의 수월성에 대한 고려뿐만 아니라 장기목표를 달성하기 위한 과정적 목표 설정을 위해서도 활용 가능함. 단기목표로 설정으로 가능한 부분은 행동이나 인식의 변화보다는 새로운 지식이나 정보의 습득, 이를 통해 새로운 자원의 활용 등 궁극적인 행동변화에 영향을 미치는 생활조건의 변화를 목표로 할 때 더욱 적절함. - (장기목표) 단기목표 달성을 통해, 혹은 단기목표와 무관하게 3~6개월 이상의 개입노력을 통해 변화를 가져올 수 있는 영역, 행동이나 태도의 변화를 도모하기 위한 목표로 적절함. 서비스 목표는 장, 단기라는 시간적 구분 및 목표달성의 수월성, 복잡성 등에 대한 종합적 고려를 통해 설정하되, 목표를 제시하는 이유는 사례관리과정을 통해 궁극적으로 대상자와 그 가족에게 기대되는 측정 가능한, 혹은 객관적으로 판단이 가능한 변화 상태를 규정하는 데 있음.
⑤ 욕구 영역별 개입목표	○ '보호대상별 보호계획'의 장단기 목표를 영역별로 재구분하여 기록함.
⑥ 서비스 명	○ 서비스 목표에 따라 제공되어야 할 서비스 자원 및 시설의 구체적인 내용을 기록함.
⑦ 우선순위	○ 아래와 같은 기준에 의거하여 대상자와의 합의에 기반하여 설정함. - 대상자의 근로 저해 요소로 판단되는 주요 문제 중에서 단기간 내 제거 가능한 것 - 보호대상자가 가장 중요하다고 인식하거나, 대상자의 삶에 당장의 위험을 끼칠 가능성이 있는 긴급한 것 - 작은 것, 달성하기 쉬운 것으로 구체적이며 명확하고 행동적인 것, 대상자의 생활에서 현실적이고 성취 가능한 것 - 서비스가 미뤄질 경우 다른 욕구 영역에까지 새로운 문제 유발 혹은 욕구발생 가능성이 높은 것

⑧ 개입시기	○ 우선순위와 함께 사례관리의 효율적 추진을 위해 서비스가 적시에 이루어질 필요가 있음. － 긴급성, 현실적 개입가능시기 등을 고려하여 각각의 서비스 내용별로 1주일 이내, 한 달 이내, 3개월 이내 등 예상개입시기에 설정하여 시간제한적인 개입활동이 이루어질 수 있도록 함.
⑨ 서비스 기간 및 횟수	○ 서비스의 충분성과 연관되어 있음. 즉 서비스를 통해 기대되는 성과를 도출하기 위해 얼마만큼의 서비스가 제공될 필요가 있는지, 그 투입량에 대한 잠정적 계획의 의미를 지님. 그러나 외부기관에 의뢰하여 서비스를 제공하는 경우는 그 기관의 서비스제공 지침에 의존할 수밖에 없으므로 그 기관의 서비스 제공 지침을 고려하여 서비스기간 및 횟수를 구체적으로 기록함.
⑩ 서비스 제공기관 및 담당자	○ 실제로 서비스 제공의 일차 책임을 수행하는 기관의 담당자 명을 파악, 기록하여 주기적인 모니터링채널을 구축하도록 함.
⑪ 점검방법	○ 점검이 이루어진 방법에 대한 기록으로, 대상자의 내방 또는 전화, 방문, 시스템 등 점검 방법을 기술함.
⑫ 이행여부	○ 해당 서비스가 계획된 기간 동안 계획된 횟수로 제공되고 있는지 확인하여 제공 횟수를 기입
⑬ 변경내역	○ 서비스 계획 대비 변경된 서비스 내역을 기록함.
⑭ 변경사유	○ 서비스 계획 대비 서비스 제공의 차이가 발생한 원인 및 사유를 기록함.
⑮ 대상자 상태 점검 결과	○ 해당 서비스 제공으로 인하여 나타난 대상자의 변화의 정도와 내용을 중심으로 기술하며 대상자의 환경 및 중대한 욕구의 변화가 있는 경우 해당 내용을 기록함.
⑯ 서비스이용 및 참여에 대한 동의	○ 서비스 제공계획에 따라 서비스 이용과 대상자 참여에 대한 동의 서명을 받도록 함.

(2) 작성 예시 - 서비스 제공계획 및 점검표

서비스 제공계획 및 점검표

① 관리번호	0000000000000000	② 대상자 명	김○○	③ 담당 사례관리자	한**	소속기관	○○구 희망복지지원단

④ 단기목표		장기목표	
번호		번호	
1	알코올 의존증 및 우울증 치료	1	정신적, 사회적 지지체계 확보
2	부의 부재로 인한 자녀의 보호 및 심리적 안정	2	음주에 대한 자기 조절력 기르기
3	사회적 지지체계에 대한 인식	3	안정적인 가정환경 조성
4	물임적 접종 지료를 위한 의료비 및 생활비 지원	4	
5	진로 탐색	5	

욕구영역	⑤ 개입목표	⑥ 서비스 명	대상자	⑦ 우선순위	⑧ 개입시기	⑨ 서비스 시작일자	서비스 종료일자	횟수	⑩ 제공기관	담당자	⑪ 점검방법	⑫ 이행여부	⑬ 변경내역	⑭ 변경사유
안전	가족 내 안전 유지	부의 부재로 인한 일시보호	아동임시 보호	김○○		1주일 이내	2010/04/14	2010/04/14	주7	아동보호 전문기관	임**	시스템	이행 종료		
건강	정신적 건강 유지	심리적 안정	개별상담	김○○		1주일 이내	2010/04/14	2010/04/14	월1	아동보호 전문기관	임**	시스템	이행 종료		
	정신적 건강 유지	알코올 의존증 완화 및 의지 향상	알코올 중독 치료 의뢰	김○○		한달 이내	2010/05/17	2010/10/31	주1	알코올 상담센터	박**	시스템	이행 종료		
	정신적 건강 유지	조울증 및 알코올 의존증 치료	사례관리	김○○		1주일 이내	2010/07/20	2010/12/31	월2	정신보건 센터	현**/김**	실사	이행 중		
	정신적 건강 유지	알코올의 존중 치료	알코올 중독치료	김○○		1주일 이내	2010/04/14	2010/12/31	주7	정신병원	-	실사	이행 중		
	정신적 건강 유지	심리적 안정	심리상담	김○○		한달 이내	2010/09/01	2010/12/31	주1	**소아청소년클리닉	이**	시스템	이행 종료		

대분류	욕구	목표	세부목표	담당자	기간	시작일	종료일	빈도	제공기관	담당	점검	상태
일상생활유지	의식주 관련 일상생활유지	생활비 해결	SOS위기가정 특별지원사업	김○○	한달이내	2010/04/07	2010/05/15	1회성	주민생활지원과	신**	시스템	이행완료
	의식주 관련 일상생활유지	생활비 해결	SOS위기가정 특별지원사업	김○○	한달이내	2010/07/06	2010/07/31	1회성	주민생활지원과	신**	시스템	이행완료
사회적 관계	여가생활활용	문화생활 지원	문화바우처	전체	한달이내	2010/09/01	2010/12/31	월1	한국문화 예술협회	담당자	시스템	이행중
	소속된 집단 및 사회활용	일교을 의 존중 완화 및 근무 의지 향상	일교을 자조 모임	김○○	한달이내	2010/04/07	2010/12/31	주1	일교을 상담센터	박**	시스템	이행완료
경제	기초생활 해결	병원비 해결	긴급의료비	김○○	1주일 이내	2010/04/12	2010/05/14	1회성	주민생활지원과	신**	시스템	이행완료
	기초생활 해결	병원비 해결	의료비 지원	김○○	한달이내	2010/07/06	2011/07/30	1회성	주민생활지원과 서비스연계팀	신**	시스템	이행완료
	기초생활 해결	본인부담 의료비 경감	차상위 본인부담 경감	김○○	1주일 이내	2010/07/16	2010/12/31	기타	주민생활지원과 통합조사관리팀	김**	시스템	이행완료
	자산관리	부채해결 방법 숙지	재무상담	김○○	3개월 이내	2010/07/01	2010/10/31	1회성	신용회복 위원회	이**	실사	이행완료
교육	기초지식 습득 및 향상	진로탐색 및 특기 향상	웰가득	김○○	3개월 이내	2010/04/07	2010/12/31	기타	고용복지 지원센터	박**	시스템	이행완료
	교육 개선	미대 실기 준비	입시미술 교육	김○○	한달이내	2010/07/13	2012/12/31	수시	디자인*	강**	실사	이행중

직업	취(창)업	직업의 다양성에 대한 인식 변화	인식변화	김○○	한달 이내	2010/04/07	2010/12/31	기타1	고용복지 지원센터	박**	시스템	이행 종료
생활환경 권의 보장	주거 내부 환경 개선	주거안정	기존주택 전세임대	김○○	1주일 이내	2010/09/07	2010/11/30	1회성	주민생활 지원과	신**	실사	이행 종료
기타		지지체계 형성	개별상담	김○○	1주일 이내	2010/04/07	2010/12/31	월2	주민생활 지원과	신**	실사	이행 종료
⑮ 대상자 상태 점검 결과												

⑯ 본인은 ___년 ___월 ___일부터 상기와 같은 서비스 이용에 동의하며, 적극적으로 변화 노력에 동참할 것을 약속합니다. 또한 더 나은 생활지원을 위해 협력하는 기관들과 본인 및 가족의 기초정보 및 서비스 진행 과정에 대한 정보를 공유하는 것에 대해 동의합니다.

년 월 일
년 월 일

성 명: 김○○ (인)
사례관리자: 한** (인)

7. 〈서식7〉 서비스 의뢰서 (※시스템 미구현서식지, 시스템상 출력만 가능)

서비스 [□ 신청 □ 변경] 의뢰서

① 작성 일자		② 담 당 자		(인)
소 속		연 락 처		
③ 의뢰기관		④ 의뢰날짜		
의뢰기관 담 당 자		의뢰기관 연 락 처		
⑤ 서비스 대상자 성 명		전화번호	(집) (H.P.)	
주 소	(자택)			
⑥ 가구유형	□ 소년소녀가구 □ 청장년1인가구 □ 독거노인가구 □ 한부모가구 / □ 미혼부모가구 □ 부부중심가구 □ 노인부부가구 □ 조손가구		□ 장애인가구 □ 다문화가구	
⑦ 대상자 요구서비스				
⑧ 주 의뢰 문제		의뢰 서비스		
⑨ 첨부내용				

(1) 작성 방법 – 서비스 의뢰서

항목	작성방법
① 작성일자	○ 서비스 의뢰서 작성 일자 기록
② 담당자, 소속, 연락처	○ 사례관리 담당자 명, 소속, 연락처 작성
③ 의뢰기관, 의뢰기관 담당자, 연락처	○ 서비스 의뢰기관 명, 의뢰기관 담당자, 연락처 작성
④ 의뢰날짜	○ 서비스 의뢰일자 기록
⑤ 서비스대상자 성명, 연락처, 주소	○ 의뢰대상자 정보 작성(서비스대상자 성명, 연락처, 주소)
⑥ 가구유형	○ 가구유형 선택 – (소년소녀가구) 부모나 친인척이 없이 형제남매만 살고 있거나, 소년소녀 1인만 살고 있거나, 부양능력 없는 친인척과 형제남매가 함께 살고 있는 가구 – (청장년1인가구) 65세 미만 성인 단독 가구 – (독거노인가구) 65세 이상 노인 1인이 홀로 사는 가구 – (한부모가구) 편부·편모와 자녀 등 한부모와 자녀로 구성된 가구 – (미혼부·모가구) 65세 미만 성인 단독 가구 – (부부중심가구) 부부를 중심으로 부모 또는 자녀 등으로 구성된 가구 및 부부로만 구성된 가구 – (노인부부가구) 부부 중 1인이 65세가 넘는 노인인 가구 – (조손가구) 부모세대 없이 조부모와 손자녀로 구성된 가구 – (장애인가구) 가구 구성원 중에 장애인이 있는 경우, 타 가구분류와 중복 체크 가능 – (다문화가구) 국제결혼 등을 통하여 외국인 가구 구성원이 있는 가구유형으로써 기본가구 유형과 별도로 기록함
⑦ 대상자 요구 서비스	○ 대상자가 요구하는 서비스 기록
⑧ 주 의뢰문제, 의뢰서비스	○ 주 의뢰문제(욕구) 및 의뢰서비스 작성
⑨ 첨부내용	○ 의뢰대상 및 문제에 대한 참고자료 기록

(2) 작성 예시 – 서비스 의뢰서

서비스 [■ 신청 □ 변경] 의뢰서

작성 일자	201*년 *월 *일	담 당 자	한 **
소　속	△△구청 주민생활지원과	연 락 처	
의뢰기관	**알코올상담센터	의뢰날짜	201*년 *월 *일
의뢰기관 담 당 자	황 **	의뢰기관 연 락 처	02-000-0000
서비스 대상자 성　명	김○○	전화번호	(집) (H. P.) 010-000-0000
주　소	(자택) 서울시 △△구 **동		
가구유형	□소년소녀가구 □청장년1인가구 □독거노인가구 ■한부모가구　□장애인가구 □미혼부모가구 □부부중심가구 □노인부부가구 □조손가구　　□다문화가구		
대상자 요구 서비스	개별 상담 및 자조모임 참석		
주 의뢰 문제	정신건강 유지/습관성 음주	의뢰 서비스	심리치료 및 심리상담, 알코올중독 회 복 프로그램
첨부내용			

8. 〈서식8〉 사례관리 종결심사서

사례관리 종결심사서

관리번호		대상자 명			종결심사 일자		
종결심사 담당자		소속			연락처		
① 단기성과 목표				① 장기성과 목표			
번호	목표내용	성과내용	달성정도	번호	목표내용	성과내용	달성정도
1				1			
2				2			
3				3			
② 담당자 의견							
③ 종결심사 의견							
④ 종결심사 결과	☐ 재조사　　　　☐ 종결						
⑤ 종결유형	☐ 장기목표 달성　　　　☐ 상황호전　　　☐ 단기목표 달성 ☐ 대상자의 이사 또는 사망　　　　　　☐ 거절이나 포기 ☐ 연락두절　　　　　　　　　　　　　☐ 자체종결						

(1) 작성 방법 – 사례관리 종결심사서

항목	작성방법
① 성과목표 (단 · 장기)별 성과내용	○ (목표 내용) 대상자와의 상담을 통해 서비스 제공 계획 수립 시 설정한 장 · 단기 목표 　내용 기록 ○ (성과 내용) 목표별 성과내용을 기록 ○ (달성 정도) 전혀 달성하지 못함, 기대 수준 이하로 달성, 보통수준, 기대한 정도의 목 　표 달성, 기대 이상의 목표달성 등 달성여부 및 달성 정도 기록
② 담당자 의견	○ 성과목표 달성 여부 결과를 기초로, 서비스 지속 제공 여부 필요성, 타 기관 의뢰 필요 　성 등 종결에 대한 담당자 개인의 전문적인 의견을 기술

③ 종결심사 의견	○ 사례관리 대상자를 둘러싼 이해관계자 간의 사례회의를 통해 대상자의 변화를 유도하고 적절한 보호 조치가 이루어졌는지 여부를 평가하고 대상자에 대한 종결 여부 논의 결과를 요약하여 기록
④ 종결심사 결과	○ 대상자를 둘러싼 중대한 환경 및 욕구의 변화가 발생한 경우 욕구 조사를 재차 실시하며, 그 외의 경우 종결 처리
⑤ 종결유형	○ (장기목표 달성) 대상자의 욕구 및 문제점을 진단하여 당초 수립했던 장기목표 달성으로 판단되는 경우 ○ (상황호전) 위기도 조사를 실시한 결과, 사례관리 전후 점수가 @점 이상 향상되고 대상자의 취업 또는 환경 변화로 인하여 상황이 호전되어 더 이상 사례관리 서비스가 불필요한 경우 ○ (단기목표 달성) 대상자의 욕구 및 문제점을 진단하여 당초 계획했던 서비스 계획에 따라 서비스 연계를 완료한 경우 ○ (대상자의 이사 또는 사망) 대상자의 이사로 인해 타 지역으로 사례관리를 이관해야 할 경우 또는 사망으로 인해 더 이상 사례관리를 진행할 수 없는 경우 ○ (거절이나 포기) 서비스에 대한 거부가 지속되는 경우 또는 사례관리 서비스에 대한 동의 이후 계약에 대해 해지를 요구하여 사례관리 진행의 중단이 야기되는 경우 ○ (연락두절) 대상자가 의도적으로 사례관리자를 회피하여 3개월 이상 연락을 끊는 경우 ○ (자체종결) 기관의 자원·능력의 한계, 사례관리 대상자의 소극적 참여 등

(2) 작성 예시 – 사례관리 종결심사서

관리번호	00000000268603	대상자 명	김 ○ ○		종결심사일자	201*년 *월 **일
종결심사 담당자	한 ○ ○	소 속	□□구 희망복지지원단		연 락 처	

① 단기성과 목표				① 장기성과 목표			
번호	목표내용	성과내용		번호	목표내용	성과내용	
1	알코올 의존증 및 우울증 치료	알코올 의존증 및 우울증으로 2회 입원치료 받았으며, 치료 받을 당시는 괜찮아지는 듯 하였으나 본인 통제력이 부족하여 유지하는 데 어려움이 있음.	보통 수준	1	정신적, 사회적 지지체계 확보	정신보건센터 사례관리를 통하여 장기적인 지지체계 확보	보통 수준
2	부의 부재로 인한 자녀의 보호 및 심리적 안정	부의 입원치료 시 아동보호전문기관을 통한 보호를 하였으나 심리적 안정을 찾기에는 역부족이었음. 다만 현재 정신과적인 상담진료를 통해 본인이 느끼는 감정에 대한 인식을 해 가고 있음.	보통 수준	2	음주에 대한 자기조절	입원치료 후 자기조절을 통하여 한 달 반 정도 조절을 하였으나 또다시 음주에 대한 절제력을 잃음. 하지만 본인의 알코올 문제에 대한 재인식을 통하여 치료에 대한 의지를 갖음.	보통 수준
3	사회적 지지체계에 대한 인식	정신보건센터, 알코올상담센터, 동주민센터, 구청 등 사회적인 지지체계에 대한 인식을 갖게 됨.	보통 수준	3	안정적인 가정환경 조성	긴급주거지원 신청하여 SH공사 전세임대를 얻어 월세의 부담을 경감시키고 새로운 환경을 만들어 안정적 환경 조성함.	기대 이상의 목표 달성
4	의료비 및 생활비 지원으로 인한 몰입적 치료	긴급의료비 및 SOS위기가정특별생계비지원을 통하여 몰입적 치료 개입을 하였으나 2차 강제입원하는 과정에서 치료에 대한 반감을 갖게 되어 중간에 중단되었다가 최근 다시 진료 시작함.	기대한 정도의 목표 달성	4			

5	진로 탐색	직업탐색을 통한 상담 진행하였으나 직업을 바꾸는 데는 어려움이 있음.	보통 수준	5			
② 담당자 의견		○ 정신과적 치료 - 4/16~5/14 알코올 의존증 및 우울증 자의입원 치료, 7/6~17 시군구청장에 의한 강제입원 치료 후 퇴원하여 약복용을 지속하여야 했으나 강제입원에 대한 반감 및 본인 스스로 조절할 수 있다는 생각으로 약을 복용하지 않음. 본인의 문제점을 인지하고 스스로 정신과적 치료가 필요함을 이야기하여, 12/3 **의원에서 진료 후 12/8 심리검사 실시함. 정신보건센터 담당자와의 지속적인 의사소통을 통하여 병원진료에 대한 모니터링 지속할 예정임. ○ 개발상담 및 사회적 지지체계 형성 - 5/17부터 주 1회 알코올상담센터 개별상담 및 자조모임 참석하였으나 2차 강제 입원 후 종료됨. 이후 사례관리자가 주기적으로 접촉하여 상담진행함. 응급상황 발생 시나 정신과적인 어려움 시 정신보건센터 담당자에게 도움을 받을 수 있음을 인지함. ○ 직업탐색 - 새로운 직업군을 찾기 위한 진로탐색을 하였으나, 현재의 일에 대한 자신감이 강함. 다만, 12월 치료를 다시 시작하면서 차후 자동차판금에 대한 일자리 변경 의지를 갖음. ○ 일시보호 및 심리적 안정 - 아버지의 부재 시 아동보호기관의 일시보호를 받았으나 그룹홈 생활의 불편함을 호소하여 2차 입원 당시에는 집 인근의 작은할머니가 보호함. 10/7 연세누리소아정신과에서 진료를 시작하여 월 1회 정기적인 의사 상담을 진행하여 심리적 안정을 도모함. ○ 자녀교육 - 5/14 웹카툰 교육을 시작하여 7월 말에 수료함. 아버지의 입·퇴원으로 중간에 지속되지 못함. 와우라이온스클럽 후원으로 8/16부터 입시미술교육을 시작하였으나 적응력 부족 및 부의 음주문제로 인한 의욕저하로 중단되었다 12/21 다시 시작함. ○ 경제적 지원 - 지속적인 치료 및 의료비 감소를 위하여 의료비 본인부담 경감 신청하여 선정됨. - 5/14 긴급의료비, 5/15, 7/17 SOS 위기가정 특별 지원 생계비 지원, 11/30 마포라이온스클럽 후원장학금 500,000원 지원 ○ 주거지원 - 긴급주거지원으로 신청하여 전세임대에 선정되어 6,000만 원 전세를 계약하여 12/7 이					

	사 완료함. 2년 단위 재계약이나 현재 월세에 대한 부담 경감으로 안정적인 주거지를 마련함. ○ 자산관리 - 신용회복위원회를 통한 부채상담을 진행하였으며, 개인회생이 필요한 대상으로 결정됨. 부채 해결에 대한 방법 안내함.
③ 종결심사 의견	○ 정신보건센터로 사례이관하여 치료, 정서적 지지, 전반적인 관리를 하는 것으로 하고 종결함.
④ 종결심사 결과	☐ 재조사 ■ 종결
⑤ 종결유형	☐ 장기목표 달성 ■ 상황호전 ☐ 단기목표 달성 ☐ 대상자의 이사 또는 사망 ☐ 거절이나 포기 ☐ 연락두절 ☐ 자체종결

9. 〈서식9〉 모니터 상담지 (※시스템 미구현서식지)

모니터 상담지

① 방문일시   년   월   일   상담자

② 세대주		주민등록번호 (외국인등록 번호)			전화번호	
주소					휴대전화	
	특이사항:				비상연락	

③ 가족사항 (이전 상담결과에서 변화된 사항이 있는지 확인)							
세대주와 의 관계	성 명	연령	동거	학력	직업	건강상태	장애 및 질병
			○×				
			○×				
			○×				
			○×				
			○×				
상담내용	대상자·가족이 원하는 도움·지원의 내용 (표현된 욕구)				대상자·가족의 주요 문제·걱정거리 (잠재된 욕구)		
주요문제	□안전(학대, 방임, 기타 안전)의 문제 □신체 및 정신건강 문제 □일상생활유지 문제 □가족생활 문제 □사회적 관계(친인척·이웃관계) 문제 □경제적 문제 □교육 및 학습의 문제 □취(창)업 및 직무수행상의 문제 □생활 환경 및 권익보장의 문제 □기타						

④ 주변관계	□개인 (관계: 성명: 연락처:) (관계: 성명: 연락처:) □기관(기관명: 부서 또는 담당자 : 연락처 :)
종교	□기독교 □천주교 □불교 □기타( ) *다니는 곳( ) 위치( ) 관계( )

⑤ 건강상태	
질병(환)	대상자 : 병명( ) ☐ 희귀난치 ☐ 만성 ☐ 일반질환(치료기간 개월)
병 원	자주가는 병원: 위치: 진료주기:
사용약물	☐ 미복용 ☐ 계속복용 (복용정도 1일 (회)/1회당(개))
수술현황	☐ 필요(질병 명: 시기:) ☐ 불필요 * 과거 이력: 질병명( ) 연도 ( )
안 과	대상자: ☐ 각막 ☐ 백내장 ☐ 녹내장 ☐ 시력상실 ☐ 기타( )
틀 니	대상자: ☐ 사용 ☐ 필요(☐ 전체 ☐ 부분) ☐ 보수필요
의 견	

⑥ 복지 서비스		
현재 지원	복지 서비스	☐ 반찬, 도시락 ☐ 요양보호, 돌봄 ☐ 아동/청소년지원 ( ) ☐ 기관프로그램 이용 ( ) ☐ 기타 ( )
	후원금 (물품)	금액/내용 기간 주기
희망 지원		☐ 정부양곡 ☐ 무선페이징 ☐ 건강검진(검진이력 년, 희망부위) ☐ 주거지원 (☐ 영구임대 ☐ 매입임대 ☐ 전세자금) ☐ 집수리 ☐ 세탁 (주 회) ☐ 급식 (주 회) ☐ 가사도움 (주 회) ☐ 노인돌보미 ☐ 장애인활동보조지원 ☐ 산모신생아도우미 ☐ 가사간병방문도우미 ☐ 장애아동재활치료 ☐ 아동인지능력 향상 서비스 ☐ 여행바우처 ☐ 문화바우처 ☐ 스포츠바우처 ☐ 기타 ( )
의 견		

⑦ 주거환경		
거주지 형태	□한옥 □양옥 □다가구 □아파트 □여관, 고시원 □움막 □기타 ( )	
임대 현황	□자가 □전세 □월세 □보증부월세 □사글세 □무료임대(관계:) * 보증금(만 원)/월세(만 원) 거주층: 방 수: 개(가구원 명)	
편의시설	화장실 (□단독 □공동 / □수세식–재래식/입식–좌식/청결–불결)	
	부엌(□단독 □공동 □없음 /□입식 □재래식 /□청결 □불결)	
시설 상태	□벽, 담 (□양호□불량□긴급보수) □지붕 (□양호□불량□긴급보수) □도배, 장판 (□양호□불량□긴급보수) □화장실 (□양호□불량□긴급보수) □부엌 (□양호□불량□긴급보수) □보일러, 전기배선, 설비 등 (□양호□불량□긴급보수) □기타( )	
난 방	주	□연탄 □기름 □도시가스 □일반가스 □전기 □기타( )
	보조	□전기장판 □침대사용 □난로 □온풍기
전 기	□자동차단기 대상 □조명기구개선 대상(백열, 형광등 사용) □기타( )	
가전제품	□TV □냉장고 □세탁기 □전자레인지 □선풍기 □에어컨 □컴퓨터 □기타( )	
의 견		

⑧ 상담 결과 조치 사항

(1) 작성 방법 - 모니터 상담지

항목	작성방법
① 방문일시, 상담자	○ 방문일시, 상담자
② 세대 정보	○ 통합사례관리 종결대상(모니터 대상) 세대주 정보(세대주, 주민등록, 연락처, 주소 등) 기록
③ 가족사항, 상담내용, 주요문제	○ 가족사항 정보(세대주와의 관계, 성명, 연령, 동거, 학력, 직업, 건강상태, 장애 및 질병) 기록 ※이전 상담결과에서 변화된 사항을 위주로 확인하여 기록 ○ (상담내용) 대상세대가 원하는 지원내용(표현된 욕구)과 주요 문제(잠재된 욕구) 기록 ○ (주요문제) 주요 문제 체크
④ 주변관계, 종교	○ 세대의 주변관계(개인 또는 기관), 종교 기관 등에 대해서 기록
⑤ 건강상태	○ 주요 대상자의 질환, 치료병원, 약물치료 및 수술 현황, 안과질환, 치아상태 등 정보기록하고, 상담자의 의견 기술
⑥ 복지 서비스	○ 현재 지원인 복지서비스 현황과 희망하는 복지서비스를 기록하고 상담자의 의견 기술
⑦ 주거환경	○ 거주지형태, 임대현황, 편의시설, 시설상태, 난방, 전기 등의 상태와 가전제품 보유여부 등 기록하고 상담자 의견 기록
⑧ 상담결과 조치사항	○ 통합사례 종결 이후 대상세대의 모니터 결과를 종합하여 기록하고, 대상자 세대의 변화여부를 기록함. ※ 통합사례 종료 후, 대상자에 대한 서비스 및 사례관리자에 대한 만족도 설문을 실시하여 기록

(1) 작성 예시 - 모니터 상담지

모니터 상담지

① 방문일시 201*년 *월 *일   상담자 정○○

② 세대주	장○○	주민등록번호 (외국인등록번호)	******-*******	전화번호	02-***-*****
주소	서울시 ○○구 △△동			휴대전화	010-****-*****
	특이사항:			비상연락	

③ 가족사항(이전 상담결과에서 변화된 사항이 있는지 확인)							
세대주와 의 관계	성 명	연령	동거	학력	직업	건강상태	장애 및 질병
본인	장○○	43세	○	고졸	자활참여	질병	당뇨
자	서○○	15세	○	중2	학생	양호	
자	서○○	13세	○	초6	학생	장애	발달2급(자폐)

상담내용	대상자 · 가족이 원하는 도움 · 지원의 내용 (표현된 욕구)	대상자 · 가족의 주요 문제 · 걱정거리 (잠재된 욕구)
	- 경제적 지원(생활비, 학원비 등) - 자녀2, 낮 기간 동안의 케어	- 자녀2, 재활치료 - 주거지 개선

주요문제	■ 안전(학대, 방임, 기타 안전)의 문제 □ 신체 및 정신건강 문제 □ 일상생활유지 문제 ■ 가족생활 문제 □ 사회적 관계(친인척 · 이웃관계) 문제 ■ 경제적 문제 □ 교육 및 학습의 문제 □ 취(창)업 및 직무수행상의 문제 □ 생활 환경 및 권익보장의 문제 □ 기타

④ 주변관계	■ 개인 (관계: 형제 성명: 장○○ 연락처: 031-***-****) (관계: 성명: 연락처:) □ 기관(기관 명: 밀알교회 부서 또는 담당자: 목사 연락처 : 02-***-****)
종교	■ 기독교 □ 천주교 □ 불교 □ 기타( ) *다니는 곳(밀알교회) 위치( ) 관계( )

⑤ 건강상태	
질병(환)	대상자: 장○○ 병명(당뇨) □ 희귀난치 ■ 만성 □ 일반질환(치료기간 개월)
병 원	자주가는 병원: 성심의원 위치: 임대아파트단지 상가 진료주기: 월 1회
사용약물	□ 미복용 ■ 계속 복용 (복용정도 1일 (회)/1회당(개))
수술현황	□ 필요(질병 명: 시기:) ■ 불필요 * 과거 이력: 질병 명( ) 연도 ( )
안 과	대상자: □ 각막 □ 백내장 □ 녹내장 □ 시력상실 □ 기타( )
틀 니	대상자: □ 사용 □ 필요(□ 전체 □ 부분) ■ 보수필요
의 견	장○○은 만성질환으로 지속적인 약물치료를 받고 있으며, 비교적 치료관리는 잘 되고 있음. 자활근로 시, 몸에 무리가 가지 않도록 주의하고 있다고 함.

⑥ 복지 서비스		
현재 지원	복지 서비스	■ 반찬, 도시락 ■ 요양보호, 돌봄 □ 아동/청소년지원 ( ) □ 기관프로그램이용 ( ) □ 기타 ( )
	후원금 (물품)	금액/내용 기간 주기
희망 지원		□ 정부양곡 □ 무선페이징 □ 건강검진(검진이력 년, 희망부위) ■ 주거지원 (□ 영구임대 □ 매입임대 □ 전세자금) □ 집수리 □ 세탁 (주 회) □ 급식 (주 회) □ 가사도움 (주 회) □ 노인돌보미 □ 장애인활동보조지원 □ 산모신생아도우미 □ 가사간병방문도우미 □ 장애아동재활치료 □ 아동인지능력 향상 서비스 □ 여행바우처 □ 문화바우처 □ 스포츠바우처 □ 기타 ( )
의 견		장○○의 자활근로 근무로 자녀들에 대한 도시락지원과 장애인돌봄서비스가 지원되고 있으며, 현재 거주하는 거주지가 매우 노후해 영구임대 신청을 희망함.

⑦ 주거환경		
거주지 형태	☐한옥 ☐양옥 ■다가구 ☐아파트 ☐여관, 고시원 ☐움막 ☐기타( )	
임대 현황	☐자가 ☐전세 ☐월세 ■보증부월세 ☐사글세 ☐무료임대(관계:) * 보증금(500만 원)/월세(15만 원) 거주층: 지하 방 수: 2개(가구원 3명)	
편의시설	화장실 (☐단독 ■공동 / ■수세식/입식/불결) 부엌(■단독 ☐공동 ☐없음 / ■입식 ☐재래식 /☐청결 ■불결)	
시설 상태	☐벽, 담 (☐양호 ■불량 ☐긴급보수) ☐지붕 (☐양호 ■불량 ☐긴급보수) ☐도배, 장판 (☐양호 ■불량 ☐긴급보수) ☐화장실 (☐양호 ■불량 ☐긴급보수) ☐부엌 (☐양호 ■불량 ☐긴급보수) ☐보일러, 전기배선, 설비 등 (■양호 ☐불량 ☐긴급보수) ☐기타( )	
난 방	주	☐연탄 ■기름 ☐도시가스 ☐일반가스 ☐전기 ☐기타( )
	보조	■전기장판 ☐침대사용 ☐난로 ☐온풍기
전 기	☐자동차단기대상 ☐조명기구개선대상(백열,형광등사용) ☐기타( )	
가전제품	■TV ■냉장고 ■세탁기 ☐전자레인지 ■선풍기 ☐에어컨 ☐컴퓨터 ☐기타( )	
의 견	다세대주택으로 화장실, 부엌 등이 매우 협소하고 낙후되어 있으며, 지하로 적정환기와 습도조절 등이 매우 열악함. 겨울철 난방비 부담이 큰 상황임.	

⑧ 상담 결과 조치 사항
장○○ 세대는 지속적인 자활참여와 장애아동에 대한 돌봄 등에 대한 서비스 제공에 따라, 사례관리 종료 세대로 현재는 주요 문제 재발 없이 생활하고 있으나, 주거지 노후 등으로 어려움을 호소하는 바, 영구임대아파트를 신청함. 3개월 이후 재상담을 추진할 예정임.

10. 〈서식10〉 만족도 설문지

설 문 지

대상자		방문상담 선정유형		상담일자	
서비스 내용	1. 당신을 담당하는 사례관리자가 사례관리 과정을 자세히 설명하여 주었습니까? ☐ 전혀 그렇지 않다 ☐ 별로 그렇지 않다 ☐ 보통이다 ☐ 그런 편이다 ☐ 매우 그렇다				
	2. 당신이 받은 사례관리의 내용과 서비스면에서 만족합니까? ☐ 전혀 그렇지 않다 ☐ 별로 그렇지 않다 ☐ 보통이다 ☐ 그런 편이다 ☐ 매우 그렇다				
	3. 사례관리 담당자는 당신을 존중하면서 사례관리과정을 수행하였습니까? ☐ 전혀 그렇지 않다 ☐ 별로 그렇지 않다 ☐ 보통이다 ☐ 그런 편이다 ☐ 매우 그렇다				
	4. 당신은 사례관리자의 전문성에 만족하십니까? ☐ 전혀 그렇지 않다 ☐ 별로 그렇지 않다 ☐ 보통이다 ☐ 그런 편이다 ☐ 매우 그렇다				
	5. 사례관리 담당자는 당신의 욕구를 충분히 반영한 후 서비스를 제공하였습니까? ☐ 전혀 그렇지 않다 ☐ 별로 그렇지 않다 ☐ 보통이다 ☐ 그런 편이다 ☐ 매우 그렇다				
	6. 사례관리서비스를 받고 난 이후 전반적으로 당신의 욕구해결에 도움이 되었습니까? ☐ 전혀 그렇지 않다 ☐ 별로 그렇지 않다 ☐ 보통이다 ☐ 그런 편이다 ☐ 매우 그렇다				
	7. 당신이 요청한 부분에 대해 사례관리 담당자가 최대한 신속히 처리하려고 노력한다고 생각하십니까? ☐ 전혀 그렇지 않다 ☐ 별로 그렇지 않다 ☐ 보통이다 ☐ 그런 편이다 ☐ 매우 그렇다				
	8. 사례관리 담당자의 각종 복지서비스 안내가 시기적으로 적절히 제공되었습니까? ☐ 전혀 그렇지 않다 ☐ 별로 그렇지 않다 ☐ 보통이다 ☐ 그런 편이다 ☐ 매우 그렇다				
사례관리 담당자의 태도	1. 사례관리 담당자는 당신에게 친절하였습니까? ☐ 전혀 그렇지 않다 ☐ 별로 그렇지 않다 ☐ 보통이다 ☐ 그런 편이다 ☐ 매우 그렇다				
	2. 사례관리 담당자와 의사소통이나 대화가 원활했다고 생각하십니까? ☐ 전혀 그렇지 않다 ☐ 별로 그렇지 않다 ☐ 보통이다 ☐ 그런 편이다 ☐ 매우 그렇다				
	3. 사례관리 담당자는 당신에게 서비스를 제공하기 위해 충분한 사전 정보를 준비하고 있었다고 생각하십니까? ☐ 전혀 그렇지 않다 ☐ 별로 그렇지 않다 ☐ 보통이다 ☐ 그런 편이다 ☐ 매우 그렇다				
	4. 당신은 사례관리 담당자에게 항상 편안한 마음으로 도움을 요청하였습니까? ☐ 전혀 그렇지 않다 ☐ 별로 그렇지 않다 ☐ 보통이다 ☐ 그런 편이다 ☐ 매우 그렇다				

찾아보기

저자 소개

손병덕(Shon Byoungduk)

- Washington University 석사, Harvard University 석사, Oxford University 박사
- 아동복지시설, 지역아동센터, 경제인문사회연구회 평가위원 역임
- 공무원 9급 · 5급 시험 및 청소년지도사 자격 출제위원 역임
- 경기도 아동학대예방위원회 위원, 경기도 청소년폭력예방위원회 위원 역임
- 한국사회적기업진흥원 정보공시 전문위원 · 청년사업단 운영위원 역임
- 보건복지부 사회서비스 평가위원회 위원 역임
- 현 총신대학교 사회복지학과 교수
  보건복지정보개발원 사회서비스 평가전문위원 · 기술전문위원
  서울시 동작구 사회복지대표협의체, 경기도 고양시 사회복지대표협의체 위원 · 연구지원 위원회 위원장
  한국청소년학회, 대한범죄학회 부회장 · 법인이사
  기독교학문학회 부회장, 한국사회복지학회 운영이사
  한국사회복지정책학회, 한국아동복지학회, 한국학교사회복지학회, 한국청소년복지학회 이사
  경기도 무한돌봄센터 운영위원, 서울시 동작종합사회복지관 운영위원장
  경기복지재단 정책위원, 경기도 아동복지연합회 자문위원

황혜원(Hwang Hyewon)

- Michigan State University 석사, 박사
- 현 청주대학교 사회복지학과 교수
  월드비전 용암종합사회복지관 운영위원
  모자자립시설 상록수 자문위원
  영유아통합지원청주시센터 자문위원
  충청북도 가정위탁지원센터 심의 · 자문위원
  충청북도 지역사회서비스지원단 자문위원

전미애(Chun Miae)

- The Catholic University of America 석사, University of Southern California 박사
- 2013 세계노년학 · 노인의학 학술대회 조직위원회 사무차장 역임
- 『한국노년학』 편집위원장 역임
- 서울특별시 강남구 지역사회복지 실무협의체 공동위원장 역임
- 한국사회복지학회 총무위원장 역임
- 한국노년학회 총무이사 역임
- 현 총신대학교 사회복지학과 교수
    보건복지부 노인장기요양보험발전포럼 위원
    서울시 강남구 지역사회복지 대표협의체 위원
    서울특별시립 동부노인전문요양센터 운영위원
    사단법인 위드 러브 이사
    한국노년학회 이사

가족복지론(2판)

Social work with Families, 2nd edition

2008년 2월 29일 1판 1쇄 발행
2013년 9월 25일 1판 10쇄 발행
2014년 8월 1일 2판 1쇄 발행
2017년 2월 15일 2판 4쇄 발행

지은이 • 손병덕 · 황혜원 · 전미애
펴낸이 • 김진환
펴낸곳 • (주) **학지사**

04031 서울특별시 마포구 양화로 15길 20 마인드월드빌딩 5층
대표전화 • 02) 330-5114   팩스 • 02) 324-2345
등록번호 • 제313-2006-000265호

홈페이지 • http://www.hakjisa.co.kr
페이스북 • https://www.facebook.com/hakjisabook

ISBN 978-89-997-0374-4 93330

정가 20,000원

이 도서의 국립중앙도서관 출판시도서목록(CIP)은 서지정보유통지원시스템
홈페이지(http://seoji.nl.go.kr)와 국가자료공동목록시스템(http://www.nl.go.kr/kolisnet)
에서 이용하실 수 있습니다.
(CIP제어번호: CIP2014021867)

교육문화출판미디어그룹 **학지사**
학술논문서비스 **뉴논문** www.newnonmun.com
심리검사연구소 **인싸이트** www.inpsyt.co.kr
원격교육연수원 **카운피아** www.counpia.com